시장경제의 진화적 특질

나남
nanam

▪ 편저자 약력

유 동 운

서울대학교 경영학과 졸업
미국 캘리포니아대학 경제학박사
현재 부경대학교 경제학부 교수

주요 저서로 《신제도주의경제학》, 《경제진화론》,
《경제본능론》, 《소비자경제심리의 법칙》 등이 있다.

나남신서 1438

시장경제의 진화적 특질

2009년 12월 25일 발행
2009년 12월 25일 1쇄

편저자_ 유동운
발행자_ 趙相浩
발행처_ (주) 나남
주소_ 413-756 경기도 파주시 교하읍
출판도시 518-4
전화_ (031) 955-4600 (代), FAX : (031) 955-4555
등록_ 제 1-71호(79.5.12)
홈페이지_ http://www.nanam.net
전자우편_ post@nanam.net

ISBN 978-89-300-8438-3
ISBN 978-89-300-8001-9 (세트)
책값은 뒤표지에 있습니다.

나남신서 · 1438

시장경제의 진화적 특질

유 동 운 편저

나남
nanam

The Evolutionary Traits of Market Economy

Edited by

Dongwoon Yu

nanam

머리말

2009년은 찰스 다윈(Charles Darwin) 탄생 2백주년이 되는 해이면서 베를린 장벽 해체 20주년이 되는 해이다. 올해는 또한 자본주의 시장경제에서 진화한 경제제도를 연구한 올리버 윌리엄슨(Oliver Williamson) 교수에게 노벨경제학상이 주어진 해이기도 하다. 다윈은 자연선택(*natural selection*)이라는 비교적 단순한 이론을 통해 지구상의 생물이 진화하는 과정을 훌륭하게 설명했다. 자연선택이란 자연의 생활조건에 적응하는 생물은 살아남고, 그렇지 못한 생물은 저절로 사라진다는 것을 말한다. 맬서스의 인간 사이의 생존경쟁에서 시작된 진화는 동식물은 물론 심지어 국가나 기업과 같은 조직, 더 나아가 법칙이나 관습과 같은 사회제도에도 그대로 적용된다. 그에 따라 유리한 특질을 지닌 경제제도는 그렇지 못한 경제제도와의 생존경쟁에서 자연(환경)에 의해 선택된다. 넓게 보아 자본주의 시장경제는 베를린 장벽이 해체되는 역사적 사건이 보여주었듯이, 사회주의 계획경제와의 생존경쟁에서 살아남은, 달리 말해 자연이 선택한 진화의 산물이다.

좁게는 한 나라의 경제적 특질도 생물학적 특질처럼 집단 내에 자리잡아 경제를 성공적으로 발전시키기도 하지만 반대로 퇴보시키기도 한다. 경제를 성공시키는 나라들이 공통적으로 갖는 특질을 살펴보면, 첫째, 자신의 재산은 물론 타인의 재산을 보호하려는 소유권 존중의 특질, 둘째, 사람들의 생존가능성을 넓힌 지식분산의 특질, 셋째, 교환을 정부에 의해서보다 시장을 지향하는 특질, 넷째, 거래상대방을 차별하지 않고 거래하려는 계약자유의 특질, 다섯째, 타인에게 책임을 떠넘기지 않고 자기 자신이 책임을 부담하려는 특질, 여섯째, 집단에 의지하지 않고 자립하려는 특질, 일곱째, 시장모럴을 받아들이는 개방자세의 특질 등이 자리잡고 있다.

그래서 경제적으로 성공한 사회유전형질을 소개하고자 《시장경제의 진화적 특질》을 펴내게 되었다. 이미 잘 알려진 사상가와 학자들의 글을 바탕으로 여러 가지 흥미로운 역사적 사례를 이야기로 옮겨, 성공하는 시장경제가 구비하여야 할 특질들을 이해하기 쉽도록 편집해 보았다. 부디 시장경제가 갖는 특질이 어떤 모습인지 이해하는 것을 통해 한국경제의 진화를 방해하는 장애물이 걷혀지기를 기대한다.

끝으로 이 책이 나올 수 있도록 저작권 사용을 기꺼이 허락해준 워싱턴대학(Washington University)의 더글라스 노스(Douglas North) 교수, 남부감리교대학(Southern Methodist University)의 드와이트 리(Dwight R. Lee) 교수, 플로리다주립대학(Florida State University)의 제임스 가트니(James Gwartney) 교수, 강원대학 민경국 교수, 경기개발연구원 좌승희 원장, 미국경제학회(American Economic Association), 한국제도·경제학회, 미국 인문과학연구소(Institute for Humane Studies), 미국 경제교육재단(Foundation for Economic Education), 카토연구소(Cato Institute), 자유기업원, 위즈비즈, 나남출판사에 감사드린다.

2009년 12월

유 동 운

나남신서 · 1438

시장경제의 진화적 특질

차 례

제 1 부 본능에 바탕을 둔 소유권 존중의 특질

제 2 부 생존가능성을 넓힌 지식분산의 특질

제 6 부 연대모럴에 얽매이지 않는 자립정신의 특질

제 1 장

경제의 역사적 성과

더글라스 노스[1)]

장기적으로 경제성장을 가져오게 하는 것은 자원배분의 효율성에 있는 것이 아니라 적응적 효율성에 있다.

▪ 요 약

신고전학파 경제학의 이론으로서는 소비에트와 공산주의 몰락을 설명할 길이 없다. 그러나 제도적 접근방법으로 그들의 몰락은 물론 경제발전의 문제까지 설명할 수 있다. 신고전학파는 경제성과를 분석하는 데에 제도와 시간이 미치는 영향을 고려하지 않는다. 그러나 경제제도는 사회에 인센티브를 제공하고, 시간은 인간에게 학습하는 공간을 제공하여 제도가 진화하는 방향을 그려주는 까닭에 제도와 시간은 한 나라 경제발전에 중요한 의미를 던진다.

경제문제를 해결하는 데에 어떤 사회는 성공을 거두고 어떤 사회는 성공을 거두지 못하였나는 분업과 전문화의 이득을 포착하는 데 필요로 하는 차별 없는 교환을 진화시켰느냐 아니냐이다. 정치적 및 경제적으로 분권화된 조직들 사이의 경쟁이 차별 없는 교환을 통해 경제발전을 가져오도록 경제제도와 정치구조를 진화시켰다.

1) 더글라스 노스는 제도가 경제적 성과를 낳은 역사적 사실을 추적한 연구〔*Institutions, Institutional Change and Economic Performance* (Cambridge University Press, 1990)〕를 인정받아 1993년에 노벨경제학상을 수상했다. 이 글은 노스가 발표한 "Economic Performance Through Time," *American Economic Review* (1994), pp. 359~368에서 발췌, 번역하였다.

장기적으로 경제성장을 가져오게 하는 것은 자원배분의 효율성에 있는 것이 아니라 적응적 효율성에 있다. 그러한 효율적 경제체제는 장기간에 걸쳐 소화를 거친 산물이라는 점을 명심하여야 한다.

1. 진화의 산물로서 경제 및 정치제도

경제역사는 과거에 일어난 경제의 성과를 연구하는 분야이다. 연구목적은 지난 과거의 경제를 새롭게 조명하여 우리들이 경제변화를 이해할 수 있도록 분석의 틀을 제공함으로써 경제이론을 수립하도록 기여하는 데 있다. 그러나 과거의 경제성격을 기술하고 경제성과를 조사하여 비교분석하지만 경제가 시간을 거치면서 진화하는 방법을 분석하는 데까지 이르지는 못하고 있다.

경제동학(經濟動學)은 경제발전 분야에서 중요한 분야이지만 제2차 세계대전 이후 50년간 경제발전에 관한 연구에 그다지 성과가 없었다. 그 이유는 경제발전을 이끄는 정책을 분석하고 처방하는 데에 신고전학파 경제학이 적합하지 못하였기 때문이다. 신고전학파 경제학은 시장이 어떻게 운영되는지에 대해서는 관심을 갖지만 시장이 어떻게 발달하는지에 대해서는 관심이 없다. 한 나라의 경제가 어떻게 발전하는지를 이해하지 않고서 어떻게 정책처방을 내릴 수 있겠는가? 경제사와 경제발전에 신고전학파 경제학의 분석도구를 적용하여 기술발전이나 인적 자본에 대해 관심을 갖고 분석하였으나 이러한 생산요소에 사회가 투자하는 정도를 결정짓도록 하는 제도에 내재된 인센티브 구조는 도외시되었다. 시간이 흐르면서 경제의 성과가 어떻게 되는가를 분석하는 데 있어 ① 경제제도(특질)는 전혀 문제가 되지 않고, ② 시간도 문제되지 않는다는 잘못된 가정에서 출발하였다.

여기서는 경제의 역사적 진화에 대한 이해를 향상시켜 각국의 경제적 성과를 개선시키는 정책을 세우는 데 안내역할을 할 수 있는 분석의 디딤돌을 세우고자 한다. 그러기 위해 신고전학파 경제학이 기본적으로 가정하는 희소성의 원칙, 경제주체들간의 경쟁원칙을 받아들이고 미시경제학의 분석기법도 받아들인다. 단지 차이가 있다고 한다면 그동안 신념으로 받아들였던 합리성의 가정을 수정하고, 여기에 시간을 추가로 넣었을 뿐이다.

각종 경제제도는 사회에 인센티브 구조를 형성시킨다. 그에 따라 경제 및 정치제도는 한 나라의 경제적 성과를 결정하는 데 주요한 역할을 담당한다. 시간은 경제변화와 사회변화에 인간이 학습하는 공간을 만들어주고 인간의 학습과정은 제도가 진화하는 방향을 그려준다. 즉, 개인, 단체 및 사회의 선택을 지배하는 신념은 시간이 흐르면서 배운 결과에 지나지 않는다. 그렇다고 신념은 개인의 한 생애나 사회의 한 생애 내에서 학습된 것이 아니고 세대에 걸쳐 계승된 사회문화를 통해 축적된 학습의 산물이다.

2. 경제성과에 영향을 미치는 불완전한 정치시장

제도란 인간들 사이의 상호작용(거래)을 구조화하는, 인간이 고안한 제약을 일컫는다. 여기엔 공식적 제약(예를 들어, 헌법, 법률, 규칙)과 비공식적 제약(예를 들어, 행동규범, 관습, 자율적 행동규칙) 및 그 이행을 강제하는 내용(실효력)으로 구성된다. 이들이 함께 모여 경제의 인센티브 구조를 결정짓는다.

여기서 제도와 기술에 의해 거래비용과 전환비용이 각각 결정되어 사회전체의 생산비용을 결정한다. 신고전학파 경제학에서는 거래하는 데 비용이 하나도 들지 않을 때에 이뤄지는 시장의 균형이 가장 효율적이라고 믿는다. 그러나 거래하는 데에 비용이 들면 제도가 문제로 끼어들고, 거래하려면 실제로 비용이 들기 마련이다. 가령 1970년대에 미국에서 GNP의 45%가 거래하는 부문에서 생성되었다고 한다. 신고전학파 경제학에 따른다면 거래비용이 하나도 들지 않는 효율적 시장에서는 서래에 참여하는 개인들이 교환에서 오는 이득을 충분히 실현할 수 있다. 그러나 신고전학파 경제학에서 이야기하는 효율적 시장은 현실과 너무 동떨어져 있다. 거래비용이 하나도 들지 않으면 시장이 효율적 결과를 얻는 데 별다른 문제가 없으나 거래비용이 든다면 문제로 등장한다.

현실적으로 효율적 시장에 필요로 하는 조건에 근접하는 경제시장을 찾는다는 것은 극히 예외적 일이다. 마찬가지로 효율적 정치시장을 찾는 것도 극히 예외적 일이다. 왜 그런가 하면 거래비용 속에는 무엇이 교환된다는 것을 규정하는 비용과 그리고 합의된 계약을 이행시키는 비용을 포함하고 있는데, 정치시장은 항상 불완전하기 때문이다. 경제시장에서 규정(측정)하는 대상은 물리적 및 재산상으로 가치 있는 재화와 서비스의 속성이나 거래자의 성과를 말한다. 측정하는 데에는 왕왕 비용이 들어가지만 그래도 표준이 되는 기준이 있다. 예를 들어, 물리적 속성은 크기나 중량이나 색깔 등과 같은 객관적 성질이 기준으로 역할한다. 그러나 재산권의 성질은 필요한 기준을 법적 조건으로 따진다. 그로 인해 경제시장은 여전히 불완전하고 높은 거래비용으로 신음한다.

왜냐하면 정치시장에서 협약을 측정하고 이행시키는 데에는 더 많은 어려움이 뒤따르기 때문이다. 시민들과 입법가들 사이에 서로 교환되는 것은 투표를 두고 공약하는 내용들이다. 그런데 투표자는 투표하는 데 인센티브가 없다. 왜냐하면 자신의 한 표가 선거결과에 미치는 영향은 아주 미미하다고 생각하거나 복잡한 공약으로 자신에게 불확실한 전망만이 머리에 가득 차 있어 관심을 갖지 않기 때문이다. 게다가 정치적 협약을 이행시키는 것은 더한층 어렵다. 그 까닭은 정치시장에서는 경제시장보다 경쟁이 효력을 발휘하지 못하기 때문이다. 이처럼 정치시장이 경제시장보다 불완전한 데에도 불구하고 재산권을 정의하고 이행토록 만드는 것은 정치기구여서, 결국 불완전한 정치시장이 효율적 경제시장을 만들어낸다는 것은 극히 예외적이란 사실에 놀랄 것도 없다.

3. 제도변화의 배경 — 효율적 교환과 경쟁의 정도

한 나라 경제의 제도와 조직이 상호작용하면서 제도적 진화를 만들어낸다. 제도를 '게임의 룰'(*rule of game*)이라고 한다면 조직과 그 담당자들은 '경기자'(*player*)이다. 조직은 어떤 목표를 달성하기 위한 공동의 목적으로 개인이 여럿이 모인 집단을 말한다. 조직에는 정치적 기구, 경제적 기구, 그리고 사회적 기구가 있다. 조직이 존재하는 까닭은 제도가 기회를 제공하기 때문이다. 즉, 제도적 구조의 틀이 해적행위를 하는 데 이득이 따르도록 되어 있으면 해적단이 생겨난다. 마찬가지로 제도적 구조의 틀이 생산적 활동에 보답이 따르도록 되어 있으면 경제조직인 기업이 생산적 활동을 벌이려고 태어난다.

경제변화란 개인들이나 조직의 기업가가 매일 선택한 결과, 항시 일어나고 계속 진화하는 과정이다. 비록 방대한 의사결정이 일상적으로 일어나지만 그 중에는 개인과 조직 사이에 합의된 계약을 변경시키는 내용도 있다. 그와 같은 계약이 때론 기존의 재산권에 대한 구조나 정치적 룰 내에서 이뤄지기도 하지만, 때로는 새로운 계약이 기존의 룰에 변경을 요구하기도 한다. 마찬가지로 교환을 지도하는 행동규범이 점차적으로 수정되거나 사라지기도 한다. 이러한 경우 제도는 변경된다.

왜 게임의 룰이나 행동규범에 변경이 일어나는가? 그 까닭은 그렇게 함으로써 개인들이 정치적 및 경제적 교환을 더 잘할 수 있다고 인식하기 때문이다. 인식에 변화가 일어난 요소는 한 경제에 외생적일 수가 있다. 예를 들어, 한 곳의 경쟁시장에서 외부적 요인으로 가격이나 수량이 변하면, 다른 시장에서 경기하는 기업가는 이윤의 기회를 달리 인식하게 된다. 그뿐만이 아니다. 개인들의 학습진도는 조직 내에 경쟁의 강도가 얼마나 높은가에 의존한다. 경쟁은 희소성이 도처에 깔려 있기 때문에 일어나는데, 조직으로 하여금 생존하고 학습하도록 만든다. 경쟁의 정도는 변할 수 있고 또한 변한다. 그렇지만 독점력이 높을수록 학습하려는 인센티브가 적다는 것은 이의를 달 필요가 없다.

4. 경제발전에서 제도의 역할

1) 차별 없는 교환제도

그렇다고 시간이 흐르면서 진화하는 신념과 제도가 경제를 성장시킨다는 보장은 없다. 각 종족들이 서로 다른 물리적 환경에서 진화하자 다른 경험을 쌓고, 세상을 설명하는 데에서도 다른 정신적 모형을 구축하였다. 정신적 모형이 비공식적 제약을 설정하게 되었는데, 이 제약이 바로 종족의 제도적 틀을 정의하게 되었고 세대를 거듭하여 문화적 연속성을 제공하는 관습이나 금기신앙 또는 신화로 이어졌다.

분업과 전문화가 진전되자 종족은 정치조직과 경제조직을 만들어내게 되었다. 그런데 경험이 다양하고 학습내용이 다양하다보니 서로 다른 사회와 문명을 만들게 되었는데, 희소성이라는 근본적 문제를 해결하는 데 있어 어떤 사회는 성공을 거두고 어떤 사회는 성공을 거두지 못하게 되었다. 그 이유는 어디에 있을까? 인간들 사이에 상호의존관계가 늘어나자 환경이 점점 복잡해지면서 교역에서 오는 이득을 포착하기 위해서는 보다 복잡한 제도적 구조를 필요로 하게 되었다. 그러한 진전으로 사회는 시간과 공간상으로 차별 없는(*impersonal*) 교환이 이뤄질 수 있는 제도를 필요로 하게 되었다. 각 사회가 문화적으로나 지역적으로 겪는 경험이 달라 교역에서 오는 이득과 관련하여 다양한 제도와 신념체계를 만들어냈는데, 보다 복잡한 계약을 바탕으로 하는 교역에서 오는 이득을 포착할 수 있는 제도를 만들 가능성은 각 사회마다 달랐다. 대부분의 나라들이 국가의 부를 쌓을 수 있는 분업과 전문화에서 오는 생산성의 이득을 포착하는 데 필요로 하는 차별 없는 교환을 발전시키는 제도를 만들어내지 못하였다.

따라서 시간이 흐르면서 개인이 사회에서 획득하는 학습의 종류가 어떠한가에 따라 궁극적으로 경제가 발전하는 사회를 만들기도 하였고 그렇지 못한 사회를 만들기도 하였다. 시간은 현재는 물론 과거세대의 경험과 학습이 문화로 승계되어 내려오도록 하는 데 중요한 의미를 제공한다. 그런데 문화는 한 나라의 경제가 경로에 의존하도록 하는 열쇠를 제공한다. 여기서 경로의존이란 과거가 현재와 미래에 미치는 강력한 영향을 설명하는 용어이다. 집단적 학습(*collective learning*)은 하이에크(Friedrich August Hayek, 1899~1992)가 사용한 용어로, 사회의 언어, 기술, 제도, 일하는 방식 등에 체화되어 있는 경험으로, 오랫동안에 걸쳐 서서히 형성된 경험을 말한다. 하이에크는 이를 축적된 지식의 저장고가 시간상으로 전달되는 전달매체라고 말하였다. 어느 세대의 현재 학습도 집단적 학습에서 도출되는 인식의 맥락 내에서 이뤄진다. 이런 의미에서 학습이란 사회의 문화에 의해 걸러지는 점진적 과정으로, 인지되는 이득도 점진적 과정에 의해 결정된다. 그러나 축적한 과거의 경험은 사회가 새로 부닥치는 문제에 반드시 적합하다고 볼 수는 없다. 고정관념에 빠져 있는 사회는 새로 일어나는 사회의 복잡한 문제를 해결하지 못하는 제도와 신념체계로 경제발전을 이룰 수가 없다.

2) 신념체계 속에 내재하는 인센티브제도

여기서 사회가 학습을 축적하는 과정을 살펴볼 필요가 있다. 학습과정은 ① 경험에서 오는 정보를 주어진 신념구조가 걸러내는 방향, ② 사회와 사람들이 서로 다른 시기에 각각 다르게 겪는 경험, 이 두 가지에 의존한다. 가령 중세유럽에서는 군사기술이 개인에게 커다란 이득을 줄 것이라 인식되었고, 로마시대에는 종교적 독선을 추구하는 것이 커다란 이득을 주는 것으로 인식되었으며, 신대륙발견 이후에는 해상에서의 위치를 확인할 수 있는 기기(器機)가 커다란 이득을 준다고 인식되었다.

순수한 지식을 얻으려는 인센티브는 현대 경제성장의 가장 중요한 요소인데, 화폐로 보답받거나 벌로 처벌받는 것을 통해 영향을 받는다. 또한 갈릴레오에서부터 다윈에 이르기까지의 창의적 개인들이 잘 입증하듯이, 사회가 창조적 발전을 얼마나 잘 수용하는가에 의해서도 크게 영향을 받는다. 과학의 시작과 발전에 관한 논문은 무수히 많으나 제도적 구조, 신념체계, 순수지식을 획득하려는 인센티브와 디스인센티브체계 사이의 관계를 설명한 논문은 없다. 그러나 역사적으로 서구유럽을 발전시킨 주요한 요소는 순수과학에 대한 기술에서부터 얻어지는 효용을 점진적으로 인식하였기 때문이라고 말할 수 있다.

경제적 성과를 어떻게 정의하든 신념체계 속에 내재하는 인센티브제도가 경제적 성과를 결정짓게 하였다. 경제적 변화가 일어난 속도와 방향은 역사를 통해 수수께끼로 남아있다. 가령 인간의 경험을 24시간짜리 시계로 비유해보자. 인류가 아프리카에서 4~5백만 년 전에 출현하였는데, 사람들이 농업을 일으키고 영구적 거주를 시작하게 된 것은 지중해 부근의 비옥한 초승달 지역에서 살던 BC 8천 년경이었다. 하루의 시계로 본다면 마지막 3~4분을 남겨두고서이다. 나머지 23시간 57분 내지 56분 동안 인류는 수렵이나 채취를 하며 살았다.

농업발전의 인류문명이 시작된 1만 년을 가리키는 새로운 하루의 시계를 본다면 처음에는 인구의 증가가 느렸다. 그리스도의 시대에는 지구상의 인구가 3억이었으나 1750년에 8억으로 늘어나 빠른 증가율을 보였는데, 마지막 250년 동안은 하루의 시계로 본다면 마지막 35분에 불과하다. 이 마지막 35분 동안에 인류의 경제는 크게 성장하였고, 그에 따라 인구도 50억 명으로 늘어났다.

250년 동안의 경제성장은 주로 서구유럽에 한정되었고, 그것도 영국이 2백 년간 해외로 확대하는 과정에서 이뤄졌다. 시대마다 속도도 달랐고 변화의 방향도 일방적이지 않고 또한 달랐다.

5. 경제성과를 이끈 경제적 및 정치적 경쟁

제도와 인식을 통한 접근방법이 과거의 경제성과를 이해하는 데 보탬이 되었는가? 무엇보다 먼저 제도적 접근방법은 경제적 성과가 역사적으로나 지리적으로 다를 수밖에 없는 사실을 설명할 수 있다. 생산적 경제에 필수적인 차별 없는 시장에서 낮은 비용으로 거래할 수 있는 조건은 저절로 만들어진 것이 아니다. 게임이론에서 이 문제를 설명한다. 즉, 개인들은 다른 사람의 과거성과를 완전하게 알고, 게임하는 사람의 수가 적은 경우에 게임이 반복되면 그와 교환하는 데에 협력하는 것이 이득이 된다는 것을 느낀다. 게임이 반복되지 않거나, 다른 사람에 대한 성과를 알지 못한다거나, 또는 참여자의 수가 많으면 협력은 이뤄지지 않는다. 차별 없는 교환에서 협력을 선호하도록 하는 제도를 만드는 일은 복잡한 과정이다. 왜냐하면 적합한 경제제도를 만들어야 할 뿐만 아니라 적절한 정치제도의 뒷받침을 받아야 하기 때문이다.

역사적 과정을 통해 어떠한 제도가 경제적 성과를 가져오게 하였는가를 살펴보자. 첫째, 서구유럽이 후진의 10세기부터 시작하여 18세기에는 괄목할 만한 경제적 성과를 이뤄낸 것은 신념체계가 점진적으로 진화하였기 때문이다. 즉, 정치적 및 경제적으로 분권화된 조직들 사이에 이뤄진 경쟁이 현대의 경제발선을 가져오게 하는 경제제도와 정치구조를 생성시켰다. 그런 측면에서 영국과 네덜란드의 성공과 스페인과 포르투갈의 실패는 외부환경을 다르게 경험한 결과에서 비롯되었다고 말할 수 있다.

둘째, 제도적 접근을 통해 경로의존을 설명할 수 있다. 왜 일단 성장이나 정체의 경로에 들어선 경제가 그대로 지속하는가? 이 문제에 대해서는 여러 학자들이 연구하였지만 아직 우리들이 모르는 게 많다. 합리적 가정을 바탕으로 하는 신고전학파 경제이론은 정체에 빠진 경제를 지휘하는 정치적 기업가가 아주 간단하게 게임의 룰을 바꾸어 실패한 경제의 방향을 교정하기만 하면 된다고 가르친다. 경제의 성과가 나쁜 것은 치정자들이 몰라서가 아니다. 오히려 경제의 방향을 획 돌리기 어려운 까닭은 정치시장의 성질 때문인데, 정치시장의 배경에는 경기자들의 신념체계가 자리잡고 있다. 예를 들어, 스페인이 16세기의 합스부르크가의 영광에서부터 오랫동안 쇠퇴의 길을 걷게 된 것은 끊임없는 자발적 평가와 왕립위원회의 잦은 제도개혁 때문이었다.

셋째, 제도적 접근방법은 경제변화의 전체 과정에서 제도, 기술, 인구 사이에 복잡하게 상호작용하는 모습을 이해하는 데 도움을 준다. 경제성과에 관한 완전한 이론은 경제사에 접근하는 데 통합된 체계를 제공한다. 그러나 인구가 제도와 어떤 관련을 맺고 기술이 제도와 어떻게 상호작용하는가는 여전이 연구과제로 남아있다.

6. 경제발전정책의 핵심—효율적 재산권을 창출하는 정치기구를 만드는 일

신고전학파 경제학의 이론으로서는 소비에트와 공산주의 몰락을 설명할 길이 없다. 그러나 제도적 접근방법으로 현대 경제발전의 문제를 설명할 수 있다. 그렇게 하기 위해 경제변화를 이해하는 분석틀로서 다음과 같은 제도적 접근방법이 갖는 의미를 유의해 둘 필요가 있다.

(1) 경제적 성과를 형성시키는 것은 공식적 룰과 비공식적 룰, 그리고 계약이행의 정도가 함께 어우러진 것이다. 공식적 룰이란 하룻밤 사이에도 바뀔 수가 있으나 비공식적 룰은 단지 서서히 변한다. 공식적 룰에 정당성을 부여하는 것은 비공식적 룰이므로 혁명적 변화가 지지자들이 갈망하는 대로 결코 혁명적으로 될 수가 없고, 아울러 성과가 기대한 대로 이뤄지지 않는다. 다른 나라의 공식적 룰을 채택한 경제가 원래의 경제와는 전혀 다른 내용의 경제적 성과를 가질 수도 있다. 왜냐하면 채택하는 비공식적 룰과 계약이행의 정도가 다르기 때문이다. 그러므로 서구시장경제가 성공을 거두었다고 하여 그 경제적 룰 및 정치적 룰을 그대로 제 3세계의 국가에 이식한다고 해서 훌륭한 경제적 성과를 얻는 것은 아니다. 가령 모든 것을 사유재산화한다고 하여 그동안 열악한 경제성과가 치유될 수 있는 것은 아니다.

(2) 정치기구는 경제적 룰을 정의하고 이행시키도록 하므로 경제적 성과를 그려내는 데 중요한 역할을 차지한다. 따라서 경제발전정책의 가장 중요한 부분은 효율적 재산권을 창출시키고 이행시키는 정치기구를 만드는 일이다. 그러나 그러한 정치기구를 어떻게 만들어야 하는지를 알 수 없다. 왜냐하면 신정치경제(제도학파의 경제학을 정치에 응용

한 것)는 주로 미국과 발전한 정치기구에 초점을 두고 있기 때문이다. 따라서 앞으로 제3세계나 동부유럽의 정치기구를 모형화하는 연구가 필요하다. 그러나 지금까지 설명한 것에서부터 무언가 연구방향의 단서를 찾을 수 있다. 즉,

① 정치제도는, 이해관계가 있는 영속적 조직으로 뒷받침되기만 한다면 안정을 유지할 것이다.

② 선택을 결정하는 것은 경기자의 정신모형이므로 제도적 체계와 신념체계는 모두 성공적 개혁이 이뤄지는 방향으로 변화되어야 한다.

③ 새로운 공식적 룰을 지탱시켜주고 정당성을 부여할 행동규범을 발전시키는 데에는 오랜 과정을 필요로 하는데, 이러한 과정을 강화시켜주는 메커니즘이 없으면 정치기구는 불안정해질 것이다.

④ 경제성장은 비록 독재정치체제에 의해 단기적으로 이뤄지긴 하겠지만 장기적 경제성장은 공식적 룰(법률)에 의해서만이 가능하다.

⑤ 경제성장에 바람직한 비공식적 제약은 때때로 불안정하고 상반되는 공식적 룰이 지배하더라도 경제를 성장시키는 데 기여한다. 문제는 비공식적 룰이 공식적 룰을 얼마나 강제로 이행시키는가에 달려 있다.

(3) 장기적으로 경제성장을 가져오게 하는 것은 자원배분의 효율성에 있는 것이 아니라 적응적 효율성에 있다. 성공적인 정치적 및 경제적 체계는 충격을 견뎌낼 수 있는 탄력적 제도구조를 발전시켰고, 성공적 발전의 한 부분을 차지한 변화를 이끌었다. 그러나 이러한 체계는 장기간의 소화를 거친 산물이라는 점을 명심하여야 한다.

▪ 사례 이야기

1. 스페인의 쇠퇴를 가져온 귀족근성

16세기 스페인은 신세계로부터 막대한 양의 은과 사탕, 담배, 코코아 등을 획득했다. 스페인은 식민지에서의 공업생산을 금지하고 대신 그곳에서 조달된 원료로 제품을 만들어 식민지에 공급하고자 했다. 그러나 스페인 국내에서는 식민지의 수요를 충족시킬 만한 생산능력이 당초부터 없었다. 시간이 지남에 따라 오히려 유럽의 다른 나라들이 식민지에 제품공급권을 갖게 되었다. 그 결과 스페인의 정책은 자국의 산업을 퇴락시키고 되레 타국의 산업을 활성화시키는 결과를 가져왔다.

여기에 더해 스페인 사회는 전체적으로 제조업이 아닌 분야, 예컨대 전쟁, 종교, 예술, 스포츠, 농업 등에 창조적 정열을 쏟는 방향으로 나아갔다. 상업이나 공업은 사회가 장려하는 활동이 아니었다. 또한 육체노동을 경시하는 사람들의 태도는 경제를 후퇴시키는 원인이 되었다. 스페인 사람들은 노동에 대한 대가가 낮은 직업을 피하고 면세혜택을 받는 게으른 귀족이 되고자 하는 데 열성이었다.

가난은 펠리 4세 때 극에 달했다. 기근으로 소요사태가 발생했다. 이런 사태를 막기 위해 국가가 가격을 통제하여 빵을 값싸게 공급하도록 규제하자 이러한 조치로 별 이득을 보지 못한 제빵산업의 종사자들이 직업을 버림으로써 많은 실업자가 양산되었다. 사람들은 학생, 성직자, 거지, 관리 중에서 직업을 선택해야 했다. 그 이외에는 할 일이 없었다(전태영, 2005).

2. 네덜란드와 영국을 발전시킨 기업제도

1602년 네덜란드 상인들이 동인도회사를 만들어 정부로부터 동양무역에 대한 독점권을 얻어냈다. 무력도 갖추고 있던 동인도회사는 40년 만에 인도네시아에서 포르투갈인들을 몰아내고 네덜란드가 유럽의 패권국으로 발돋움하는 기반을 닦는 데 이바지하였다.

영국도 제국주의의 길로 나서면서 기업을 앞세웠다. 인도를 비롯한 아시아 지역에서는 동인도회사, 신대륙에서는 버지니아주식회사 등에 식민지 경영을 맡겼다. 이런 영국의 해외경영은 근대 제국주의 원조인 스페인과 포르투갈의 국가 직접경영보다 훨씬 효율적이었다. 역사학자들은 유럽의 패권과 세계경영의 주축이 스페인·포르투갈의 남부유럽에서 영국·네덜란드의 중부유럽으로 넘어가게 된 원인의 하나로 기업의 역할에 주목하기도 한다(〈조선일보〉 2006. 4. 2).

3. 요행으로 이득을 보는 풍조를 경계한 공자의 제자 복자

중국 제(齊)나라가 노(魯)나라를 공격할 때 노나라 단부(單付)를 지나게 되었다. 단부의 백성들은 관가에 거듭 말했다.

"밭에 있는 밀이 다 익었는데, 마음대로 베어다가 식량을 보태게 허락해 주십시오. 놔두었다가 적의 손에 들어가는 것보다야 낫지 않겠습니까?"

그러나 공자(孔子, BC 551~BC 479)의 제자 복자(宓子)는 허락하지 않았다. 그런데 얼마 되지 않아 관가의 차역이 밀밭에서 적을 잡게 되었다. 노장공(魯莊公)의 후대인 계손은 화가 나서 사람을 파견해 복자를 꾸짖었다. 복자는 이맛살을 찌푸리며 이렇게 대꾸했다.

"밀이야 금년에 없으면 명년에 다시 심으면 되지 않겠습니까? 그런데 적들이 쳐들어온다고 밀을 마음대로 베도록 한다면, 놀면서 농사한번 짓지 않은 사람도 밀을 베어 갈 수 있지요. 그러면 그들은 적들이 쳐들어오는 것을 좋아하게 되지 않겠소. 우리 단부현의 1년 밀생산량이 적은가 많은가는 노나라의 강약에 별반 영향이 없겠지만 만약 백성들에게 요행으로 이득을 보는 풍조가 번진다면 그 해악은 몇 대를 내려가도 그치지 않을 것입니다."

"말을 듣고 보니 내 생각이 실로 부끄럽구나." 계손은 이렇게 개탄했다(이원길, 2004).

4. 인센티브로 토지사유재산제를 도입한 진나라

중국 전국시대(戰國時代) 각 나라는 농경과 황무지 개간을 장려하기 위해 토지의 일부를 농민에게 분배해주었다. 진(秦)나라는 군인들의 전쟁참여를 독려하기 위해 무공을 세운 자에게 관직과 토지를 하사하였다. 전국 말기 각국에는 토지사유제가 출현하게 되고 군에서 공을 세워 부를 쌓은 지주와 자작농이 나타났다(조영현, 2004).

5. 황무지를 없앤 인센티브

중국 송(宋)나라 사람 이윤측(李允側)이 장사태수로 재임했을 때의 일이다. 동정호와 상강 일대의 낮은 곳에는 논을 일구어 벼를 심었지만, 지세가 높은 곳은 물이 모자란다고 곡식을 심지 않고 그대로 밭을 묵이고 있었다.

이에 이윤측은, 지금부터 납세는 좁쌀과 볏짚을 동시에 바치게 한다는 영을 내렸다. 그러자 동정호 호숫가의 지세 높은 곳의 밭을 묵인 농민들은 양주에 가서 볏짚을 사오지 않으면 안 되었고 상강 일대에서는 볏짚 값이 천 전으로 올랐다. 이렇게 되자 농민들은 지세 높은 밭들도 묵이지 않고 그곳에다가 모두 조를 심었다. 지금 호남에는 황무지가 없으며, 좁쌀은 천하에 일등이다(이원길, 2004).

6. 사람들의 행동을 장려하는 선행과 타락시키는 선행

공자의 제자인 자로(子路, BC 542~BC 480)가 한 번은 물에 빠진 사람을 구하였는데, 부모들은 매우 감격하면서 자로에게 소 한 마리를 주었다. 자로는 기꺼이 받아들이고서 공자에게 이 일을 말하였다. 공자가 그에게 말하였다.

"자로야, 잘했다. 앞으로 노나라 사람들은 누구나 위급한 사람들을 보면 구해주고자 할 것이다." 사람을 구하면 대가가 있지 않은가!

공자의 다른 제자인 자공(子貢, BC 520~BC 456)은 돈이 매우 많았으며 노비를 두고 있었다. 노비의 친족이 자공에게 몸값을 지불하고 사람을 찾아가려고 하였다. 노나라의 법률에 따르면 노비의 주인으로부터 사람을 찾아가려면 몸값을 지불하여야 한다. 그러나 자공은 사람은 내놓았지만 몸값은 받지 않았다. 공자가 이에 대해 말하였다.

"자공이 옳지 않다. 네가 몸값을 받지 않으면 앞으로 누가 감히 또 사람을 찾아가려고 하겠는가?"

어찌하여 공자는 이렇듯 전혀 다른 두 가지 태도를 취하였는가? 자로가 좋은 일을 하고 예물을 받은 것은 여러 사람들로 하여금 좋은 일을 하도록 격려함으로써 사회의 좋은 기풍을 권하는 것이라고 인정하였기 때문이다. 그러나 자공은 자기에게 돈이 있다고 해서 다른 사람에게서 몸값을 받지 않았으니 겸양하고 대범한 듯하지만, 그러나 다른 노비 주인들은 이로 인해서 누구나 감히 노예를 내놓으려 하지 않았다(이익을 얻을 수 없지 않은가). 그 결과는 선을 행하는 길을 막아버린 것이다.

공자의 제자 자로가 소(郘)라는 지방에 가서 행정장관을 하게 되었다. 당시 노나라의 정권은 계씨(季氏)의 수중에 장악되었으며, 계씨는

5개월 내에 운하를 개통하려고 하였는데, 이것은 백성들에게 너무나 각박하고 힘든 일이었다. 운하는 마침 자로가 관할하는 행정구역을 지나게 되었다. 자로는 백성들을 격려하기 위해서 자신의 사재를 털었는데, 집에 있는 식량을 내어서 밥을 짓고 백성들에게 먹이는 등 공정비용의 부족함을 메웠다.

공자는 이 소식을 듣자 곧바로 자공을 보내서 자로가 지은 밥을 쏟아버리게 하고 부뚜막과 밥그릇을 모두 망가뜨리게 하였다. 자로는 크게 성을 내면서 공자를 찾아가 따졌다.

"당신은 날마다 우리에게 좋은 사람이 되어서 좋은 일을 하라고 가르쳤고, 우리에게 인의를 행하라고 가르치지 않았습니까? 지금 그렇게 하는데도 어찌하여 자공을 불러 소란을 피우게 합니까? 이것은 우리를 시기하는 것이 아닙니까?"

공자가 말하였다.

"자로야, 너는 정말 어리석구나! 우리나라의 문화와 윤리가 무엇인지 네가 알고 있는가? 이른바 황제가 천하의 백성을 사랑한다고 하는 말은 천하를 자기 것으로 간주하는 것이고, 제후들이 자기 경내의 백성을 사랑한다고 하는 말은 자기가 관할하는 영지를 자기 것으로 간주하는 것이며, 대부로 있는 자는 단지 관할하는 영지를 자기 것으로 간주하는 것이고, 또한 단지 자기 직책 범위 안의 일만 관리하고 있으며, 일반백성들은 단지 자기 아내와 자식을 사랑할 뿐이다. 만일 각자의 범위를 벗어나서 다른 사람의 일을 간섭하면 아무리 좋은 마음을 가졌다 해도 좋은 대가를 받지 못하는 법이니, 그것은 네가 다른 사람의 권력을 침범하였기 때문이다"(장순용, 2003).

성호(星湖) 이익(李瀷, 1681~1763)의 《성호사설》(星湖僿說)의 "표민"(漂民)에 나오는 글이다. "근세 백성으로서 유구(琉球, 오키나와)에 표착한 자가 있었다. 속여서 이르기를 '나를 고국에 돌려보내줄 것 같으면 쌀 6백 섬으로 후하게 보답하겠소'라고 하였다. 유구사람은 재력을 허비하면서 그를 우리나라에 싣고 와서 보답하기를 요구하였다. 그러나 그 백성은 실상 가난해서 그들에게 보답할 길이 없었다. 조정에서 나라곡식이라도 내어주기를 의논하였으나 재신(宰臣) 모씨(某氏)가 저지하여 유구사람은 낭패하고 돌아갔다.

나는 이르기를 '가령 나라 사람이 다른 나라에 포로가 되어 우리에게 6백 섬을 속(贖)받치고 데려가기를 요구하면 나라에서는 그것을 아껴서 주지 않음이 가하겠는가?' 하였다. 옛적에 자공이 제후에게 사람을 속받으면서 금을 받지 않았다. 공자께서 듣고 노국에서 부자는 적고 가난한 자가 많은데, 지금 이후로는 노국사람은 다시 제후에게 속바치지 못하게 되었다. 성인께서 인명을 중하게 여겼음이 이와 같았다. 벌거숭이 아이가 아비를 잃음은 벼슬을 잃음과 비교할 바가 아닌데, 어찌 6백 섬뿐이겠는가? 그윽이 염려하건대, 이후부터 해외에서 살아서 돌아오는 자가 없을까 한다"(강만길 외, 1976).

제2장

인간의 본능

유동운[1]

찰스 다윈의《종의 기원》맨 마지막에 나오는 글이다. "앞으로 나는 또한 매우 중요하고, 그리고 광범위한 연구분야를 기대해 마지않는다. 심리학은 이미 허버트 스펜서가 이룩한 토대, 즉 정신의 힘이나 능력은 각각 필연적 단계를 거쳐 획득되었다는 기초 위에 확고히 세워질 것이다."

▪ 요 약

신경과학에 따르면 인간은 파충류의 뇌간(腦幹), 오래된 포유류의 변연계(邊緣系), 그리고 비교적 최근에 진화한 포유류의 신피질(新皮質)의 세 종류의 뇌를 가지고 있다. 파충류의 뇌간은 생존본능과 영토본능을 지배하고, 변연계는 집단생활에 관련된 위계질서를 지배하며, 신피질은 인간의 상징적 행동능력과 밀접한 관계가 있다. 그런 의미에서 인간에겐 파충류의 동물적 본능과 오래된 포유류의 사회적 및 정치적 본능, 그리고 최근에 진화한 문화적 본능이 자연선택되었다. 모든 유기체는 다윈의 자연선택 법칙의 지배를 받는다. 제도를 하나의 유기체로 바라보는 시각에서 본다면 경제제도도 진화의 경쟁과정에서 자연선택되거나 자연도퇴된다.

인간은 수많은 적응문제에 부닥치면서 수많은 진화메커니즘을 만들어냈다. 마치 심장이 피를 순환시키는 문제를, 허파가 산소를 들이키는 문제를, 콩팥이 독성물질을 걸러내는 문제를 각각 해결하기 위해 각 기관이 인간의 몸속에 생겨났듯이, 인간의 마음(뇌)에도 자연선택된 수많은

1) 이 글은 유동운,《경제본능론》(북코리아, 2002)에서 발췌하였다.

특질들로 구성되어 있다. 자본주의 자유기업 시장경제는 ① 본능에 바탕을 둔 소유권 존중의 특질, ② 이기심으로부터 진화한 지식분산의 특질, ③ 자유를 바탕을 하는 시장의존의 특질, ④ 거래상대방을 차별하지 않는 계약자유의 특질, ⑤ 자유행사의 대가를 지불하는 책임부담의 특질, ⑥ 연대모럴에 얽매이지 않는 자립정신의 특질, ⑦ 시장모럴을 받아들이는 개방자세의 특질 등의 일곱 가지를 진화시켰다.

인간의 역사란 가장 유리한 특질을 지닌 집단은 덜 유리한 특질을 지닌 인접집단과의 끊임없는 투쟁에서 유리한 고지를 차지한 진화의 역사였다. 그에 따라 20세기 100년 동안에 일어난 이야기란 자본주의 시장경제라는 유기체가 자연선택되어 여러 지역으로 확산되고 사회주의 계획경제라는 유기체가 점점 도태되어 간 역사였다고 해도 과언이 아니다.

1. 진화한 심리

1) 자연선택

맬서스의 《인구론》을 읽은 다윈(Charles Darwin)은 생존경쟁이 경쟁하는 인간집단들 사이에서 뿐만 아니라 한 종 내의 동식물 사이에서도 일어날 수 있음을 확신하였다. 적응은 동물이나 식물에게 혜택을 주거나 더 좋은 기회를 줌으로써 그들이 살아남아 더 많은 자손을 낳을 수 있게 해준다. 예를 들어, 같은 종이라도 다른 새보다 더 강한 부리를 가진 새는 다른 새들이 먹을 수 없는 단단한 씨도 깨뜨릴 수 있다. 단단한 부리는 그 새의 생존을 유리하게 해준다. 그런 새는 약한 부리를 가진 새보다 살아남아 자손을 남길 가능성이 보다 높아진다. 시간이 지날수록 강한 부리를 갖지 못한 새들은 사라지고, 오직 강한 부리라는 특질을 가진 새들만이 살아남는다. 다윈은 인간사회의 영역에서 요구되는 원리와 유사한 원리가 자연에서도 발견될 수 있을 것으로 기대하였다.

다윈은 생물세계를 지배하는 생존경쟁의 법칙을 보다 과학적으로 설명하기 위하여 《종의 기원》을 저술하여 자연선택(*natural selection*) 이론을 제시하였다. 다윈은 변이(*variation*), 유전(*inheritance*), 선택(*selection*)이라는 세 가지 요소로 구성된 자연선택이란 개념을 통해 생물이 진화하는 과정을 설명하였다. 첫째, 그는 유기체가 체장, 골격, 세포구조, 공격능력, 방어능력, 사회적 기량 등의 측면에서 다양한 변이를 보여주는데, 이 다양한 변이야말로 진화가 작동하는 데 필수적 요소라고 보았다. 둘째, 다양한 변이 가운데에서 일부가 유전되는데, 유전된 변이만이 진화과정에서 역할한다. 유전에 의하지 않고 나타난 특질 예를 들어, 유기체의 표현형(*phenotype*)은 진화과정에 아무런 역할도 수행하지 않는다. 셋째, 유전된 변이들 중에서 특정한 변이를 가진 유기체는 자연(환경)의 선택으로 보다 많은 자손을 남긴다. 불행하게도 특정한 변이를 갖지 못한 유기체는 사멸되고 만다.

생명이 생긴 이래 3백억 종 내지 4조 종이 존재했다고 한다. 종의 수가 이렇게 많으니 개체수는 말할 나위도 없다. 하지만 분명한 것은 지구에 존재했던 생물의 99.99%는 멸종했다는 사실이다. 현대의 인간은 무엇으로 사는가 하면 사멸하고 남은 생물의 흔적인 석유, 석탄을 소비하며 살아간다. 고등생물의 경우 종의 평균수명은 4백만 년 정도라고 본다면 멸종가능성이 높은 종이 인간이라는 로렌츠(Konrad Lorenz)의 말이 예사롭지 않게 들린다.

다윈의 자연선택이론을 사회제도, 가령 기업에 적용해 보자. 현재 다우지수를 구성하는 30종목 중 1900년 이후 100년 넘게 생존한 기업(유기체)은 오직 GE밖에 없다. GE처럼 지속적 변이를 통해 새로운 생존능력을 만들어낸 까닭에 여전히 다우지수를 구성하고 있으며, 그동안 변이에 실패한 기업은 비록 당시 강자였을지라도 결국 도태될 수밖에 없다는 것이 자연선택이론이 던지는 메시지다. 2009년 1월 미국 경제전문지 〈포브스〉지는 100년 이상 생명력을 갖고 명성을 유지할 것으로 기대되는 글로벌 100대 기업을 선정했다. 국가별로 미국이 20곳으로 1위를 차지했고, 영국과 일본이 각각 19곳, 15곳으로 그 뒤를 이었다. 아시아권에서 한국, 중국, 인도 등의 기업들은 포함되지도 않았다.

2) 인간 사회행동의 배경 — 진화한 마음

다윈은 자신의 자연선택이론이 생물체의 신체구조와 마찬가지로 사회적 행동에도 그대로 적용된다고 내다보았다. 심리학에 대한 지식이 미미하였던 당시 그는 이미 《종의 기원》에서 인간의 행동패턴을 연구하는 심리학이 새로운 토대 위에서 만들어질 것이라고 전망하였다. 인간도 본성을 가지고 있는데, 심리학의 모든 이론들은 그 존재를 바탕으로 하여 이룩된 것들이다. 심리학, 특히 진화심리학은 진화한 본능에 의해 생성되는 인간의 행위를 연구한다.

과거 인간의 마음과 뇌(정신)는 다른 것으로 알았으나 신경과학의 발달로 마음과 뇌는 동일한 것이라는 사실이 밝혀졌다. 신경과학에 따르면 인간은 하나가 아닌 3개의 뇌를 가지고 있어 세 가지 본성이 나타나는데, 상호간에 반드시 보조를 맞추지 않을 수도 있다고 한다. 그 세 가지 종류의 뇌란 파충류의 뇌간(腦幹, *brain stem*), 오래된 포유류의 변연계(邊緣系, *limbic system*), 그리고 비교적 최근에 진화한 포유류의 신피질(新皮質, *neocortex*)이다.

파충류의 뇌간은 생존본능과 영토본능을 지배하고, 오래된 포유류의 변연계는 집단생활에 필수적인 희로애락의 감정을 느끼며, 환경을 감지하고, 위계질서와 같이 복잡한 환경에 대처하기 위해 관찰력을 정밀화시키는 따위의 중요한 역할을 담당한다. 끝으로 새로 진화한 포유류의 신피질은 인간의 상징적 행동능력과 밀접한 관계가 있다. 그런 의미에서 인간에겐 파충류의 동물적 본능과 오래된 포유류의 사회적 및 정치적 본능, 그리고 최근에 진화한 문화적 본능이 자연선택되었다.

인간은 자신의 생명을 유지하고 영역(사유재산)을 확보하여 자손을 번식시키려는 동물적 본능을 지니고 있다. 인간은 자신에게 부닥칠 위험에서 벗어나려고 다른 사람과 집단을 이루는 사회적 본능을 지니고 있다. 애덤 스미스(Adam Smith, 1723~1790)는 《도덕감정론》에서 외딴 섬에서 혼자 살아가는 사람은 큰 저택을 짓고 사는 것과 조그마한 동굴에 들어가 사는 것 중에서 어떤 것이 좋고 나쁜지를 쉽게 판단하지 못한다고 한다. 그러나 함께 모여 살게 되면 부나 권세를 가짐으로써 타인으로부터 찬양받고 부러움을 사기 때문에 사람들은 부와 권세를 추구하게 된다. 그런 의미에서 사람들은 자기 자신의 참된 행복이나 평온을 위해 물질적 부를 추구하는 것이 아니라, 사회적 본능에 이끌려 남이 자기를 부러워할 것이라는 사실 그 자체 때문에 물질적 부를 추구하게 된다.

인간은 생존을 지속하려고 다른 사람을 지배하지만 동시에 다른 사람에게 지배당하려는 정치적 본능도 지니고 있다. 애덤 스미스는《도덕감정론》에서 인간이 허영과 명성을 추구하는 존재로서 사회적 지위를 대상으로 삼는 야망을 갖는데, 야망은 지배-복종관계를 형성하도록 하는 인간의 자연적 성향의 현실적 표출이라고 하였다. 애덤 스미스에 의하면 사람은 다른 사람을 존경함으로써 자신이 스스로 존경받기에 이르는 것처럼 다른 사람들의 지도·지휘를 받음으로써 자신도 스스로 지도자나 지휘자가 되도록 배운다고 한다. 이처럼 호모 에코노미쿠스(*Home Economicus*)는 동물적·사회적·정치적 본능에 어울리지 않게 창조적 문화를 다음 세대로 전달하는 문화적 본능도 가진 유기체이다.

모든 동물들의 선택을 지배하는 '유전자 극대화', '경쟁', '비용 대 이익'이라는 원칙(김영철, 1999)이 진화를 이루는 원동력이라고 한다. 모든 유기체는 이익을 얻는 데서 오는 에너지와 이를 얻는 데에 소요되는 에너지를 비교하도록 적응하였다. 그에 따라 인간은 에너지를 절약하여 행동하려는 경제적 본능뿐만 아니라 교환하려는 본능도 가지고 있다. 인류학자 모스(Marcell Mauss)에 의하면 인간의 교환행위는 증여하는 의식에서 비롯되었는데, 이 교환과정에 세 가지 의무가 뒤따른다고 한다. 인간은 받은 선물에 답례하는 의무를 포함하고 있을 뿐만 아니라 동시에 선물을 주어야 하는 의무와 또 이를 받아야만 하는 의무(권리)를 포함한다(이상률, 2002: 72).

애덤 스미스는 《국부론》에서 인간의 교환하려는 성향이 노동분업을 가져왔다고 지적하리만큼 교환은 인간의 유전적 특질에 자리잡은 경제적 본능에서 비롯한다. 애덤 스미스는 인간의 교환성향이 이성과 언어의 능력으로부터 나온다고 믿었는데, 그는 《법률학강의》에서 교환성향이 바탕이 되는 인간의 본성을 탐구한다면 결국 다른 사람들을 설득하는 자연적 경향에서 비롯한다고 지적한다. 또 애덤 스미스는 《도덕감정론》에서 "인간은 자신과 거래하도록 타인을 설득할 수밖에 없다"고 말하고 있다. 이는 그가 《국부론》에서 "우리들은 그들의 동포애를 호소하는 것이 아니고 그들의 이기심(*self-love*)을 호소한다"라는 문구에서 알 수 있는 바와 같이 자기의 이기심보다 타인에게 이익이 있을 것이라고 상대방을 적극적으로 설득하는 행위가 교환을 만들어내는 원천으로 보았다는 의미다. 더 나아가 애덤 스미스는 설득이라는 행위가 사유하는 능력으로서의 이성과 말하는 능력으로서의 언어라는 인간본성의 두 가지 능력에 바탕을 둔 행동이라고 바라본다. 그리하여 그는 《법률학강의》에서 "분업의 원인인 교환성향의 실질적 기초는 인간본성에서 매우 지배적인 설득하는 원리이다"라고 단정해버린다(박순성, 2003: 262). 그러나 인간은 언어를 구사하기 이전부터 교환에 참여하였을 것으로 짐작된다. 설득 없이 교환이 이뤄진 사례는 가령 스페인 정복자들이 아메리카 원주민들과 처음 만나면서 언어소통 없이 물물교환을 이뤄냈다는 사실로부터 발견할 수 있다. 교환의 배경이야 어떠하든 인간의 교환하려는 성향은 에너지를 절약하려는 성향과 함께 인간의 경제적 본능을 구성한다.

3) 마음의 모듈이론

심리학자들은 외부환경이나 조건만을 가지고서는 유기체의 행동을 완전히 설명할 수 없는 까닭에, 인간의 행동이 일어나기까지의 원인을 이해하기 위해 인간의 뇌(마음)에 있는 정보처리기계를 이해할 필요성을 느끼게 되었다. 미국의 철학자이자 언어학자인 제리 포더(Jerry Fodor, 1983)는 《마음의 모듈화》(*The Modularity of Mind*)를 통해 인간의 마음이 단 하나의 일반목적 프로그램으로 구성된 것이 아니라 각자 자신만의 규칙을 갖는 수많은 특수목적 프로그램들로 구성되어 있다고 주장하였다. 포더는 이러한 특수목적 프로그램을 컴퓨터 용어를 빌어 모듈이라고 불렀는데, 인간의 마음에는 그러한 특수목적의 모듈들이 수천 개나 존재한다.

진화심리학자들은 다양한 모듈들이 자연선택으로 적응된 기제라고 본다. 즉, 인간에게 부닥친 어떤 특정 문제를 해결하기 위해 적응하여 살아남은 유전자라는 의미다. 이러한 모듈들은 인간만이 독특하게 갖는 것은 아니다. 모듈은 인간이 침팬지와 갈라선 이후 비교적 최근에 진화한 것이 있는가 하면, 아주 오래전 인간과 파충류가 공통 조상을 두고 있을 때에 진화한 것도 있다. 마음의 모듈(*module of mind*)은 다른 모든 적응과 마찬가지로 출현하면서 계속 진화했다. 그런 까닭에 인간만이 가진 특유의 모듈을 알려면 인간 계통이 침팬지 계통에서 갈라져 나온 이후에 인간 조상들이 살아간 환경을 살펴보는 것이 도움이 된다.

인류의 조상은 약 10만 년 전에 아프리카에서 시작하여 전 세계로 퍼져나간 것으로 알려져 있다. 그런데 10만 년이라면 기껏해야 5천 세대에 지나지 않기 때문에 진화생물학자들은 이처럼 짧은 기간 사이에 두드러지게 진화할 만한 적응기제는 없었을 것으로 본다. 그런 까닭에 진화심리학자들은 아프리카를 떠나기 이전에 적응된 마음의 모듈로부터 적응의 실마리를 찾으려고 한다.

생물학, 고고학, 인류학, 심리학 등의 분야에서 인류의 조상들이 직면했던 적응문제를 해결하기 위해 자연에 의해 선택되었을 것으로 추측하는 마음의 모듈들 중에서 가장 중요한 것으로, ① 포식자 피하기, ② 적합한 음식 먹기, ③ 배우자 선택하기, ④ 자식과 친족 도우기, ⑤ 동맹 및 제휴 맺기, ⑥ 다른 사람의 마음 읽기, ⑦ 다른 사람들과 의사소통하기 등을 꼽는다. 자연선택이 인류의 조상들로 하여금 생존과 번식을 위해 이러한 기초적 마음의 모듈을 설계했을 것이라고 추측된다.

2. 자연선택된 본능

1) 적 응

일반적으로 적응(*adaptation*)이란 생존이나 재생산이 직접 또는 간접적으로 성공할 수 있도록 특수한 문제를 해결하기 위해 진화한 해결책이라고 정의하는데, 가령 땀샘은 체온을 조절하여 생존을 돕기 위한 적응이다. 또 거친 땅에 맨발로 다니면 발바닥이 타이어처럼 마모되는 것이 아니고 굳은살이 돋아난다. 이러한 사실에 비춰본다면 선택을 통한 진화는 창조적 과정이다. 굳은살을 생성시키는 모듈은 그러한 창조적 과정에 적응한 산물이다.

이러한 메커니즘이 현재 인체에 존재하는 까닭은 과거 마찰이 일어나면 피부가 단단해지도록 반응하는 유전자를 가진 인류가 그렇지 않은 인류에 비해 생존에 유리하게 작용하여 살아남았기 때문이다. 이러한 성공을 거둔 선조의 후손으로서 현 세대들은 모두 발바닥의 마찰에 대해 굳은살로 반응하는 적응메커니즘을 보유하게 되었다.

재채기, 기침, 눈물, 가려움, 구토, 설사 등은 외부의 독이 인간의 기관 속에 들어와 순환하는 것을 막거나 돕기 위해 진화한 적응이다. 겁먹은 원숭이는 머리카락을 바짝 곤두세우는 심리적 반응을 보인다. 이렇게 행동하는 이유는 상대방에게 자신이 더 크게 보여 상대방이 두려움을 느끼도록 하기 위해서이다. 이러한 과시적 행동은 복어나 뱀 및 두꺼비에게서 흔히 목격될 수 있는 현상이다. 인간은 원숭이처럼 털이 없어 공포에 대한 적응이 작게 나타나는데, 단지 소름이 끼치고 목덜미가 확 달아오르거나 등골이 오싹할 정도의 외부적 변화가 고작이다. 진화심리학자들은 인간에게 소름이 돋는 것이 아직도 그나마 크게 보이려고 시늉하는 털구멍의 진화한 흔적이라고 지적한다.

석기시대에 인간은 채집생활을 위해 걷는 육체에 적응하였는데, 고릴라는 하루에 2㎞, 침팬지는 5~6㎞밖에 걷지 못하지만, 수렵채집민들은 하루에 30㎞ 이상 걸어 다녔다고 한다. 이어령 박사는 휴대폰, 모바일 컴퓨터, 그리고 개인휴대단말기(PDA)를 들고 돌아다니는 오늘의 한국 젊은이들이야말로 21세기의 새로운 채집민들의 삶을 재현한 것이라고 주장한다.

마찬가지로 속임수도 동물사회에서 매우 중요한 적응의 산물이라는 사실을 알 수 있다. 일부 사회학자들은 권모술수가 집단 내의 다른 구성원들을 보다 더 나은 꾀로 요리함으로써 먹이 획득과 배우자 선택, 그리고 자식을 돌보는 데 유리하게 작용하도록 진화한 산물이라고 추측한다. 그러므로 더 잘 속이고 더 잘 달리거나 더 잘 싸우는 것이 생래적 성질이므로 의식적으로 부끄러워할 필요가 없다.

인간은 수많은 적응문제에 부닥치면서 수많은 진화메커니즘을 만들어냈다. 마치 심장이 피를 순환시키는 문제를, 허파가 산소를 들이키는 문제를, 콩팥이 독성물질을 걸러내는 문제를 각각 해결하기 위해 각 기관이 인간의 몸속에 생겨났듯이, 마음(뇌)에도 수만 가지 이상의 구체적 모듈이 자리잡고 있다. 서로 다른 내용의 수많은 적응문제가 한두 가지의 모듈만으로는 해결될 수 없기 때문에 인간의 뇌 속에는 수많은 진화된 모듈(특질)로 구성되어 있다.

2) 기업가정신

케인즈(John M. Keynes)는 경제문제를 생존경쟁으로 보고 또한 모든 욕망은 충족되면 싫증을 느낄 것으로 보았다. 그는 두 번째 욕망으로 '동료보다 우수하도록 느낄 필요성'을 들었는데, 이 욕망은 끝이 없는 욕망으로 만족할 줄을 모른다고 주장하였다. 그는 《일반이론》에서 행동 자체를 위한 행동으로 사업가의 투자동기를 들었다.

> "솔직하게 말해, 지금부터 10년 이후 철도, 구리광산, 섬유공장, 특허받은 의약품의 명성, 대서양 항로 및 런던 시내의 건축 등의 투자수익률을 추정할 수 있는 지식의 바탕을 거의 가지고 있지 않고 또한 때론 없는 것과 마찬가지라는 사실을 인정하여야만 한다. … 만약 인간본성이 기회를 잡으려는 유혹을 느끼지도 않았고, 또한 공장, 철도, 광산이나 농장을 건설하는 데서부터 만족(이윤은 별도로 치고)을 느끼지 못하였다고 한다면, 단지 냉철한 계산의 결과에 따라 그처럼 많은 투자가 이뤄졌을 리 만무하다. … 무언가를 하겠다는 우리들의 의사결정 대부분은 그 결과가 나타나기까지 오랜 시간이 걸리지만, 오직 야성적 충동(*animal spirit*)—행동하지 않기보다는 행동하려는 자생적 충동(*spontaneous urge*)에 의해, 그리고 양적 편익에 양적 확률을 곱해 가중평균한 결과로서가 아닌 자생적 충동—의 결과로 이뤄질 수 있다"(조순, 2007: 175~176, 189).

케인즈는 문화적 본능에 해당하는 인간의 심리적 욕구를 이해하고 있었고, 그러한 욕구를 과학, 예술 및 여가분야에서 뿐만 아니라 사업투자 및 경제와 기술진보에서 이뤄지는 모든 창조적 활동에 동기를 부여하는 주요 원동력이라고 보았다. 그는 투자의 동기로서 사업가의 이윤에 대한 기대는 부차적 역할에 지나지 않는다고 여기고, 대신 기회와 기술을 차지하려는 게임을 과감하게 시도하는 데서 오는 흥분과 그 과정에서 새롭고 건설적인 무언가를 창조하는 데서 오는 흥분을 위해 뛰어드는 사업가의 야성적 충동, 즉 투자 자체를 위해 투자의 위험을 떠맡으려는 기업가정신을 강조하였다.

3. 시장경제의 진화적 특질

1) 생물적 진화와 문화적 진화

생물적 특질은 유전에 의해 승계되지만, 문화적 특질은 학습에 의해 전수된다. 따라서 문화적 특질의 전수과정은 라마르크적이다. 생물의 진화에서 유기체의 특질(예를 들어, 골격)은 종족이 늘어나는 것을 통해 보유 및 확산되지만, 문화의 진화에서 유기체의 특질(예를 들어, 경제조직)은 다른 인간집단들이 모방과 학습하는 것에 의해 보유 및 확산된다. 문화적 특질의 전수과정이 모방과 학습에 의해 이뤄지므로 생물의 유전적 전수보다도 훨씬 더 신속하게 일어난다. 비록 인간이 특정 생물의 생물적 특질이 진화하는 모습을 생애 동안에 목격할 수는 없지만, 경제조직의 문화적 특질이 진화하는 모습은 살아 있는 단기간에라도 쉽게 관찰할 수 있다.

생물의 진화에서는 재생산능력을 증가시키는 유기체의 특질은 유전에 바탕을 둔다. 반면 문화의 진화에서는 인간집단이나 인간사회의 경쟁적 장점은 전통, 관행, 규범 등과 같은 제도에 의해 도출된다. 생물학적 진화에서 도태는 유기체의 죽음을 의미한다. 그러나 문화적 진화에서 도태는 제도의 소멸을 의미할 뿐이다.

생물학적 진화론과 문화적 진화론은 모두 진화의 일반적 공식인 변이(혁신)와 자연선택(+의 이윤) 및 유전(모방)과정에 의존하고 있다. 미국 시카고대학의 경제학자 알치안(Armen Alchian)은 기업이라는 유기체에 진화론을 확대적용하여, 기업이란 '+'의 이윤을 만들어내면서 살아가는 유기체에 불과한 것으로 보았다. 그리하여 성공한 기업이 시장에 계속 머물 수 있는 까닭은, 주류경제학에서 전제하는 것처럼 의식적으로 이윤을 극대화하였기 때문이 아니라 다른 기업이 선택되지 못하고 시장에서 쫓겨났기 때문으로 본다. 그 결과 쫓겨나지 않았지만 최대의 이윤이 아닌, '+'의 이윤을 얻는 기업, 즉 적자(適者)는 생존하고 그렇지 못하고 손실을 입은 기업은 사라진다.

적자생존의 원리를 제도에 대해 확대적용하더라도 동일한 결과가 얻어진다. 성공한 제도는 자연선택되어 여러 사회에 의해 모방되어 확산된다. 선택된 제도라고 하여 반드시 최적의 요건을 갖춘 것은 아니고 단지 적자인 까닭으로 생존하고 있을 따름이다. 반면 실패한 제도는 자연선택되지 못하고 도태된다. 자본주의 시장경제라는 유기체는 자연선택되어 여러 지역으로 확산되었지만 사회주의 계획경제라는 유기체는 점점 도태되었다. 가장 유리한 관습을 실천하는 집단은 덜 유리한 관습을 실천하는 인접집단과의 끊임없는 투쟁에서 유리한 고지를 점유한 진화의 역사가 문화적 진화에서도 예외 없이 일어난다.

하이에크는 《치명적 자만》에서 어떤 관행이 혜택을 제공하고 그러한 관행을 지킨 집단이 더욱더 확장하고 궁극적으로 그와 유사한 관습을 갖지 않은 집단을 이기고 그 자리를 차지하였다고 한다. 따라서 비교적 최근에 나타난 시장질서는 더 효과적이라고 사람들이 미리 이해하였거나 그것들의 확장을 사전에 예측할 수 있었기 때문에 퍼져나간 것이 아니라, 시장질서를 지배하는 특질(규칙)들이 집단들로 하여금 더 성공적으로 자손을 낳을 수 있게 해주고 외부인들을 포용할 수 있도록 해주었기 때문에 퍼져나간 것이다. 이러한 의미에서 확장된 질서로서의 시장질서는 생물학적 현상과 유사하게, 자연선택의 과정을 거치면서 자생적으로 진화했다고 볼 수 있다.

생물학에서 발견된 법칙이 사회행동의 진화를 설명하려는 시도가 일어났다. 다윈의 발견이 시사하는 바는 지성과 정신의 상태가 신체처럼 진화하고, 다른 유기체의 속성처럼 연구될 수 있다는 것이다. 그에 따라 맑스는 다윈주의를 사회적 결정론(공산주의의 도래)에 수용하려 했지만 실패로 돌아갔다. 제2차 세계대전 중에 히틀러(Adolf Hitler)가 전개한 인종말살정책의 대상이 된 '열성인간'의 개념은 1849년 맑스와 엥겔스가 주창하고, 1918년 레닌(Nikolai Lenin)이 이어받은 이른바 러시아 사회의 부르주아계급인 구제불능의 반동분자 개념에서 비롯된 것으로 알려져 있다. 히틀러의 우생학은 다윈이나 스펜서(Herbert Spencer)에게서 배운 것이 아니라 맑스와 레닌으로부터 배운 것이다. 지난 100년 동안에 일어난 스탈린, 마오쩌둥〔毛澤東〕, 폴 포트의 대학살도 사회적 결정론에서 비롯되었다.

1920년대와 1930년대는 유전결정론에 심취한 시대이기도 했지만 동시에 환경결정론이 풍미한 시대이기도 했다. 낡은 본성을 가진 인간은 교육과 선전과 교정에 의해 전혀 새로운 본성의 인간으로 태어날 수 있다는 믿음이 한동안 휩쓸었다. 스탈린 시대에는 부족한 식량문제를 해결하기 위해 밀농사에까지 라마르크(Jean Baptist Lamarck)의 믿음이 적용되어 자연선택이 아니라 체험에 의해서도 냉해를 잘 견딜 수 있는 밀이 만들어질 수 있을 것이라고 믿었다. 그러나 역사는 수백만 명을 굶겨 죽이고 나서야 그 믿음이 잘못이었다는 사실을 입증해주었다. 스탈린의 환경결정론은 다른 사람들에게까지 전염시켜 아직도 주체사상의 질병에서 회복하지 못한 지역이 지구상 우리와 가장 가까운 곳에 남아있다.

2) 시장경제의 진화적 특질

애덤 스미스나 자유기업 시장경제를 지지하는 학자들은 빈곤의 문제가 자유를 통해서만 해결될 수 있다는 공통된 생각을 가지고 있다. 시장경제에서 수행되는 자유는 무제한의 자유가 아니고, 시장경제에서 지켜져야만 하는 도덕률을 중시한다. 이미 애덤 스미스가 《도덕감정론》에서 시장경제에서 도덕률이 차지하는 중요성을 이야기한 바가 있지만, 하이에크와 함께 사회주의에 심취하였던 독일의 뢰프케(W. Röpek)는 자유시장경제의 안정을 위해 필요로 하는 인성으로 개방적 성격, 꼼꼼함, 신뢰, 부지런함, 독립심, 혁신적 성격, 앞서가는 사람에 대한 존경심, 책임감 등을 들었다.

오이켄(Walter Eucken)은 인간들 사이에 재화와 서비스의 흐름을 조정하는 방법을 교환경제(자생적 질서)와 중앙집권적 경제(계획된 질서)의 두 가지 종류의 질서로 분류하였다. 그 중에서 교환경제질서를 구성하는 원칙으로 사유재산의 원칙, 계약자유의 원칙, 책임의 원칙을 들었다.

흄(David Hume)은 시장경제를 구성하는 원칙으로 소유의 안정원칙, 동의에 의한 이전약속, 약속이행의 원칙을 든 바 있고, 하이에크는 열린 거대한 사회가 지녀야 할 행동규칙으로 소유의 존중, 피해에 대한 책임, 계약의 충실성, 자신에 대한 책임의식 존중 등과 같은 소극적 시장모럴을 든다.

가령 사적 소유권은 잠재적 교환대상일 뿐만 아니라 개개인들이 자기책임하에 영향력을 행사할 수 있는 범위를 설정하는 요소이다. 그리고 개인들이 자신들의 계획을 오로지 계약을 통해 조정할 수 있도록 하기 위해서는 그들의 자율성을 확립할 필요가 있다. 이러한 자율성을 확립하는 것이 바로 사적 소유권이다. 따라서 사적 소유권과 자유는 불가분의 관계를 가지고 있다.

이 책에서는 시장경제를 뒷받침하는 진화한 특질로 ① 본능에 바탕을 둔 소유권 존중의 특질(제 1부), ② 생존가능성을 넓힌 지식분산의 특질(제 2부), ③ 교환을 목적으로 하는 시장지향의 특질(제 3부), ④ 거래상대방을 차별하지 않는 계약자유의 특질(제 4부), ⑤ 자유행사의 대가를 지불하는 책임부담의 특질(제 5부), ⑥ 연대모럴에 얽매이지 않는 자립정신의 특질(제 6부), ⑦ 시장모럴을 받아들이는 개방자세의 특질(제 7부) 등의 일곱 가지를 제시하고자 한다. 여기서는 자유기업 시장경제가 갖는 우위성을 설명한 학자들의 이론을 소개하고, 자유기업 시장경제에 존재하는 진화적 특질이 다른 체제의 특질에 비해 진화론적으로도 우위성을 갖는다는 사실을 역사적으로 일어난 사례에 적용하여 알아보고자 한다.

▪ 사례 이야기

1. 선하게 되려는 까닭은 본성이 악하기 때문이다

무릇 사람들이 선해지고자 하는 것은 본성이 악하기 때문인 것이다. 얇으면 두터워지기 바라고, 보기 흉하면 아름다워지기 바라며, 좁으면 넓어지기 바라고, 가난하면 부유해지기 바라며, 천하면 귀해지기 바라는데, 진실로 자기 가운데 없는 것은 반드시 밖에서 구하게 되는 것이다. 이렇게 본다면 사람이 선하게 되려는 것은 본성이 악하기 때문인 것이다〔정장철, 1994: 성악(性惡) 편〕.

2. 동정심은 이기심의 부산물이다. 아니다, 이타심의 산물이다

홉스(T. Hobbes)는 동정심을 '타인의 불행을 보면서 자신에게 닥칠지 모르는 미래의 불행에 대한 상상 또는 허구'라고 꼬집었다. 로저 트리그(Roger Trigg, 1999)는 여러 철학자들의 작품 속에 담겨진 인간본성에 대한 연구를 통해 사회변혁을 통해서도 인간의 이기성은 근절되지 않을 것이라고 지적한다.

> "맑스는 사회주의가 이타주의를 낳게 되어 각 개인은 자신의 이익보다도 공동의 이익을 추구할 거라고 전제한다. 아마도 그는 풍요한 세계에서는 그 누구도 탐욕적이어야 할 필요가 없어진다고 생각했는지 모르지만, 이러한 생각은 인간의 이기성이 얼마나 깊숙이 각인되어 있는가에 관한 문제를 제기한다. 충분히 많은 재화를 가진 사람이라도 더 많은 것을 원하는 수가 있고, 그러한 부자라도 탐욕스럽지 않은 것은 아니다. 맑스는 이러한 탐욕이 경제체제에서 비롯한다고 비난할지 모르나, 인간의 이기성은 뿌리깊게 각인되어서 어쩌면

우리의 생물학적 유전의 결과일 수도 있다는 것을 고려하지 않을 수 없다. 사실이 그러하다면 사회변혁을 통해 인간의 이기성은 근절되지 않을 것이다"(최용철, 1996).

애덤 스미스는 《도덕감정론》에서 타인에 대한 동감은 이기심에서 나온 것이 아니라고 주장한다. 여기서 동감이란 타인의 슬픔에 대한 동료애(*fellow-feeling*)를 표시하는 연민이나 동정을 말한다. 그는 인간의 이타심, 즉 동정심이나 동감(*sympathy*)이 자기애(*self-love*)에 바탕을 두지 않는다는 것을 설명하려고 두 가지의 시도를 한다. 하나는 사람들이 자신의 감정에 대한 타인의 동감으로부터 기쁨을 얻기 때문에 결국에는 타인의 감정에 대해서도 스스로 동감을 갖게 된다는 사람들의 주장을 거부한다. 그는 《도덕감정론》에서 그러한 기쁨과 고통은 모두 순간적으로 일어나고 또 극히 사소한 경우에 느껴지므로 이기적 고려에서 나왔을 리가 없다고 주장하면서 거부한다. 또 하나는 동감이 당신의 문제를 내가 절실히 느낌으로써, 즉 나 자신을 당신의 처지에 놓고 그리고 나서 내가 그 유사한 상황에서 무엇을 느끼게 될 것인지를 상상하는 데에서 생겨나기 때문에 사람들은 자기애에 뿌리를 두고 있다고 생각할 수 있다. 그러나 애덤 스미스는 비록 상대방과 처지를 바꾸어 상상하더라도 내가 동감하는 것은 나 자신의 몸과 성격 속에서의 내가 아니라, 내가 동감하는 사람의 몸과 성격 속에서의 나에 대하여 일어난다고 가정하고 있다. 그는 외아들을 잃은 상대방에 대해 느끼는 동감을 예로 든다. 상대방의 처지처럼 내가 나의 외아들을 잃어버릴 경우를 상상하는 데서 오는 감정에서가 아니라, 내가 상대방과 처지에서만이 아니라 몸까지도 상대방과 동일한 입장이 되었을 때의 바로 그 감정을 말한다. 애덤 스미스는 이러한 경우 이기적 고려가 아니라 타인에 대한 고려 때문에 생겨난다고 주장한다(박세일·민경국, 1996: 566~567; 박순성, 2003: 292~294).

남아메리카 파라과이 동부의 아체(*Ache*)족이 수렵하는 행위를 조사한 연구보고(Hill, K. and H. Kaplan, 1988)에 의하면 아체족은 위험을 최소화하기 위해 사냥으로 얻은 육류를 구성원 모두가 나눠먹는다. 반면 열매나 과일과 같은 채집물은 개인의 소유권이 인정돼 가족끼리만 나눈다. 오랜 시간 동안 형성된 관습이라고 한다. 자신이 사냥해온 고기를 타인과 나눠먹음으로써 다음 사냥에서 빈손으로 돌아와도 타인이 잡아온 고기를 얻어먹을 가능성을 높일 수 있다. 이런 식으로 고기를 나눠먹는 것은 사냥에 실패할 위험(리스크)을 사회 전체적으로 분산시키는 기능을 떠맡는다. 원시인들의 생활모습에 식량을 배분한다는 이타주의 성향이 보이지만, 이는 어디까지나 자기 자신의 이익을 위해 위험을 서로 나눠가진다는 것에 지나지 않는다. 사냥감은 덩치가 크고 가변성이 높다. 하루에 여러 마리를 잡는가 하면, 이후 일주일 내내 한 마리도 잡지 못하는 일도 일어난다.

육고기를 나눠먹는 것으로부터 뽐내기 가설(*showoff hypothesis*)이 제시되었다. 여성은 육고기를 나눠주면서 뽐내는 남성과 이웃하기를 바라고, 그에 따라 자신의 식량부족에서 벗어날 수 있었다. 남성은 사냥이 위험한 활동이지만 식량을 미끼로 생식의 기회를 늘릴 가능성을 높이도록 적응하였다.

3. 한비의 인간 이기심

한비(韓非, BC 280?~BC 233)는 인간의 마음을 움직이게 하는 것은 애정도, 동정심도, 그리고 의리도 아니며 오로지 이익 한 가지만이라고 주장하였다. 한비는 인간을 이익에 의해 움직이는 동물로 보고 법치이론을 제시하여 진나라 시황제의 치정(治政)에 커다란 영향을 미쳤다. 한비는 자신의 고국 한(韓)을 위해 반역을 도모하고 있다고 간신들이 왕에게 참소하는 바람에 죽었다. 비록 한비는 이기적 경쟁자들의 손에 의해 죽었지만 그의 주장은 진나라에 의해 실행되어 중국을 통일시키는 유력한 무기가 되었다. 한비는 인간의 이기심을 다음과 같은 예로서 끄집어낸다.

> "뱀장어는 뱀과 닮았고, 누에는 배추벌레와 비슷하다. 사람은 뱀을 보면 누구나 깜짝 놀라고 배추벌레를 보면 누구나 소름끼쳐 한다. 그러나 어부는 손으로 뱀장어를 잡고, 여자는 손으로 누에를 만진다. 그러고 보면 돈을 버는 일이라면 누구나 맹분(孟賁, 위나라의 장수로 산채로 소의 뿔을 뽑았다는 장수)과 전제〔專諸, 오나라의 용사로 오나라 임금 요(僚)를 칼로 찔러 죽인 사람〕 같은 용자(勇者)가 되는 것이다"〔이운구, 2002: 설림(說林) 하편〕.

또 인간의 이기적 본성을 장사꾼의 장삿속과 부부의 대담을 통해 꼬집었다.

> "수레를 만드는 사람은 수레를 만들면서 사람들이 부귀하기를 바라고, 관(棺)을 만드는 장사꾼은 관을 만들면서 사람들이 빨리 죽었으면 좋겠다고 생각한다. 그러나 전자가 의인이고 후자가 악인이라고 말할 수는 없다. 사람들이 부귀하지 못하면 수레가 안 팔리고, 사람들이 죽지 않으면 관을 사주는 사람이 없기 때문이다. 사람이 죽기 바라는 것은 미워서가 아니고 사람이 죽으면 그만큼 이익을 얻기 때문이다"〔이운구, 2002: 비내(備內) 편〕.

> "위(衛)나라의 어떤 부부가 함께 기도를 드리게 되었는데, 아내가 이렇게 기도를 했다. '바라옵건대 백 필의 베를 얻도록 해주십시오.' 남편이 이상한 듯이 '왜 그렇게 적게 바라지?' 하고 묻자 아내는 이렇게 대답했다. '그보다 더 많게 되면 당신이 첩을 얻게 될 테니까'"〔이운구, 2002: 내저설(內儲說) 상편〕.

4. 처와 첩의 차이

문집이 많기로 유명한 연암(燕巖) 박지원(朴趾源, 1737~1805)의 《연암집》(燕巖集) "마장전"(馬駔傳)에 나오는 이야기다. 옛날 병을 앓는 사람이 의원에게 약을 지어 와서 본처인 아내에게 약을 달이도록 부탁하였더니, 달여 온 약의 양이 늘 일정치가 못했다. 그는 본처에게 성의가 부족하다고 나무란 뒤에 약을 첩에게 달이라고 요청하였다. 그랬더니 첩이 달여 온 약은 늘 그 분량이 똑같았다. 그는 매우 고맙게 생각하며 그 첩이 약을 어떻게 달이는지 살며시 살펴보았다. 첩은 약을 달인 뒤에 약의 분량을 살펴보고 그것이 많을 때에는 일부를 쏟아 버리고 모자라면 물을 더 보태는 것이었다(신호열·김명호, 2007).

5. 동물의 특질을 이용하여 위기에서 벗어나다

중국 춘추시대, 관중(管仲, ?~BC 645)과 습붕(柝朋)이 제나라 환공(桓公, BC 685~643)을 따라가 고죽국을 치고 개선하는데, 중도에서 야행군을 하다가 그만 길을 잃어버려 더는 전진할 수가 없게 되었다. 그러자 관중이, "늙은 말들이 길을 알 겁니다" 하고 늙은 군마를 풀어 마음대로 걷게 하고 군대는 그 뒤를 따랐더니 과연 얼마 걷지 않아서 제나라로 가는 길에 들어섰다.

그리고 산길을 걷다가 보니 물이 얼마 남지 않았다. 그러자 습붕은, "개미는 겨울에는 산 남쪽 비탈에 굴을 파고 여름에는 산 북쪽 비탈에 굴을 파는데, 개미굴에서 한 치 떨어진 곳을 파면 물이 나올 것입니다" 하고 말했다. 그래서 그런 곳을 파게 했더니 과연 물이 나왔다.

관중과 습붕의 지혜로도 늙은 말이나 개미를 스승으로 삼는 상황인데, 지금 어떤 사람들은 자기의 우둔한 재간만 믿고 성인들의 지혜를 배우려고 하지 않으니 이래서야 어떻게 일을 망치지 않을 수 있으랴

(이원길, 2004).

6. 교회와 절도 자연선택의 원리에 따라 생존할 것으로 전망한다

자연선택이론과 창조론은 서로 모순되는 주장이다. 그렇다면 종교는 살아남을 수 있을까? 진화생물학자 리차드 도킨스(Richard Dawkins)는 《만들어진 신》(이한음, 2007)에서 태초에 신이 세상을 만들었다는 창조론의 허구성을 자연선택을 근거로 반박한다. 또한 정치학자 크리스토퍼 히친스(Christopher Hitchens)는 《신은 위대하지 않다》(김승욱, 2008)에서 인간이 신의 섭리를 앞세워 서로를 살상하고 문명을 파괴하며 살아온 굴레에서 벗어나려면 신과의 고리를 끊어야 한다고 강조한다. 종교는 아무리 유순해도 결국은 전체주의적 길로 나아간다는 게 그 이유다.

그러나 런던컬리지의 명예교수인 생물학자 루이스 월퍼트(Lewis Wolpert)는 진화심리학을 바탕으로 저술한 책 《믿음의 엔진》(황소연, 2007)에서 "신을 믿는 사람이 생존경쟁에서 살아남는다"라고 강조한다. 그는 "신앙은 진화의 산물이지만 믿음을 채택한 개체에게 막대한 이익을 준다"라며 생물발생 분야의 대가답게 그는 "종교활동은 심적 스트레스는 줄이고 행복감과 낙관론은 고취함으로써 심장부담 같은 신체상의 스트레스를 경감시키는 데 일조한다"라면서 "과학이 눈부시게 발전한 25세기에도 교회와 절은 동네마다 안존할 것"이라고 전망했다(고승철, 2009).

자연선택이론은 종교와 대립하는 개념이 아니고 모든 유기체와 사회제도의 탄생, 생존 및 소멸을 설명하는 이론이다.

제1부

본능에 바탕을 둔 소유권 존중의 특질

자본주의 자유기업 시장경제제도는 자연선택의 산물이다. 재산을 사회가 소유하는 사회주의보다 개인이 소유하는 자본주의 아래서 인간은 자유를 보다 더 잘 보장받을 수 있는 까닭으로, 자본주의제도가 사람들로부터 지지받아 선택되었다. 자유기업제도는 중앙계획경제보다 개인의 욕구를 보다 더 효율적으로 충족시키기 때문에 사람들로부터 널리 수용되어 선택되었다. 시장경제가 물질적 부를 보다 더 많이 낳게 할 것이라는 사람들의 합리적 생각이 시장경제를 받아들인 것이 아니고 생존경쟁의 결과 자생적으로 선택된 것이다.

제1부에서는 사람들이 어떻게 사유재산권을 존중하는 제도를 진화시켰는가를 살펴보고자 한다. 제3장 "인구론"에서 토머스 맬서스(Thomas Malthus)는 자연의 희소성이 인간을 악덕과 불행으로 이끌었다는 냉엄한 현실을 우리들에게 알려준다. 제4장 "소유권에 대하여"에서 존 로크(John Locke)는 인간이 자연상태에서 공유물을 사유화하는 과정과 그로 인한 불평등의 불가피성을 거론한다. 제5장 "사유재산과 정부 그리고 사회주의의 비현실성"에서 루드비히 폰 미제스(Ludwig Edler von Mises, 1881~1973)는 합리적이고도 이성적이며 박애주의자인 사회주의 경제계획가들이 수많은 개인들의 정보를 획득하는 일이 불가능하기 때문에 사회주의는 실패하게 된다고 예측한다. 제6장 "사유재산과 자유 그리고 서구사회"에서 미국 플로리다주립대학의 제임스 가트니(James Gwartney)는 서구문명에서 자유와 번영이 신장하는 데에 사유재산이 중요한 역할을 차지하였다는 사실을 강조한다.

제3장

인구론

토머스 맬서스[1)]

인구의 힘이 지구의 힘보다 크기 때문에 인간의 생존을 곤란하게 만드는 강력하고 끊임없는 불행과 악덕이 일어난다.

▪ 요 약

인간의 생존에는 식량을 필요로 하고, 이성간의 성욕은 불멸이라는 공준에서 추론되는 결과가 인구론이다. 즉, 등비수열로 늘어나는 인구의 힘이 등차수열로 늘어나는 인간을 위한 생활자료의 힘보다 크기 때문에 인류에겐 항상 불행과 악덕이 일어난다. 미국처럼 식량이 풍부한 나라일지라도 25년마다 인구가 두 배로 늘어나고 영국에서는 농업을 장려하여 25년 후에 비록 식량생산량이 두 배로 늘어난다고 하더라도 다시 25년 후에 네 배로 늘어난다는 것을 상상할 수 없다.

인구의 증가가 식량의 증가와 일치되도록 제한이 일어날 수밖에 없는데, 자녀의 양육이 곤란해지므로 만혼하는 예방적 제한이 일어난다. 이러한 억제는 필연적으로 정당하지 못한 남녀 간의 접촉으로 죄악을 낳는

1) 토머스 맬서스(Thomas Malthus)는 《인구론》(*An Essay on the Principle of Population*)을 익명으로 1798년에 발표하였는데, 사람들이 낙관적으로 바라보는 전망에 대해 그가 비관적 전망을 제시하자 상당한 반향을 일으켰다. 여기서 그는 프랑스혁명 이후 출현한 진보사상〔그 대표자는 윌리엄 고드윈(William Godwin)이다〕이 무정부적 평등사회의 실현을 내세우는 데 대해 이의를 제기하는 사상을 펼쳤다. 이 글은 김석환·김일곤 역, 《인구론》(대양서적, 1972)에서 발췌하였다.

다. 또 인구증가는 하층계급 사람들의 생활상태를 현저히 떨어뜨려 자녀를 궁핍으로 몰아 인구의 자연증가를 억제시키는 적극적 제한을 낳는다.

식량이 인구증가에 의해 미치지 못해 약탈이 자행된다면 식량생산이 방해받으므로, 이를 막으려면 토지분할을 보다 완전하게 하고 각자의 저장물을 타인의 침범으로부터 보호하도록 강력한 제재가 설정되어야 하는데, 그 최선의 수단으로 사유재산제도가 확립되어야 한다.

1. 불행과 악덕을 설명·예측하는 인구이론

나는 두 가지의 공준(公準)을 두어도 괜찮으리라 생각한다. 첫째, 식량은 인간의 생존에 필요로 하고, 둘째, 이성간의 정념은 필연적이며 거의 현재의 상태대로 존속되리라 생각된다. 우리들이 인류에 대하여 무엇인가의 지식을 갖게 된 이후, 이 두 가지의 법칙은 우리들 본성에 관한 불변의 법칙이었던 것같이 생각된다.

그래서 나의 공준이 승인된 것으로 생각하고 나는 다음과 같이 말한다. 인구의 힘(등비수열로 늘어난다)은 인간을 위한 생활자료(등차수열로 늘어난다)를 생산하는 지구의 힘보다 한없이 크다. 인구는 제한받지 않으면 등비수열로 증대한다. 생활자료는 등차수열로밖에는 증대하지 않는다. 수학을 조금이라도 안다면 첫 번째 힘이 두 번째 힘에 비하여 훨씬 커다는 것을 안다.

식량을 인간의 생명에 필요한 것으로 여기는 우리는, 우리들 본성의 법칙에 의하여 똑같지 않은 이 두 가지 힘의 결과가 똑같이 되도록 유지하지 않으면 안 된다. 이것은 생존한다는 사실에 곤란을 초래하고, 인구에 대해 강력한 제한이 끊임없이 작용한다는 것을 의미한다. 이 곤란성은 어딘가에 퍼부어지지 않으면 안 되며, 또한 필연적으로 인류의 커다란 부분에 의하여 냉엄하게 느껴지지 않으면 안 된다.

그 엄연하고 모든 것을 지배하는 자연의 법칙은 반드시 정해진 한계

내에 인간을 제한하고 있다. 이 위대한 제한된 법칙 아래서 식물과 동물은 위축되어 있고, 인류는 이성의 어떤 노력에 의해서도 그것으로부터 벗어날 수가 없다. 그 결과 식물과 동물에서는 종자의 낭비, 질병과 요절이 나타나며, 인류에겐 불행과 악덕이 나타난다. 전자, 즉 불행은 이 법칙에 따라 일어날 필연적 결과이며, 후자, 즉 악덕은 일어날 확률이 매우 높은 결과이며, 따라서 우리는 그것이 매우 많이 퍼져 있음을 보고 있다.

나는 모든 생명이 있는 것을 지배하는 이 법칙의 중압으로부터 인간이 벗어날 수 있는 길을 알지 못한다. 어떤 환상적 평등도, 가장 철저한 어떤 농업상의 규제도, 1세기가 걸린다고 하더라도 그 압력을 제거할 수는 없을 것이다.

2. 인구증가와 식량증가의 비율차이에서 오는 필연적 결과

유럽의 어느 근대국가보다도 생존수단이 풍부하며 사람들의 생활양식이 순박하고 또한 조혼에 대한 제한이 적었던 미국에서는 인구가 25년 동안 배가되었다는 것이 알려졌다. 이 증가율은 인구의 최대 증가율에는 미치지 못하지만, 그래도 현실의 실증적 결과로 보아 그것을 기준으로 하여 다음과 같이 말할 수 있을 것이다. 인구는 제한받지 않을 경우 25년마다 배가한다. 즉, 등비수열로 증가한다.

그런데 지구상의 임의의 지점, 이를테면 섬에서 제공되는 생활자료가 어떤 비율로 증대하는가를 생각해보기로 하자. 만약 이 섬의 생산이 생각할 수 있는 가장 훌륭한 정책에 의하여, 더 많은 토지를 개간하는 것에 의하여, 또한 농업을 굉장히 장려하는 것에 의하여, 최초의 25년에 배가할지도 모른다는 것을 인정하다면, 누구에게라도 가능한 최대의 요구를 인정하는 것이 되리라고 나는 생각한다.

25년 동안에 생산이 네 배로 될 수 있다고 생각하는 것은 불가능하다. 그것은 토지의 성질에 관한 우리의 모든 지식에 위배되기 때문이다. 두 번째 25년 동안 생산증대에 관해 우리가 생각할 수 있는 최대한도는 현재의 생산량과 같을 것이다. 그것도 진실을 훨씬 상회하고 있다는 것은 틀림없지만, 이것을 우리의 기준으로 삼고, 그리고 비상한 노력에 의하여 이 섬의 전체 생산량은 현재의 생산량과 같은 생활자료의 양만큼 25년 만에 증대하리라는 것을 인정하기로 하자. 그렇지만 이 증가율은 분명히 등차수열적이다. 그렇기 때문에 생존수단은 등차수열로 증대한다고 정확하게 말할 수 있다.

그러면 이 두 가지 비율의 결과를 연결시켜 보기로 하자. 이 섬의 인구는 약 7백만 명이라고 산출되며, 또한 우리는 현재의 생산량을 이 정도 규모의 인구를 부양하는 데 필요한 양과 같다고 생각하자. 최초의 25년에 인구는 천 4백만 명이 될 것이며, 식량은 배가하므로 생존수단의 증가는 이 인구의 증가와 같을 것이다. 다음 25년에 인구는 2천 8백만 명이 될 것이며, 생존수단은 2천 100만 명을 부양할 수 있는 양밖에 되지 않을 것이다. 다음 기간에 인구는 5천 7백만 명이 될 것이며, 생존수단은 인구의 절반(2천 8백만 명)을 부양하는 데 충분한 양밖에 되지 않을 것이다. 그리고 최초의 1세기 끝에 인구는 1억 천 4백만 명이 될 것이며, 생존수단은 3천 5백만 명을 부양할 수 있는 양밖에 되지 않을 것이므로 결국 7천 7백만 명의 인구가 전혀 식량공급 없이 내버려지게 될 것이다.

토지의 생산에 대해서는 아무런 제한도 없다. 그것은 영구히 증대할 것이며, 정해지는 어떤 양보다도 크게 될 것이다. 그러나 여전히 인구의 힘은 더 고차적인 힘이므로, 이 큰 힘에 대해 제한으로 작용하는 필연적인 강한 법칙의 부단한 작용에 의하여 인류의 증가는 생존수단의 증가와 같은 양으로 유지될 수 있을 뿐이다. 이제 고찰하여야 할 일로 남아있는 것은 이 제한의 결과이다.

인간은 강력한 본능에 의하여 자신의 종족의 증가를 요구받지만 이성은 그들의 질주를 가로막으며, 또한 생존수단을 공여할 수 없는 존재를 이 세상에 낳아도 좋은지 어떤지를 그에게 묻는다. 평등한 나라에서는 이 일은 단순한 질문일 것이다. 현재의 사회생태에서는 그 밖의 고려가 생긴다. 그는 인생에서 자신의 지위를 낮추지는 않을는지, 그는 현재 느끼는 곤란보다 더욱 큰 곤란에 부딪치지나 않을는지, 그는 더 열심히 일하지 않으면 안 되게 되지나 않을는지, 또 만약 그가 많은 가족을 거느리고 있다면 그의 최대 노력으로 그들을 부양할 수가 있을는지, 그의 아이들이 누더기와 불행 속에 있으며 그가 줄 수 없는 빵을 찾아 울부짖는 것을 보지나 않을는지, 또 그는 독립을 잃고 자선이라는 이름의 인색한 손에 부양을 의지할 수밖에 없는 비참한 궁핍에 빠지지나 않을는지.

인구증가에 대한 부단한 노력은 생존수단이 증대하기 전에 사람들의 수를 증대시킨다. 그러므로 전에는 7백만 명을 부양하던 식량을 이제는 7백 50만 명 내지 8백만 명에게 나눠주지 않으면 안 된다. 그 결과 가난한 사람은 더욱더 가난한 생활을 하지 않으면 안 되며 또한 그 중의 대다수는 혹심한 곤궁을 강요당하지 않으면 안 된다. 노동자의 수도 역시 시장에서 일의 분량을 초과하므로 노동의 보수는 저하하는 방향으로 나아가지 않을 수 없으며, 한편으로 식량가격은 동시에 상승하는 경향이 있다. 그렇기 때문에 노동자는 전과 같은 액수를 벌기 위하여 더욱 열심히 일하지 않으면 안 된다. 이 곤궁의 시기 동안 결혼에 지장이 생기고 가족부양에 어려움이 일어나는 까닭에 인구는 정체하게 된다. 그동안 노임이 싸고, 노동자의 수가 많으며, 생산증대의 필요성이 경작자를 자극하여 그들의 땅에 더 많은 노동자를 고용하고, 새로운 토지를 개간하며, 또 이미 경작상태에 있는 곳에 비료를 주어 더욱 완전하게 개선하도록 만들어, 마침내는 생존수단은 인구에 대하여 우리가 출발하였던 시점과 같은 비율이 된다. 그렇게 되면 다시 노동자의 상태는 상당히 안락하여지므로 인구증가에 대한 억제는 어느 정도 느슨해지며, 그리고 행복에 관한 똑같은 후퇴운동과 전진운동이 되풀이 된다.

3. 인구에 대한 예방적 제한

중국은 세계에서 가장 비옥한 나라이며 거의 모든 토지가 경작되고 있으며, 그 대부분이 매년 두 종류의 작물을 생산하고 또한 민중이 매우 검소하게 생활하고 있다는 데 대하여 우리가 확신을 가질 경우, 그 하층계급의 생활양식 및 습관과 조혼의 장려에 대한 연구를 할 필요도 없이 인구는 거대할 것이라고 추론하여도 좋을 것이다. 그러나 더 한층 인구증가에 대한 제한이 어떻게 작용하는가, 그 나라의 부양능력 이상의 인구증가를 저지하는 해악은 무엇이며, 곤궁은 어떤 것인가를 확인하는 데 있어 이런 연구는 매우 중요하며, 또한 하층 중국인의 습관에 관한 상세한 역사는 매우 유익할 것이다.

조혼은 중국인의 전 계층에 걸쳐 매우 일반적으로 퍼져 있다고 한다. 애덤 스미스는 중국의 인구는 정체되어 있다고 생각하고 있다. 이들 두 가지 사정은 조화시키기 어려운 것으로 생각된다. 중국의 인구가 급속하게 증가하고 있다고는 절대로 말할 수 없을 것이다. 모든 토지는 매우 오랫동안 경작되었으므로 평균생산량에 매년 다량의 추가수확이 있었다고 생각할 수는 없다. 만약 이것이 진실이라면 우리들이 갖고 있는 현재의 지식을 가지고 곤란을 설명할 수 있는 유일한 방법은 조혼의 보급에 의하여 필연적으로 일어나는 과잉인구는 때때로 일어나는 기근(饑饉)과 그리고 곤궁한 시대에는 아마도 유럽인에게 알려진 것보다 더욱 빈번한 기아(棄兒)의 습관에 의해 억제되었음이 틀림없을 것이란 사실이다. 이 야만스런 만행과 관련하여, 이와 같이 인간

정신의 가장 자연적 원리를 침범하는 습관이 존재한다는 사실 이상으로 식량부족 때문에 인류가 느끼는 곤궁이 얼마나 강렬한가를 증명하는 것은 없다고 말해 두지 않을 수 없다. 그것은 고대 여러 국민들 사이에 극히 일반적이었다고 생각되며 또한 확실히 인구를 억제시키는 경향이 있었다.

가족의 부양에 따르는 여러 가지 곤란을 사전에 예견하는 일은 인구의 자연증가에 대한 예방적 제한으로 작용하고, 하층계급의 어떤 사람들이 아이들에게 적당한 식량과 주의를 베푸는 능력을 잃게 하는 현실의 곤란성은 적극적 제한으로 작용한다.

상인이나 농민의 아들들은 가족을 부양할 수 있는 어떤 사업이나 농장에 정착할 때까지는 결혼하지 말도록 권고받으며, 또한 일반적으로 이 충고에 따를 필요성을 인정하고 있다. 이런 상황은 그들이 인생을 살아갈 때까지 계속될 것이다. 잉글랜드에서 농장 사람들의 불만은 매우 일반적이다. 또한 모든 종류의 사업경쟁은 매우 치열하며, 모든 것이 성공할 수는 없다. 하루 18펜스를 벌어 독신자로서 어느 정도 안락하게 사는 노동자는, 혼자 겨우 살아갈 수 있다고 생각되는 적은 수입을 4~5명이 나눈다고 한다면 결혼하기를 주저할 것이다.

인구의 예방적 제한은, 힘은 갖가지이지만 잉글랜드 사회의 모든 계급에 걸쳐 작용하고 있다는 것을 인정할 수 있을 것이다. 똑같은 고찰이 모든 낡은 국가에 대해서도 적용될 수 있을 것이다. 실제로 결혼에 대한 이러한 억제효과는 그 결과로서 세계의 거의 모든 지역에 나타나는 여러 가지 악덕, 양성(兩性)으로 하여금 탈출하기 어려운 불행으로 항상 몰아넣는 여러 가지 악덕 중에 극히 현저히 볼 수 있을 것이다.

4. 인구에 대한 적극적 제한

잉글랜드의 여러 가지 구빈법은 다음 두 가지 방법에 의하여 빈민의 일반적 상태를 밀어내리는 경향이 있다. 그 첫째의 분명한 경향은 인구를 유지할 식량을 증가시키지 않고 인구를 증가시키는 일이다. 빈민은 독립해서 가족을 부양할 수 있는 전망을 전혀 갖지 않거나 거의 갖지 않고 결혼할 수 있을지도 모른다. 따라서 구빈법은 그것이 부양하는 빈민을 어느 정도 만들어낸다고 해도 좋을 것이다. 그리고 이 나라의 식량은 인구가 증가한 결과로 각자에게 조금씩밖에 분배되지 않을 것이 틀림없으므로, 교구의 부조를 받지 않는 사람들의 노동으로는 전보다도 소량의 식량밖에는 구매할 수 없으며, 따라서 그들 중의 더 많은 사람들이 부조를 의뢰하기에 이를 것이 틀림없다는 것은 분명하다.

둘째로 일반적으로 가장 가치있는 부분이라고 생각되지 않는 사회의 일부분에 의하여 워커하우스[2]에서 소비되는 음식물의 양은, 그렇지 않았더라면 더 근면하고 또 더 가치 있는 성원의 것이 되었을 것이 틀림없는 배당을 줄이고, 또한 그 결과로서 같은 방법으로, 더 많은 것을 다른 사람에게 의지하게끔 만든다. 워크하우스의 빈민이 현재보다 생활이 더 좋아진다면 사회 화폐의 새로운 배분이 식량가격을 등귀시키므로 워크하우스 이외의 사람들의 상태를 더욱 두드러지게 밀어내리는 경향이 있을 것이다.

그러므로 잉글랜드 구빈법의 결과로 도시와 농촌의 여러 하층계급 전체의 상태를 고려하면 적합하고 충분한 식량의 부족, 곤란한 노동, 비위생적 주택 때문에 그들이 받는 곤궁은 인구증가 초기의 적극적 제

2) 구빈법은 원래 자본주의화에 따라 출현하는 부랑자를 억압할 목적으로 나온 것이며, 워크하우스(*workhouse*)란 부랑자에게 노동을 강제하는 시설을 말한다.

한으로 작용하고 있다는 것을 인정할 수 있을 것이라고 생각한다.

사람이 오래 사는 모든 나라에서 인구에 대한 두 가지 큰 제한, 즉 내가 말하는 예방적 제한과 적극적 제한에다가 부인에 관한 부도덕한 관습, 대도시, 비위생적 제조공업, 사치, 질병 및 전쟁을 첨가하여도 좋을 것이다.

이런 모든 제한은 정확하게 불행과 악덕으로 나눌 수 있다.

5. 사유재산제도의 필요성

고드윈[3] 씨에 의하면 인간은 자신이 받는 인상의 피조물이므로 결핍의 고통이 오래 계속되기 전에 곧 공공 또는 개인의 재산에 대한 파괴가 반드시 일어날 것이다. 이러한 파괴의 수와 정도가 증대됨에 따라 사회의 비교적 적극적이고 포괄적인 지식인들은 곧 인구는 급속히 증가하는데 나라의 매년 생산량은 머지않아 감소되기 시작하리라는 것을 감지할 것이다. 사태의 긴급성은 일반의 안전을 위해 즉각적 수단을 취하지 않으면 안 된다는 것을 가르칠 것이다. 그래서 어떤 종류의 집회가 소집되고, 나라의 위험한 상태에 대하여 강력한 발언이 있을 것이다. 거기서는 다음과 같은 것이 발언될 것이다. 그들이 풍요 속에서 생활하고 있을 동안에는 노동을 가장 적게 한 사람이 누구인가, 또는 가장 적게 소유하고 있었던 사람은 누구인가 하는 것은 모든 인간이 이웃사람의 결핍을 보충할 완전한 의지와 능력을 가지고 있었기 때문에 큰 문제가 아니었다. 그러나 이제는 어떤 사람이 자기가 사용하지 않는 것을 다른 사람에게 주어야 하는가 주지 말아야 하는가가 문

3) 고드윈은 프랑스의 사회개혁론자로, 이상주의적 사회로 나아가는 행로를 방해하는 교회 또는 귀족에 의한 강제입법 등 사회의 모든 제도를 폐지할 것을 주장하여 '무정부주의의 아버지'라고 불린다.

제가 아니고 자기 자신의 생존에 절대로 필요한 식량을 이웃사람에게 주어야 하느냐 말아야 하느냐가 문제가 된다. 다음과 같은 것도 발언될 것이다. 결핍상태에 있는 사람의 수가 그들에게 공급하여야 할 물건의 수를 훨씬 능가하고 있다는 것, 나라의 생산물 상태로 보아서는 모든 것을 만족시킬 수 없는 이런 절박한 결핍으로 말미암아 몇 가지 틀림없는 정의의 유린(蹂躪)이 감행되었다는 것, 이런 유린은 이미 식량의 증대를 저지하였으며, 또한 어떤 수단으로든지 방지되지 않는다면 전 사회를 혼란 속에 몰아넣게 되리라는 것, 매년 생산물의 증대가 만약 가능하다면 어떻게 해서든지 그것이 달성되어야 한다는 것을 강요할 만큼 그 필요성이 긴급하다는 것, 이 첫째의 큰 불가결의 목적을 실현하기 위해서는 토지의 분할을 더욱 완전하게 행하고, 각자의 재산을 가장 강력한 제재, 예컨대 사형까지 하는 일이 있더라도 타인의 유린으로부터 보호하는 것이 현명한 일이라고 생각된다는 것 등이다.

그러므로 현재 문명국 사이에 퍼져 있는 것과 대동소이한 재산제도는 사회의 절박한 여러 가지 해악에 대하여 불충분할지도 모르지만, 가장 좋은 대책으로서 확립된다는 것이 매우 가능한 것처럼 생각된다.

▪ 사례 이야기

1. 다윈의 《종의 기원》에 영향을 끼친 애덤 스미스의 '경쟁' 개념

1830년대에 세계일주를 마치고 영국에 돌아올 무렵, 다윈은 동물들의 행동 가운데 자신과 새끼들의 생존을 위해 도움이 되는 행동이 있음을 관찰하게 되었다. 예를 들어, 그가 1835년 남태평양의 갈라파고스 군도에 머물 때, 한 하얀 어미 새가 그냥 가만히 앉아 있는 동안 첫 번째로 알에서 깬 새끼가 두 번째 새끼를 죽이는 광경을 목격했다. 어미 새는 왜 개입하지 않았을까? 만약 새끼가 하나만 필요해서였다면 무엇 때문에 한 개 이상의 알을 낳았을까? 다윈은 계속되는 관찰을 통해 해답을 얻었다. 그의 결론은 한 개의 알은 겨우 50%의 생존율(최소한 한 마리 이상의 새끼가 부화했을 경우)을 보장하지만, 두 개의 알은 생존율을 70%로 올리고, 세 개의 알은 다시 생존율을 50% 아래로 떨어뜨린다는 것이었다. 거기에다가 2마리 새끼가 부화했을 경우, 각각의 생존율은 새끼가 한 마리였을 때보다 낮았다. 따라서 어떻게 보면 비뚤어진 듯 보이던 어미 새의 행동도 사실은 가족의 생존에 공헌하기 위한 것이었다.

다윈은 현장조사로부터 얻은 생각들과 각각 다른 학문분야에서 수십년간 전해져 내려 온 두 가지의 개념을 조합해서 나중에 폭발적 영향을 끼치게 될 결합체를 만들어냈다. 그 두 가지 개념은 경쟁과 진화였다. 다윈은 1838년 출간된 인간의 식량경쟁이 가져올 암울한 결과의 예언서였던 맬서스의 《인구론》을 읽으면서, 처음으로 자연선택을 생각했다. 맬서스 자신도 애덤 스미스의 《국부론》(첫째 권은 1776년 처음 출간됨)에 나오는 경제활동의 경쟁이론으로부터 영향을 받았다. 또 애덤 스미스의 사고도 역시 이전의 사람들, 이를테면 사회를 '만인에 대한 만인의 투쟁'으로 규정한 정치철학자 토머스 홉스 등으로부터 영향받은 바 있다. 따라서 경쟁이란 개념은, 다윈이 《종의 기원》을 출간하기 2백여 년 전에 이미 지식인들 사이에 널리 퍼져 있었던 셈이다(유한수, 2002).

2. 연역적 이론의 모범인 인구론

맬서스는 인류가 인구의 규모를 스스로 나서서 제한(이것을 '예방적 억제'라고 불렀다)하지 않기 때문에, 포화상태에 도달한 인구는 결국 기아, 질병, 빈곤, 전쟁 등 '현실적 억제'에 의해 소멸될 것이라고 주장했다. 그런데 식량문제와 인구증가의 관계를 문제로 삼은 것은 맬서스가 처음이 아닌 데에도, 익명으로 발표된 글이 많은 화제를 불러온 까닭은 부제목이 "미래사회의 개량에 영향을 미치는 인구의 원리에 관한 연구 및 고드윈, 콩드르세, 그리고 다른 여러 작가들에 관한 논평"이라고 길게 붙여지면서 보수주의자들의 이익을 대변하였기 때문이다. 즉, 프랑스 대혁명 및 미국의 독립혁명을 지지하는 계몽주의 사상과 영국의 보수세력 간에 조성된 알력에 맬서스가 끼어들어 보수세력을 지지하는 인구이론을 발표하였기 때문이다.

고드윈 및 콩드르세 등의 계몽사상가들은 사회의 진보를 방해하는 가장 커다란 요인을 사유재산의 경제적 및 정치적 불평등으로 보았다. 사회개혁론자인 고드윈은 이상주의적 사회로 향하는 행로를 방해하는 교회 또는 귀족에 의한 강제입법 등 사회의 모든 제도를 폐지할 것을 주장하여 '무정부주의의 아버지'라고 불리기도 했다.

맬서스는 계몽주의 사상가들의 견해와는 반대로 사회의 비참함과 인간의 빈곤은 인간이 만든 나쁜 제도에서 비롯되는 것이 아니라, 오히려 인간의 본능에 해당하는 왕성한 번식능력에서 찾아야 한다고 주장했다. 즉, 인구가 과도하게 증가하면 충분한 식량을 얻지 못해 빈곤과 기아가 확산되어 인구는 줄어든다. 그러나 인간이 재차 풍요로운 생활을 영위할 수 있게 되면, 다시 번식욕이 과잉출산을 낳아 인구가 증가하는 새로운 순환을 맞이한다. 맬서스의 관점에서 볼 때, 이러한 순환은 냉혹한 자연의 법칙이며, 인류가 이로부터 벗어날 수 없다. 맬서스는 생활수준이 악화되어 인구가 자연스럽게 억제되는 법칙은 피할 수 없는 자연법칙으로, 인간이 아무리 이상사회를 만들고자 하더라도 반드시 빈부의 격차는 생길 것으로 내다보았다.

다행스럽게(?) 그의 인구이론은 선진국에서 일어나는 출생률의 하락과는 부합하지 않는다. 즉, 인간이 보다 풍요롭고 쾌적한 생활을 실현하면, 그의 추론과는 반대로 오히려 인구의 증가가 억제되는 증거가 나타났다. 즉, 교육수준과 경제수준이 높은 사람들은 일반적으로 그렇지 않은 사람보다 자녀를 적게 낳는다. 비록 그의 이론이 예측능력에서는 실패하였지만 두 가지의 공준(인간생존에서 식량의 필수재와 남녀간의 정념)과 추론(인구의 기하급수적 증가와 식량의 산술급수적 증가)의 과정을 통해 하나의 이론을 도출하는 연역적 과학을 경제학에 도입하는 데 크게 기여하였다.

3. 영국과 네덜란드 성공배경의 밝은 그림자와 일본의 어두운 그림자

18세기 유럽의 경우 도시화 속도가 빨라진 데다 위생상태도 불량했던 것이 필연적으로 보건의료와 관련된 문제를 야기했다. 이러한 것들이 결국은 인구증가 억제요소로 작용했고, 따라서 18세기 영국과 네덜란드는 상대적으로 높은 소득수준을 유지할 수 있게 되었다. 이와 반대로 청결의식이 강했던 일본인의 경우 위생문제로 인한 사망률이 낮았고, 따라서 인구증가에 제동을 걸 여지가 없었다. 이에 따라 유럽에 비해 많은 인구를 먹여 살려야 하는 일본의 경우 생존한 국민 모두가 최저생활수준을 겨우 유지할 수밖에 없는 처지였다(이은주, 2009).

제4장

소유권에 대하여

존 로크[1)]

한 번 노동이 첨가된 것에 대해서는 그 사람 이외의 어느 누구도 권리를 가질 수가 없다.

▪ 요 약

신이 인간에게 제공한 자연과 그 산물은 공유물로서 인간에게 속한다. 신체를 소유한 인간이 자연의 공유물에 노동과 손놀림을 첨가함으로써 공유물은 비로소 당해개인의 소유물이 된다. 이처럼 한 번 노동이 첨가된 것에 대해서는 그 사람 이외에 다른 사람은 권리를 가질 수 없다.

노동을 첨가한 자신의 소유물을 썩어버리도록 방치하는 것은 다른 사람의 몫을 훔친 것이나 다름없다. 그러므로 자신의 수중에서 썩어버리지 않도록 썩지 않는 내구성 물품(금, 은 등)과 교환함으로써 남의 권리를 침해하지 않게 된다. 이리하여 사람들은 대지의 불균형 때문에 불평등한 소유에도 동의하게 되었다. 사유재산의 불평등도 금이나 은 등에 가치를 둔 화폐를 사용하는 것에 동의하게 되어 발생하였다.

1) 존 로크(John Locke, 1632~1704)는 《통치론》(*Two Treatise of Government*)에서 인간이 만인에 대한 만인의 투쟁상태인 자연상태에서 생명, 자유, 소유의 자연법의 지배를 받는다고 주장하였다. 인간이 사회계약으로 만들어진 국가의 권력이 자연권을 파괴하는 행위는 저항(혁명)의 대상이 된다고 하여, 영국의 명예혁명, 미국의 독립선언, 프랑스의 대혁명 등을 일으키는 데 이론적 바탕을 제공하였다. 이 글은 한상범·정윤무·이순용 역, 《통치론》(대양서적, 1972)에서 발췌하였다.

1. 소유권의 탄생

1) 자연의 공유물은 누구의 소유도 아니다

신은 인간들에게 세계를 공유물로 주었으나 동시에 생활상 그것을 가장 유리하게 이용할 수 있도록 하기 위한 이성과 그리고 편의도 주었다. 대지와 거기에 있는 모든 것은 그 생존을 유지하고 쾌적하게 하기 위하여 사람들에게 주어진 것이다. 그리고 대지가 스스로 생산하는 과실이나 기르는 동물은 모두 자연의 손에 의하여 생산된 것이므로 공유물로서 인간에게 속한다. 그리고 그것들이 자연의 상태에 있는 동안에는 다른 사람을 배제하고 그것들 중의 어느 것인가를 사적으로 지배한다는 것은 원래 아무에게도 허용되어 있지 않다. 그러나 그것들은 사람들이 이용하기 위하여 주어진 것이기 때문에 그것들이 무엇엔가 이용되기 전에, 또는 적어도 누군가 특정의 사람에게 유익한 것이 되기 전에 어떠한 방법으로든 그것들을 점유하는 수단이 반드시 있어야만 한다.

2) 인간에겐 자신의 신체에 대한 소유권이 있다

대지와 인간 이하의 모든 피조물은 모든 사람의 공유물일지라도 모든 인간은 자기 자신의 신체에 대한 소유권을 가진다. 이에 대해서는 본인 이외의 어느 누구도 어떠한 권리도 갖지 않는다. 그의 신체가 수행하는 노동과 손놀림은 틀림없이 그의 것이다. 그러므로 자연의 공유물에 노동과 손놀림을 첨가한 것은 자신의 소유물이 된다. 그것은 자연에 의하여 놓인 공유의 상태에서 그가 가지고 간 것이므로 이 노동에 의하여 다른 사람의 공유권을 배제하는 무엇인가가 그것에 첨가된 셈이다. 왜냐하면 이 노동은 노동한 사람의 틀림없는 소유물이므로 한

번 노동이 첨가된 것에 대해서는 그 사람 이외의 어느 누구도 권리를 가질 수가 없다.

3) 신체노동이 첨가된 공유물은 소유물이 된다

떡갈나무 밑에서 주운 도토리나, 숲속의 수목으로부터 긁어모은 능금을 먹고 사는 사람은 확실히 그것들을 자신의 것으로 점유한 것이다. 그 먹을 것이 그의 것이라는 것을 아무도 부정할 수 없다. 그렇다면 그것들이 처음으로 그의 것으로 된 것은 언제일까라는 의문이 생긴다. 그것을 소화하였을 때일까, 아니면 먹었을 때일까. 또는 삶았을 때일까, 그렇지 않으면 주웠을 때일까, 그것들을 집으로 가지고 갔을 때일까? 만약 처음에 긁어모았을 때 그것들이 그의 것으로 된 것이 아니면, 그것 이외의 무엇에 의해서도 그의 것으로 될 수 없다는 것은 명백하다. 그 긁어모은다고 하는 노동이 그것들과 공유물을 구별하였던 것이다. 그 노동이 만물의 공통적 어머니인 자연이 만든 무엇인가에 첨가하였던 것이다. 이렇게 하여 그것들은 그의 사적 권리가 되었다. 내가 다른 사람과 공유권을 갖는 어떤 장소에서, 내 말이 먹은 풀, 내 하인이 벤 잔디, 내가 채굴한 광석은 누구의 지시나 동의 없이 나의 소유물로 된다. 나의 것인 노동이 공유상태로부터 가지고 감으로써 나의 소유권은 확정된다.

공유물로 주어진 것의 일부를 누군가가 점유하기 위해 모든 공유권자의 동의를 필요로 한다면, 아버지나 아이들이나 하인들에게 공유물로 고기를 공급하더라도, 그들 각자에게 각각 자신의 몫을 나누어준 뒤가 아니면 그것들을 가질 수 없을 것이다. 우물 속을 흐르는 물은 만인의 것이지만, 물그릇 속의 물은 그것을 퍼낸 사람의 것이라는 것은 누구도 의심하지 않는다. 물은 자연에서 공유이며, 자연의 모든 사람들에게 평등하게 속하고 있었으나, 그의 노동이 그것을 자연의 손으로부터 끌어내고 그렇게 함으로써 그것을 그의 점유물로 만들었던 것이다.

이렇게 하여 이 이성의 법에 의하여 노루는 그것을 죽인 인디언의 것이 된다. 이전에는 노루가 모든 사람의 공유물이었지만, 이젠 노동을 투하한 사람의 재산이라는 것이 인정된다. 그리고 인류 중에서 문명의 혜택을 입은 부분에 속하는 사람들, 즉 소유권을 결정하기 위해 실정법을 만들고 그것을 증가시켜온 사람들 사이에서도, 이전에 공유물에 속했던 것으로부터 생기는 소유권의 시초에 대한 이 본원적 자연의 법이 여전히 살아 있다. 그리고 그 효력에 의하여 지금까지도 남아 있는 인류에 대한 공유물인 바다로부터 어떤 고기를 잡더라도 또는 고래기름을 얻더라도 그것은 자연이 방치한 채로의 공유상태로부터 노동에 의하여 수고한 사람의 소유물이 되는 것이다. 그리고 사냥에서 발견한 산토끼는 사냥하는 동안은 그것을 추적하는 사람들의 것이라고 생각된다. 왜냐하면 산토끼는 지금까지도 공유물로 간주되는 동물이며 누구의 사유물도 아니지만, 그것을 발견하고 쫓아간다고 하는 노력은 그 노력에 의하여 그것을 공유물이었던 자연의 상태로부터 가지고 가서 하나의 소유권을 낳게 하기 때문이다.

2. 소유물의 저축(화폐)으로 사유재산의 불평등이 발생한다

100부셸의 도토리나 사과를 긁어모은 자는 그렇게 함으로써 그것들에 대한 소유권을 획득하였다. 즉, 그것들은 긁어모아지자마자 그의 재산으로 되었다. 그는 다만 그것들이 부패하기 전에 소비하도록 주의하기만 하면 되었다. 그렇게 하지 않으면 그는 자기 몫 이상을 차지한 셈이 되며, 다른 사람의 몫을 훔친 것이 된다. 그리고 실제 자기가 이용할 수 있는 것 이상으로 저축한다든가 하는 것은 부정일뿐만 아니라 졸렬한 짓이다. 만약 그가 자기 수중에 있는 동안에 헛되게 썩어버리지 않도록 일부를 다른 사람에게 양도하면, 그는 그 몫도 역시 이용한 셈이 된다. 또 만약 그가 1주일 동안에 썩어버리는 자두를 1년 동안이나 썩지 않고 먹을 수 있는 호두와 교환한다면 그는 아무것도 침해한 것이 없다. 즉, 그는 공동의 자산을 낭비하지 않았으며, 그의 수중에서 헛되게 썩어버리도록 한 것이 없는 한, 남의 것인 재산을 조금도 침해하지 않은 것이다. 또다시 그가 그 호두를, 한 조각의 금속 빛이 마음에 들어 그것과 교환한다든가, 또는 양모를 번쩍번쩍 빛나는 조그만 돌이나 다이아몬드와 교환하고 이런 것을 일생 동안 보존한다고 하더라도 그는 남의 권리를 침해한 것이 아니다. 그는 이러한 내구성 있는 물건을 마음대로 많이 축적해도 좋았던 것이다. 왜냐하면 그의 정당한 소유권의 한계를 넘는 것은, 그의 소유물이 클 때가 아니라 그의 수중에서 무엇인가가 헛되게 썩어버릴 때이기 때문이다.

이렇게 해서 화폐의 사용이 시작되었다. 그것은 손상됨이 없이 사람들이 보존할 수 있도록 내구성이 있으며, 사람들이 서로 동의함으로써 비로소 소용되지만, 부패하기 쉬운 생활필수품과 교환된다.

금, 은 등은 식량이나 의복이나 탈 것에 비교하면 인간의 생활에서 거의 소용이 없으며, 다만 사람들의 동의에 의해서만 가치를 가지므로 (물론 이 경우에도 노동이 대체적으로 그 가치의 척도가 되는 것이지만), 사람들이 대지의 불균형 때문에 불평등한 소유에도 동의하였다는 것은 분명하다. 왜냐하면 금이나 은 등은 소유자의 수중에서 손상되거나 부패되지 않는 까닭에 누구에게도 해를 주지 않고 저장될 수 있으며, 그래서 토지생산물의 과잉분과 교환으로 그것들을 받아들임으로써, 사람은 자기 혼자서는 거기서부터의 생산물을 다 이용할 수 없을 정도의 토지를 정당하게 소유하는 방법을 묵시적이고 자발적인 동의에 의하여 발견하였기 때문이다. 사유재산의 불평등이라는 이러한 물건의 분배방법은 사회의 테두리 밖에서 계약 없이, 다만 금이나 은 등에 가치를 두고 은연중에 화폐의 사용에 동의함으로써만 실행가능하게 된 것이다. 통치권이 존재하는 곳에서는 법이 소유권을 규제하고 토지의 소유는 명문화된 법령에 의해 규정된다.

▪ 사례 이야기

1. 분업의 결과물로서 화폐의 출현

애덤 스미스는 《국부론》에서 화폐가 상업의 일반적 용구로서, 용구의 매개에 의해 모든 교환이 이뤄지게 된 과정을 설명하고 있다. 즉, 분업이 발생하기 시작한 당초에는 교환이 제한받았다고 한다. 가령 화폐가 없이 물물교환이 이뤄지는 시기에 푸줏간은 잉여의 육고기를 갖고 있고 동시에 빵과 맥주도 갖고 있지만, 빵집과 술집이 육고기를 갖고 싶다고 하더라도 이들 사이에 거래는 일어나지 않는다. 이러한 불편을 피하려고 생각 깊은 사람은 자신의 근로의 특정 생산물 이외에, 거의 모든 사람들이 교환을 거절하지 않을 이런저런 상품을 항상 수중에 갖고 있도록 하는 생각이 나타났으리라 짐작된다.

미개시대에는 가축이 상업의 공통용구였다고 한다. 호머(Homer)는 디오메데스(Diomedes)의 갑옷은 소 9마리의 가치밖에 없지만 그라우쿠스(Glaucus)의 갑옷은 소 100마리의 가치가 있다고 했다. 아비시니아에서는 소금이, 인도 해안의 어느 지방에서는 특정 종류의 조개껍질이, 뉴파운드랜드에서는 마른 대구가, 버지니아에서는 담배가, 서인도 식민지에서는 설탕이, 스코틀랜드 어느 지방에서는 못이, 또 어떤 나라에서는 짐승의 가죽이나 혁제품이 공통의 용구였다고 한다. 고대 스파르타인들은 쇠를, 로마인들은 금・은・동을 사용하였으나 각인과 주조가 이뤄지기 이전에는 막대기 상태로 이용하였다. 이런 상태로 사용하는 데에는 첫째, 무게를 다는 번거로움이 따르고, 둘째, 사기와 속임수로 말미암아 순도를 재기가 어려웠다. 이러한 폐해를 방지하고 교환을 쉽게 하려고 주조화폐가 태어났다. 이렇게 주조된 화폐는 순도가 보장되었으나 중량을 확인할 수가 없었다.

잉글랜드의 고대 색슨 국왕들은 수입을 화폐가 아닌 실물, 즉 모든 종류의 음식물이나 식품으로 받았다고 한다. 윌리엄 정복왕은 이것을 화폐로 지불한다는 습관을 도입했다. 그렇더라도 이 화폐도 오랫동안 개수에 의해서가 아닌 중량에 의해 국고로 수납되었다. 이러한 금속류의 무게를 정확하게 재는 것이 불편하고 어려운 것이 주조화폐제도를 가져온 것이다. 주조화폐에는 순도만이 아니라 무게까지 찍혀져 무게를 다는 수고 없이 개수로 주고받았다(김석환 · 김일곤, 1972a).

2. 중국 법가의 사유재산 관념

중국의 법가(法家) 신도(愼到)는 말하였다. 토끼 한 마리가 앞에서 뛰면 그 뒤를 100명이 쫓을 수 있는데, 이는 토끼 한 마리를 100인분으로 나눌 수 있어서가 아니라, 이 토끼가 누구의 소유인지 확정되지 않아 누구나 토끼를 자기 것으로 만들 수 있기 때문이다. 토끼를 파는 사람은 거리에 가득하지만 도적은 감히 갖지 못하는데, 이는 토끼가 누구의 명분에 속하는지 이미 정해져 있기 때문이다. 그러므로 명분이 정해지지 않으면 요, 순, 우, 탕도 뒤쫓을 수 있으며, 명분이 정해지면 아무리 가난한 도적이라도 함부로 가져가지 못한다. 성인이 법령을 제정하고 관리를 두는 것은 실제로는 명분을 정하는 일이다.

중국의 법가 상앙(商鞅)은 이렇게 말하였다. "정책과 법령은 백성들의 생명이자 나라의 근본입니다. 100여 명이 한 마리의 토끼를 쫓는 것은 토끼 한 마리가 100개로 변할 수 있어서가 아니라, 토끼의 소유권이 아직 확정되지 않았기 때문입니다. 토끼를 파는 사람은 시장 곳곳에 있지만 도둑들이 제멋대로 가져가지 못하는 것은 소유권이 이미 명확하기 때문입니다. 따라서 명분을 확정(소유권의 해결)하는 것은 나라를 다스리는 기본원칙이라는 것을 알 수 있습니다. 명분이 확정되지 않고 소유권이 명확하지 않으면 반드시 혼란이 일어나게 됩니다(장순용, 2003).

3. 로마인의 소유권 의식

로마의 하드리아누스 황제(117~138 재위)는 로마법 대전을 편찬하였는데, 여기에 흥미로운 사례가 있다. 땅에 묻혀 있던 금품이 발견되었을 경우 발견자의 소유지에서 발견된 금품의 소유권은 발견자에게 있다. 공유지의 경우 이전에는 당해 땅의 주인인 국가나 지방자치단체가 소유권을 갖도록 되어 있었지만 이후에는 소유자와 발견자가 소유권을 양분하도록 하였다. 또한 타인의 소유지인 경우에도 거기서 금품을 발견한 사람과 토지 소유자가 소유권을 반씩 나누어 갖게 되었다(김석희, 1995).

4. 천시지리(天時地利)

중국 제나라의 국(國)씨란 사람은 큰 부자였고, 송나라의 향(向)씨란 사람은 몹시 가난했다. 그래서 향씨는 제나라로 가서 국씨에게 부자가 되는 비결을 가르쳐 달라고 부탁했다. 그러자 국씨는 이렇게 대답했다.

"나는 교묘하게 도둑질을 했을 뿐이오. 도둑질한 덕분에 첫해는 그럭저럭 지낼 만하게 되었고, 2년째에는 제법 편하게 되었으며, 3년째에는 아주 풍부하게 되었지요. 그리고 나서 차츰 이웃사람, 이웃마을까지 유복하게 만들어 주게 되었던 겁니다."

향씨는 그 말을 듣고 어찌나 기뻤던지 국씨가 도둑질했다는 그 말만을 믿고 그것이 어떤 도둑질이었나도 알아보지 않은 채, 마침내 남의 집 담을 넘고 벽을 뚫어 닥치는 대로 마구 도둑질을 했기 때문에 얼마 안 가서 절도죄로 훔쳐온 것은 물론 가지고 있던 것마저 다 빼앗기고 말았다. 향씨는 국씨에게 속았다는 생각에서 다시 그를 찾아가 원망을 늘어놓았다. 그러자 국씨가, "대관절 당신은 도둑질을 어떻게 했소?" 하고 묻자 향씨는 사실대로 들려주었다. 그의 말을 듣자 국씨는 이렇게 이야기했다.

"저런! 당신이 그토록 도둑의 도리를 엉뚱하게 생각할 줄이야. 내 자세히 설명하리다. 대개 하늘에는 천시(天時)란 것이 있고, 땅에는 지리(地利)란 것이 있소. 나는 그 천시와 지리를 훔치고, 비와 이슬의 습기와 산과 못의 물건들을 훔쳐다가 농사를 짓고 곡식을 기르며, 담을 쌓고 집을 세웠던 거요. 또 뭍에서는 날짐승을 훔치고, 물에서는 물고기와 자라들을 훔쳐다가 식량을 만들었던 거요. 모든 것이 도둑질 아닌 것은 없었소. 즉, 곡식이든, 흙과 나무든, 날짐승과 물고기든, 모두가 하늘이 만들어 낸 것으로 본래 내가 가진 것은 아니었소. 그러나 하늘이 만든 것은 훔쳐 와도 재난을 당하지는 않는 법이오. 하지만 금은보화 따위는 사람들이 만든 것으로 본래 하늘이 준 것은 아니오. 당신은 그걸 훔치고 죄를 받은 것이므로 남을 원망할 수는 없는 일이요"〔김학주, 1972: 천서(天瑞)편〕.

초정(楚亭) 박제가(朴齊家, 1750~1805)가 지은 《북학의》(北學議) "재부론"(財富論)에 나오는 글이다.

"이재(理財)를 잘하는 사람은 위로는 천시(天時)를 잃지 않고, 아래로는 지리(地利)를 놓치지 않으며, 가운데로는 사람이 할 일을 잃지 않는다. 기물을 편리하게 사용하지 못하여 남들이 하루에 할 일을 나는 한 달 두 달 걸려 한다면 이것은 천시를 잃는 것이다. 밭 갈고 씨 뿌리는 방법이 잘못되어 비용은 많이 들었는데 수확이 적다면 이것은 지리를 놓치는 것이다. 상인들이 교역하지 않고 놀고먹는 자들이 날로 많아진다면 이것은 사람이 할 일을 잃는 것이다. 우리가 이상 세 가지 조건을 모두 잃은 것은 중국을 배우지 않은 결과이다"(안대회, 2003).

5. 남의 아내와 자신의 아내

초나라 사람으로 아내를 둘 거느리는 사람이 있었다. 어떤 사람이 그 중 나이 많은 여자를 꾀려고 했더니, 그녀는 욕을 마구 퍼부었다. 그래서 이번엔 젊은 여자에게 말을 걸었는데 금세 솔깃해 했다. 얼마 후 여자들은 영감이 죽었기 때문에 떳떳이 시집을 갈 수 있게 됐다. 그래서 어떤 사람이 지난번 욕심을 부리던 사람에게, "이젠 마음대로 골라잡을 수 있게 되었네. 나이 많은 편을 취하려나, 적은 편을 취하려나?" 하고 물어 보았다. 그랬더니 그는,

"나이 많은 편을 얻고 싶네" 하는 것이었다.

"나이 많은 여자는 자네를 욕했고, 젊은 쪽은 자네를 좋아하지 않았나. 그런데 어째서 나이 많은 편을 얻으려 하는가?"

"남의 손에 있는 동안엔 내게 끌리는 여자를 얻을 수밖에 없지만, 이제 내 아내가 될 바엔 나를 위해 남을 꾸짖어 주는 쪽이 바람직해서 하는 이야기일세"〔김전원, 1991: 진・혜문군(秦・惠文君) 편〕.

6. 사유재산에 대한 주인의 관심

중국 명나라 때 이형(異形)이란 사람이 근현(覲見)의 현령으로 있을 때 일어난 사건이다. 야채농사를 지어 시장에 내다파는 한 농부가 있었다. 그런데 그가 심은 가지가 제대로 자랐을 때, 이웃이 그것을 몰래 따서 시장에 내다 팔았다. 이웃을 도적이라고 확신한 농부가 가지를 빼앗으려고 하자 농부와 이웃 사이에 다툼이 벌어지게 되었다. 마침내 두 사람은 관청에 소송을 걸었다.

현령 이형은 이웃이 가져온 가지를 마당에 쏟아놓고 웃으면서 말했다. "자네는 정말로 도적이군. 만약 자기가 심은 가지라고 한다면, 어찌 이렇게 방금 자란 가지를 딸 수 있겠는가? 또 이렇게 작은 것까지

모조리 딸 수 있단 말인가?"

가지를 훔쳤던 이웃은 말문이 막혀서 죄를 인정하고 말았다. 천시와 지리를 훔치지 않고 남이 만든 재물을 훔친 죄과다.

이혜(李惠)란 자가 제비들이 둥지 다툼을 하는 것을 재판한 일이 있는데, 이것 역시 위의 사례와 같은 것이다. 관청의 처마 아래서 제비들이 둥지 다툼을 한 지 벌써 여러 날이 되었다. 자사(刺史) 이혜는 사람을 보내 제비둥지를 가는 대꼬챙이로 톡톡 치게 했다. 그랬더니 제비 한 마리는 날아갔지만, 다른 한 마리는 그대로 남아있었다. 그러자 이혜는 웃으며 말했다.

"남아있는 제비는 자기가 둥지를 틀었으니 둥지가 견고하다고 믿기에 날아가지 않는 것이고, 날아간 제비는 그런 믿음이 없기에 겁을 먹고 달아난 것이다." 부하들은 모두 그의 견해에 탄복했다 한다.

명나라 때 소수민족 부락의 추장들에게 주는 관직을 토관(土官)이라고 칭했는데, 토관이란 관직은 심사를 거쳐 후대에게 세습적으로 물려줄 수 있었다. 그런데 그 세습을 심사하여 시인하는 절차가 번거로운데다가, 심사관들이 뇌물을 많이 받아먹어서 토관들은 조정의 관리들을 욕하고 심지어는 분노를 못 이겨 반란까지 일으켰다.

이에 호세령(胡世寧)은 다음과 같은 영을 내렸다. 토관이 아들을 낳으면 즉시 소속 군이나 주에 보고해야 하며, 세습을 할 자제가 열 살이 넘으면 매달 초하루와 보름날 혹은 장날에 부형들이 데리고 와 태수를 배알해야 한다. 태수는 그 애의 나이와 외모를 기억했다가, 부형이 사망하면 그 세습을 즉시 승인하고 그 이름을 조정에 알려야 한다. 토관들은 그 영을 보고 모두 기뻐했다고 한다(이원길, 2004).

제5장

사유재산과 정부 그리고 사회주의의 비현실성

루드비히 폰 미제스[1)]

사회주의 경제의 가능성에 대하여 반대하는 결정적 이유는 경제적 계산이 불가능하다는 데 있다.

▪ 요 약

사유재산은 국가로부터 개인을 자유로워지도록 만든다. 그래서 역사적으로 정부는 자신의 권위가 방해받지 않으려고 사유재산에 제한을 가하고 통제하였다. 동시에 재산권을 공격하면 정치적으로 이점이 있는 까닭에 토지와 자본의 소유자들을 반대하도록 대중을 선동시키기도 쉬웠다. 그래서 자유주의적 정치가들도 정권을 잡고나면 사유재산에 대해 억압적 제한을 가한다.

정부의 학대, 저술가와 도덕주의자 및 교회와 종교의 선동, 그리고 대중들의 질시에도 불구하고 사유재산제도는 살아남았다. 사유재산을 바탕으로 하지 않고서는 사회가 실행될 수 없는 데에도 여전히 사유재산제도를 인정하기를 거부하는 사람들이 있다.

1) 루드비히 에들러 폰 미제스는 유대인이라는 이유로 오스트리아 빈대학에 교수가 되지 못해 공무원으로 일하다가 1940년 나치독일을 피해 미국으로 망명한 후 뉴욕대학에서 초빙교수를 역임하였다. 그는 경제학에 오스트리아학파를 탄생시키는 데에 기여하였다. 이 글은 "Private Property and the Government and the Impracticability of Socialism," *The Free and Prosperous Commonwealth*(1960), 이지순 역, "사유재산과 정부, 사회주의의 비현실성,"《자유주의》(한국경제연구원, 1988), pp. 122~131에서 발췌하였다.

사회주의는 사유재산을 바탕으로 하는 자본주의 사회에서와 같이 사람들이 똑같은 열의로 노동하지 않는 현실을 우려한다. 자신에게 돌아갈 몫이 일정하게 주어져 있으므로 게으름을 피우더라도 지장이 없다는 믿음이 사회 전반에 퍼져 생산성을 떨어뜨린다.

자본주의에서 사람들은 이질적 재화와 서비스의 가치를 동질의 측정 단위인 화폐로 계산할 수 있다. 그러나 사회주의 사회에서는 이질적 재화와 서비스의 생산비용을 공통의 척도로 환원할 수 있는 수단을 갖고 있지 않다. 공통의 척도로 환산할 수 없는 이 경제적 계산의 불가능성이야말로 사회주의가 실현될 수 없는 근거이다.

1. 사유재산 대 정부

모든 정치권력에 있는 사람들, 모든 정부, 모든 왕, 모든 공화주의 권력들은 항상 사유재산을 비난하였다. 정부권력자들은 사유재산이 작동하는 데 제한을 가하고 또한 가능하다면 그 영역이 확대되지 않도록 유도하려는 고유한 경향이 있다. 자신의 권위가 방해받지 않고, 모든 것을 통제하여, 모든 일이 저절로 일어날 여지를 남기지 않도록 하는 것이야말로 모든 지배자가 은밀하게 달성해보려고 한 목표이다. 다만 사유재산만이 지배자가 바라는 목표에 동참하지 않았다. 사유재산은 개인으로 하여금 국가로부터 자유로워지는 상황을 만든다. 그것은 권위주의적 의지에 제한을 가한다. 사유재산은 다른 세력과 함께 정치권력에 대항한다. 그래서 사유재산은 국가가 취하는 폭력적 간섭으로부터 자유로운 모든 행동의 바탕이 된다. 그것은 자유의 씨가 성장하는 토양이며, 개인의 자율과 궁극적으로 모든 지적 및 물적 진보가 뿌리를 내리는 토양이다. 이러한 의미에서 사유재산은 개인의 발전을 위해 기본적으로 필요로 하는 전제조건이라고 불렸다.

지금까지 생산수단에 대한 사유재산제도가 자유롭게 발전하고 작동하도록 자발적으로 지원한 정치세력은 없었다. 정부가 그렇게 할 수밖에 없을 때에는 사유재산제도를 너그럽게 인정해주었다. 그러나 이를 자발적으로 필요로 한다고까지 인정하지는 않았다. 심지어 자유주의 정치가들조차 권력을 잡고나면 그들의 자유주의 원리를 뒷전에 물러나게 하였다. 사유재산에 대해 억압적 제한을 부과하고, 정치적 힘을 남용하며, (정부주권을 넘어선) 외부에서의 자유로운 부문을 인정하기를 거부하는 경향은, 정부에 대항하여 자발적으로 저항하는 세력에 대항하여, 정부기구를 강제와 강요의 수단으로 통제하는 사람들의 사고방식에 너무 깊이 뿌리내렸다. 자유주의 정부는 용어와는 달리 모순이다. 정부는 사람들의 만장일치된 의견의 힘에 의해 자유주의를 채택하도록 하여야 한다. 왜냐하면 정부가 자발적으로 자유주의적으로 되기를 기대할 수는 없기 때문이다.

모두 동등하게 부유한 농부들로만 구성되어 있는 사회에서 무엇이 통치자들로 하여금 백성들의 재산권을 인정하도록 강요하는지는 이해하기 쉽다. 그러한 사회질서에서는 재산에 관한 권리를 빼앗기 위한 모든 시도는 즉시 정부에 반대하는 모든 주체들(국민, 백성)의 공동전선의 저항에 부닥칠 것이고 그래서 나중에 실패하게 될 것이다. 그러나 그 상황은 농업생산뿐만 아니라 산업생산이 이뤄지는 사회에서는 본질적으로 다르다. 특히 산업, 광업, 무역에 대규모로 투자하는 대기업들을 포함하는 사회에서는 그러하다. 그러한 사회에서는 정부를 장악하는 사람들이 사유재산을 반대하는 행동을 취할 가능성이 대단히 높다. 사실 재산권에 대해 공격하는 것만큼 정부에 정치적 이점이 있는 일은 없다. 왜냐하면 항상 토지와 자본의 소유자들을 반대하도록 대중을 선동시키기란 쉬운 일이기 때문이다. 그래서 옛날부터 모든 절대군주와 독재자 및 압제자들은 자본계층에 반대하는 사람들과 동맹하는 것이 그들의 생각이었다.

그러나 모든 학대에도 불구하고 사유재산제도는 살아남았다. 모든 정부의 엄한 시련, 저술가나 도덕주의자 및 교회와 종교가 선동한 악의적 투쟁캠페인, 그리고 대중들의 분노(그것 자체도 질시하는 본능에 깊이 뿌리박혀 있다)도 사유재산제도를 무너뜨리지 못하였다. 생산과 분배를 구성하는 다른 방법으로 그것을 대체하려는 모든 시도는 즉시 어리석은 짓이라고 지적되어 채택하기 불가능한 것으로 판명되었다. 사람들은 사유재산제도가 필요불가결한 것이고, 그것을 좋아하든 아니든 간에 그것으로 돌아가야만 한다고 인정해야만 했다.

모든 사실이 이러함에도 불구하고 사람들은, 생산수단을 사유재산제도로 회귀하는 이유가 사회에서 인간생활의 목적과 필요를 제공하는 경제구조가 원리적으로 사유재산을 바탕으로 하지 않고서는 실행할 수 없다는 사실에 기초를 두고 있다는 점을 인정하기를 여전히 거부하고 있다. 그동안 사람들은 그들이 속한 이데올로기, 즉 사람들이 당분간 충분하게 윤리적으로 진화하지 않는 이상 사유재산이 악이더라도 함께 살아가야만 한다는 믿음을 자신으로부터 제거시킬 수가 없었다. 정부는 자신의 의도와는 반대로, 그리고 권력을 가진 모든 조직이 갖는 본원적 성향과는 반대로 사유재산의 존재와 화해하지만 다른 한편으로 여전히 사유재산에 적대적인 이데올로기를 외부적으로나 자신의 생각 내에 계속 완고하게 고수하고 있다. 정말로 그들은 사유재산을 반대하는 것이 원칙적으로 옳다고 생각하고, 이로부터 자신들이 벗어나는 것은 그들 자신이 약하다거나 힘 있는 집단들의 이해를 고려한 때문이라고 생각한다.

2. 실현될 수 없는 사회주의

사람들은 사회주의가 비현실적이라고 생각하기를 꺼려하는데, 그 이유는 사회주의 사회가 필요로 하는 도덕성의 양이 인간에게 결핍되어 있다는 사실을 인정하여야 하기 때문이다. 사회주의하에서 대부분의 사람들은 생산수단이 사유재산을 바탕으로 하여 이뤄지는 자본주의 사회에서와 같이 하루 작업한 만큼의 그들에게 할당된 의무와 과제의 성과에 대해 똑같은 열의를 드러내지 않는 현실을 우려한다. 자본주의 사회의 모든 개인들은 그의 노동의 열매는 즐겨야 할 그 자신의 몫이고, 자신의 노동이 크고 작음에 따라 수입이 증가하고 감소한다고 생각할 것이다. 사회주의 사회에서는 모든 개인들은 자신의 노동효율에 의존하지 않는다. 왜냐하면 어떤 상황에서든 총산출량에서 자신에게 돌아갈 몫이 일정하게 주어져 있고, 그 몫이 누군가 한 사람이 게으름을 피운다고 하여 상당히 줄어들 것이라고 생각하지는 않을 것이기 때문이다. 우려하는 바이지만, 만약 그러한 믿음이 사회 전반에 퍼진다면 사회주의 사회에서의 생산성은 상당히 떨어질 것이다.

이와 같은 결함으로 사회주의가 완벽하다는 이야기에 대한 반대가 증가하지만 문제의 핵심에 도달한 것은 아니다. 사회주의 사회에서도 자본주의 시스템에서처럼 작업장에서 동료들과 똑같이, 경제적 계산에 의한 각 노동자들의 일을 완수하는 것이 확인가능하다면, 실행가능한 사회주의가 되기 위해 모든 개인의 선의에 의존할 필요는 없을 것이다. 사회는 적어도 개인이 생산에 기여한 정도에 따라 할당되어야 할 몫을 결정하는 제한된 지위에 머물 것이다. 그런데 불행하게도 사회주의에서는 이런 종류의 계산이 불가능하다는 사실이 사회주의를 실현불가능하도록 만든다.

자본주의체제에서 경제적 타당성에 대한 계산은 사업가가 경영하는 기업이 부여받은 환경하에서 가장 효율적인 방법으로, 환언하여 생산요소를 최소의 비용으로 기업을 운영하는가 아닌가를 알려주는 지표로 구성된다. 만약 사업이 이윤을 내지 못한다면, 이는 사업에 필요로 하는 원자재와 반제품 및 노동이 결국 다른 기업에 의해 고용된다거나, 소비자의 입장에서 본다면 보다 더 경제적인 방법으로 이용된다는(자본과 노동을 적게 사용한다) 것을 의미한다. 예를 들면, 방적이 수익성이 없다면, 이것은 자본과 노동의 산출고가 결과적으로 동일한 투입물이 다른 부문에서 생산하여 만들어낸 산출고보다 작다는 것을 의미한다.

만약 새로운 사업을 계획한다면 이윤이 날지, 어떤 방식으로 생산할지를 미리 계산할 수 있다. 예를 들어, 철도를 부설한다면 기대되는 교통량과 하물수수료율의 지불능력을 추정하여 사업에 투자한 노동과 자본이 수지를 맞출 수 있을는지를 계산할 수 있다. 만약 수지를 계산한 결과 철도부설에 따른 수익성이 없다고 판단되면, 이는 철도부설에 투하할 자본과 노동을 고용하려는 보다 더 긴박한 다른 부문이 있고, 철도부설에 지출할 수 있을 만큼 아직 성숙하지 않았다는 것을 의미한다. 그러나 문제는 남는다. 수익이 결정적으로 나야만 철도를 부설하여야 하는가이다. 기업가가 사업을 수행함에서 경제적 계산은 모든 단계를 통제하는 첫 단계이다.

합리적 생산을 가능하게 만드는 자본가의 경제적 계산은 모두 화폐로 표시되는 계산에 기초를 둔다. 시장에서의 모든 재화와 서비스의 가격은 화폐로 표시될 수 있는 까닭에 사람들은 재화와 서비스가 이질적인데에도 동질의 측정단위로 계산에 들어갈 수 있다. 모든 생산수단을 사회가 소유하는 사회주의 사회에서는 시장이 없고, 재화와 서비스의 교환이 없으며, 따라서 재화와 서비스의 가격도 없다. 그러한 사회주의 조직에서는 당연히 사업을 합리적으로 경영하는 수단이 결여되어 있고 마찬가지로 경제적 계산이 결여되어 있다. 왜냐하면 이질적 재화와 서비스를 공통으로 측정하는 단위가 존재하지 않아 경제적 계산이 불가능하기 때문이다.

함께 간단한 예를 생각해보자. 철도건설에서 A와 B 등 여러 가지 루트를 생각할 수 있다. 철도는 산을 넘어 부설할 수도 있고, 산을 돌아서 부설할 수도 있으며, 또 산에 터널을 뚫어 부설할 수도 있다. 자본가의 사회에서는 어느 노선이 이윤이 가장 높은가를 계산하기란 쉽다. 3개의 철도를 건설하는 데 소요되는 건설비를 각각 확인하고, 각 철도로부터 예상되는 운영비용을 확인한다. 이러한 방법으로 가장 이윤을 남기는 철도를 결정하는 일이란 그다지 어렵지 않다. 사회주의 사회에서는 이러한 계산을 할 수가 없다. 모든 이질적 재화와 서비스의 양과 질을 자본주의 사회에서처럼 고려할 수 있는 표준적 공통척도 단위로 환산할 수 있는 방법이 없다. 일반적으로 매일 발생하는 경영의 문제에 대해 사회주의 사회는 속수무책이다. 왜냐하면 계산할 수 있는 방법이 없기 때문이다.

오늘날 자본주의 이전의 세상보다 더 많은 사람들이 거주하도록 지구를 번성하게 만든 것은 자본의 긴 우회생산 덕분이고, 그렇게 하려면 화폐적 계산을 필요로 하였다. 사회주의 사회에서는 이것이 불가능하다. 사회주의를 주장하는 사람들은 여전히 가격 및 화폐적 계산을 하지 않고서도 경영할 수 있는가를 보여주고자 노력하였으나 그들의 모든 노력은 실패하고 말았다.

생산수단의 개인소유의 결핍 때문에 완전한 사회주의적 경제체제에서 화폐적 계산은 불가능할 것이다. 시장에서 자본재의 교환이 없을 것이고 따라서 화폐가치와 화폐재산도 없을 것이다. 그러므로 순수 사회주의 사회는 사업을 경영하는 데 있어 생산하고자 하는 모든 이질적 재화의 생산비용을 공통의 척도로 환원할 수 있는 수단을 가지고 있지 않다.

이것은 절약에 대해 지출을 맞추는 것에 의해 성취될 수도 없다. 만약에 다양한 계급의 노동시간, 철, 석탄, 모든 종류의 건축재료, 기계, 그리고 다른 기업의 운영과 경영에 필요한 다른 모든 것을 공통의 척도로 환원할 수 있는 수단이 없다면 사람들은 계산할 수가 없다. 계산은 모든 상품을 화폐용어로 만들 때에만 가능하다. 물론 화폐계산은 결함이 있고 불완전하다. 그러나 우리는 그것을 대신할 더 좋은 것을 아직 찾지 못했고, 영원히 찾을 수 없을지도 모른다. 화폐체계가 건전하다면 삶의 실제적 목적은 충족된다. 만약 우리가 화폐계산을 포기한다면 모든 경제적 계산은 완전히 불가능할 것이다.

이것이 경제가 사회주의 사회의 가능성에 대하여 반대하는 결정적 이유이다. 모든 기업, 지주, 생산자와 소비자인 노동자들이 시장가격을 형성하는 데 협력하는 노동의 지적 분업 없이 지내야만 한다. 그러나 그것(가격) 없이는 합리성, 다시 말해 경제적 계산의 가능성은 생각할 수도 없다.

▪ 사례 이야기

1. 경제적 동기의 상실이 집산주의를 멸망으로 이끌었다

집산주의 농업은 농민들에게 경제적 동기를 부여하지 못하고 농민을 비효율의 거대한 함정에 빠뜨렸다. 시장요소를 무시한 것은 물론이거니와 효율적 유통망에 대한 필요성조차 소홀하였다. 레닌은 맑스처럼 물품이나 식량을 생산하는 사람만이 '정직한' 노동자라고 믿었다. 중개상은 모두 기생충이었다. 레닌은 그들을 '장물아비', '도둑', '약탈자', '경제적 악한'이라고 비난했다. 이런 태도는 소비에트체제에서도 지속되었고, 동유럽이나 집산주의 소비에트체제가 이식된 아시아, 아프리카, 라틴아메리카에까지 파급되었다. 결과는 대부분 비참했다.

집산주의 농업의 전형적 실패는 소련에서 찾아볼 수 있다. 1914년까지 농업이 근대화되고 많은 농민이 농장을 비교적 효율적으로 운영하던 러시아는 세계 최대의 농산물 수출국이 되었다. 농산물 중 최대 40%까지 해외에 수출했다. 그러나 레닌 아래서 소련은 농산물 순수입국이 되었다. 식량부족은 해가 갈수록 심해졌다. 스탈린의 집산주의 정책은 살상과 기아로 인한 죽음을 가져왔다.

소련만 분별없는 교리에 빠져 있었던 것은 아니다. 1930년대 주요 식량수출국이었던 폴란드는 농업집산화를 시행하지 않았음에도 불구하고 식량수입국이 되었다. 제 3세계 국가의 농업에서도 집산주의의 영향이 미쳤다. 수카르노의 인도네시아는 쌀을 더 이상 수출하지 못하는 나라가 되었다. 사회주의 미얀마 역시 쌀 순수입국이 되었다. 가장 불행한 사례는 식민지를 벗어난 뒤의 아프리카였다. 아프리카의 지도자들은 사회주의 농업실험에 착수했다. 가나는 가장 부유한 아프리카 영토에서 가장 가난한 아프리카 국가가 되었다.

1990년대가 되자 가난한 아프리카 국가에 있는 지배계급의 엘리트들이 일종의 자가학습의 과정을 통해 무지에서 깨어나기 시작했다. 모잠비크는 1988년 집산주의 경제에서 벗어나 시장제도로 돌아갔고, 예전에 추방했던 서방기업들을 다시 불러들이기 시작하였다(조윤정, 2008).

2. 자본주의 문명의 우세를 일찍이 예언한 토인비

1917년 러시아에서 볼셰비키 혁명이 일어난 이후 레닌이나 스탈린을 포함한 러시아의 지배자들이 초인적 에너지를 기울여 서구자본주의를 대상으로 비난을 퍼붓자, 토인비는 그들이 비난하는 바로 그 문명(서구자본주의)이 러시아에서 승리를 확보할 수 있도록 하기 위하여 그들이 노력하고 있다고 꼬집었다. 즉, 그들은 장비는 미국적이고 혼은 러시아적인 새로운 사회의 창조를 꿈꾸는데, 이것은 유물사관을 신조로 하는 정치가가 꾸는 꿈으로서는 매우 기묘한 꿈이라고 지적하였다.

맑스주의의 원리에 의하면 러시아의 농민이 미국의 기계공과 같은 생활을 하게끔 교육받는다면 그들은 미국의 기계공과 똑같이 생각하고 똑같이 느끼며 똑같은 것을 바라게 될 것이다. 토인비는 '현재 러시아에서 우리가 목격하는 이 레닌의 이상과 포드의 방법(대량생산방식) 사이의 줄다리기 경주에서 머지않아 러시아 문명에 대한 서구문명의 우세가 역설적으로 확립될 날이 도래할 것으로 기대하여도 좋다'고 확신하였다(이태영, 1972).

3. 주인마음과 머슴마음은 다르다

'김 매는 주인은 놉 일꾼 아흔아홉 몫을 한다'는 속담이 있듯이 주인과 머슴은 다르다. 김우중 전 대우그룹회장도 주인의식과 머슴의식 사이에 나타나는 차이로 사회주의 국가의 경제체제가 실패로 돌아갔음을 지적한다.

> "도시에서 자라난 사람은 잘 모르겠지만, 벼를 심어 놓은 논에는 '피'라는 잡초가 함께 자란다. 농부들은 논에 나가 피를 뽑아주어야 한다. 그래야 벼가 잘 자라기 때문이다. 그런데 주인이 머슴에게 '논에 나가서 피를 뽑으라'고 시키면 머슴은 하루 종일 논에서 일하고 돌아오지만, 이튿날 주인이 논에 나가보면 여전히 피가 눈에 띈다. 몇 번을 보내도 마찬가지이다. 그러나 주인이 몸소 나가서 한 바퀴를 돌고 나면 피를 볼 수가 없다.
>
> 왜 그럴까? 주인은 자기 논이므로 정성껏 일하지만, 머슴은 자기 논이 아니기 때문에 건성으로 일한 것이다. 차이는 주인이냐 머슴이냐에 달려 있다.… 오늘날 사회주의 경제체제가 실패로 돌아가는 것도 따지고 보면 주인의식과 관련이 크다. 개인소유를 인정하지 않는 사회에서는 모두가 머슴일 수밖에 없기 때문이다.
>
> 우리 주변에서 보면, 자기 일은 물론 남의 일까지도 척척 알아서 잘하는 사람이 있는가 하면, 반대로 남의 일은커녕 자기 일조차 시키지 않으면 하지 않는 사람이 있다. 이것은 자기를 주인으로 의식하느냐 머슴으로 의식하느냐의 차이에 있다"(김우중, 1989).

제6장

사유재산과 자유 그리고 서구사회

제임스 가트니[1)]

정부가 사유재산을 보호하는 일을 넘어 소득과 재산을 적극적으로 배분하는 일에 매달린다면 보다 더 많은 자원이 지대를 추구하는 곳으로 흘러들어가게 된다.

▪ 요 약

최근 정부의 과도한 세금, 복지이전수당, 그리고 각종 규제로 사유재산권이 퇴색하고 있다. 소유권에는 공유, 국유, 사유가 있는데, 공유는 경제적 낭비를 초래하고, 국유는 개인 대신에 정치가 지배한다. 초기 미국의 지식인들은 사유재산권을 보호하는 일이야말로 개인의 다른 자유도 보호하는 일과 서로 얽혀 있다고 생각하였다. 또한 사유재산권은 경제적 힘이 소수의 몇 사람에게 집중되는 것을 막아 독재를 막을 수 있고, 힘의 남용을 막을 수 있다고 생각하였다.

사유재산제도는 사람들로 하여금 행동에 책임을 지도록 하여 현명하게 이용하도록 인도하며, 유리한 방향으로 자원이 사용될 수 있도록 권장하고, 미래를 위해 자원을 보존하도록 권장하며, 궁극적으로 희소성 문제를 해결한다. 사유재산제도가 들어서면서 인류는 물질적 진보를 이뤄냈다.

1) 제임스 가트니(James Gwartney)는 미국 플로리다주립대학에서 경제정책을 가르치는 교수이며, 미국의회 경제위원회 멤버로 활동한 바가 있다. 이 글은 "Private Property, Freedom and the West," *The Intercollegiate* (1985 봄/여름호)에서 발췌, 번역하였다.

사유재산 대신에 정치가 끼어들면 특수이익집단이 선호하는 단견의 정책을 채택하도록 이끌며, 개인과 집단으로 하여금 생산보다 분배와 보호활동에 매달리도록 유도한다. 그리고 시장과정이란 부자들과 함께 보통사람들의 경제적 지위도 상승시킨다는 점에서 사유재산제도가 부자들에게만 유리하게 작용한다고 비난하기 어렵다. 미국에서 정부의 소득이전으로 수혜자들에게 삐뚤어진 인센티브 구조만을 심어주고 그들이 가난에서 벗어날 수 있는 기회를 빼앗았다.

1. 서 론

서양문명에서 사유재산권에 대한 보호가 개인의 자유를 보존하는 데 중요한 역할을 수행하였다. 개인에게 자신의 재산에 대한 안전한 소유권이 없었다고 한다면 생명을 보존하기 위해 왕이나 군주, 그리고 정부에 의지하는 일이 불가피하였을 것이다.

최근 20년간 서양에서 사유재산권의 중요성이 줄어들고 있다. 과도한 세금, 복지이전수당, 각종 규제, 관료주의적 명령 등이 소유권을 좀먹고 있다. 대신 정치적 과정, 즉 정부소유와 통제가 사유재산권과 소유권의 자연적 성장으로 태어난 시장을 대체하면서 계속 늘어가고 있다.

사유재산권의 중요성이 줄어드는 시기가 이론적 발전과 경제적 결과 사유재산권이 중요하고 이를 강화시켜야 한다는 시기에 이뤄지고 있다는 사실은 역설적이다. 사유재산권은 선조들이 확인하였듯이 자유를 보호할 뿐만 아니라 보다 나은 경제적 성과를 제공한다는 증거가 쌓여가고 있다. 이에 반해 정부소유는 인센티브 구조를 왜곡시켜 정치적 다툼을 초래하여 값진 자원을 낭비하도록 이끈다.

2. 소유권의 세 가지 종류

소유권이란 누가 통제할 권한이 있고, 그로부터 누가 이득을 얻을지를 지정한다. 세 가지 종류의 소유권이 있는데, 그것은 ① 공유, ② 사유, ③ 국유이다.

공유재산권은 누구나 자신이 원하는 바대로 자원을 사용할 수 있는 권리가 있는 제도를 말한다. 어느 누구도 배타적 권리(권한이 없는 타인의 사용을 금지시키는 권리)가 없다. 자원을 이용하는 각자가 자원사용에 따라 수반되는 비용을 거의 부담하지 않기 때문에 각자는 다른 사람이 사용하기 이전에 이를 사용하려는 강한 욕망을 갖는다. 그에 따라 과도한 이용과 미래세대를 위한 보존이 결여된다는 것이 공유재산제가 갖는 한계이다.

일찍이 서양에서 들소의 역사는 공동소유권이 어떤 결과를 낳는가를 잘 보여준다. 사냥꾼들은 오늘 잡지 못한 들소가 내일 다른 사냥꾼에 의해 잡힐 것이라는 사실을 안다. 배타적 소유권이 없는 까닭에 동물의 미래번영을 위하는 방향으로 들소를 사냥하려는 인센티브도 결여되어 있다. 그 결과 들소 가죽을 위한 대량사냥과 종의 실질적 멸종으로 이어졌다. 공유재산권이 유토피아를 지향하는 사람에게 매력적으로 들릴지 모르나 개인들로 하여금 자신이 취한 행동에 대한 책임을 느끼지 못하도록 한다. 경제적 낭비와 파괴적 행동이 제도의 결과로만 남을 뿐이다.

공유재산권에 비해 사유재산권은 개인이나 개인집단이 다른 사람의 소유권을 침해하지 않는 한 자원을 이용하여 이로부터 이득을 취할 수 있는 배타적 권리가 부여된 것을 말한다. 각자는 자신의 소유권을 가지고 다른 사람의 소유권에 반하지 않는 한 자신이 원하는 대로 자유롭게 이용할 수 있다. 사유재산권은 자신의 소유물이 절도나 폭력(또는 폭력의 위협) 또는 다른 사람의 사기에 의해 절취되지 않도록 법적으로 보호한다.

끝으로 정부가 재산권을 소유할 수 있다. 정부소유권은 재산에 대한 권리를 정부가 직접 갖거나 또는 조세부과나 사유재산권에 대해 규제하는 간접적 방식으로 이뤄진다. 국유는 기술적으로 모든 국민이 소유하는 것처럼 보이지만 그렇다고 모든 사람이 이를 이용할 수 있는 권리가 있다는 것을 의미하지는 않는다. 공유재산권과 비교한다면 국유는 특정된 집단만이 배타적으로 이용할 수 있도록 하는 제도이다. 누가 어떻게, 그리고 어떤 조건으로 국유재산권을 이용할 것인지는 정치적 과정을 통해 이뤄진다. 근본적으로 국유는 개인 대신에 정부 공무원과 정치적 과정이 의사를 결정하는 제도이다.

3. 개인의 자유, 사유재산권, 그리고 서양문명의 지적 원천

16세기에 유럽의 인구가 늘어나자 토지가 상대적으로 희소해졌다. 방목지를 공유재산으로 하여 과도하게 방목시킨 결과 인클로저운동(*enclosure movement*)으로 이어지게 되었다. 동시에 군사적 기술의 발달로 말미암아 잠재적 침입자로부터 보호할 수 있는 영역의 적정규모도 확대되기에 이르렀다. 그 결과 개인을 보호하는 기관으로서 봉건적 질서를 대신하여 국가가 대두하게 되었다. 동시에 종교개혁의 영향을 받아 17세기에 들어서 개인은 다른 사람이 침해할 수 없는 권리가 신에 의해 주어졌다는 생각이 널리 퍼지게 되었다.

존 로크나 흄과 같은 사람들이 인간의 자유와 사유재산권, 그리고 정부의 역할에 대해 심각하게 숙고한 것도 이러한 배경에서 태어났다. 이들은 단지 고상한 신분으로 태어난 사람들뿐만 아니라 모든 사람들이 노동의 과실을 소유할 권리가 있고, 자산을 이용하여 즐길 수 있다는 견해를 전파하였다. 로크는 저서 《통치론》에서 "모든 개인은 상호의 생명과 자유, 내가 재산권(*property*)이라고 부르는 자산(*estate*)을 보존하려고, 이미 뭉쳐져 있거나 뭉치려고 하는 타인들과 사회에 함께 하기를 추구하고, 서로 어울리기를 바란다"고 말했다.

흄도 정부의 주요 기능이 개인의 소유물을 보호하고, 그리하여 자유와 질서를 제공하는 데 있는 것으로 인식하였다. 그가 1740년에 쓴 《인성론》(*Treatise of Human Nature*)에서 "재산을 구분하고 소유권을 확립하는 관습은 어떤 상황이 벌어지더라도 인간사회를 구축하는 데 있어 가장 필요로 하는 것이라는 데에 의심의 여지가 없다"고 주장하면서 사유재산권이 주어지면 사회는 안정과 조화를 이룩할 것이라고 주장하였다.

이러한 영국의 초기 철학자들의 사고는 제퍼슨(Thomas Jefferson), 애덤스(John Adams), 메디슨(James Madison), 그리고 다른 초기 미국 정치지도자들에게 영향을 미쳤다. 미국의 정치체제도 사유재산권이야말로 인간의 자유를 구축하는 터전이 되고, 정부의 기능이란 외국(국가방위)이나 국내의 침입자로부터 개인의 소유권을 보호해 주는 데 있다고 믿었다. 애덤스도 "소유권이야말로 자유와 마찬가지로 확실히 인류의 권리이다. … 소유권이 신의 법률과 같이 신성하지 않고 또한 이를 보호해줄 집행법률과 공공의 정의가 없다는 생각이 사회에 수용되는 순간, 무정부와 독재가 시작될 것이다"라고 지적하였듯이 사유재산권은 독재로 나아가지 않는 사회체제를 만들 것으로 확신하였다.

초기 미국의 지식인들은 개인의 자유와 재산을 소유할 수 있는 권리 사이에 상호 의존관계가 있다는 사실을 인식하고 있었다. 따라서 개인소유권이 보호되지 않고서는 다른 권리는 의미가 없다. 이러한 점을 인식하여 메디슨은 개인소유권을 보호한다는 것은 다른 개인적 자유를 보호하는 일과 서로 얽혀 있다고 주장하였다.

4. 경제적 힘을 분산시키는 사유재산권

사유재산권을 토대로 하는 시장조직은 평등을 실현한다. 각자는 자기의 돈을 자신이 원하는 소비재를 구입하는 데 지출한다. 마찬가지로 각자는 왕이나 군주 또는 정치적 다수의 허락 없이 자신이 원하는 사람에게 자신의 노동서비스를 판매할 자유가 있다. 그 결과 여러 소수집단들이 시장가격에 이끌려 여러 가지 종류의 재화를 선택하고, 여러 가지 생산적 용역을 공급함으로써 자유와 다양성을 낳는다.

이를 국유체제나 정치적 배분이 이뤄지는 체제와 한번 대비시켜 보자. 정치영역에서 다수가 모든 사람을 위해 결정한다. 예를 들어, 교육, 퇴직연금, 주거, 토지관리가 정치적 과정을 통해 제공된다면 사회를 지배하는 정치적 제휴자들이 선호하는 사업이나 서비스에 대한 대가를 치르는 것이 되어버린다. 개인의 의사는 다수의 의사에 양보하여야 한다. 그에 따라 소수의 의견이 묵살되기 때문에 사회적 갈등이 필연적으로 일어난다.

동시에 사유재산권은 경제적 힘을 분산시키게 하여 개인의 자유를 보호한다. 물론 힘은 소유를 동반한다. 토지 소유자는 자신의 토지를 주택지나 밀 농지나 주차장이나 다른 용도로 사용할 것인지를 결정할 수 있다. 석유채광권을 소유한 자는 석유를 지금 채굴할 것인가 아니면 미래에 채굴할 것인가를 결정할 수 있다. 사유재산권이 주어지면 그 힘이 수백만 명의 사람에게 분산되어 어떤 사람도 다른 사람에 대해 힘을 행사할 수 없다. 아주 부유한 재산가도 유사한 제품과 서비스를 기꺼이 제공하겠다고 하는 다른 재산가의 존재로 말미암아 자신의 힘을 사용하는 데 제한받는다.

연방정부가 최근 조사한 바에 따르면 미국인 전체의 2%에 해당하는 재산가들이 미국 재산의 28%를 소유하는 것으로 밝혀졌다. 언뜻 이 수치는 소수의 손에 엄청난 힘이 주어진 것처럼 보인다. 그러나 다시 한번 생각하면 이런 의문이 제기된다. 재산이 엄청난 것처럼 보이는 이 재산이 미국 내 160만 가구의 손에 주어져 있으나 이 가구들은 정치적 견해, 종교, 인종, 개인적 이해관계가 다양하다. 이들이 소득을 얻기 위해 다른 사람과 서비스를 교환하지 않으면 자신의 재산은 줄어들 것이다. 사유재산제도 대신에 국유제도가 채택되면 다른 사람의 생명에 대해 영향을 미치는 엄청난 힘이 소수 정치가들의 수중에 들어갈 것이다. 사유재산권이 갖는 중요한 미덕은 경제적 힘이 소수의 몇 사람에게 집중되는 것을 견제할 수 있는 능력을 가진다는 데 있다. 재산을 여러 사람이 분산하여 소유하면 독재를 막을 수 있고 힘을 남용하는 길을 막을 수 있다.

5. 사유재산권과 경제적 진보

초기 사유재산권을 지지하였던 사상가들은 이것이 개인의 자유를 확보하는 데 중요한 역할을 차지한다는 사실을 강조하였으나 경제이론은 사유재사권제도가 동시에 자원을 효율적으로 배분하고 경제를 급속하게 성장시킨다는 사실을 보여주었다. 생산이란 그냥 일어나는 것이 아니다. 인간의 의사결정이 생산적 활동에 제공되어 자원이 현명하게 이용되어 보다 나은 방법(비용을 절약하는)을 발견할 수 있도록 동기가 부여되어야 한다. 잘 정의되고 안정된 재산권이 경제를 발전시키는 주요 요인으로 다섯 가지를 들고 있다.

1) 사유재산권은 현명한 이용으로 인도한다

2천3백 년 전에 아리스토텔레스(Aristoteles)는 "다수에게 공통적인 것이 사람들로부터 가장 관심을 덜 받는다. 왜냐하면 사람이란 다른 사람과 공유하는 재산에 대해서보다 자신이 소유하는 재산에 대해 관심을 보다 크게 가진다"고 말하면서 사유재산의 중요성을 이야기하였다. 다른 부문에서도 그의 혜안이 적중되었지만 사유재산에 대한 그의 지혜는 오랜 시간을 거치면서 검증받았다. 재산소유자들은 자신의 재산이 어떻게 사용되어야 하는가에 대해 유별난 관심을 갖는다. 왜냐하면 재산이 손상을 입거나 남용되거나 오용되면 소유자들이 비용을 부담하기 때문이다.

흔히 공공주택보다 개인주택이 보다 잘 유지되고, 공설운동장보다 사설운동장이 보다 잘 보살펴지며, 공유지보다 사유지가 보다 효율적으로 이용되는 현실을 관찰할 수 있다. 이는 놀랄 일이 아니다. 개인소유자들은 사물을 보다 잘 보살피는데, 왜냐하면 무책임한 사용에서 오는 비용을 자신이 부담하여야 할 뿐만 아니라 동시에 현명한 사용에서 오는 이득을 자신이 거둬들일 수 있기 때문이다.

2) 사유재산제도는 사람들로 하여금 자신의 행동에 책임을 부담하게 하고 그리하여 전체 경제복지를 촉진시킨다

잘 정의되고 안정된 사유재산제도는 개인들로 하여금 다른 사람들에게 제공한 이득을 거둬들이게 하고 다른 사람들에게 끼친 비용에 대해 책임을 부담하도록 만든다. 사유재산제도가 있으므로 생산자들은 자원을 사용함에 따라 비용을 발생시키고 동시에 다른 사람들에게 부여한 이득(재화와 용역을 판매함으로써)을 포착할 수 있는 위치에 놓인다. 어떤 활동이 비용보다 이득을 보다 많이 낳으면 이윤을 찾는 기업가들은 이를 발견하여 진입하려는 인센티브를 갖는다. 다른 한편으로 비용이 이득을 상회하는 반생산적 활동을 회피하려는 인센티브를 갖는다. 사유재산제도는 의사결정자로 하여금 책임을 부담하게 한다. 애덤 스미스가 오래전에 이야기하였듯이 이 책임성이야말로 사유재산체계가 갖는 천재적 능력이다. 왜냐하면 이것으로 인해 개인적 이기심과 사회복지가 서로 조화를 이루기 때문이다.

3) 사유재산제도는 개인들로 하여금 다른 사람들에게 유리한 방향으로 자원이 사용될 수 있도록 권장한다

개인들은 ① 다른 사람들이 강하게 수요하는 기술을 개발하려고 하고, ② 다른 사람에게 가장 이득이 되는 방식으로 자원을 사용하려는 인센티브를 가지고 있다. 왜냐하면 그렇게 사용하여야 보다 많은 소득을 얻을 수 있기 때문이다. 사유재산제도하에서는 다른 사람들에게 이득을 주는 서비스와 자신의 소득 사이에 밀접한 관계가 존재한다. 다른 사람들에게 가장 많은 생산적 서비스를 제공하는 사람이 가장 많은 소득을 얻는다. 이에 반해 다른 사람들에게 적은 양의 서비스를 제공하는 사람은 적은 소득을 얻는다. 실질적 의미에서 어떤 한 사람의 소득이란 다른 사람들의 복지를 향상시키는 서비스를 제공하는 능력과 직접 관련이 있다.

4) 사유재산제도는 희소성 문제를 해결할 수 있는 다양한 지식을 가능한 한 폭넓게 제공한다

개선된 지식과 혁신이야말로 경제진보를 가져오게 하는 핵심적 촉진제이다. 사실 현대인들과 원시인들 사이의 차이란 자원을 소망하는 재화로 변형시킬 수 있는 지식의 양에 있다. 우리들의 조상들은 현재 이용할 수 있는 자원들을 우리들과 똑같이 가지고 있었다. 그러나 오늘 우리가 가진 우수한 지식으로 말미암아 이용할 수 있는 자원으로부터 일인당 생산고를 보다 많이 쥐어짜냈다.

어떤 개인도 어떤 엘리트도 모든 것을 아는 것은 아니다. 천재는 예기치 않은 원천으로부터 나오기도 한다. 사유재산권과 경제적 자유는 다양한 개인들로 하여금 각자의 다양한 창조적 재능과 아이디어 및 시장인식을 반영하여, 생산과정에 지식을 제공하여 이바지하도록 허용하였다. 자유경제의 이러한 속성이 간과되기도 하였지만 생산을 다이내믹하게 성장시키는 데 기여한 것은 바로 이 사유재산제도였다.

5) 사유재산제도는 현재의 자원소유자로 하여금 미래를 위해 자원을 보존하도록 권장한다

재산의 현 시장가치는 미래의 예상가치를 반영하고 있기 때문에 사유재산제도는 재산을 현명하게 보존하도록 권장한다. 미래에 자원을 사용하여 생기는 현재가치가 현재 당장 사용하는 가치보다 높으면 그 자원은 미래를 위해 보존될 것이다. 예를 들어, 1배럴의 석유(어떤 자원이라도 마찬가지다) 가격이 매년 10%씩 상승할 것으로 기대한다고 하자. 가격의 예상상승률이 이자율보다 높으면 자원소유자는 미래를 위해 석유를 보존하는 것이 자신에게 이득이 된다.

사유재산이 이전가능하기만 한다면 자산을 미래에 수확할 것으로 예상되지 않는 현재의 의사결정자는 미래세대의 선호를 고려하려는 강한 인센티브를 갖는다. 가령 60살이 된 산림가가 더글라스 모피 나무가 성장하여 최적 벌목기간이 아직 50년이나 남은 경우에 이를 벌목할까 말까 하는 기로에 놓여 있다고 하자. 소유권이 이전될 수 있으면 산림가가 소유한 토지의 시장가격은, 나무가 성장함에 따라 수확할 수 있는 예상기간이 가까워질수록 미래의 수확을 기대하여 상승할 것이다. 따라서 산림가는 비록 자신이 사망한 이후까지 벌목이 이뤄지지 않더라도 자신이 기여한 분을 언제든지 거둬들일 수가 있다.

미래의 전망을 비관적으로 바라본 사람들(자원경제학자)은 주요 광물을 소진시키고, 모든 나무를 벌목해버리며, 황야를 제거해버릴 것이라고 우려하였는데, 시장이 자원을 보존시키는 윤리를 잘 이해하지 못하였다. 미래에 위에서 말한 것들이 보다 희소해질수록 자원을 개인들이 소유하고 있기만 한다면 그 가격은 이자율보다 높은 값으로 상승할 것이다. 가격상승으로 사람들은 현재 사용하는 것보다 미래를 위해 보존하고 보다 더 많은 자원공급원을 부지런히 찾으려고 할 것이다.

6. 사유재산제도의 괄목할 만한 경제기록

여러 방면을 통해 사유재산제도와 경제진보 사이의 상관관계를 보여줄 수 있다. 무엇보다 먼저 지난 250년 동안 서구문명의 기적과 같은 경제발전이 있었다. 과거의 역사는 생존과 기아가 서로 입과 턱처럼 붙어다닌 인류의 역사였다. 경제성장을 이룩하였던 기간은 드물었다. 가령 영국의 전형적 상인의 소득은 1215년부터 1798년까지 근 6세기 동안 변하지 않았다고 한다. 근 6천년 동안 최저생계수준으로 살아온 인류와 마찬가지로 250년 전의 우리들 조상들도 마찬가지였다.

이제 사유재산권에 대한 아이디어가 생겨나고 정부의 역할이 공공정책으로 변형되는 시기에 들어오게 되자 삶이 과거처럼 어려웠던 시기는 지나갔다. 인간의 창조성은 사람들이 살고 일하는 방식을 변형시켰다. 개선된 농업기술(윤작형 수확, 비료, 기적과 같은 곡류)로 말미암아 우리들의 조상들은 토지로부터 더 많은 생산고를 쥐어짜낼 수 있게 되었다. 농작물을 생산하는 능력을 개선시킨 기계가 개발되고 자원을 제조품으로 변형시키는 기술도 함께 발견되었다. 석유, 전기 이후의 원자력은 인간의 주요 에너지원으로서 동물의 힘을 대체하였다. 급기야 기계에 동력을 전달하고 사람과 물자를 이동시키는 엔진을 발견하게 되었다. 이러한 일을 성취한 것뿐만 아니라 동시에 많은 사람들이 예산의 범위 내에서 사용할 수 있는 품질 좋은 식품, 따뜻한 의복, 안락한 주택, 다양한 놀이도 도입되었다. 역사상 처음으로 수억만 명의 사람들이 생존수준을 넘는 생활수준을 획득하게 되었다. 서구의 경제역사는 우리 선조들의 상상을 초월하는 진보의 역사이다.

사유재산제도에 바탕을 둔 사회가 과거 경제진보를 이끌었듯이 현재의 경제적 성과를 보더라도 당분간 이러한 추세가 계속될 것으로 보인다. 가령 1960~1981년 사이에 오직 4개국만이 1인당 국민소득 성장률이 6%를 넘었는데, 이들 나라는 일본, 홍콩, 싱가포르, 한국으로 모두 사유재산제도를 채택하고 있다. 북한과 남한, 동독과 서독, 케냐와 에티오피아, 대만 및 홍콩과 중국본토의 경제기록을 비교해보라. 각각의 경우 그려지는 그림의 모습은 똑같다. 사유재산에 의존하는 경제가 보다 빠르게 성장하였다.

소련에서조차 사유재산은 높은 생산성과 관련이 있다. 집단농장에 사는 소비에트 가족들은 개인소유의 토지를 경작할 수 있도록 허용되었는데, 그 면적은 1에이크를 넘을 수 없었다. 비록 사유지의 경작면적이 전체 경작면적의 1%에 지나지 않았지만 이 토지에서 전체 생산물의 1/4을 산출하였다고 소련 신문이 보고한다.

7. 사유의 대안으로서 국유는 이익집단의 지대로 전락

국유와 같은 다른 대안에 대한 검토 없이 사유재산제도만이 좋다고 말할 수는 없다. 국유란 시장할당 대신에 정치적 과정이 들어서는 것을 의미한다. 최근까지 전통적 경제학자와 정치학자들은 자비로운 독재자로 일컫는 정부모형을 내세웠다. 이 견해에 따르면 정부의 의사결정자들은 항상 사회를 위해 가장 최선의 대안을 선택한다. 따라서 정치적 과정이란 잘못된 것을 교정하는 것으로 인식되었다. 이러한 순진한 생각을 가진 경제학자들(이제는 공공선택 경제학자로 불리지만)은 정치적 과정이 어떻게 잘 작동하는가를 사람들에게 이해시켜주려고 노력하였다. 그 작업이 일반인들의 주목을 받지는 못하였지만 분석의 편의상 여기서는 세 가지 주목할 만한 것을 들고자 한다.

첫째, 정치가들은 잘 조직되고 쉽게 확인할 수 있는 특수이익집단이 선호하는 주장을 지지하는 경향이 있다. 특수이익집단이 바라는 법령으로 사회가 부담하는 비용은 수많은 국민에게 분산되어버리기 때문에 대다수의 국민들은 당해문제를 무시하는 경향이 있다. 사실 국민들은 그 문제가 어떻게 자신에게 미칠 것인지에 관한 정보가 없다. 이에 비해 특수이익집단은 투표에 적극적이다. 이들은 후보자들(입법가들)에게 자신들이 이 문제를 얼마만큼 심각하게 느끼는지를 알도록 재촉한다. 이들은 해당문제에 정치인이 어떤 견해를 갖는가에 따라 정치인들에게 찬성표를 던지거나 반대표를 던진다. 특수이익집단은 선거에 집요하고, 다른 투표자들은 선거에 냉담하기 때문에, 정치인들은 마치 보이지 않는 손에 이끌리듯이 특수이익집단의 지위를 향상시키는 방향으로 이들을 지지한다.

둘째, 정치적 과정은 단견의 정책을 채택하거나 비용이 다음 선거 때까지 쉽사리 관찰되지 않지만 앞으로 있을 선거에 유리한 행동을 채택하는 쪽으로 기울어진다. 정치인들은 이득도 또한 비용도 부담하지 않기 때문에 비록 장기적으로는 전혀 다르게 아주 비효율적이지만 단기적으로는 우선 매력적 대안을 선택하려는 강한 인센티브를 가진다.

끝으로 정치적 과정을 통한 배분은 개인과 집단으로 하여금 생산보다는 분배와 보호활동에 매달리도록 유도한다. 정부가 사유재산을 보호하는 일을 넘어 소득과 재산을 적극적으로 배분하는 일에 매달리면

보다 더 많은 자원이 경제학자들이 일컫는 지대를 추구하는 곳으로 흘러들어가게 된다. 개인이나 사업가, 그리고 이익집단들이 자신들의 개인적 이익을 향상시키는 방향으로 정부가 행동하도록 자신들의 자원(로비나 기부 등)을 정치적 과정에 보다 많이 투자한다. 시장을 통해 소득과 교환하여 다른 사람을 도와준다는 사회풍조 대신에 표와 정치적 자원을 교환하여 다른 사람의 관심을 끄는 정치풍조가 들어선다. 사회가 세금, 이전소득, 소득을 분배하는 규제기관 등에 의지하면 할수록 사회는 정치적 갈등이 난무하고 경제가 정체하는 세상에 가까워진다. 개인과 이익집단은 싸우거나 경제과실을 보다 많이 차지하려는 노력에 보다 많은 자원을 배분하여 결과적으로 전체의 경제적 파이는 줄어든다. 세금과 이전소득이 많은 미국의 경험은 이러한 견해와 부합한다.

8. 사유재산제도가 부자들을 선호한다 — 의미 없는 비난

사유재산제도가 갖는 많은 긍정적 속성을 인정할 수 있지만 그것이 불평등을 초래하고, 부자들에게 유리한 방향으로 작용한다는 비난이 지적된다. 흔히 '부익부 빈익빈'이란 말이 있다. 이 견해가 올바른지를 분석하는 데에는 몇 가지 사실에 유념할 필요가 있다. 첫째, 물리적 재산을 소유하는 권리, 특히 상속받은 재산이 소득불평등을 일으킨 주요 원천은 아니다. 미국 국민소득의 81%에서 83%가 노동자에게 배분되고, 이 수치가 지난 50년 동안 거의 변함이 없었다. 노동을 제공하여 발생하는 소득격차가 미국에서 불평등을 일으키는 원천이다. 이자나 지대 및 기업이윤의 형태로 물적 자본에게 돌아가는 몫이 전체의 국민소득에서 차지하는 비중은 17~19%에 지나지 않는다. 물적 재산에서 생기는 소득이 차지하는 부분은 적을 뿐만 아니라 물적 재산을 소유하는 대부분의 사람들은 이를 상속받았기보다 소득에서 저축하여 마련한 것들이다. 상속재산에서 생기는 소득이 차지하는 지분은 전체 소득의 2%로 추정되고 있다. 따라서 재산상속을 제거하더라도 소득의 평준화를 촉진시키는 데 기여하지 못한다. 부를 물려준다는 정신이 생산적 노력을 하도록 자극하는 데 기여하고 대신 상속재산은 불평등을 일으키는 데 하등 기여하지 못한다는 사실을 이해한다면 구태여 상속을 금지할 필요는 없다.

둘째, 우리들은 경제적 위치가 오르거니 내리거니 하는 다이내믹한 세상에 살고 있다. 한 연구에 의하면 1971년에 상위 20%의 소득자 중에서 절반이 7년 이후 경제적 신분이 추락하였다고 한다. 마찬가지로 1971년에 하위 1/4을 차지하는 소득자의 절반이 1978년에는 경제적 지위가 향상된 것으로 나타났다고 한다. 세대간의 소득자료를 연구한 바에 의하면 아버지와 자식 사이의 경제적 지위를 비교한 결과 상호 기복이 아주 심한 현상을 보여주고 있다. 사유재산은 모든 사회경제적 배경으로부터 획득한 자에게 상을 준다. 자신의 노동에서 얻은 소득을 저축하여 마련한 재산을 포함하여 모든 재산이 억압적 세금으로부터 보호받는다면, 모든 경제적 배경을 통해 지위가 상승된 사람은 자신의 부를 창출하고 확대하여 상위계층에 올라갈 수 있는 기회를 갖게 된다.

셋째, 사유재산권이 부자들에게 유리하게 작용한다고 비난하는 사람들은 시장과정이 인구 대부분의 경제적 지위를 상승시키는 강력한 힘이라는 사실을 인정하지 않는다. 이들은 맑스처럼 정태적 세상의 환상에 사로잡혀 경제성장과 소득창출의 동태적 움직임을 이해하지 못하고 있다. 혁신에 따른 권리가 보호받으면, 시장경제는 기업가들로 하여금 혁신이 일어나도록 강한 인센티브를 제공할 뿐만 아니라 많은 대중들의 생활수준을 향상시킨 혁신에 대한 대가로 추가상금을 제공한다. 성공적 기업가들은 어떻게 하면 소비자들의 손에 잡힐 수 있는 제품과 서비스를 만들어낼 수 있을 것인가를 궁리한 사람들이다.

대부분의 제품은 두 가지 다른 단계를 밟는다. 먼저, 하나는 비싸게 값을 설정하여 부자들이 구입하게 만든다. 이 단계에서는 생산자들은 다른 대안의 디자인과 생산방법을 실험한다. 최초에 매겨진 비싼 가격은 주로 부자들이 지불하지만 생산비용을 회수하는 데 기여한다. 두 번째 단계에 들어서는 많은 소비자들에게 보다 매력적이고 이용될 수 있는 방향으로 생산방법을 도입하고 제품을 개조한다. 이 단계에서는 대량생산과 시장침투가 성공으로 가는 핵심열쇠이다. 이러한 과정에서 수많은 사람들의 생활수준을 향상시킨다.

다수의 소비자를 상대로 하는 경제적 제품 없이 대량생산이 일어나는 것이 아니다. 이런 이치를 처음으로 이해한 사람이 하버드대학의 경제학자 슘페트(Joseph Schumpeter)였다. 이 문제에 관해 그는 다음과 같이 말하였다.

> "자본가의 엔진이 먼저이고 대량생산(물론 다수를 위한 생산을 의미한다)의 엔진이 마지막이다. … 자본주의 생산이 달성한 전형적 성과는 부자들이 보다 많이 차지하도록 한 개선이 아니고 오히려 값싼 의류, 값싼 목화와 나일론 섬유, 부츠신발, 오토바이 등으로 나타난다. 엘리자베스 여왕은 비단 스타킹을 소유하였다. 자본가들이 달성한 성과는 여왕들을 위해 보다 많은 비단 스타킹을 제공하는 데 있었던 것이 아니라 공장의 여공들이 점점 근로를 줄이더라도 이들의 손에 스타킹이 들어갈 수 있게 하였다는 데 있다"(Joseph Schumpeter, 1942; 이상구, 1977: 114~115).

기업가들이 단지 부자들에게 물건을 팔았다고 하여 재산을 모은 것은 아니다. 대규모 기업가들은 대량시장의 예산제약 범위 내에서 제품을 출하하여야 한다. 그렇게 하는 과정에서 대중소비자들의 생활수준을 향상시킨다. 이것이야말로 맑스와 평등주의자들이 인식하지 못한 아주 중요한 사실이다.

끝으로 자원이 정치적 과정을 통해 배분된다면, 개인적으로 설득하는 기술(로비, 대중연설, PR, 대중매체 출연), 조직하는 능력, 재정능력, 정치적 기술 등을 개발하는 사람들이 상당한 소득, 지위 및 힘을 보상받을 것이다. 가난한 사람이 이러한 성격을 더 많이 소유한다고 믿을 이유는 없다. 사실 정치가 지배하는 사회에서의 기업가와 경영자는 시장이 지배하는 사회에서 우수한 일을 벌이는 사람들과 거의 같은 사람들일 것이다. 보다 나은 아이디어, 창조적 정신 및 에너지를 가진 사람들이 사회주의 관료사회에서 상위계층에 올라가는데, 이는 경제계에서도 마찬가지로 이러한 사람들이 상위계층으로 상승하는 것과 마찬가지다. 시장기구에서 성과가 없는 사람이 사회주의 사회에서 더 나은 성과를 낼 것으로는 기대하지 않는다.

실증적 자료들은 이러한 견해를 뒷받침하고 있다. 가령 미국에서 소득을 이전하여 보조받는 영역이 엄청나게 늘어났지만 소득분배는 제 2 차 세계대전 이후 변하지 않았다. 마찬가지로 소득을 이전시켜 가난을 물리쳤다는 증거도 없다. 실제 가난한 자들에게 이전소득을 제공함으로써 오히려 삐뚤어진 인센티브 구조만을 심어주고 그에 따라 가난을 벗어나 번영하려는 기회를 더 늦추고 말았다.

▪ 사례 이야기

1. 사유재산제도에 굴복한 왕망

한나라 평제(平帝, BC 9~AD 5)가 붕어하고 왕망(BC 45~AD 25)이 섭정자리에 있다가 마침내 제위를 찬탈하였다. 《식화지》(食貨志)에 따르면 당시 부자들이 가난한 자에게 땅을 나눠주어 경작시켜 지대를 빼앗으니 그 명목이 일반적 토지세의 1/30이라 하나 실제로는 1/2이었다. 그래서 왕망은 천하의 전토를 왕의 소유〔王田〕로 하고 노비는 사속(私屬)이라도 모두 사고팔지 못하도록 하였다. 비록 엄한 법령이었으나 3년 뒤, 왕망은 백성의 걱정을 알고 조서를 내려 모든 왕전과 사속은 사고팔 수 있으니 법으로 다스리지 말라고 명하였다(박기수 외, 2005).

2. 사유재산제도를 도입한 이집트의 번성

토지는 파라오나 왕의 소유라는 것을 당연히 받아들인 이집트인들은 토지가 사유재산이라는 개념을 갖고 있지 않았다. 농부는 지주인 왕한테서 땅을 빌려 작물을 재배한다. 지주가 신전인 경우도 많았다. 따라서 농민은 모두 소작농이었고 자작농은 하나도 없었다. 클레오파트라를 무찌르고 이집트 왕이 된 아우구스투스는 신전소유를 제외한 이집트 전역의 경작지를 소유하게 되자, 자신의 소유지를 불하하여 자작농을 장려하는 정책을 실시했다.

그런데 기대와 달리 이 정책이 순조롭게 추진되지 않았다. 수천 년 동안 사유지라는 개념을 갖지 않고 살아온 이집트인들에겐 느닷없이 사유재산의 자작농을 말해도 먹혀들지 않았기 때문이다. 로마인이라면 빚을 내서라도 경작지를 구입하려 달려들었을 것이다. 사유재산 개념이 확립되어 있고, 사유재산보호를 법의 기본이념으로 삼는 나라의 주민과 그렇지 않은 나라의 주민은 그렇게 달랐다.

아우구스투스가 실시한 관개공사와 도로망 정비, 그리고 속도가 느리긴 했지만 농경지 사유제의 도입은 이집트 농업생산성을 비약적으로 향상시켰다. 얼마 되지 않은 세율의 토지세로 물납되어 알렉산드리아로 운송되어 오는 곡물만으로도 수도 로마에서 필요로 하는 양의 2/3를 충당할 수 있을 정도로 농업생산이 향상되었다고 한다(김석희, 1995).

3. 소유를 반대하는 종교는 몰락하였다

지난 2천 년 동안의 종교설립자들 중 많은 사람들은 개인의 소유와 가족을 반대하였다. 그러나 오직 개인의 소유와 가족을 지지한 종교만이 살아남았다. 따라서 소유를 반대하고, 가족을 반대하는 공산주의의 전도는 밝지 못하다. 공산주의 자체가 번성한 종교였으나, 지금은 급속이 쇠퇴하고 있다(신중섭, 2005).

4. 남아메리카 위탁감호 노예의 황폐화

스페인이 아메리카에 식민지를 개척하여 여기에 사탕수수, 담배, 카카오, 면화 등을 재배하는 농업과 금, 은을 채굴하는 광업, 그리고 소를 방목하는 목축업을 시행하자 많은 노동력을 필요로 하게 되었다. 이에 스페인 식민통치자들은 노동력을 충당하고 비용을 절약하기 위해 위탁감호제(*ecomienda*)라는 제도를 실시했다. 당초 스페인의 이사벨라 1세는 인도주의적 차원이 아니라 식민지가 독립적 왕국이 될 것을 염려하여 노예제도를 찬성하지 않았다. 만일 식민지 총독이 노예를 부릴 수 있게 되면 왕실의 통제를 받지 않는 노동력을 갖게 되고 왕실에 대항하여 독립하는 일까지 일어날 것이라고 내다보았기 때문이다. 그래서 왕실은 위탁감호제라는 노예제도를 실시했다.

위탁감호제란 모든 인디언은 왕실에 종속되어 있으며 그들이 아직 계몽되지 않았기 때문에 보호자를 두는 제도이다. 토지의 주인인 보호자는 인디언을 위탁받아 감호하는 존재이다. 이때 주인은 감호인이고 인디언은 피감호인이다. 감호인과 피감호인 사이의 관계는 권리자와 의무자의 관계로, 감호인은 피감호인을 보호하고 그들에게 가톨릭 복음을 전파해주고, 피감호인은 대신 감호인을 위해 정해진 시간 동안 무상으로 노역에 종사하는 것을 내용으로 한다. 이런 의미에서 위탁감호 인디언은 토지주인의 용익재산이나 다름없다.

사실상 위탁감호제는 인디언을 용익재산인 노예처럼 부리는 인신종속의 성격을 갖게 되었다. 이 제도가 실시되자 처음에는 감호권의 세습이 불가능했으나 아메리카로 오는 스페인 이민자의 수가 늘어나자 1536년 감호인들은 왕실에 압력을 가해 감호인을 세습하는 법을 통과시켰다. 그 결과 대를 이어 인디언을 노예로 부릴 수 있는 길이 열리게 되었다. 이러한 재산권제도하에서는 노예의 노동력을 이용하여 개인소유로 할 수 있는 자원에 대한 권리로 변형시키려는 인센티브가 높았다고 한다. 그러나 노예를 사고팔 수 있는 완전한 노예제도하에서보다 감호제도하에서 사망하는 노예의 수가 점차 늘면서 서인도제도에서 위탁감호제도는 1550년에 폐지되었고 다른 식민지에서는 1720년이 되어서야 폐지되었다(이지은·이주연, 2007).

사유재산인 노예보다 용익재산인 노예는 비효율적으로 이용된다. 루이스 디 알레시(Lousi De Alessi, 1980)는 인디언 인구가 완전한 노예제도를 채택하는 경우보다 위탁감호제도에서 더 빠른 속도로 줄어들었다고 한다. 게다가 이용할 수 있는 기간이 짧아질수록 인디언 인구가 줄어드는 속도도 빨랐다고 한다. 또 부루스 그린발트와 로버트 그라스피겔(Bruce Greenwald and Robert Glasspiegel, 1983)은 노예시장을 분석한 연구에서 노예소유주들은 자신들이 소유한 노예들의 품질에 관한 정보를 잠재적 구매자들보다 더 잘 알고 있어 품질이 나쁜 노예들을 팔았다고 한다. 미국 남북전쟁 이전의 뉴올리언스 노예시장에 대한 분석에서 거래된 노예들의 품질은 평균에 비해 30~40% 정도 낮은 것으로 밝혀졌고, 또한 우수한 노예들은 그렇지 못한 노예들보다 세 배 정도로 거래되지 않았던 것으로 밝혀졌다. 사유재산을 보존하려는 인간의 관심을 노예라는 대상에서도 찾아볼 수 있다.

5. 경자유전의 원칙을 내세운 조선시대 실학자들의 토지소유관

조선의 실학자들은 토지제도에 대해 다양한 시각을 가지고 있다. 이들이 활동하던 당시 조선시대의 사회경제적 모순은 세금을 거둬들이는 3정(三政)의 문란에 있었는데, 3정이란 토지세로서의 전부(田賦), 병역 대신에 내는 군포(軍布), 그리고 빈민구제제도인 환곡(還穀)을 말한다.

당시 토지세인 결부법(結負法)은 징세의 기준으로 토지의 면적을 삼은 것이 아니라 토지의 비옥도 여부를 삼았다. 이 제도는 본래 세금을 공평하게 징수하려는 데 있었지만 실제로는 양반 지주와 힘 있는 부호들은 지방의 아전과 결탁하여 자신들의 기름진 땅의 등급을 척박한 땅으로 조작하고, 대신 그 양만큼 힘없는 농민들의 척박한 땅을 옥답으로 바꾸어 놓았다. 따라서 힘없는 농민에게 부과되는 세금은 그만큼 많아질 수밖에 없었다. 이리하여 지주와 부호들이 가난한 농민의 토지를 사들여 소작시키는 방법으로 토지를 겸병하는 비율이 높아지자 경자유전(耕者有田)의 원칙에 따라 반계(磻溪) 유형원(柳馨遠, 1622~1673)은 토지국유화를 주장하는 공전제(公田制)를, 성호 이익은 모든 계층에게 균등하게 토지를 배분하는 균전론(均田論)을, 연암 박지원은 토지소유의 상한선을 두는 한전론(限田論)을, 다산(茶山) 정약용(丁若

鏞, 1762~1836)은 여전론(閭田論)을 주장하였다.

유형원은 《반계수록》(磻溪隧錄)에서 "부자는 땅이 끝없이 이어지고 가난한 자는 송곳 꽂을 땅도 없다. 이런 까닭에 부자는 더욱 부자가 되고 가난한 자는 더욱 가난하게 되어, 급기야는 모리배들이 토지를 소유하고 양민은 서로 흩어져 그들의 소작인이 되었으니 그 폐해는 지극하여 이루 말할 수 없다"라면서 사전(私田)을 배격하고 공전(公田)을 도입할 것을 주장한다. "공전은 공평하고 균등하지만 사전은 사사롭고 편벽된다. 공평하면 백성들의 생산은 일정하고 인심이 안정되며 교화가 이뤄지고 풍속이 온후해지며 만사가 제각기 제 직분을 얻게 된다. 사사로우면 모든 것이 이와 반대된다"라면서 토지의 사유를 배격하였다(안재순, 2009). 이익은 《성호사설》에서 농민과 사대부, 그리고 왕족별로 일정한 크기의 토지를 소유하도록 하는 균전제(均田制, 신분 내에서는 균등한 토지의 양을 배분)를 건의한다.

박지원은 정조에게 《과농소초》(課農小抄)를 바치는 기회에 "토지겸병자가 없어지고, 겸병자가 없어진 후에라야 산업이 균등하게 될 것이며, 산업이 균등하게 된 후에라야 백성들이 모두 토착하여 각기 자기들의 토지를 경작하게 되고 근면한 사람과 나태한 사람의 구별이 드러나게 될 것입니다. 그리고 근면한 사람과 나태한 사람의 구별이 드러나게 된 후에라야 농사를 권면할 수 있고 백성들을 교화할 수가 있을 것입니다"라면서 한전제를 건의한다.

정약용은 《경세유표》(經世遺表)에서 한전제가 시행되면 토지상한을 피하려고 남의 이름을 빌려 토지를 소유할 것이므로 바람직한 제도가 아니라고 주장하며, 농사짓는 사람에게는 전지(田地)를 갖게 하고 농사짓지 않는 사람에게는 전지를 갖지 못하도록 하는 것이 옳다고 주장한다. 그런데 한전제와 균전제가 농사짓지 않는 사람에게도 전지를 소유하도록 하기 때문에 이는 천하 사람들로 하여금 놀고먹어라고 가르치는 것과 다름없다면서 두 제도를 신랄하게 비난한다. 그래서 농사짓는 사람에게는 전지를 갖게 하고 농사짓지 않는 사람에게는 전지를 갖지 못하도록 하는 여전제(閭田制)를 실시해야 한다고 주장한다.

여(閭)란 산골짜기와 시내언덕의 지세를 따라 구역을 획정하여 경계를 삼고 그 경계선 안에 포괄된 구역을 말한다. 여는 대략 30가구를 포함하게 되는데, 여에는 여장(閭長)을 두어 그의 감독하에 30가구가 공동으로 경작하게 하여 공동수확물을 각자의 노동량에 따라 분배받도록 하는 제도이다(강만길 외, 1976).

반계의 공전은 토지국유화를 바탕으로 하며, 다산의 여전제는 마치 과거 공산 중국이 농업에서 채택하여 실패를 겪었던 인민공사와 유사한 제도이다. 다산이 여전제를 강조한 까닭은 놀고먹는 선비들이 노동기록부가 없어 곡식을 분배받지 못하면 이들이 직업을 바꾸어 농사꾼이 되거나 장인이나 상인 또는 기구를 제작하거나 농사기술을 전파하는 업으로 먹고살 수 있도록 장려하기 위해서였다. 유형원의 공전이나 정약용의 여전은 시장경제에 반하는 주장이다.

6. 일반대중의 이익이 아닌 자신의 이익이면 특권이다

미제스는 예로서, 바다에 떠 있는 선상에서 한 사람은 선장이고 나머지는 그의 지시를 받는 선원이라는 사실은 선장에게 이익이 되는 일일지라도, 그가 배를 안전하게 항해시킬 수 있는 능력을 지니고 있어서 그 자신뿐만 아니라 전 선원에게 봉사할 수 있다면, 그가 선장이라는 사실이 특권이 될 수 없다고 하였다.

"어떤 제도적 장치가 특정 계급에 대한 특권이 되느냐의 여부는 그것이 그 집단, 계급 또는 당사자에게 이로우냐 하는 것이 아니라 그게 일반대중에게 얼마나 이익이 되느냐에 의해 판별되어야 할 것이다." 하나의 제도적 장치가 개인 혹은 집단에 대한 특권인지의 여부를 판단하기 위해서는 그것이 어떤 개인이나 계급에게 이익이 되는가를 묻는 대신, 그것이 일반대중에게 이로운 것인가를 물어야 할 것이다. 우리가 만일 생산수단의 사유제도만이 인류사회의 번영을 가져온다는 결론에 도달한다면 그것은 사유재산제도가 재산소유자에 대한 특권이 아니라 모든 이에게 좋은 결과와 이익을 가져다주는 사회제도라는 것과 같다(이지순, 1988).

제 2 부

생존가능성을 넓힌 지식분산의 특질

애덤 스미스는 개인의 본능에 속한 자애심이 보이지 않는 손에 의해 사회에 이득이 되도록 작동할 것으로 믿었고, 사회의 법이나 명령에 의해서라기보다도 인간의 교환하려는 성향에 의해 자생적 시장질서가 훌륭하게 작동할 것이라고 보았다. 지식이 개인들 사이에 분산되어 있는 경제조직일수록 전문화의 경제를 통해 사회의 총생산을 늘린다. 그 결과 시장을 통해 분산된 지식을 교환하는 이기적인 사람들은 자신의 생존가능성을 높일 수 있기에 이른다.

제 2부에서는 사람들이 자신의 생존을 유리하게 하려고 시장교환을 통해 지식을 분산하는 특질을 살펴보고자 한다. 제 7장 “분업의 원리”에서 애덤 스미스는 핀 공장의 사례를 들어 분업과 전문화로 얻을 수 있는 이득을 설명한다. 분업은 교환하려는 인간성향에서 비롯되며 직업이나 재능 등은 모두 분업의 결과라고 주장한다. 제 8장 “사회에서 지식의 이용”에서 하이에크는 시장경제에서 개인 각자가 가진 분산된 정보(가격)만을 토대로 행동하더라도, 모든 정보를 갖고 있는 자가 계획하여 행동한 결과와 다름없다고 주장한다. 그리하여 경제학의 중심과제가 희소한 자원을 배분하는 문제가 아니라 희소한 지식을 배분하는 문제라고 보았다. 제 9장 “인지절약과 경제성장”에서 분업이란 인간이 인지를 절약하기 위해 진화시킨 하나의 제도라고 바라보고서는, 지식이 분산될수록, 달리 말해 분업이 자생적으로 진전되는 사회일수록 경제성장이 이뤄진다는 학자들의 이야기를 전해준다. 제 10장 “자유문명사회의 창조력”에서 하이에크는 시장을 바탕으로 하는 교환경제에서 사람들은 자신이 자유를 이용하여 만들어낸 결과보다 다른 사람들이 자유를 이용하여 만들어낸 결과로부터 더 많은 자유를 얻는다고 지적한다.

제7장

분업의 원리

애덤 스미스[1)]

우리들이 정육점 주인이나 주류업자, 빵집주인의 자비 덕택으로 저녁식사를 들고 있는 것이 아니고 그들 자신의 이기심 때문에 저녁식사를 들고 있는 것이다.

▪ 요 약

애덤 스미스는 국부를 증진시키기 위해 노동생산력을 향상시키는 수단으로 분업을 든다. 핀 제조공장에서 한 사람의 직공이 전체 공정을 처음부터 끝까지 혼자서 해낸다면 하루에 한 개의 핀도 만들기 어렵다. 그러나 이 공정을 10사람의 직공이 분담하여 수행한다면 하루에 4만 8천 개, 즉 개인당 4천 8백 개의 핀을 만들 수 있다. 분업은 작업자의 기능을 개선시키고, 작업을 교체하는 데 소요되는 시간을 줄이며, 작업을 단순하게 하려고 기계를 발명하도록 이끈다.

애덤 스미스는 핀 제조의 예와 같은 기술적 분업 이외에 직업간, 산업간, 도시와 농촌 간의 분업 등 사회적 분업도 국부를 증진시키는 데 필

1) 애덤 스미스는 글라스고우대학(University of Glasgow)에서 석사학위를 받고 그곳에서 도덕철학 교수(1752~1763)를 역임하였다. 이후 1778에서 1790까지 스코틀랜드 관세청장을 지낸 바 있다. 그는 박로이치(Baccleuch) 공작의 선생 자격으로 프랑스를 여행하면서 현장관찰과 조사를 통해 국부론에 포함되어 있는 주제들을 구축하여 《국부론》(*The Inquiry into the Nature and Causes of the Wealth of Nations*, 1776)을 발간할 수 있었다. 이 글은 김석환·김일곤 역, 《국부론》(대양서적, 1972)에서 발췌하였다.

요로 한다고 주장했다. 그러기 위해 사유재산제도를 필요로 하고, 이를 바탕으로 자유경쟁이 이뤄져야 하며, 절약과 축적으로 국부를 끊임없이 증대시켜야 한다. 전자가 애덤 스미스의 자연가격이론이고 후자가 자본이론이다.

분업이 이뤄지는 사회에서는 수많은 사람들이 상호의존관계에서 수많은 상품을 만들어낸다. 이러한 분업은 교환을 전제로 해야 하는데, 교환은 인간의 타고난 성향이다. 교환이 이뤄지기 위해서는 개인의 자유로운 경제활동, 즉 경쟁이 보장되어야 하고, 자유로운 경쟁이 이뤄지려면 사유재산제도가 있어야 하며, 이를 옹호하는 정치권력이 있어야만 국부증진이 실현될 수 있다.

자신의 잉여생산물을 다른 사람과 교환할 수 있다는 확실성을 바탕으로 각자는 특정의 직업에 전문화하여 재능과 자질을 개발하기에 이른다. 사람은 타고날 때 재능에서 차이가 없으나 분업의 결과 재능에서 차이가 나타난다. 분업은 시장의 크기에 의해 제한받는데, 가령 시골지역과 미개한 사회에서는 각자가 수많은 다양한 직업을 갖지만 사회 전체적으로 많은 직업이 있는 것이 아니다. 문명사회와 상업사회에서는 중하위계층에 속한 보통사람들에게 기본교육을 획득할 수 있도록 권장하고 또한 스스로에게도 부과시킨다.

1. 분 업

1) 분업은 노동생산력을 증대시키는 최대 원인이다

노동생산력의 급진적 향상과 어떤 방향으로든 노동을 이끌게 하거나 적용케 하는 기술, 솜씨, 필요한 판단의 대부분은 분업의 결과였던 것으로 생각된다.

(1) 핀 제조의 경우

아주 영세한 소규모 제조업체이지만 분업이 목격되는 핀 제조업체의 작업 모습을 예로 들어보자. 분업하지 않을 경우 이 작업에 대해 교육받지도 않고 기계를 사용하는 방법도 전혀 모르는 작업자는 하루에 겨우 한 개의 핀을 제조할 수 있고, 20개는 아예 생각할 엄두도 못 낸다. 그러나 이 작업을 분업으로 한다면, 전체 작업은 기이한 작업일 뿐만 아니라 여러 개의 분야로 나눠는데, 이 중에서 대부분의 작업도 마찬가지로 기이한 작업이다. 한 사람은 철사를 뽑아내고, 다른 사람은 이를 곧게 펴며, 세 번째 사람은 이를 자르고, 네 번째 사람은 끝을 뾰족하게 만들며, 다섯 번째 사람은 머리를 붙일 수 있도록 윗부분을 그라인더로 간다. 머리를 만드는 데에는 두 가지 또는 세 가지의 다른 작업을 필요로 하는데, 머리를 붙이는 것도 기이한 작업이며, 이를 하얗게 만드는 것 또한 하나의 기이한 작업이다. 만든 핀을 종이에 붙이는 것도 그 자체가 하나의 전문작업인데, 이렇게 하여 핀을 만드는 작업은 열여덟 가지의 중요한 과정으로 나뉜다.

어떤 제조업체에서는 모든 작업을 각자가 수행하는데, 다른 제조업체에서는 이 중에서 두 가지 내지 세 가지의 작업을 동일한 사람이 수행한다. 이러한 종류의 작업이 이뤄지는 소규모 제조업체에서 열 사람의 작업자가, 이 중에서 어떤 작업자는 두세 가지의 작업을 계속 수행하는 것을 목격하였다. 비록 가난하여 필요한 기계를 공유하지만 각자 노력하여 하루에 12파운드의 핀을 제조할 수 있었다. 1파운드에 중간 크기의 핀이 4천 개나 된다. 따라서 이 열 사람이 하루에 4만 8천 개의 핀을 만든다. 따라서 각자가 4만 8천 개의 1/10을 생산하므로 개인당 4천 8백 개의 핀을 만드는 결과가 된다. 그러나 이들이 개별적으로 독립하여 작업하고, 이 작업에 교육받지 않았다고 한다면 각자는 하루에 20개, 아니 한 개도 만들지 못하였을 것이다. 즉, 현재 적절한 분업과 다른 작업들을 결합하여 만들 수 있는 양의 1/240은 말할 것도 없고 1/4,800도 수행하지 못하였을 것이다.

(2) 분업의 일반적 효과

다른 기술적 작업이나 제조업에서 노동의 분업효과는 비록 그들 중의 많은 것이 분할되어 단순한 작업으로 이뤄지지 않는다고 하더라도, 이처럼 영세한 것에서 이뤄지는 것과 유사하게 나타난다. 지금 소개한 노동의 분업효과는 모든 작업에서 노동생산력을 크게 끌어올렸다. 다른 작업과 고용도 이러한 이점의 결과 분업화되어 일어날 것이다. 이러한 분업화가 전반적으로 수행되는 곳은 산업이 고도의 수준에 이르고 개선된 국가에서 나타난다. 원시사회에서는 한 사람이 수행하였던 모든 일들이 통상 개선된 형태로 여러 곳에서 수행된다.

2) 분업에 의한 생산력의 증진은 세 가지 사정에 기인한다

노동분업의 결과 동일한 사람의 수만큼 수행하여야 가능했던 작업량이 상당히 늘어난 것은 세 가지가 가능하게 되었기 때문이다. 첫째, 모든 작업자의 숙련도가 증가하였고, 둘째, 한 가지 작업을 다른 작업으로 이동하는 데 소비하는 시간을 절약할 수 있게 되었으며, 셋째, 많은 양의 기계를 발명하여 노동을 용이하게 하고 절약시켜 한 사람이 많은 작업을 할 수 있게 되었기 때문이다.

(1) 기능의 개선

첫째, 분업으로 각자의 일을 한 가지의 단순작업으로 축소시켜 이 작업을 생애의 유일한 고용으로 만듦으로서 작업자의 숙련을 증대시키고 작업자의 숙련이 향상됨으로써 그가 수행할 수 있는 작업량을 증대시킬 수 있게 되었다. 비록 망치밖에 다룰 줄 모르는 스미스도 못은 결코 만들어 보지 못하였으나 특별한 상황이 주어지면 그도 어쩔 수 없이 작업을 시도하여 하루에 2천 내지 3천 개의 못을 만들 수 있고, 작업이 서툰 자도 마찬가지로 만들 수 있다는 것을 확신한다. 나는 못

이외에는 다른 작업은 하지 않았던 20세 이하의 젊은 소년들이 스스로 노력하여 각각 2천3백 개의 못을 만드는 것을 보았다.

못을 만드는 일이 결코 단순한 작업은 아니다. 똑같은 사람이 풀무를 불고, 이따금씩 꺼져가는 불을 휘저어 되살리며, 철을 달구어 못의 각 부분을 주물로 만든다. 머리를 만들려면 하는 수 없이 연장을 바꾼다. 핀 또는 금속단추를 만드는 데 필요한 작업을 서로 다른 공정으로 나누는 일은 간단하고, 자신의 전 생애에 걸쳐 유일하게 수행하는 작업에 전념하는 작업자의 숙련은 크게 향상된다. 제조업자의 작업이 신속하게 수행되어 작업을 전혀 보지도 못하였던 인간의 손이 획득할 수 있다고 생각되는 것보다 더 신속하게 움직인다.

(2) 시간의 절약

둘째, 한 가지 종류의 작업을 다른 종류의 작업으로 이동하면서 상실하는 시간을 절약하여 얻는 이득은 우리들이 처음 상상할 수 있는 것보다 훨씬 크다. 한 가지 종류의 작업을 다른 장소에서나 다른 도구로 수행되는 다른 작업으로 재빨리 넘기는 것은 불가능하다. 시골에서 조그마한 농장을 경영하는 직조공이 베틀에서 밭으로, 그리고 밭에서 베틀로 작업을 이동함으로써 상당량의 시간을 상실한다. 그러나 두 가지 작업이 동일한 작업장에서 수행되면 상실하는 시간은 그다지 크지 않다.

그러나 이러한 때에도 생각할 점이 많다. 대개 사람들은 한 가지 작업에서 다른 작업으로 이동하는 경우에 다소 빈둥거리는 일이 흔하다. 게다가 작업자가 처음으로 새 작업을 시작하면 신중하지도 않고 또한 열정도 없다. 그의 마음은 일에 있는 것이 아니며, 때로는 빈둥거린다. 빈둥거리거나 주의를 기울이지 않고 작업에 임하는 일은 시골사람들에게 흔히 나타나는 법인데, 그는 작업도구를 매 반시간마다 바꿔야 하고 평생 매일 스무 가지의 다른 작업에 손을 대야 하므로 게을러지며, 심지어 급박한 상황에서도 작업을 열심히 수행하지 않는다. 독립적이지만 숙련의 능력이 뒤떨어지므로 그가 수행할 수 있는 작업의 양은 상당히 뒤떨어진다.

(3) 기계의 발명

마지막 세 번째로 작업자들은 기계를 이용하면 작업이 편리해져 얼마만큼의 작업량이 절약되는지도 잘 알게 된다. 예를 들 필요도 없을 것 같다. 작업을 훨씬 편리하게 하고 작업량도 줄이는 기계의 발명도 따지고 보면 분업 때문에 나타났다고 보인다. 사람들은 정신이 여러 가지 일에 산만하게 분산되는 것보다 한 가지 목표에만 집중하는 때에 이를 간편하고 쉽게 획득하는 방법을 고안하려고 한다. 분업의 결과 사람들의 모든 관심이 자연히 아주 간단한 한 가지 사물에만 지향하게 되었다. 따라서 작업의 각 부분을 담당하는 노동자들은 자신의 특별한 작업을 개선할 필요가 있다면 이내 쉽고 간편하게 수행하는 방법을 터득하게 된다. 분할된 작업으로 운영되는 제조업에서 사용하는 기계를 처음으로 발명한 사람들은 대개 보통의 작업자들이었는데, 이들은 아주 단순한 작업에 고용되어 있으면서 자신이 수행하는 작업을 보다 간편하고 쉬운 방향으로 찾고자 생각을 돌렸다.

이러한 제조업체를 방문하는 사람이라면 매우 아름다운 기계를 볼 수 있는데, 이 모든 것은 작업자들이 자신의 작업을 간편하고 빠르게 수행하려고 발명한 것들이다. 어느 화력기관에서 한 소년이 보일러와 실린더 사이의 신호장치를 축을 올리고 내림에 따라 교대로 계속 여닫고 있었다. 그런데 친구들과 놀기를 좋아하는 한 녀석이 신호장치를 여닫는 밸브의 손잡이로부터 기계의 다른 부위까지 줄을 매달자 밸브는 사람의 도움 없이 여닫혀 그 녀석은 다른 친구들과 놀 수 있게 되었다. 이와 같은 방식으로 이 기계에서 이뤄진 개선은 자신의 노동을 절약하려고 노력했던 소년의 발명이었다.

3) 직업의 분화에 따라 창의와 연구가 생겨나고 사회의 발전에 따라 전문가의 과학적 지식이 진보한다

그렇다고 기계의 모든 개선이 그 기계를 사용하는 작업자가 발명한 것은 아니다. 기계 제조자들이 자신의 사업에 이득이 되기 때문에 창의성을 발휘하여 많은 기계를 개선하였다. 이 중에서는 어떤 사람들은 과학자나 투기자라고 불리는 사람도 있었는데, 이들은 단지 사물을 바라보는 일 이외에는 어떤 일도 하지 않는 사람이었다. 그런 까닭으로 전혀 동떨어지거나 닮은 데도 없는 것들을 결합할 수 있었다. 사회 속에는 과학과 투기가 다른 직업과 마찬가지로 시민의 특정 부류의 사람들에게 유일한 직업이 되었다. 다른 직업과 마찬가지로 이것도 여러 갈래로 세분화되어 각 분야가 특정 과학자들의 직업이 되고, 이러한 직업이 다른 사업처럼 숙련을 향상시키고 시간을 절약하였다. 각자는 자신의 분야에서 전문가가 되었다. 전체의 작업을 위해 많은 작업이 행해졌고 그로 인해 과학적 지식도 상당량 증가하였다.

잘 움직이는 사회에서는 분업의 덕택으로 서로 다른 기술이 생산하는 것들이 배증하여 하층 부류의 사람들에게 풍요로움도 가져다주었다. 작업자들은 자신들이 과거 수행하던 일보다 더 많은 양의 일을 처리할 수 있게 되었다. 다른 작업자들도 똑같은 상황에 처했기 때문에 자신이 만든 상품을 다른 많은 상품과 교환할 수 있게 되었고, 같은 이야기이지만 다른 사람이 수행한 많은 양의 상품과 교환할 수 있게 되었다. 그는 다른 사람들이 과거 원했던 상품을 풍족하게 제공하게 되었고, 그들도 과거 그들이 원했던 상품을 충분히 얻을 수 있기에 이르렀다. 그 결과 전반적 풍요로움이 사회의 모든 계층으로 확산되었다.

4) 생활용품은 수많은 노동의 생산물이다

개화되고 번성하는 나라에서 가장 평범한 작업자나 농촌의 날일하는 작업자의 생활용품을 관찰해 보자. 비록 적은 부분을 차지하는 산업에 종사하는 사람들이지만 이들이 차지하는 숫자는 엄청나다. 예를 들면, 농촌의 날품팔이 하는 작업자가 입는 양모외투도 비록 조잡하고 거칠어 보이지만 수많은 작업자들의 작업이 결합하여 만들어진 상품이다. 양치는 사람, 양털을 깎는 사람, 양털을 빗질하거나 부풀리는 사람, 염색하는 사람, 스크리블러(양모를 얼레빗질하는 작업자), 방적공, 직조공, 축융공(양모 털을 조밀하게 만드는 작업자), 재단사 등의 작업자들이 그들의 서로 다른 작업을 결합하여 이처럼 하찮은 생산물을 완성시킨다. 얼마나 많은 상인과 수송인, 이외에 많은 사람들이 그 재료를 그들 작업자들로부터 먼 외국에 사는 사람에게까지 수송하는 데 고용되어 있는가! 특히 얼마나 많은 상업과 항행, 얼마나 많은 조선업자, 선원, 항해사, 밧줄제조자들이 염료업자가 만든 다양한 염료를 한군데로 모으고자 종사하는가 하면, 심지어 어떤 것들은 지구의 끝에서부터 온 것들이다. 이들 작업자들이 사용하는 보잘것없는 도구를 만들고자 얼마나 많은 다양한 노동을 필요로 하는가!

항해에 쓰이는 복잡한 선박, 축융기계를 만드는 선반, 또는 직조기의 베틀이야 말할 것도 없고, 아주 간단한 기계 예컨대, 양치기의 양털 깎는 가위를 만들고자 얼마나 다양한 노동을 필요로 하는지 살펴보자. 광부, 원광석을 녹이는 화로를 만드는 사람, 벌목하는 사람, 용광로에 사용하는 갈탄을 때는 풍로를 만드는 사람, 벽돌 제조자, 벽돌 쌓는 자, 화로의 불을 보는 사람, 기계조립공, 주물을 붓는 자, 그리고 대장장이는 가위를 만들기 위해 이 모든 사람들의 수공업을 결합한다.

똑같이 양복이나 집 난로의 각 부분을 조사해 보자. 피부를 감싸주는 옷감, 신발, 침대, 이것을 구성하는 모든 부품들, 음식을 장만하는 부엌난로, 음식을 만드는 데 사용하는 갈탄은 토양덩어리로부터 나오거나 아니면 심지어 긴 항해를 거쳐 오거나 육상 수송수단을 통해 운반되었다. 부엌에 사용하는 다른 도구들, 식탁의 가구, 나이프와 포크, 음식을 대접하고 나누는 데 사용하는 질그릇이나 백랍접시, 빵과 맥주를 마련하고자 고용된 일손, 열과 빛을 받아들이고 바람과 비를 막아주는 유리창, 아름답고 행복한 발명을 준비한 지식과 솜씨, 이러한 것들이 없었다고 한다면 북반부는 매우 안락한 거주생활을, 각각 편리한 물품을 만들고자 고용된 다른 작업자들의 도구들과 함께, 마련하지 못하였을 것이다.

감히 말하건대 우리들이 이러한 모든 것들을 조사하여 각각 다양한 노동이 고용된 것을 생각한다면, 수천 명의 사람들의 도움과 협력이 없었다고 한다면, 문명국가의 하찮은 사람도 우리들이 간편하고 단순하여 평상시에 잊고 있는 물품들을 가질 수 없었을 것이다. 위대한 사람들의 사치품들과 비교해 물품들이 아주 간편하고 간단해 보이지만, 유럽의 왕자가 가진 물건도 부지런하고 근검절약하는 농부가 가진 것보다 항상 많은 것은 아니다. 농부들이 가진 물건은 수천 명의 벌거벗은 야만인들의 생명과 자유를 손에 쥐고 있는 아프리카의 왕이 가진 것에 못지않다.

2. 분업을 일으키는 원리

1) 분업은 교환하려는 인간성향의 산물이다

수많은 이익을 가져오는 분업은 원래 (그것이 낳은 일반적 풍족을 예상하여 의도한) 인간지혜의 결과는 아니다. 분업은 (그와 같은 폭넓은 효용을 예상하지 못한) 인간성의 어떤 성향으로부터 — 비록 매우 천천히, 그리고 점진적이긴 하지만—필연적으로 생긴 결과다. 그 성향이란 하나의 물건을 다른 물건과 거래하고 교환하는 성향이다. 이 성향이 인간성에 있는 (더 이상 설명할 수 없는) 본능들 중의 하나인지, 또는 이성과 언어의 속성에서 나오는 필연적 결과인지(이것이 보다 그럴듯하다)는 우리의 지금의 연구주제는 아니다. 이 성향은 모든 인간에게 공통적인 것이며 다른 동물들에게서는 발견되지 않는다. 다른 동물들은 이 성향을 가지고 있지 않으며, 또한 어떤 종류의 계약도 알지 못하는 것 같다. 2마리의 개가 동일한 토끼를 쫓아갈 때 때때로 어떤 종류의 협력하에 행동하는 것처럼 보인다. 1마리가 토끼를 자기의 상대방 쪽으로 몰거나, 또는 상대방이 자기에게로 토끼를 몰 때, 그 개는 그 토끼를 잡으려고 달려든다. 그러나 이것은 어떤 계약의 결과가 아니라, 특정의 시점에서 동일한 대상에 대해 2마리 개의 감정이 우연히 일치한 결과다.

어느 개가 다른 개와 뼈다귀를 공정하게 의도적으로 교환하는 것을 본 사람은 아무도 없다. 어느 동물이 다른 동물에게 '이것은 나의 것이고 저것은 너의 것이며, 나는 이것을 저것과 교환하고 싶다'는 것을 몸짓과 자연적 울음에 의해 표현하는 것을 본 사람은 아무도 없다. 동물이 인간이나 다른 동물로부터 어떤 물건을 얻으려고 한다면, 그 사람 또는 그 동물의 호의를 얻는 방법 이외에는 다른 어떤 설득방법이 없다. 강아지는 어미에게 꼬리를 치며 아양을 떨고, 애완용 개는 먹을 것을 원할 때 온갖 아양을 떨어 식사중인 주인의 주의를 끌려고 한다. 사람들도 자기의 동료에게 이와 같은 수법을 때때로 사용한다. 남들로 하여금 자기의 기분에 맞게 행동하도록 할 수 있는 수단이 전혀 없을 때, 사람들은 남들의 호의를 얻기 위해 온갖 아첨을 하게 된다.

그러나 인간은 언제나 이렇게 할 만큼의 시간여유를 갖지 않는다. 문명사회에서 그는 항상 무수한 사람들의 협력과 원조를 필요로 하지만 그는 평생에 몇 사람의 친구를 만들 수 있을 뿐이다. 거의 모든 다른 동물들의 경우 각자가 성숙하면 완전히 독립하며, 자연상태에서 다른 동물의 원조를 필요로 하지도 않는다. 그러나 인간은 항상 동료의 도움을 필요로 하는데, 이것을 오직 동료의 자비로부터 기대하는 것은 불가능하다. 이렇게 하는 것보다는 오히려 자기의 이익을 위해 동료의 이기심을 자극하고 자기의 요망사항을 들어주는 것이 그들 자신에게도 이익이 된다는 것을 보여 주는 것이 훨씬 낫다. 타인에게 어떤 종류의 거래를 제의하는 사람은 누구든지 그렇게 하려고 한다. 내가 원하는 것을 나에게 주면, 너는 네가 원하는 것을 갖게 될 것이라는 것이 이러한 모든 제의가 의미하는 바다. 그리고 이러한 방법으로 우리는 필요로 하는 호의의 대부분을 상호간에 얻어낸다.

우리들이 정육점 주인이나 주류업자, 빵집주인의 자비 덕택으로 저녁식사를 하는 것이 아니고 그들 자신의 이기심 때문에 저녁식사를 하는 것이다. 우리들은 그들의 동포애를 호소하는 것이 아니고 그들의 이기심(*self-love*)을 호소한다. 우리들 자신의 필요성을 이야기하는 것이 아니고 그들의 이득을 이야기한다. 거지 이외에는 아무도 동료의 자비에 전적으로 의지하려고 하지 않는다. 거지조차도 자비에 전적으로 의지하지는 않는다. 부자(富者)의 자선은 사실상 거지에게 생활필수품 전부를 공급한다. 그러나 이 방법은 거지가 필요로 하는 생활필수품 모두를 궁극적으로 공급하긴 하지만, 거지가 필요로 할 때마다 필요한 것을 주지도 않으며 줄 수도 없다. 그때그때 필요한 것의 대부분은 교섭, 교환, 구매 등 다른 사람들과 같은 방법으로 조달된다. 어떤 사람이 그에게 주는 화폐로 음식을 구입하며, 다른 사람이 주는 낡은 옷으로 (자기에게 보다 잘 맞는) 다른 낡은 옷과 교환하거나, 숙박, 음식, 화폐(이것으로 그는 필요할 때마다 음식, 의복, 숙박에 대한 값을 치를 수 있다)와 교환한다.

2) 교환성향은 이기심에 의해 촉진되어 분업을 유도한다

우리가 필요로 하는 상호간 호의의 대부분을 획득하는 방법이 교섭, 교환, 구매인 것과 마찬가지로, 분업을 최초로 일으키는 것은 이러한 교환성향 때문이다. 수렵민족이나 유목민족에서 어떤 사람은 다른 사람보다 더 쉽고 훌륭하게 활과 화살을 만들며, 그것들과 교환으로 동료들로부터 가축이나 사슴고기를 얻는데, 그는 이러한 방법에 의해 얻는 가축과 사슴고기가 직접 들에서 자기 스스로 잡는 것보다 많다는 것을 곧 알게 된다. 그러므로 자기 자신의 이익에 대한 관심으로부터 활과 화살의 제조가 그의 주된 업무로 되며 그는 일종의 무기제조자로 되어버린다.

다른 사람은 작은 움막을 짓거나 운반하기 편리한 집의 골격과 덮개를 만드는 데 우수하다. 그는 이 점에서 이웃사람들에게 유용하며, 이웃들은 그에게 가축과 사슴고기로 보상하는데, 그는 이 업무에 전적으로 몰두해 일종의 목수가 되는 것이 자기에게 이익이 된다는 것을 곧 알게 된다. 이와 같이 셋째 사람은 대장장이나 놋갓장이가 되고, 넷째 사람은 야만인 의복의 주요 부분인 가죽을 무두질하거나 끝손질하는 사람이 된다. 그리고 자기 자신의 노동생산물 중에서 자기 자신의 소비를 초과하는 잉여분 모두를 타인의 노동생산물 중 자기가 필요로 하는 부분과 교환할 수 있다는 확실성 때문에, 각자는 특정의 직업에 몰두해 그 전문직업을 위해 자기가 가진 모든 재능과 자질을 개발하고 완벽하게 달성한다.

3) 재능이나 직업도 분업의 산물이다

각 개인의 천부적 재능의 차이는 우리가 생각하는 것보다는 사실상 훨씬 적다. 상이한 직업을 가진 사람들이 성년이 되었을 때 발휘하는 매우 상이한 재능은 많은 경우 분업의 원인이라기보다는 분업의 결과다. 가장 차이가 나는 인물들—예컨대, 철학자와 거리의 평범한 짐꾼—사이의 차이도 천성으로부터 유래하기보다는 후천적인 버릇, 습관, 교육으로부터 유래하는 것 같다. 그 두 사람이 출생하여 6~8세까지는 너무나 똑같아 부모나 친구들도 어떤 현저한 차이를 발견하지 못할 것이다. 그 뒤에 그들은 매우 상이한 직업에 종사하게 된다. 그러면 재능의 차이가 눈에 띄게 되고 점점 커져, 철학자는 허영심 때문에 짐꾼과의 어떠한 유사성도 인정하지 않으려는 단계에까지 도달한다. 거래하고 교환하려는 성향이 없었다면 모든 사람은 자기 자신이 필요로 하는 모든 필수품과 편의품을 스스로 공급해야 했을 것이다. 모든 사람은 동일한 의무와 동일한 작업을 수행해야 했을 것이고, (재능의 큰 차이를 야기한) 직업의 차이는 존재할 수도 없었을 것이다.

상이한 직업을 가진 사람들 사이에 현저히 나타나는 재능의 차이를 만드는 것이 교환성향이라면, 이 차이를 유용하게 만드는 것도 바로 이 교환성향이다. 동일한 유(類)에 속하는 동물들은 (습관과 교육의 영향을 받기 이전에 인간들 사이에서 나타나는) 재능의 차이보다 훨씬 현저한 차이를 천성으로부터 얻는다. 철학자가 선천적으로 재능과 성향에서 거리의 짐꾼과 차이가 나는 것은, 맹견과 사냥개 사이, 사냥개와 애완용 개 사이, 그리고 애완용 개와 양 지키는 개 사이의 차이의 절반도 되지 않는다. 그러나 이렇게 상이한 동물들은 비록 동일한 유에 속하지만 서로서로에게 거의 도움을 주지 못한다. 맹견의 힘은 사냥개의 민첩함이나 애완용 개의 총명함이나 양 지키는 개의 유순함에 의해 조금도 보완되지 않는다. 이러한 상이한 자질과 재능의 성과는 교환하는 힘(또는 성향)이 없기 때문에 공동재산으로 될 수 없으며 생존조건의 향상에 조금도 기여하지 않는다. 각각의 동물은 각각 독립적으로 자기 자신을 지탱하고 보호해야만 하며, 자연이 그들에게 제공한 각종의 재능으로부터 어떤 이익도 얻지 못하고 있다. 이와 반대로, 인간들 사이에서는 가장 차이가 나는 재능들이 상호간에 유용하며, 각각의 재능에 의해 만들어진 상이한 생산물들은 거래 내지 교환하는 일반적 인간성향에 의해 공동재산이 되며, 이 공동재산으로부터 각자는 타인 재능의 생산물 중 자기가 필요로 하는 부분을 구매할 수 있다.

3. 분업은 시장의 크기에 의해 제한된다

1) 도시와 농촌의 분업

노동의 분업을 가져오게 하는 것은 교환의 힘이므로 이 분업의 한계도 그 힘의 한계, 다른 말로 표현하면 시장의 크기에 좌우된다. 시장 규모가 매우 작을 때에는 어떤 사람이라도 자신의 노동력으로 만든 생산물의 잉여부분 — 자신이 소비하고 남은 부분 — 을 교환할 수 있는 힘(시장)이 부족하여 이따금씩 사용할지도 모르는 다른 노동자의 잉여 생산물을 구할 목적으로, 전적으로 한 가지 직업에만 종사하려는 의욕이 생기지 않는다.

어떤 산업 내에서는 비록 낮은 수준이지만 대도시 이외에서는 수행될 수 없는 것들이 있다. 예를 들어, 짐꾼은 (대도시 이외) 다른 지역에서는 직장을 찾거나 생계를 유지할 수 없다. 그에게 마을은 너무 좁은 지역이다. 심지어 통상의 마을 시장도 그에게 항구적 직장을 마련해 줄 수는 없다. 스코틀랜드의 고원지대처럼 집들이 띄엄띄엄 떨어져 있는 시골이나 조그마한 마을에서는 모든 농부들이 자신의 가족을 위해 동시에 푸줏간쟁이이고, 빵굽는 자이며, 술담는 주인이다. 그러한 경우 20마일 이내 떨어진 곳에서 동일한 직업을 가진 대장장이, 목수, 벽돌공을 찾아 볼 수가 없다. 가까운 이웃과 8 내지 10마일 떨어진 곳에 뚝 떨어져 있는 가족들은 사람이 많이 모여 사는 곳이라면 다른 작업자의 도움을 받을 수 있는 자질구레한 모든 일을 스스로 수행할 수 있도록 배워야 한다. 시골의 작업자들은 동일한 재료를 가지고 서로 비슷한 산업이 필요로 하는 모든 다양한 작업에 적응하여야 한다. 시골의 목수라면 나무로 만드는 작업이면 모두 다 다루고, 시골의 대장장이라면 철로 만드는 작업이면 모두 다 만든다. 시골의 목수는 목수일 뿐만 아니라 용접공이고, 캐비닛 제조자이며, 심지어 바퀴공, 쟁기공, 마차 조립공은 물론 나무 조각가이다. 시골 대장장이의 직업은 더욱 다양하다. 외진 지역이나 스코틀랜드의 고원지대에 못 제조자와 같은 사업은 들어서지 않는다. 그러한 작업자는 하루에 천 개를 만듦으로써 1년이면 30만 개의 못을 생산한다. 그러한 지역에서는 천 개의 못, 즉 하루의 생산량도 처리할 수 없다.

2) 수상수송의 이점

육상의 운반수단에 의지하기보다 수상의 운송수단 덕분으로 각종 산업의 생산물을 취급하는 시장이 해안이나 강둑을 따라 확대되자, 모든 종류의 산업은 자연적으로 분할되고 스스로 개선하여 이윽고 개선된 작업이 내륙의 시골까지 뻗어나갔다.

2명의 마부가 타고 8마리의 말이 이끄는 넓은 수레의 대형마차는 4톤에 가까운 화물을 싣고 런던과 에든버러 사이를 약 6주일에 왕복한다. 이와 거의 같은 시간에 6명 내지 8명의 뱃사람이 타고 런던과 리스 항구 사이를 항해하는 배는 흔히 2백 톤의 화물을 싣고 왕복한다. 그러므로 수상수송의 도움을 빌면 6명 내지 8명이 같은 시간에 100명의 마부가 타고 4백 마리의 말이 이끄는 50대의 넓은 대형마차로 운반하는 것과 같은 양의 화물을 런던과 에든버러 사이에 왕복시킬 수가 있다.

4. 교육에 대하여

노동의 분업이 이뤄지는 과정에서 노동력으로 거의 대부분 살아가는 사람들 — 대부분의 사람들이 이에 해당하는데 — 은 한두 가지의 아주 단순한 작업에만 얽매인다. 대부분의 사람들은 자신의 작업을 이해하는 것도 일상적 작업을 통해 얻는다. 아주 단순한 작업을 수행하면서 생애를 살아가는 사람들은 작업의 효과가 똑같거나 거의 동일하게 나타나므로, 발견하려고 애를 쓰거나 결코 발생하지도 않는 난관을 신속히 처리하려고도 하지 않는다. 따라서 그는 노력하는 습관도 자연히 상실해버리고 인간들이 흔히 되기 쉬운 바보나 무지한 사람이 되어버린다. 마음이 무심하여 대화를 합리적으로 이끌려고도 하지 않고, 관대하고 고상하며 부드러운 감정도 느끼지 못하며, 그 결과 일상적 개인생활을 둘러싼 많은 의무에 관해서도 제대로 판단내릴 수도 없는 사람이 되어버린다. 자신의 나라와 관련된 수많은 이해에 대해서도 판단을 거의 내릴 수 없고 자신에게 특별한 고통을 주는 문제가 아니라고 한다면 전쟁에 처한 자신의 나라를 지킬 수도 없다. 그의 판에 박힌 반복되는 일상생활은 자연히 그의 마음을 타락시켜 그 결과 비정규적이고 불확실하며 모험적인 군인생활을 적의의 눈초리로 바라본다. 그의 일상생활은 그의 신체활동까지 병들게 하여 그가 길들여진 직업 이외에는 활기와 인내에 찬 노력을 기울이지 않는다. 이렇게 하여 그의 숙련은 결국 그의 지능과 사회성, 그리고 결혼생활을 희생하여 얻은 것이 된다. 모든 개화된 문명사회에서 대부분의 사람들이 속하는 가난한 노동자 계층은, 국가가 이를 방지하려고 고통을 부담하지 않는 한 이러한 상태에 빠진다.

그러나 미개한 사회에서는 각자가 수많은 다양한 직업을 갖지만 사회 전체적으로는 많은 직업이 있는 것이 아니다. 모든 사람이 어떠한 일도 할 수 있으나 마찬가지로 다른 사람도 그 일을 할 수 있다. 모든 사람이 상당한 정도의 지식, 독창성 및 발명심을 갖고 있으나 충분히 많은 정도는 아니다. 그러나 보통 보유하는 정도만으로도 사회에서 필요로 하는 단순한 업무의 전부를 충분히 수행할 수 있다. 문명사회에서는 대부분의 개인들이 직업에 다양성을 갖지 못하지만 사회 전체적으로는 무한한 종류의 직업이 있다. 이러한 다양한 직업으로 인하여 특별한 직업에 대한 적성이 없는 사람도 여유롭게 다른 사람의 직업을 살펴볼 수 있는 대상을 제공한다. 대상이 많다보니 그들의 마음도 상당한 정도로 끊임없이 비교하거나 묶어서 예리하고 종합적으로 이해하게 만든다. 이러한 사람들이 특별한 위치에 처해 있으나 그들의 능력은, 자신은 명예롭게 느낄지 모르나 훌륭한 정부를 만들고 사회를 행복하게 만드는 데 조금씩 기여하였다. 이러한 사람들의 능력이 큰 데에도 불구하고 대부분 사람들의 고상한 인간성은 망각되거나 사라져버린다.

문명사회와 상업사회에서는 부유한 상류계층의 사람들보다 보통사람들을 교육시키기 위한 사회의 관심을 필요로 한다. 부유한 상류계층의 사람들은 자신을 부각시키려고 하는 그러한 특별한 작업, 직업 또는 사업에 뛰어들기 전에는 대개 18세 내지 19세의 사람들이다. 그들은 그런 일을 하기 이전부터 향후 대중들이 존경하고 스스로도 가치가 있다고 여기는 직업에 익숙해지려 하고 또한 적어도 적응할 수 있는 충분한 시간을 가지고 있다.

그러나 보통사람들은 그러하지 못하다. 그들은 교육을 위해 보낼 수 있는 시간이 거의 없다. 그들의 부모들은 자식이 어렸을 때부터 교육시킬 여유가 없다. 그들은 일할 수 있는 나이만 되면 생계를 꾸리기 위해 직업에 적응하여야 한다. 직업이 너무 단순해서 어려서부터 이러한 교육을 받는다. 사회는 아주 조그마한 비용으로 대부분의 사람들로 하여금 교육의 기본적 부분을 획득할 필요성을 권장하고 또한 스스로에게도 부과시킨다.

▪ 사례 이야기

1. 인간은 남을 위해 재물을 양보하지는 않는다

지금 무릇 조(趙)나라와 정(鄭)나라 여자들이 아름답게 꾸미고, 거문고를 울리며, 소매를 길게 늘어뜨리고, 가벼운 신을 신고 길을 떠나며, 눈짓으로 유혹하고 마음으로 부르고, 출가함에 있어 천 리도 멀다 않고 노소도 가리지 않는 것은 부를 쫓기 위해서이다. 유한공자(游閑公子)가 관검(冠劍)을 장식하고 거기(車騎)를 거느리는 것 또한 부귀한 용모를 위해서이다. 주살을 쏘고, 화살을 쏘아 새를 잡으며, 물고기를 잡고 사냥함에 밤낮을 가리지 않고, 서리와 눈을 맞으면서도 산골짜기로 말달려 맹수의 해도 피하지 않는 것은 좋은 맛을 얻기 위함이다. 도박과 경마, 닭싸움과 개 경주를 하면서 얼굴색을 바꾸고 서로 경쟁하여 반드시 승리를 다투는 것은 잃거나 지는 것을 꺼리기 때문이다. 의술과 방술 등 여러 기술로 먹고사는 사람이 노심초사하여 능력을 다하는 것은 많은 양식을 위해서이다. 이사(吏士)가 법을 교묘히 이용하여 도장을 깎고 문서를 위조함에서 극형도 피하지 않는 것은 뇌물에 빠져서이다. 농공상가(農工商賈)가 재물을 저축하고 이익을 늘리는 것은 진실로 부를 구하고 재화를 늘리는 일이다. 이러한 것은 자신을 위해 지식과 능력을 다할 뿐이고, 끝내 남을 위해 힘을 남겨서 재물을 양보하지는 않는다〔최인욱, 1971: 화식열전(貨殖列傳)〕.

2. 테즈매니아인의 멸종원인은 분업이 결여된 데 있다

존 보너(John Bonner, 1993)는 작은 생물 내의 세포들은 커지면 커질수록 몇몇 세포들에 전문적으로 재생산을 맡게 하는 등, 노동을 세분화시키는 경향이 있다는 사실을 발표하였다. 개미, 벌 등 사회적 곤충이 진화하고 번영할 수 있었던 것도 그들의 사회가 협력을 필요로 하는 전문화된 역할로 이뤄졌기 때문이다.

그의 연구에 의하면 거대한 집단으로 조직화된 인간사회에는 더욱 다양한 업무들이 있다. 고립된 채 지내다 이제는 사라져버린 테즈매니아인(호주 원주민)만이 2개의 계급을 갖고 15명도 안 되는 무리를 지어 살았다고 한다. 그러나 마오리족(뉴질랜드의 원주민)은 2천 명 이상이 무리지어 살면서 60개의 서로 다른 전문적 역할들을 맡았다. 분업이 상당히 이뤄진 마오리족보다 분업이 이뤄지지 않은 테즈매니아인은 일찍 멸종했다.

3. 공자와 맹자, 그리고 순자의 분업론

《논어》(論語) 제 13권 "자로"(子路)편에 나오는 글이다. 제자인 번지(樊遲)가 공자에게 농사짓는 법을 배우기를 청하니, 공자는 "나는 늙은 농부만 같지 못하다"(吾不如老農)라고 대답하고, 채소 가꾸는 법을 배우기를 청하니까 "나는 채소 가꾸는 늙은 농부만 같지 못하다"(吾不如老圃)고 대답하였다.

농사짓는 법만을 중히 여긴 번지가 밖으로 나가자, 공자는 "번지는 소인이로구나. 윗사람이 예를 좋아하면 백성들이 감히 공경하지 않을 수가 없고, 윗사람이 의로움을 좋아하면 백성들이 감히 복종하지 않을 수가 없으며, 윗사람이 신의를 좋아하면 백성들이 감히 사사로운 감정을 드러낼 수 없을 것이다. 이렇게 한다면 사방의 백성들이 자식들을 강보에 싸 업고 올 터인데 무엇 때문에 농사를 지으려 한단 말이냐?"라면서 자급자족을 위해 농사를 배워야 한다는 번지를 못마땅하게 여겼다.

맹자(孟子, BC 372~BC 289) 《등문공상》(滕文公上)에 나오는 글이다. "옛 사람이 말하기를, 어떤 사람은 마음을 수고로이 하고, 어떤 사람은 힘을 수고로이 하는 것이니, 마음을 수고롭게 하는 자는 사람을 다스리고, 힘을 수고롭게 하는 자는 사람에게 다스림을 받는다'고 하니 사람에게 다스림을 받는 자는 사람을 먹이고, 사람을 다스리는 자는 사람에게 얻어먹는 것이 천하에 통하는 의(義)이다. 군자는 소인이 없으면 주리고, 소인은 군자가 없으면 어지러우니, 이것으로 서로 바꾸는 것은 농부와 대장장이가 곡식과 기계를 서로 바꾸는 것과 마찬가지이니, 이에 서로 구제하는 것이요, 서로 해치는 것이 없으니 천하를 다스리는 자가 반드시 밭을 갈 필요는 없다고 하였다."

허행(許行)은 농사법을 중시한 학자인데, 그의 무리 수십 명이 등나라 문공에게 와서 농사짓고 신발과 자리를 짜서 사용하는 등 자급자족의 생활을 하였다. 물건을 교환해서 써야 한다는 생각을 지닌 맹자는 허행을 두둔하는 진상(陳相)과의 대담에서 허행의 농사위주의 자급자족 생활태도를 질문과 응답을 빌려 비판한다.

맹자: 허행은 반드시 곡식을 심은 뒤에 먹느냐?
진상: 그러합니다.
맹자: 허행은 반드시 베를 짠 뒤에 옷을 입느냐?
진상: 아닙니다. 허행은 갈옷을 입습니다.
맹자: 허행은 관을 쓰느냐?
진상: 관을 씁니다
맹자: 무슨 관을 쓰느냐?
진상: 맨 관을 씁니다.
맹자: 스스로 짜느냐?
진상: 아닙니다. 곡식과 바꿉니다.
맹자: 허행은 어찌 스스로 짜지 않는가?
진상: 농사짓는 데 해롭기 때문입니다.
맹자: 허행은 솥과 시루에 불때며, 쇠로 밭을 가느냐?
진상: 그러합니다.

맹자: 스스로 만드느냐?
진상: 아닙니다. 곡식과 바꿉니다.

이어서 맹자는 "곡식으로 연장을 바꾸는 것은 대장장이를 병들게 하는 것이 아니며, 대장장이가 기계로 곡식을 바꾸는 것도 농부를 병들게 하는 것이 아니다"라면서 교환의 중요함을 강조한다"(한상갑, 1976).

《회남자》(淮南子)에서 말하기를 "옛날 사람들이 수레를 만들 때 칠을 하는 사람은 그림을 그리지 않았고, 뚫는 일을 하는 사람은 깎는 일을 하지 않았다. 장인은 두 가지 일을 지니지 않고 선비는 관직을 겸하지 않는다. 각자 자신의 직책을 지키면서 서로를 간섭하지 않으면, 사람들은 자신에게 마땅한 일을 얻게 되고 사물은 각자 적당한 곳을 찾게 된다. 이 때문에 기계는 무리가 가지 않고 직책과 업무는 소홀해지지 않는다"고 하였다. 또 "장사꾼이 건드리는 것이 많으면 가난하고 공인이 기술이 많으면 곤궁해지기 마련인데, 그것은 마음을 한곳에 집중하지 않기 때문이다"고 하였다〔이석명, 2004: 주술(主術)편〕.

순자(荀子, BC 298~BC 238)가 말하였다.

"지세의 높낮이를 살펴보고 오곡을 파종하는 데는 글읽는 자가 농부보다 못하며, 재화(財貨)를 유통하고 물정을 장악하는 데는 글읽는 자가 상인보다 못하며, 기술을 설계하고 기재(器材)를 준비하는 데는 글읽는 자가 장인보다 못합니다. 그러나 한 사람의 품행을 평가해서 적절하게 임용하고, 재능에 따라 관직을 배치하며, 말하는 것이 합리적이고, 일할 때 요점을 장악하는 것은 글읽는 자의 재능입니다."

문자(文子)가 말하였다.

"담당한 직책을 잘 담당할 수 있다면 그를 추천해야 하니, 까닭인즉 그 일이 그에게 부담되지 않기 때문입니다. 한마음 한뜻으로 일을 할 수 있다면 그에게 이 일을 시켜야 하니, 까닭인즉 그 일이 그에게 어렵지 않기 때문입니다"(장순용, 2003).

제나라 경공(景公)이 공자에게 정사(政事)를 물으니 공자는 "임금은 임금다우며, 신하는 신하다우며, 아비는 아비다우며, 자식은 자식답게 그 구실을 다하는 것입니다"〔君君臣臣父父子子, 《논어》 제12권 안연(顔淵)편〕라고 하였다. 사람마다 각자의 역할이 있다는 소중한 말이다.

4. 직무유기(職務遺棄)와 월권(越權)

중국 한(漢)나라의 소후(昭侯)란 임금이 술에 취해서 잠이 들었으므로 전관자(典冠者: 임금의 관을 맡은 내시)는 소후가 추울 것 같아서 옷을 덮어 주었다. 소후는 잠에서 깨어나 기뻐하며 내시에게 물었다. "누가 옷을 덮어 주었느냐?" 하니 전관자가 "소인입니다"라고 대답하였다. 소후는 전관자와 전의자(典依者: 임금의 옷을 맡은 내시) 모두 함께 죄를 주었다. 전의자의 잘못은 직책을 다하지 못함이오. 전관자의 잘못은 다른 사람의 직책을 월권했기 때문이었다. "나 소후는 추운 것은 아주 싫다. 그러나 타인의 직책을 침해하는 것은 해가되기 때문에 추운 것보다 더욱 심한 것이다."

그러므로 현명한 임금은 신하를 통솔하는 데에서 신하로서의 직권을 남용하지 못하게 하고 의견을 진술한 것과 실제가 부합되게 하고, 만일 월권하였다면 사형에 처하고, 말과 실제가 같지 않으면 처벌한다. 관직에서 임무를 지키고 말한 것이 올바르게 들어맞게 하면 신하들이 서로 도당을 만들어 이익을 탐낼 수 없게 된다〔이운구, 2002: 이병(二炳)편〕.

5. 유방의 승인(勝因)과 항우의 패인(敗因)

한나라 유방(劉邦, BC 247~BC 195)과 초나라 항우(項羽) 사이의 싸움에 대해서는 너무나도 알려진 내용들이 많다. 여기서는 유방이 항우를 물리친 배경을 역할분담에서 찾아볼까 한다. 유방은 3년 동안의 격전 끝에 강력한 초나라의 항우를 물리쳤는데, 무장으로서의 능력 면에서 본다면 항우의 발꿈치에도 못 미치는 인물이었다. 그런데 전쟁이 끝난 후 유방의 신하들이 유방에게 자신들의 승인과 항우의 패인을 물어보니까 유방은 다음과 같이 이야기하였다.

> "본부 안에서 계략을 짜서 승리를 천리 밖에서 결정짓는 점에서는 나는 장량(張良)을 따라갈 수 없다. 내정의 충실, 민생의 안정, 군량의 조달, 보급로의 확보라는 점에서는 나는 소하(簫何, ?~BC 193)를 따라갈 수 없다. 백만 대군을 자유자재로 지휘하여 승리를 거둔다는 점에서는 한신(韓信)을 따라갈 수 없다. 나에게는 장량, 한신, 소하와 같은 훌륭한 신하가 따라 다녔기 때문이다. 나는 이들을 써먹었다. 이것이 나의 승인이다. 한편 항우에게는 범증(范增)이란 명장이 수행했으나 한 사람밖에 보필자가 없었다"(자유문고, 1998).

유방의 경우 장량은 작전참모로서, 한신은 야전군 사령관으로서, 그리고 소하는 후방의 치안유지와 물자의 동원·조달의 군수책임자로서 맡은 바 역할을 훌륭하게 해냈던 것이다. 이렇게 역할을 분담함으로써 유방을 승리의 길로 이끌 수 있었던 것이다.

6. 플라톤의 노동분업론

플라톤은 사회의 기원을 계약, 즉 인간의 본성, 더욱 정확하게는 인간의 사회적 본성에 입각한 협약인 자연적 협약에서 찾았다. 플라톤은 인간 개인이 불완전한 존재이기 때문에 인간은 국가에 의존하고 국가 내에서만 완전에 도달할 수 있다고 본다. 그러므로 국가만이 자급자족할 수 있고(경제적 자립), 완전할 수 있으며, 개인의 불완전성을 완전하게 할 수 있는 이상, 국가는 개인보다 우위를 차지해야 한다고 주장하였다.

플라톤은 《국가》에서 "우리가 자급자족할 수 없기 때문에 국가가 발생하는 거라네. 인간들은 한 부락에 여러 원조자들을 모으지, 그건 그들이 많은 것들을 필요로 하기 때문이야. 그리고 그들이 한쪽은 주고, 다른 쪽에서는 받아먹고 하면서 자기들 상품을 분배할 때에는 모든 사람이 다 이런 식으로 자기이익을 늘려 나가고자 하는 것 아닌가?" 그러므로 주민들은 자기의 이익을 늘리기 위해 모인다. 그것이 사회계약이론의 요소이다.

그러나 그 뒤에는 주민들은 자족할 수 없다는 사실, 즉 인간본성의 사실이 버티고 있다. "본래 우리들 중의 어떤 두 사람도 똑같지 않다. 각자는 자기의 독특한 본성, 즉 어떤 사람은 이런 종류의 일에 알맞고, 어떤 사람은 저런 일에 알맞은 독특한 본성을 가지고 있다. 인간이 여러 가지 기술에 종사하는 것이 나은가 또는 단 한 가지 기술에 종사하는 것이 나은가? 분명히 각자가 자기의 자연적 재능에 따라 단 한 가지 직업에만 종사하는 것이 더 많은 생산을 할 수 있고, 더 낫고 더 쉬운 것일세." 이런 식으로 하여 노동분업의 경제적 원칙이 도입되었다(이한구, 1997).

7. 로마시대 벽돌공의 분업

제정 로마시대에 들어서면서 가족단위의 자급자족하는 단계에서 벗어나 직업의 분업화가 가속화되었다. 공공사업이 많이 이뤄진 로마의 건설현장을 예로 들면 필요한 자재들은 각각 그것을 전문으로 만드는 공장에서 조달하는 방식이 일반화되어 있었다. 품질보증도 중요시하였는데, 벽돌공장들은 제품의 품질을 보증하는 의미에서 어느 공장 제품이고 언제 제조되었는가를 기록한 각인을 벽돌에 찍는다. 물론 모든 벽돌에 일일이 상표를 찍는 것은 아니고, 한 무더기의 벽돌 가운데 한 개에만 찍었을 거라고 상상한다. 왜냐하면 상표를 찍은 벽돌의 수가 적기 때문이다(김석희, 1995).

8. 전문화로 부를 일궈낸 중국인

사마천(司馬遷)의 《사기》(史記), "화식열전"(貨殖列傳)에 나오는 글이다. 결론적으로 검소하고 부지런히 일하는 것은 생업을 영위하는 정도인데, 부자들은 반드시 그 점에서 남다르고 뛰어났다. 농사는 하찮은 일이지만 진나라의 양(揚)은 농사로써 그 부가 주(州) 전체의 부를 능가할 정도였다. 도굴은 간사한 일이지만 전숙(田叔)은 이로써 부가 일어났다. 도박은 악업이지만 환발(桓發)은 이로써 부를 이루었다. 행상을 다니는 것은 대장부가 하기엔 미천한 일이지만 옹(雍)의 악성(樂成)은 이로써 풍요로워졌다. 화장품을 파는 일은 부끄러운 일이지만 옹백(雍伯)은 이로써 천금을 벌었다. 장(漿)을 파는 일은 하찮은 일이지만 장(張)씨는 천만 전(錢)을 얻었다. 칼 가는 일은 보잘 것 없는 기술이지만 질(郅)씨는 진수성찬을 먹을 정도로 부유하게 되었다. 위포(胃脯)를 파는 일은 간단하고 작은 일일 뿐이지만 탁(濁)씨는 기마를 끌고 다닐 정도가 되었다. 말을 치료하는 의술은 미천한 방술이지만 장리(張里)는 종의 연주를 들으면서 식사할 정도가 되었다. 이는 모두 하나를 성실하게 하여 이룬 바이다.

반고(班固)의 《한서》(漢書), 《식화지》에 나오는 글이다. 그런 까닭에 "백성이 적음을 근심하지 않고 각기 그 분수를 얻음이 고르지 못함을 근심하며, 재물이 모자람을 근심하지 않고 상하가 서로 편안하지 못함을 근심한다. 대개 각기 그 분수를 얻음이 고르면 재물은 모자람이 없고, 상하가 서로 화합하면 백성은 적음이 없으며, 상하가 서로 편안하면 국가는 기울어짐이 없을 것이다"라고 하였다. 이리하여 성왕(聖王)이 지역을 구분하여 백성들을 거주시킬 때에는 성곽을 축조하여 살게 하고, 여정(廬井, 오두막과 밭)을 마련하여 균등하게 하며, 시사(市肆, 시장의 점포)를 열어 소통하게 하고, 상서(庠序, 교육기관)를 설치하여 교화시켰으니, 사농공상의 사민(四民)에게는 각각의 본업이 있었다. 학문을 해서 관직을 담당하는 자를 사(士)라 하고, 토지를 개척하여 곡식을 심는 자를 농(農)이라 하며, 교묘한 기술을 부려 기물을 만드는 자를 공(工)이라 하고, 재물을 소통시키고 화물을 파는 자를 상(商)이라 한다. 성 왕은 각각의 능력을 헤아려 일을 주고 사민은 각자의 재능을 다하여 그 담당한 직책을 받았기 때문에 조정에서는 불필요한 관리가 없었고, 읍에는 놀고먹는 백성이 없었으며, 토지에는 빈 땅이 없었다(박기수 외, 2005).

제8장

사회에서 지식의 이용

프리드리히 A. 하이에크[1]

사회의 경제문제가 당시의 그곳에서 부닥치는 상황변화에 신속히 적응하고자 하는 것이라는 데에 동의한다면, 궁극적 의사결정은 이러한 상황에 가장 친숙한 사람들(이들은 관련된 변화를 바로 알고 또한 이러한 변화에 바로 이용가능한 지식자원을 잘 아는 사람들이다)에게 맡겨져야 한다.

▪ 요 약

사회의 경제문제를 풀기 위해 필요로 하는 지식이 모두 구비된다면 수학적 논리를 통해 간단하게 해결할 수 있다. 그러나 지식은 여러 사람에게 분산되어 있다. 이러한 지식을 한곳으로 통합시키기가 불가능하기 때문에 사회가 당면한 경제문제란 자원을 어떻게 배분하는가가 아니고, 각자가 가진 지식을 어떻게 모으는가이다.

사회는 분산된 지식을 명령을 통해 집중시키는 중앙계획경제와 개별적으로 분리된 개인이 경쟁하여 만들어내는 시장경제로 구분된다. 중앙계획경제의 성공은 많은 사람들에게 분산되어 있는 지식을 한 사람의 중앙당국이 마음대로 다룰 수 있는가에 달려 있다(다루기가 불가능하기 때

1) 프리드리히 아우구스트 하이에크는 빈대학에서 법학박사와 경제학박사학위를 취득하였다. 이 글은 "The Use of Knowledge in Society," *American Economic Review*(1945: 519~530)에서 발췌, 번역하였다. 이 논문을 발표할 당시, 그는 런던경제대학(London School of Economics)에 재직하고 있었고, 이후 시카고대학과 프라이부르크대학(University of Freiburg)에서 교편을 잡았으며, 1974년에 노벨경제학상을 수상했다.

문에 중앙계획경제는 실패한다).

경제문제는 항상 변화의 결과로 일어나는데, 지식이 분산되어 있으면 필요로 하는 당시의 상황에 맞추어 지식을 신속하게 이용하여 문제를 해결할 수 있다. 이때 가격은 지식이 분산되어 있는 체계에서 사람들의 개별적 활동을 조정하도록 이끄는 신호기 역할을 담당한다. 그리하여 지식이 분산된 시장경제에서 얻어지는 결과는 여러 사람에게 분산되어 있는 지식을 한곳으로 집중시켜 도달되는 결과와 동일해진다.

1. 경제문제의 성격에 대한 잘못된 인식

우리들이 합리적 경제질서를 만들어 보려고 할 때에 풀고 싶은 문제는 무엇인가? 이미 친숙한 가정을 내세워 간단하게 대답한다. 만약 우리들이 필요로 하는 모든 정보를 갖고 있고, 기호에 맞는 체계에서 출발하며, 이용가능한 지식수단을 완전하게 구사한다면 나머지 문제는 오로지 논리뿐이다. 즉, 이용가능한 수단을 어떻게 가장 잘 활용할 것인가라는 질문에 대한 대답은 우리들의 가정에 이미 내포되어 있다. 이러한 최적해가 충족시켜야 하는 조건은 이미 충분히 다뤄졌고, 수학적 형식으로 잘 나타낼 수 있다. 아주 간단한 형태로 두 가지 상품이나 생산요소 사이의 한계대체율이 모든 다른 용도에 대해 동일하여야 한다고 표시한다.

그러나 사회가 당면하는 경제문제는 이러한 것이 아니라는 점을 강조하고 싶다. 이 논리적 문제를 풀기 위해 개발된 경제계산방법이 사회의 경제문제를 풀어나가는 데 중요한 절차이긴 하지만 경제문제에 대한 해답을 제공하지는 못한다. 그 까닭은 경제계산방법이 취급하는 '자료'가 이를 가지고 사회를 위해 작업할 사람에게 결코 주어진 것이 아니고, 결코 주어질 수도 없기 때문이다.

우리들이 활용하여야 하는 상황에 대한 지식이 결코 압축되어 통합된 형태로 존재하지도 않고, 대신 불완전하고 때로는 모든 개인들이 개별적으로 가진 모순된 내용인데도 불구하고 이를 가지고 합리적 경제질서의 문제가 갖는 성격을 결정하고 있다. 사회가 당면한 경제문제는 '주어진'(여기서 '주어진'이라는 단어는 '자료'를 가지고 문제를 푸는 한 사람에게만 주어진 것을 의미한다) 자원을 어떻게 배분하는가라는 단순한 문제가 아니다. 오히려 사회의 모든 구성원에게 알려진 자원을 각자가 갖는 상대적 중요도에 따라 어떻게 확보하느냐이다. 또는 간략하게 사람들에게 그 내용이 전체적으로 알려지지 않은 지식을 활용하는 문제이다.

문제가 근본적으로 이러한 성질을 갖고 있는 데에도 불구하고 최근에 개선된 경제이론, 특히 수학을 사용하는 이론들은 이를 밝히기보다는 오히려 덮어버리고 있다고 생각한다. 이 논문에서 먼저 다루고자 하는 문제는 합리적 경제조직에 관한 문제인데, 이를 다루는 과정에서 계속 방법론상의 의문과 깊게 관련된 사항에 부닥치게 되었다. 지적하고 싶은 점은 다양한 방법으로 사고를 추적하는 경로가 기대한 것과는 달리 하나의 결론으로 수렴한다는 사실이다. 그런데 이제 이 문제를 다뤄본 결과, 그러한 현상은 당연히 발생하는 것으로 이해하게 되었다. 경제이론과 경제정책을 둘러싼 현재 논쟁의 대부분이 사회가 안고 있는 경제문제의 성격에 대해 공통적으로 잘못 인식하는 데에서 출발하는 데 있는 것처럼 보인다. 이러한 잘못된 인식은 사회현상에 대하여 문제의 성격을 다루고자 개발한 사고습성을 잘못 이전시켰기 때문에 일어난다.

2. 중앙계획과 개인의 경쟁

일상적 용어로 '계획'이라고 하면 이용가능한 자원과 관련된 의사결정을 모아놓은 것을 의미한다. 모든 경제활동은 이러한 의미에서 계획이다. 왜냐하면 여러 사람들이 함께 일하는 어떤 사회에서도 누가 계획하든 간에 계획은 무엇보다 먼저 계획자에게 주어진 것이 아니고 다른 사람에게 주어진 지식 — 어떻든 계획자에게 전달되겠지만 — 을 토대로 하고 있다. 사람들이 계획을 수립하는 데 토대로 삼는 지식이 사람들에게 전달되는 여러 가지 방법이야말로 경제의 진행과정을 설명하는 이론에서 가장 심각한 문제로 등장한다. 모든 사람들에게 분산된 지식을 어떻게 활용하는 것이 가장 최선의 방법인가라는 문제는 경제정책 내지 효율적 경제체계를 수립하는 데 있어 중요한 문제 중의 하나이다.

이러한 문제에 대한 해답은 여기서 제기하는 다른 문제, 즉 누가 계획을 세우는가와도 깊은 관련이 있다. 이 문제와 관련하여 '경제계획'을 둘러싼 모든 논쟁이 집중된다. 계획이 수립되느냐 아니냐를 둘러싼 논쟁이 아니다. 문제는 계획이 전체 경제체계를 위해 하나의 권한 있는 당국에 의해 중앙집중적으로 수립되어야 하느냐, 아니면 많은 개인들로 나뉘어 수립되어야 하는가를 둘러싼 논쟁이다. 현재의 논쟁에서 사용하는 용어를 빌린다면 계획이란 중앙계획 — 전체 경제체계의 방향을 하나로 통일시키는 계획 — 을 의미한다. 이와 반대로 경쟁이란 많은 개별적으로 분리된 개인이 분산하여 만든 계획을 의미한다. 이 양자의 중간단계로 많은 사람들이 이야기하기를 좋아하는 것으로 계획을 조직된 산업체, 달리 말해 독점기업에게 위양하는 형태가 있다.

이 중에서 어떤 체계가 보다 더 효율적인가는 어떤 체계가 기존의 지식을 충분히 사용하리라고 기대할 수 있는가라는 의문에 달려 있다.

그리고 다시 이 의문은 처음에 많은 사람들에게 분산되어 있으나 사용하여야만 하는 모든 지식을 한 사람의 중앙당국이 마음대로 다룰 수 있도록 하는 데 우리들이 성공하거나 또는 개인들이 추가로 필요로 하는 지식을 개인 각자에게 전달하여 다른 사람들의 계획에 적합하도록 만드느냐에 달려 있다.

3. 분산과 지식을 통합시키는 가격기구의 역할

1) 변화에 의한 조정

경제문제는 항상, 그리고 오로지 변화의 결과로 일어난다는 점을 강조할 필요가 있다. 예전과 같이 모든 게 일정하게 또는 기대한 대로 이뤄지는 한 의사결정을 요구하는 문제는 발생하지 않고 새로운 계획을 짤 필요도 없다. 변화 또는 적어도 매일 조정하는 일이 그다지 중요하지 않다는 믿음은 경제문제가 별로 중요하지 않다고 주장하는 것을 의미한다. 변화가 그다지 중요하지 않다고 믿는 사람들이 있는데, 이들은 기술적 지식의 중요성이 성장하는 바람에 경제적으로 고려할 사항의 중요성이 뒷전으로 물러났다고 주장하는 사람들이다.

현대적 생산의 정교한 장치 덕분으로 경제적 의사결정은 오랜 시간이 거치고 난 이후에, 즉 신규로 공장을 건설한다거나 새로운 공정을 도입하는 시기에 한 번씩만 결정할 필요가 있다는 게 사실인가? 일단 공장이 건설되고 나면 나머지 것들은 다소 기계적으로 공장의 성격에 따라 결정되고, 매번 변하는 상황에 적응하여 변화시킬 필요가 없다는 것이 사실일까?

이에 대해 변화시킬 필요가 없다고 긍정적으로 믿는 사람들이 많은데, 이들의 믿음은 기업가들이 일상적 실무에서 얻는 믿음과는 다르다. 경쟁적 산업에서는 — 그러한 산업만이 검증할 수 있는 역할이 되는데 — 비용이 상승하지 못하도록 하는 작업은 관리자의 에너지를 계속하여 짜내는 일상적 투쟁을 통해 이뤄진다. 이윤이 존재하는 차이를 비효율적 관리자라면 소진시키기가 얼마나 쉬운 일인가. 똑같은 기술적 시설을 가지고 여러 가지 수준의 비용으로 생산하는 일이 가능하다는 사실은 기업의 경험에서 다반사로 확인되는데, 이러한 사실을 경제학자들은 잘 모르고 있다. 생산자와 엔지니어들이 화폐비용을 고려하지 않고 생산이 진행되었으면 하고 강하게 바란다는 현실은 변화에 따른 조정이 일상생활에서 자리잡고 있다는 증거이다.

2) 분권화에 의한 경제문제 조정

사회의 경제문제가 당시의 그곳에서 부닥치는 상황변화에 신속히 적응하고자 하는 것이라는 데에 동의한다면 궁극적 의사결정은 이러한 상황에 가장 친숙한 사람들(이들은 관련된 변화를 바로 알고 또한 이러한 변화에 바로 이용가능한 지식자원을 잘 아는 사람들이다)에게 맡겨져야 한다. 이러한 문제를 해결하고자 우선 모든 지식을 전달받은 중앙당국이 모든 지식을 통합하고 나서 명령을 발포하도록 기대하여서는 안 된다. 이 문제는 분권화를 통해 해결되도록 하여야 한다. 그러나 이 문제도 일부분만을 해답한 것이다. 우리들이 분권화를 필요로 하는 까닭은 그렇게 함으로써 그 당시 그곳의 상황에 대한 지식을 신속하게 이용할 수 있다고 확신하기 때문이다. 그러나 '현장사람'은 비록 그를 둘러싼 상황에 대한 사실을 친숙하게 파악하고 있지만 제한된 지식을 바탕으로 혼자서 의사를 결정할 수는 없다. 그가 내리는 의사결정이 전체 경제체제가 변하는 양상에 적합하도록 추가로 필요한 정보를 그에게 전달하는 문제가 여전히 남는다.

그가 일을 성공적으로 수행하기 위해 얼마나 많은 양의 지식을 필요로 하는가? 그가 현재 가진 지식의 범위를 벗어난 사태 중에서 어떤 사태가 바로 의사결정을 내리는 데 관련이 있고, 이 중에서 얼마를 알아야 하는가?

그가 내려야만 하는 의사결정에 영향을 미치지 않는 사태란 이 세상에 없다. 그러나 비록 그가 그 영향을 잘 모른다고 할지라도 이러한 사태를 알 필요는 있다. 어떤 특정 순간에 왜 다른 것보다 더 많은 지식이 필요하며 왜 천가방보다 종이가방만을 바로 이용할 수 있는지, 왜 숙련노동자나 특별한 목적의 연장이 당분간 구하기 어려운지는 그에게 중요하지 않다. 그에게 중요한 것은 그가 염두에 두는 다른 것들과 비교하여 이러한 것들을 구하기가 보다 어려워졌다거나 또는 당장 필요로 하는 것들이 그가 생산하거나 이용하는 것이 아닌 다른 대체물이라는 사실이다. 문제로 되는 것은 그가 염두에 두는 특수한 것에 대해 상대적으로 부여하는 중요도가 항상 문제로 된다. 그리고 상대적 중요성을 변경시키는 원인 — 자신의 환경에 구체적으로 영향을 미치는 것을 제외하고는 — 은 그에게 관심거리가 되지 않는다.

3) 가격기구에 의한 조정

이러한 관점에서 경제적 계산 자체가 이 문제를 푸는 데 도움을 주고 있다고 생각하고, 사실상 가격기구에 의해 해결된다는 사실을 강조하고 싶다. 작은 경제체계를 위한 모든 자료를 한 사람이 보유한다고 하여도, 매번 자원을 배분하게 되는 소규모의 조정작업을 하여야 하는 마당에 그는 목적과 자연히 영향을 받을 수밖에 없는 수단과의 사이에 존재하는 모든 관계를 다 훑어 볼 수는 없다.

근본적으로 사실과 관련 있는 지식이 많은 사람들에게 분산되어 있는 체계에서는 가격이 주관적 가치가 계획을 조정하는 데 도움을 주듯이 서로 다른 사람들의 개별적 활동을 조정할 수 있도록 만든다. 가격이 정확하게 어떤 일을 성취하는지는 가격이 활동하는 매우 간단하고 일상적인 예를 생각해보면 잘 알 수 있다. 가령 원료 예컨대, 주석을 사용하는 새로운 기회가 세계의 어디에선가 발생하였다거나 주석을 공급하는 원천 중의 하나가 사라졌다고 가정하자. 이 두 가지 요인 중에서 어떤 것이 주석을 보다 희소하게 만드는지는 우리들이 관심을 갖고자 하는 의도가 아니다. 주석을 사용하는 모든 사람들이 알 필요가 있는 사실은 그들이 사용하였던 주석이 다른 곳에서 이윤을 남기는 데 고용되고 있고, 그에 따라 주석을 절약하여 사용하여야 한다는 사실이다. 그들 중 대부분의 사람들은 어디에서 보다 더 급박한 요구가 일어났으며, 또는 공급에 맞추어야 하는 다른 욕구가 어디에 있는지 등에 대해 알 필요가 없다. 이들 중에 새로운 수요를 아는 사람들이 여기로 자원을 돌리고, 또는 부족하다는 사실을 아는 사람들이 다른 원천으로 부족한 양을 메운다면, 그 영향은 전체 경제체계로 퍼지면서 주석을 사용하는 모든 용도에 영향을 줄 뿐만 아니라 그 대체물과 그것의 대체재에까지 영향을 미친다. 그런데 대체재에까지 영향을 미쳤지만 변화가 어디에서부터 시작하였는지는 전혀 모르는 채 이뤄진다. 전부가 하나의 시장과 같이 행동하는데, 시장참여자가 이 분야를 완전히 조사하였기 때문이 아니고 각자가 바라보는 시야가 충분히 서로 중첩되면서 모든 정보가 중간매개체를 통해 전달되기 때문이다. 하나의 상품에는 한 가지의 가격만이 있다거나 또는 지방의 가격은 운송비에 의해 결정된다고 하는 사실은 모든 정보(사실상 모든 사람에게 분산되어 있다)를 가진 한 사람이 도달할 수 있는 해답과 동일한 결과를 가져온다.

▪ 사례 이야기

1. 의식하지 않는 곳에 비결이 있다

어느 날 공자의 제자 안회(顔回, BC 514~BC 483)가 공자를 찾았다. "언젠가 깊은 연못을 나룻배로 건넌 적이 있는데, 사공이 배를 다루는 솜씨가 마치 귀신같았습니다. 그래서 제가 사공에게 배를 잘 다루는 비결이 무엇이냐고 물어보았어요. 그러자 그는 '비결이란 것은 없습니다. 수영을 잘하는 사람이라면 금세 숙달되지요. 잠수의 명인이라면 배를 본 적이 없어도 금세 익숙해집니다'라고 대답하더군요. 그에게 배를 잘 다루는 비결을 물어보았지만, 대답해주지 않았습니다. 도대체 그 비결은 무엇일까요?" 공자는 이 안회의 물음에 다음과 같이 대답하였다.

"수영을 잘하는 사람이 금세 배를 다룰 수 있는 것은 물을 의식하지 않기 때문이다. 잠수의 명인이 금세 익숙해질 수 있는 것은 연못도 육지와 똑같이 보이기 때문이지. 그러므로 눈앞에 어떤 사태가 일어나도 마음이 어지러워지지 않으며, 언제나 태연자약하게 대처할 수 있는 것이라네. 가령 도박할 경우 기와조각과 같은 그다지 가치가 없는 것을 걸었을 때에는 잘되지만, 장신구와 같은 좀 값나가는 것을 걸었을 때는 마음의 평정을 잃게 되고, 황금 같은 아주 값진 것을 걸게 되면 마음이 극도로 동요하게 되지. 솜씨에는 차이가 없는데도, 아깝다는 마음이 강해짐에 따라 정신적 혼란도 심해지는 거야"〔김달진, 1971: 달생(達生)편〕.

포정(庖丁, 백정)이 문혜군(文惠君)을 위하여 소를 잡는데, 그 손을 놀리는 것이나 어깨로 받치는 것이나 발로 딛는 것이나 무릎을 굽히는 모양이나 쓱쓱 칼질하는 폼이 음률이 맞지 않음이 없었다. 따라서 그 행동이 상림(桑林)의 춤(은나라 탕 왕이 상림이라는 땅에서 기우제를 지낼 때 추던 춤)에 맞고 경수(經首)의 장단〔요임금 때의 음악이라고 전해지는 함지곡(咸池曲)의 한 악장〕에도 맞았다. 그래서 문혜 군은 이렇게 말했다. "참 잘한다. 어찌 재주가 여기까지 이를 수 있는가?"

포정이 칼을 놓고 이렇게 대답했다. "제가 좋아하는 것은 도(道)로서 그것은 기술에 앞서는 것입니다. 처음 제가 소를 잡을 때는 눈에 보이는 것이 소뿐이었습니다. 그러나 3년 후에는 소가 보이지 않았고 지금에는 영감으로 대할 뿐 눈으로 보지 않습니다. 곧 감관은 멈춰버리고 영감만 작용하고 있습니다. 그래서 소 몸뚱이 조직의 자연적 이치를 따라서 뼈와 살이 붙어 있는 틈을 젖히는 것이나 뼈마디에 있는 큰 구멍에 칼을 집어넣는 것이나 모두 자연의 이치를 따라 갈라져 나갑니다. 그래서 그 기술은 뼈와 살이 합친 곳에서는 칼이 걸린 적이 한 번도 없는데, 하물며 큰 뼈에 부딪치는 일이야 있겠습니까?

훌륭한 포정은 1년에 한 번 칼을 바꾸는데, 그것은 살을 베기 때문이며, 보통 포정은 한 달에 한 번 칼을 바꾸니 그것은 뼈에 칼이 부딪쳐 칼이 부러지기 때문입니다. 그러나 지금 저의 칼은 19년 동안이나 썼고 또 잡은 소도 수천 마리나 되지만 그 칼날은 지금 막 새로 숫돌에다 간 것 같습니다. 저의 뼈에는 틈이 있고 칼날에는 두께가 없습니다. 두께가 없는 것으로써 틈이 있는 데다 넣으므로 넓고 넓어 그 칼날을 휘둘러도 반드시 여유가 있습니다. 그러므로 19년이나 되었어도 그것은 지금 막 숫돌에다 갈아낸 것 같습니다. 그러나 막상 뼈와 심줄이 한데 얽힌 곳을 만났을 때에는 저도 그 다루기 어려움을 보고 조심하여 곧 눈길을 멈추고 행동을 천천히 하며 칼을 놀리는 것도 매우 미묘해집니다. 그러다가 쩍 갈라지면 마치 흙덩이가 땅에 떨어지듯 고기가 와르르 갈라집니다. 그때야 칼을 들고 일어서서 사방을 둘러보며 머뭇머뭇 만족해하며 칼을 잘 닦아 집어넣습니다."

문혜 군이 그 말을 듣고 이렇게 말했다. "훌륭하구나. 나는 포정의 말을 듣고 양생법을 배웠도다"〔김달진, 1971; 양생(養生)편〕.

2. 지위가 오를수록 견문이 좁아진다

관직(官職)이 높으면 높을수록 견문(見聞)이 좁아진다. 그것은 그의 이목(耳目)을 가리는 것이 많기 때문이다. 반대로 관직이 낮으면 낮을수록 견문이 넓어진다. 그것은 그 보고 듣는 것이 진실하기 때문이다. 그러므로 견문의 범위를 이야기한다면, 군주(君主)의 지식은 재상(宰相)에 미치지 못하고 재상의 지식은 감사(監司)에 미치지 못하며, 감사의 지식은 수령(守令)에 미치지 못하고, 수령의 지식은 백성(百姓)에 미치지 못한다.

이목을 가리는 순서를 논한다면, 수령은 감사의 이목을 가리고, 감사는 재상의 이목을 가리며, 재상은 군주의 이목을 가린다. 또 낮으면 낮을수록 눈에 띄는 진솔한 민정(民情)을 보다 높은 지위에 있는 사람에게 들려 줄 수 없는 것은 얼마나 유감스러운 일인가(유두영, 1990).

3. 유방의 약법삼장

한나라를 세운 유방이 진나라 수도 함양을 함락시킨 후, 약법삼장(略法三章)을 만들었다. 유방은 진나라 노인들을 소집한 후 말하였다.

"모두들 진 왕조의 폭정에 오래도록 힘들었을 것이오. 진 왕조의 법은 너무 가혹했소. 조정이나 황제를 험담하는 사람은 멸문지화를 당하고 길거리에서 소곤거려도 죽임을 당한 정도가 아니었소? 오늘 나 유방이 여러분께 세 가지 규정을 만들어 드리겠소. 살인하면 목숨으로 대가를 치러야 하고, 상해를 입히거나 도둑질을 하면 죄의 정도에 따라 형량을 매길 것이오. 살인, 상해, 절도 이 세 가지만 어지기 않는다면 나머지는 신경 쓰지 않겠소."

이것이 약법삼장이다. 이때부터 약법삼장은 간단한 규정을 정한다는 의미를 갖게 되었다. 한고조 유방이 노장사상에 정통한 장량을 참모로 삼았다. 그가 함곡관을 넘어 함양에 쳐들어갈 때 장량을 참모로 삼았다. 그때 장량이 이같이 말했다.

"진나라의 가혹한 법을 없애고 약법삼장만을 발표하십시오. 살인자는 죽이고, 사람을 다치게 하거나 도적질한 자는 죄를 받는다"(신동준, 2003).

《도덕경》(道德經)에서는 일찍이 법령이 많고 명확할수록 범법자도 갈수록 많아진다고 말한 적이 있다. 가의(賈宜)도 이렇게 말하였다.

"법령의 조목과 운용은 의거할 조항이 있어서 쉽게 찾아볼 수 있습니다. 그러나 법령 외에 윤리도덕의 범위에 속하는 준칙들은 매우 분별하기 어렵고 가늠하기 힘듭니다." 또 이렇게도 말하였다.

"법령이 출범하기만 하면 어떤 사람들은 나쁜 일을 하기 전에 먼저 법률의 허점을 연구합니다"(장순용, 2003).

4. 재상은 사소한 일에 관여하지 않는다

중국 한나라 때 진평(陳平, ?~BC 178)이란 재상이 있었는데 그는 젊었을 때 유방을 받들던 지모(智謀)를 갖춘 작전참모로 유방의 승리에 공헌하였다. 여섯 번 기계(奇計)를 내어 여섯 번 유방을 위기에서 구해주었다고 한다. 이 진평이 만년에 재상으로 임명되어 한(漢)제국의 기둥이 되었는데, 그 무렵 유방은 이미 세상을 떠나고 문제(文帝)의 시대로 접어들었다. 그런데 어느 날 문제는 진평과 또 한 사람의 재상인 주발(周勃)을 불러들였다. 중국에서는 원칙적으로 복수의 재상을 두는 경우가 많았는데, 이때도 진평과 주발 두 재상이 있었다.

문제는 먼저 주발을 향해 물었다. "재판 건수는 1년에 몇 건이나 되나요?"

"불초하여 모르겠습니다."

문제가 또 묻기를 "그러면 국고의 수지는 연간 얼마나 되나요?"

"황송하오나 그것도 소인은…" 하고 얼버무렸다. 주발은 사죄할 수밖에 없었다.

문제는 할 수 없이 진평에게 물었다. 진평은 이렇게 대답하였다.

"황송하오나 그 건에 대해서라면 각의 담당자에게 물어봐주십시오."

"담당자란 누구를 말하는가?"

"재판에 관해서라면 사법대신, 국고의 수지에 관해서라면 재무대신에게 입니다"라고 진평은 대답하였다.

"각각의 담당자가 있다면 재상은 도대체 무엇을 담당하오?"라고 문제가 물었다.

진평은 "황송하오나 말씀을 올리겠습니다. 폐하께서는 신의 어리석음을 모르시고 재상으로 임명하였습니다만 원래 재상의 일이란 위로 천자를 보좌하고 아래로는 온 백성에게 골고루 혜택이 돌아가도록 하는 데 있습니다. 또한 밖으로는 만족(蠻族)과 제후(諸侯)를 진무(鎭撫)하고 안으로는 만민을 잘 따르게 하며 관직에 있는 자들에게는 각자의 직책을 다하게 하는 데 있습니다"라고 대답하였다.

진평보다 120년 뒤에 선제(宣帝)를 모시던 병길(丙吉)이란 재상이 있었다. 어느 봄날 병길이 수레를 타고 도성의 인파 속을 달리고 있었다. 그러다가 때마침 난투사건의 현장과 마주쳤다. 죽은 사람도 여러 명 나왔다. 그러나 병길은 아무런 일이 없었다는 듯이 태연한 얼굴로 그냥 지나쳤다. 한참을 가니까 이번에는 맞은편에서 소달구지가 다가왔다. 소는 혀를 내밀고 자꾸 헐떡거리고 있었다. 그것을 본 병길은 종자(從者)를 시켜 저 사람의 달구지가 얼마나 먼 길을 달려왔는지 알아보라고 하였다.

수행한 서기관은 도무지 이해가 가지 않았다. 어째서 난투사건은 그대로 방치해두면서 소가 헐떡거리는 것은 걱정하는 걸까? 재상은 사태의 경중을 잘못 헤아리고 있는 게 아닌가. 서기관은 큰마음을 먹고 이유를 물어 보았다. 그의 대답은 이러하였다.

"그렇지 않아. 난투사건을 단속하는 것은 장안의 영(令, 지금의 서울특별시장)이나 경조윤(京兆尹, 속주의 총독)의 직무라네. 재상은 1년에 한 번 그들의 근무평정을 하며 그 상벌을 상주하면 그것으로 족한 거야. 재상은 사소한 일에는 직접 손대지 않는 거야. 더구나 노상에서 단속한다는 것은 당치도 않네. 소를 보고 마차를 멈추게 한 것은 다름이 아니라 아직 봄도 이른데 소가 헐떡거리고 있어서 쓸데없는 양기 탓인지 걱정되었기 때문이야. 재상의 직무란 음양의 조화를 꾀하는 데 있다네. 그래서 일부러 달구지를 세우고 물어 본 것이었지"(자유문고, 1998).

5. 제갈공명의 과로사

중국 촉(蜀)나라 제갈공명(諸葛孔明, AD 181~AD 234)이 오장원(五丈原)에서 사마중달(司馬仲達)과 대진하고 있을 때의 일인데, 공명 측의 사자가 사마중달의 진영을 방문하였다. 중달이 공명의 생활모습에 대해 묻자 사자가 대답하였다. "제갈공명께서는 아침 일찍 일어나서 밤늦게까지 일하시고 매 20대 이상의 형은 모두 스스로 결재하고 계십니다. 식사는 아주 조금밖에 드시지 않습니다. 중달은 사자가 돌아간 뒤에 "그렇다면 공명의 목숨도 길지는 못하리라"고 중얼거렸다.

그 말을 듣고 돌아간 사자가 공명에게 전했다. "사마의는 여자의 머릿수건과 옷을 받고 그 글을 읽고 난 뒤에도 별로 성내는 기색이 없었습니다. 다만 승상께서 침식을 어떻게 하시는지, 일은 얼마나 맡고 계신지 따위만 물었습니다. 제가 아는 대로 대답해 주었더니 그가 말하기를, 먹는 것은 적고 일은 많으니 어찌 오래 살 수 있겠는가? 했습니다."

그 말을 듣자 공명이 깊이 탄식했다. "그 사람은 나를 깊이 아는구나!" 거기에는 사마의를 격동시켜 싸움터로 끌어내기는커녕 자신의 실상만 들켜버린 데 대한 후회까지 서려 있었다. 곁에 있던 주부(主簿)이던 양옹(楊顒)이 공명을 보고 간곡히 권했다.

"제가 보기에 승상께서는 몸소 모든 장부를 일일이 살피시어 꼭 그래야 할 것도 없는 일에까지 마음을 쓰고 계십니다. 무릇 다스림에는 중요한 게 하나 있으니 그것은 무엇보다도 아래위가 서로의 일을 침범하지 않는 것입니다. 집안의 살림살이에 견주어 말한다면, 종놈에게는 밭갈이를 맡기고 종년에게는 밥짓기를 맡겨 사사로운 일을 돌아볼 틈이 없게 함으로써 구하는 바를 모두 넉넉히 얻게 됨과 같습니다. 집주인은 다만 가만히 드리어 앉아 베개를 높이고 맛난 것이나 먹고 있으면 되는 것입니다. 만약 집주인이 몸소 나서서 모든 일을 다 하려든다면 몸은 피곤하고 정신은 어지러워 끝내는 아무것도 이루지 못하고 맙니다. 이는 그 앎이 종놈이나 종년보다 못해서가 아니라 집주인의 도를 잃었기 때문입니다. 이에 옛사람은 앉아서 도를 논하는 사람을 일러 삼공이라 하고, 짓고 행하는 사람은 사대부라 했습니다. 옛적에 병길(丙吉)은 소가 기침하는 것은 걱정해도 사람이 길가에 죽어 넘어져 있는 것은 거들떠보지 않았고, 진평은 자기가 쌓아둔 곡식과 돈의 양을 몰라 따로 맡은 사람이 있다고만 했습니다. 그런데 지금 승상께서는 작은 일까지 몸소 맡으시어 하루 종일 땀을 흘리고 계시니 어찌 힘드시지 않겠습니까? 사마의의 말은 참으로 옳은 말입니다."

그러자 공명이 주르르 눈물을 흘리며 말했다. "나도 그걸 모르는 바 아니다. 그러나 선제(先帝)의 당부가 무거우니 딴 사람에게 맡길 수가 없구나. 그 사람이 나같이 마음을 다하지 않을까 걱정되어 하는 수 없이 스스로 하고 있을 뿐이다." 공명의 그 같은 말에 모든 사람이 함께 눈물을 떨구었다(이문열, 2002).

6. 안자의 분권주의

제나라 안자(晏子, ?~ BC 500)가 동아(東阿, 중국 산동성의 지명)를 다스린 지 3년이 되었을 때, 경공(景公)이 그를 불러 이같이 질책하였다.

"나는 그대 정도면 가능하다고 여겨 동아 땅을 다스리게 하였더니, 지금 그대는 동아를 혼란에 빠지게 했소. 그대는 물러나 스스로 반성하시오. 내 장차 그대에게 큰 벌을 내릴 것이요!"

안자는 이렇게 요청하였다.

"청컨대 신이 그 통치방법을 달리하여 동아를 다스려 보겠습니다. 그러고도 3년이 지나 다스려지지 않으면 죽음을 자청하겠습니다."

경공이 이를 허락하였다. 이에 안자는 이듬해 경공에게 통계를 올리게 되었다. 경공이 안자를 맞아 축하하면서 이렇게 말하였다.

"잘했소! 그대는 동아 땅을 잘 다스렸소!"

그러자 안자는 이렇게 말하였다.

"지난번 제가 동아를 다스릴 때는 청탁도 없었고 뇌물도 없었으며, 못의 물고기는 가난한 백성들의 몫이었습니다. 그때에는 백성 중에 굶주린 자라고는 없었습니다. 그런데 임금께서는 도리어 저에게 죄를 주셨습니다. 하지만 제가 지금 동아를 다스림에는 청탁도 횡행하고 뇌물이 돌아다니며, 세금이 가혹하면서도 창고는 비어 있습니다. 게다가 좌우의 말만 듣고 일을 처리하고, 못의 물고기는 모두 권문세가가 독점하고 있습니다. 그래서 지금은 굶주린 자가 반이 넘습니다. 그런데 임금께서는 도리어 저를 환영하면서 축하까지 하시니, 생각건대 더 이상 동아를 다스릴 수 없습니다. 해골이나 온전히 보전코자 합니다. 그리하여 어진 이의 길을 막는 일을 피하고 싶습니다." 그리고는 재배하고 곧 물러섰다.

경공은 이 말에 자리를 내려앉으며 이렇게 사과하였다. "그대는 힘써 동아를 다스려 주시오. 동아 땅은 그대의 동아 땅이오. 내 다시 간섭하지 않으리다"〔임동석, 1997: 정리(政理)편〕.

7. 아테네 아고라 시장의 자생적 전문화

아테네의 아고라는 도시 중심에 자리잡아 모든 상업과 일상생활이 이뤄지던 장소였다. 그곳에는 아주 넓은 시정이 형성되었고, 도시의 행정기관들도 자리하고 있었다. 시장에서는 온갖 종류의 음식과 옷감을 비롯하여 책·도자기·철물·노예 따위가 거래되었다. 아테네에서 노예거래가 BC 5세기경에 활발하게 이뤄졌는데, 실제로 노예거래에 징수하는 세금이 아테네 정부의 주요 수입원이 되었을 정도이다.

아고라에서 상인들은 천막을 치고 버들가지 진열대 위에 온갖 물건들을 진열했다. 이런 혼잡한 시장에도 일정한 체제가 존재했다. 시장에 상점을 차리는 대가로 요금을 지불하는 상인들은 거래품목에 따라 구분되어 배치되었다. 한 구역은 전부 제화업자들로, 다른 구역은 전부 포도주 상인들로 배치되었다. 시장에서 도자기를 사려는 사람들은 '도자기 구역'으로, 새 하인을 구하려는 사람은 '노예구역'으로 간다고 말하게 되었다(남경태, 2004).

제9장

인지절약과 경제성장

유동운[1)]

사람들이 저마다 자신의 인지능력을 최대한으로 가동시키려면, 지금까지의 고정된 관념, 즉 지식의 공유니 참여니 연대모럴과 같은 집단주의 도덕에서 벗어날 필요가 있다.

▪ 요 약

인간은 자신의 희소한 인지능력을 절약할 수 있도록 자신의 몸에 체화된 지식을 재화로 소통시킬 수 있는 경제체계를 발전시켰다. 그 결과 인간은 모든 지식을 자급자족하려고 스스로에게 체화시키지 않고 다른 사람의 지식을 이용하는 인지절약의 경제를 실현하였다. 분산된 지식은 분업, 전문화, 확산된 지식, 비대칭적 정보 등으로 부르기도 한다.

애덤 스미스가 국부의 원천으로 분업을 제시하였으나 마셜(Alfred Marshall)에 들어와 기계화가 경제발전의 원동력으로 중시된 결과, 노동분업은 경제학에서 소용없는 개념이 되었다. 그러다가 하이에크에 의해 개인의 지식흡수능력에 제한이 있으므로 사회가 이용하여야 할 방대한 양의 지식을 어떻게 분산시키는가가 경제학의 중심과제라는 인식이 들어서면서 분업, 달리 말해 지식의 분산은 다시 관심을 끌게 되었다.

신고전학파의 경제성장 모형은 분업의 경제보다 규모(인구수, R&D, 투자)의 경제가 경제성장에 기여하는 것으로 보았지만 실증적 증거와 부합하지 않았다. 경제성장에 개입하는 변수들, 자본, 저축, 인구, 기술,

---

1) 이 글은 유동운, "인지경제와 경제성장," 〈제도와 경제〉(2008, 2-2), pp. 5~36에서 발췌하였다.

혁신, 제도, 학습, 문화 등이 모두 내생변수화되어버리므로 결국 외생변수인 인간의 인지능력 절약이 경제를 성장시키는 원동력이라는 주장이 설득력을 가진다. 즉, 이는 지식의 분산으로 인지가 절약될수록 국민 각자가 전문화하는 정도가 깊어져서 경제성장이 이뤄진다는 애덤 스미스의 주장을 뒷받침한다.

1. 인지능력의 절약

1) 지식의 역할

인간사회의 경제발전에 관한 일반이론은 경제사회 이전의 시대로부터 경제사회로 이전된 이후의 시대에도 존재하는데, 그 변화를 통일된 하나의 개념으로 설명할 수 있어야만 한다. 인지가 그러한 통일된 개념으로 역할하고, 인간행동의 인지적 특질에서 일어난 변화가 왜 경제체계와 제도를 탄생시켰고 왜 이 경제체계와 제도가 사회에서 진화상 우위를 차지하게 되었는가를 설명할 수 있다.

원시인과 현대인 사이에 유전자상으로 뚜렷한 차이는 없지만 그들에게 가하는 환경의 위협과 기회에 그들이 대처한 지식에는 엄청난 차이가 있다. 그러한 차이는 역사를 통한 누적된 학습 때문만이 아니라 제도를 통해 지식을 저장하거나 의사소통기술을 조직화하는 능력차이에서도 비롯한다. 그에 따라 지식을 전문화하는 정도에서나 경제발전의 수준에서 현격한 차이가 발생하였다.

인간사회 발전에서 인지를 핵심적 요소로 내세우는 것은 진화인지론(*evolutionary epistemology*)의 연구에서 발전된 이론들을 경제학에 접목시킬 수 있었기 때문이다. 진화인지론은 모든 인지적 진화가 생물적 진화의 연장선상에 있다는 주장이다. 즉, 모든 유기체의 기관은 비록 활동적 마음이나 학습하는 능력을 가지고 있지 않더라도 지식의 저장

고이다. 그리하여 유기체의 유전구조에 환경상 내지 행태상의 지식으로 축적되는 결과를 낳는다. 인간은 자신의 희소한 인지능력을 절약할 수 있도록 체화된 지식을 재화로 소통시킬 수 있는 경제체계를 발전시켰다. 가령 자동차를 몰고 싶은 사람이 자동차에 관한 모든 제조지식을 구비하여 자신이 스스로 만들지 않고 다른 사람이 만든 자동차를 전달받아 운전에 필요로 하는 최소한의 지식만으로 이를 이용한다. 그에 따라 인간으로 하여금 자신의 두뇌에 모든 지식을 저장할 필요가 없도록 자급자족 대신에 분업하는 경제체계를 진화시켰다. 그 결과 인간은 지식을 자신에게 체화시키지 않고 단지 사용하기만 하는 인지절약의 경제를 실현하였다.

2) 분산된 지식

선진국과 개발도상국의 인간사회의 차이는 경제적 풍족도에서만이 아니라 사람이 다른 사람으로 대체될 수 있는 정도에서도 차이가 있다. 가령 많은 개발도상국들은 여전히 농업을 중심으로 하는 사회에서 몇 가지 농작물을 재배한다. 이는 마을 대부분의 사람들은 농부로, 매우 유사한 지식을 가지고 생산에서 각자가 다른 사람과 쉽게 대체될 수 있다. 그러한 마을에서 지식은 비대칭적으로 분포되어 있지 않고 전문화나 분업의 정도는 매우 낮다. 이에 반해 선진국의 마을은 아주 다양하게 서로 다른 지식을 보유한 전문화된 사람들로 구성되어 있고 그 결과 각자가 다른 사람과 쉽게 대체될 수가 없다. 이러한 풍족한 사회에선 지식이 훨씬 분산되어 있다.

그런데 현대의 성장이론은 분산된 지식(전문화 또는 분업)이 갖는 역할을 거론하지 않는다. 경제사상사에서 분산된 지식은 여러 가지 이름, 즉 분업, 전문화, 확산된 지식, 비대칭적 정보 등으로 거론되었다. 이들 용어는 같은 의미를 갖는데, 지식이 사람들 사이에 비대칭적으로 분포되어 있어 어떤 한 사람도 완전한 지식(또는 정보)을 갖지 않는다. 그런데 신고전학파 경제학에서 전문화는 겨우 국제간의 교환에서 얼굴을 내밀 뿐, 다른 분야에서는 거의 거론되지 않고 그것이 없어도 경제이론이 잘 구성되는 것으로 인식한다.

2. 분업의 출현, 소멸 및 부활

1) 분업의 출현

애덤 스미스는 《국부론》의 서막에서 경제사상의 핵심이라 할 수 있는 기본적 생각을 제시하였는데, 그게 다름아닌 국부를 증진시키는 데에 분업이 차지하는 역할이다.

> "생산적 노동력의 가장 커다란 개선과 숙련, 손재간, 판단의 상당부분은, 그것이 어떤 방향으로 나아가거나 응용되건 분업의 결과인 것으로 보인다"(김수행, 2003: 7).

애덤 스미스는 분업이 갖는 중요한 역할을 강조하면서 세 가지 이점을 예로 들었다.

> "첫째로, 모든 특정 작업자의 재주가 늘어나고, 둘째로, 한 작업에서 다른 작업으로 이동되는 과정에 상실되는 시간이 절약되며, 끝으로, 노동을 용이하게 하고 절약하여 노동자가 다른 많은 작업을 할 수 있도록 하는 수많은 기계의 발명"(김수행, 2003: 11).

경제학자 스티글러(Stigler)는 2백 년이 훨씬 지난 현재, 애덤 스미스가 주장한 노동분업은 경제이론화 과정에서 사라지고 현재의 주류경제학에서도 수행하는 역할이 없다고 지적하였다. 애덤 스미스가 지적한 대로 기계의 발명은 분업이 가져온 세 가지 장점 중의 하나이다. 노동자의 작업범위가 전문화에 의해 축소되면 남아있는 단순한 작업들은 기계로 대체된다. 이로 인해 고전학파 경제학자들은 분업과 기술(기계에 체화된 지식) 발전이 연결되어 있다는 생각에서 작업의 기계화 정도(현대 경제학에서의 자본/노동비율)가 분업의 수준을 나타내는 지표가 되었다. 그 결과 기계화가 분업 대신에 설명변수로 등장하게 되었다.

산업화가 진전되고 기계화가 산업의 생산고를 증대시키는 원동력이라고 일반적으로 인정되던 시기에 분업의 이점 중에 기계화의 의미가 강조되었다. 즉, 전문화보다 기계화가 경제발전의 원동력이 되었다. 이처럼 기계화가 중요시된 결과 분업의 중요성은 뒷전으로 밀려나버리고 말았다. 그에 따라 마셜의 《경제학 원리》(*Principles of Economics*) 제 3판(1920)에서 분업은 기업 내에서 사람과 기계 사이에 과업을 효율적으로 배분하는 방법을 추구하는 조직상의 문제로만 설명되는 데 지나지 않았다. 물론 마셜은 시장의 범위가 갖는 역할을 언급하였다. 그는 기계화, 분업, 시장의 범위를 연결하여 이것들이 20세기 산업화를 이끈 원동력이라고 보았다.

> "기계의 개선과 분업의 성장, 이 두 가지 운동은 함께 가면서 어떤 측면에서 연결되어 있다. 그러나 일반적으로 생각되는 것처럼 그렇게 가깝게 연결되어 있는 것은 아니다. 분업을 보다 더 세분시키도록 이끈 것은 시장의 크기이다"(Alfred Marshall, 1920: 212).

마셜이 분업을 자본에 치우치도록 해석한 것으로부터 산출고와 자본/노동비율을 연결시킨 소로(Solow)의 성장모형이 태동되었다. 그 이후 분업의 개념은 불필요한 것이 되었고, 1950년대 이래 성장모형을 지배한 신고전학파 성장모형에서 분업이 차지하는 역할은 배제되기에 이르렀다.

애덤 스미스가 분업과 기계를 연계시키게 된 배경에는 그가 기계를 노동의 대체물로서보다 협력하는 보완재로 보았기 때문이다. 그런 까닭에 애덤 스미스가 자본축적이 성장의 원동력이라고 바라본 그의 성장이론과 일맥상통한다. 그리고 분업과 기술진보는 시장이 확대되면서 그러한 축적으로부터 자동적으로 뒤따른다고 보았다.

경제학에서 분업의 개념이 점차 사라지게 된 또 하나의 이유는 분업과 교환 가운데 어느 것이 먼저인가이다. 현대의 경제학은 교환이 비교우위, 즉 생산성의 상대적 차이가 존재하기 때문에 발생하는 것으로 본다. 따라서 동일한 기회비용으로 똑같은 제품을 생산하는 동일한 개인들 사이엔 비교우위가 존재하지 않는다. 그러므로 교환은 개인들이 여러 가지 작업에 전문화하여 노동생산성을 달리하여야만 일어날 수 있다. 그런데 애덤 스미스는 정반대의 견해를 취했다.

> "분업의 근거를 제공하는 원칙은… 인간성의 본원적 원칙… 즉, 한 가지 물건을 다른 물건과 물물교환하거나 교환하려는 성향 때문이다" (김수행, 2003: 16).

애덤 스미스는 교환이 분업에 앞서 인간성에 배타적으로 존재하는 것으로 보았다. 그래서 동물은 물물교환하지 않으나 인간은 교환한다고 말하였다. 그리고 그는 인간이 기본적으로 똑같은 교환성향을 가지고 태어나는 것으로 보았다. 사람들 사이의 차이, 비교우위, 그리고 분업은 그들이 생애 동안 선택한 직업과 교환의 결과로 발생한다.

> "서로 다른 사람들 사이의 천부적 재능은 실제 우리가 생각하는 것보다 훨씬 작다. 성인이 되어 다른 직업을 가진 것으로 구별되게 보이

는 전혀 다른 천재도 많은 경우 (천부적 재능이) 원인이라기보다 분업의 결과이다"(김수행, 2003: 19).

즉, 교환이 분업을 낳았고 비교우위를 낳았다. 애덤 스미스 자신은 분업의 탄생에 관해 구체적으로 설명하지 않았다. 왜 그가 살던 당시의 사회에서, 그리고 그 이전도 아니고 다른 사회도 아닌 곳에서 분업의 현상이 일어났을까? 그는 분업의 기원을 농업사회로부터 산업화사회로 이전되는 것과 연결시켰다. 왜냐하면 그의 견해에 따르면 농업은 전문화할 수 있는 기회를 필요로 하지 않아서 분업을 필요로 하지 않았기 때문이다.

"농업의 성격은 세부적 분업을 받아들이지 않는다. … 목축업자의 일과 옥수수 재배업자의 일은 분리될 수 없다. … 쟁기질하는 농부, 써레질하는 농부, 씨뿌리는 농부, 옥수수 수확하는 농부도 마찬가지다. 서로 다른 종류의 노동이 1년중 계절을 달리하면서 돌아오기 때문에 한 사람이 이 중에서 한 가지 일에 계속 고용되는 일은 불가능하다"(김수행, 2003: 9).

따라서 애덤 스미스에 의하면 분업은 인간의 교환하려는 자연적 본성의 결과이지 원인이 아니다. 사람들 사이에 동일하게 태어난 재능의 차이도 결국 분업의 결과이지 원인이 아니다. 인간은 교환하려는 생각을 시작하기 이전에 서로 다른 환경에서 태어나 양육되고 다른 기술을 배운다.

2) 분업의 소멸

19세기 중반에 이르러 경제체계의 진화순위에서 애덤 스미스의 순위(교환으로부터 비교우위)가 리카도(David Ricardo, 1772~1823)의 순위

(비교우위로부터 교환)에 의해 교체되었다. 분업이 낳은 사회적 소외를 둘러싼 당시의 열띤 사회정치적 논쟁에서 벗어나고자 19세기 말이 되어 경제학자들은 분업의 주제가 사회학으로 넘어가는 데 만족하였다. 그 결과 분업은 경제학에서 더 이상 소용없는 개념이 되었다. 시장의 범위, 자본집약적 생산, 그리고 외생적으로 주어진 비교우위는 설명을 위한 개념으로서의 분업에서 벗어나게 되었다.

경제학에서 분업을 둘러싼 논란이 사라지자 마셜은 시장균형분석에서 비교우위를 생략할 수 있게 되었다. 경제세상을 전문화와 비교우위 없이 간단하게 바라본 마셜의 견해가 주류 신고전학파 일반균형모형의 기초가 되었다. 생산기술과 소비자의 선호는 외생적으로 만들어지고 정보는 완전하고 동질적으로 분포되는 것으로 간주되었다. 그곳에 존재하는 모든 것들은 모든 사람들에게 이미 알려져 있는 양 다뤄지게 되었다. 지식의 축적과 분포를 포함한 지식은 전혀 상관이 없는 변수가 되었다. 소로의 성장모형은 신고전학파가 바라보는 세상을 노동력 상의 차이나 분업을 고려함이 없이 동질적 생산요소인 노동으로 해석하였다.

3) 분업의 부활

1930년대 중앙의 사회주의적 계획의 가능성을 둘러싼 미제스와 러너(Lerner)의 논쟁은 분산된 지식이 갖는 의미를 부각시키게 되었다. 미제스와 하이에크는 중앙계획의 가능성에 회의적이었는데, 왜냐하면 그렇게 되기 위해서는 엄청난 양의 정보와 계산을 필요로 하였기 때문이다. 하이에크는 《사회에서 지식의 이용》에서 개인이 지식을 흡수할 수 있는 능력이 제한되어 있으므로 사회가 이용하여야 할 방대한 양의 지식을 한 사람의 개인이 모두 알 수가 없다고 주장하였다. 사회가 진보할수록 지식은 점점 분산되고 지식의 분업(비대칭)이 늘어나 각자가 다른 사람의 지식에 의존하는 정도는 증대한다. 그의 분석은 몇십 년이 지나 제한된 합리성과 불완전한 정보에 관한 주제를 다루는 안내자가 되었다.

그는 만약 우리들이 선호와 생산수단에 관한 모든 지식을 가지고 있다고 한다면 최적의 경제적 해결책을 모색한다는 것은 더 이상 경제문제가 될 수 없고 순수한 논리와 수학적 계산의 문제에 지나지 않는다고 지적하였다. 즉, 완전정보를 가지고 최적해를 계산하는 것은 경제가 아니다. 대신 그는 경제문제란 경제주체가 다룰 수 있는 제한된 정보를 어떻게 가장 잘 조직화하는가를 발견하는 문제라고 보았다. 달리 말해 경제학의 중심과제는 희소한 자원을 배분하는 문제가 아니라 희소한 지식의 배분과 자원에 관한 희소한 정보를 배분하는 문제라고 보았다.

> "상황에 관해 우리들이 사용하여야만 하는 지식이란 결코 집중되거나 통합된 형태로 존재하지 않고, 오로지 불완전하고 흔히 모순된 지식의 분산된 조각들로 구성되어 있다"(Hayek, 1945: 519).

중앙계획은 이러한 모든 지식이 중앙집중화될 수 있을 것으로 가정한다. 완전경쟁시장에서는 그러한 모든 지식을 분권화된 개인들에게 맡긴다. 그래서 그는 시장가격을 비대칭의 지식을 가지고 있는 개인들 사이를 조정하는 도구로 보았다. 그에 의하면 시장가격은 개인들이 조정하는 데 필요로 하는 정보를 제공한다. 필요로 하는 정보가 가격 하나로 압축되어 있는 까닭에 가격기구는 경제체계의 중요한 원천이 된다. 개인들은 자신이 필요로 하는 특성 물품에 무슨 문제가 일어나고 있는가라고 이모저모를 찾을 필요 없이 단지 가격 하나만을 보고 의사를 결정할 수 있다. 이후 그는 그러한 조정하는 역할을 규범, 법칙 및 제도에서 찾았다. 하이에크가 현대경제학에 기여한 공로는 그가 분산된 지식을 통해 분업, 따라서 전문화를 부활시켰을 뿐만 아니라 이를 비대칭적 정보의 맥락에서 해석하여 인지경제를 열었다는 데 있다. 그는 희소한 정보처리능력, 환언하여 인간의 인지능력이 경제적 의사결정과 사회조직을 설명하는 핵심적 열쇠라고 보았다.

3. 전문화의 경제와 경제성장

1) 신고전학파 성장모형의 한계

신고전학파의 경제성장 모형은 분업의 경제보다 규모의 경제를 고려하므로 자연히 규모의 효과를 발생시킨다. 그에 따라 첫째, 기업의 평균적 크기에, 둘째, 인구증가율에, 셋째, R&D부문의 성장에, 넷째, 투자율에 비례하여 소득이 증가한다고 설명한다. 그런데 이상의 네 가지 규모효과가 경제성장에 기여하였는가의 여부는 실증적 증거와 부합하지 않는 것으로 밝혀졌다.

신고전학파 경제성장 모형은 인구수가 많은 나라가 인구수가 적은 나라보다 더 빠르게 성장한다는 것을 의미한다. 그러나 이러한 이론적 결과는 실증적 증거에 의해 그 가설이 기각되었다. 가령 인도와 중국은 인구수가 많은 데에도 불구하고 최근의 경제개혁이 이뤄지기 이전까지 1인당 소비증가율이 높지 않았다. 또한 이 모형은 최종재의 생산이 R&D부문의 크기에 비례하여 성장률이 증가한다고 예측하는데, 선진국에서 보여준 실증적 증거에 의해 뒷받침되지 않는다. 가령 미국의 R&D규모는 지난 수십 년 동안 급속하게 증가하였으나 생산고의 증가율은 같은 기간 동안 거의 안정적인 것으로 나타났다.

신고전학파의 성장모형 대신 분업의 내생적 진화를 특색으로 하는 신생고전학파(*new classical economics*)의 내생적 성장모형을 받아들이면 거래효율이 낮은 경우, 한 경제의 여러 지역사회가 분리된 채로 서로가 거래하지 않을 수 있다는 것을 이해할 수 있다. 따라서 단지 인구규모가 크다고 하여 균형으로부터 바로 분업을 통합시키는 네트워크가 탄생한다는 보장은 없다. 그러한 네트워크가 없으면 각 지역사회가 다른 지역사회가 부담한 발명이나 학습비용을 자신도 부담하게 될 것이고, 커다란 인구규모가 전문적 R&D부문과 나머지 부문 사이에 이뤄질 수 있는 분업의 긍정적 네트워크 효과를 충분히 활용하지 못할 것이다. 따라서 전문 R&D부문과 경제의 나머지 부문 사이에 존재하는 긍정적 네트워크 효과가 충분히 활용될 수 있는가는 인구규모에 의해서가 아니라 거래조건에 의해 결정되는 분업의 균형네트워크에 의해 결정된다. 거래조건이 개선됨에 따라 또는 분업이 자생적으로 아주 충분히 높은 수준으로 진화함에 따라 지역적으로 분리되어 있는 많은 지방시장은 보다 더 통합된 시장네트워크로 점점 통합될 것이고, 그 결과 내생적 성장과 그와 관련된 발전현상들이 생성될 것이다.

미국이나 유럽연합, 그리고 중국, 인도 및 인도네시아의 커다란 시장을 말할 경우, 진정으로 의미하는 내용은 거래조건이 훌륭한가 아닌가이지, 단지 인구규모가 커다는 것을 의미하지는 않는다. 가령 유럽의 인구규모는 미국의 인구규모와 비교할 만하다. 그러나 유럽의 서로 다른 언어, 문화, 관세체계와 화폐제도, 그리고 미디어체계와 분배망은 거래조건이 미국보다 더 열등하다는 것을 의미한다. 그러므로 똑같은 규모의 인구라고 해서 똑같은 크기의 시장을 의미하지는 않는다. 또 호주의 시장규모가 작다고 이야기하는 경우 진정으로 의미하는 바는 호주와 다른 대륙 사이의 거래효율이 호주가 지역적으로 격리된 탓으로 낮다는 것을 의미한다.

가령 1980년대에 중국의 인구는 13억 명이었는데 비해 대만의 인구규모는 2천 백만 명에 지나지 않았다. 그러나 국제무역과 국내거래에서 대만은 중국보다 훨씬 그 규모가 컸다. 우리나라의 경우 박정희 시대에 경제성장이 높은 까닭은 정부의 정책이나 새마을운동 등의 긍정적 효과보다 해외시장을 기반으로 하는 성장정책으로 시장이 확대되면서 분업의 이익을 살릴 수 있었던 데에 있다. 시장개방 이후의 중국이나 인도의 경제성장률이 높은 것도 해외와 분업의 긍정적 네트워크 효과가 충분히 활용되었던 것으로 해석된다.

2) 분업의 자생적 진화와 경제성장

이제 사회에 두 사람만이 존재하고 두 재화만이 존재한다고 하자. 만약 각자가 자급자족한다면 각자 매 기간마다 재화의 생산에 절반의 시간을 투하하므로 생산량은 적을 것이다. 이러한 경우 두 사람은 똑같은 활동에 종사하므로 한 사람의 지식이 다른 사람의 지식보다 나은 게 없고, 그 결과 사회가 지배하는 지식도 한 개인의 지식에서 벗어나지 않는다. 따라서 사회 전체의 생산변형곡선은 작업을 통한 학습효과로 각자의 생산성이 시간이 흐르면서 증가하는 데에도 불구하고 단지 각자의 생산변형곡선을 단순히 합친 것에 지나지 않는다.

만약 두 사람이 분업을 선택하여 1번은 1번 재화를 생산하고 2번은 2번 재화만을 생산한다면 1번은 2번보다 1번 재화의 생산에 대해 더 많이 알 것이고 자급자족할 때의 어느 누구보다 더 잘 알게 될 것이다. 이는 1번 재화의 생산에만 전념하므로 1번 재화의 생산활동에 대한 상세한 내용을 파악하려고 노력을 기울인 결과 작업을 통한 학습으로부터 더 많은 경험을 쌓기 때문이다. 이렇게 분업이 일어나면 한 사람의 지식은 다른 사람의 지식과는 전혀 다르므로 사회가 지배하게 되는 전체 지식은 두 사람의 지식을 합친 결과 각자가 자급자족하는 때보다 많아진다. 따라서 분업은 사회가 지배하는 지식을 증가시키고 그리하여 매 기마다 생산성을 올린다.

〈그림 9-1〉에 개인의 생산가능곡선이 전문화의 경제가 존재하지 않

는 경우와 존재하는 경우에 자급자족과 분업에서 오는 사회 전체의 변형곡선을 보여주고 있다. 〈그림 9-1〉의 (a)에 전문화의 비경제(*diseconomies of specialization*)를 보여주고 있고, (b)에 전문화의 경제(*economies of specialization*)를 보여주고 있다. 애덤 스미스는 사람의 능력차이는 분업의 결과라고 하였으므로 분업이 이뤄지기 이전에는 두 사람의 능력차이는 거의 없다. 따라서 두 사람 각자의 생산가능곡선의 모양은 같다고 간주할 수 있다. 전문화의 비경제가 있는 경제에서는 〈그림 9-1〉의 (a)에 보여주는 바와 같이 두 사람이 분업하기보다 자급자족하는 것이 사회 전체에 생산량을 높인다. 그러나 전문화의 경제가 일어나는 경제에서는 〈그림 9-1〉의 (b)에 나타난 바와 같이 두 사람이 분업하는 것이 자급자족하는 것보다 사회 전체에 높은 생산량을 가져다준다.

경제성장의 원동력을 신고전학파처럼 인구의 크기나 거래, 생산, 선호 등의 패러미터와 같은 외생적 변화에서 찾지 않고 애덤 스미스가

〈그림 9-1〉 전문화의 경제와 분업

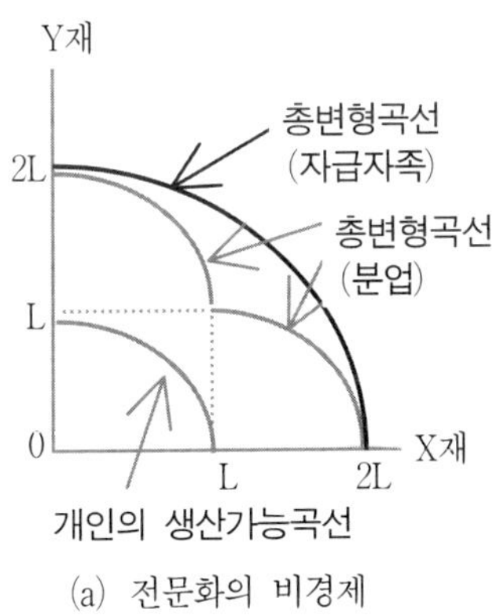

(a) 전문화의 비경제

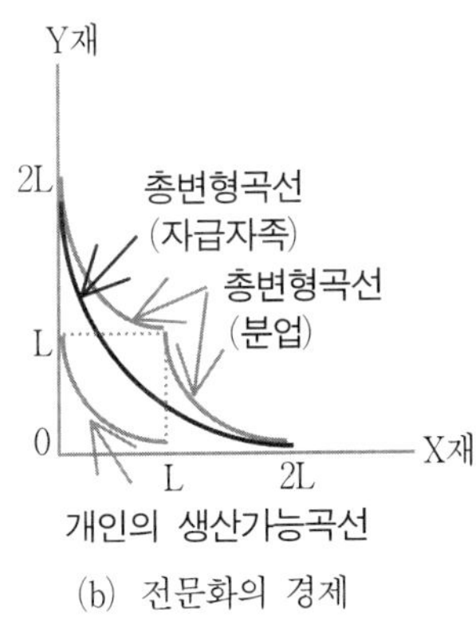

(b) 전문화의 경제

자료: Xiaokai YANG and Yew-Kwang NG, *Specialization and Economic Organization* (North Holland, 1993), p. 45.

주장한 자생적 분업의 진화에서 찾았다. 분업의 자생적 진화는 실증적으로 다음과 같은 의미를 가진다. ① 분업이 진화하고 1인당 소득이 증가함에 따라 거래부문의 소득이 전체 소득에서 차지하는 비율은 올라간다. ② 성장의 성과와 분업이 진화하는 속도는 거래조건에 달려 있다. 위의 ①의 가설은 미국에서 거래부문이 차지하는 고용규모가 경제발전과 병행하여 늘어났다는 노스와 웰리스(North and Wallis)의 연구에 의해 확인되었다. ②의 가설은 여러 학자들의 역사적 증거를 토대로 한 연구와 실증적 증거에 의해 확인되었다.

노스는 해상운송 화물요금이 지속적으로 떨어진 것이 유럽에서 경제발전을 이루는 데 크게 기여하였다고 지적하였다. 거래조건에 영향을 미치는 제도가 경제성과와 상업화의 진화(이는 분업의 진화와 동일한 개념이다)에 영향을 미쳤다는 실증적 증거가 제시되었다.

바로(Barro)는 거래조건에 영향을 미치는 법의 원칙이 인당소득의 성장률에 긍정적으로 영향을 미친다는 사실을 증명하기 위해 1965~1990년 사이의 100개국의 자료를 조사하였다. 또한 이스턴과 월커(Easton and Walker)는 경제적 성과가 경제적 자유에 의해 긍정적으로 영향받는다는 사실을 각국간의 자료를 통해 보여주었다. 프라이어와 슈라이퍼(Fryer and Shleifer)는 정부의 사유재산에 대한 침해가 경제성과에 부정적 영향을 미친다는 사실을 폴란드와 러시아로부터의 서베이조사를 통해 밝혔다. 한 나라의 수송효율에 영향을 미치는 지리적 조건, 가령 당해지역에서 해안지역에 사는 인구가 차지하는 비율과 주요 국제시장으로부터 떨어진 거리 따위가 인당소득에 크게 영향을 미친다는 사실이 갤럽과 삭스(Gallup and Sachs)에 의해 나라 사이의 자료를 비교하여 조사되었다. 삭스와 워너(Sachs and Warner)는 교역효율에 영향을 미치는 개방수준과 제도의 질이 경제성과와 상관관계가 있다는 사실을 1965~1990년 사이의 83개국의 자료를 통해 알려주었다. 양과 보란드(Yang and Boland)는 경제성장의 원동력이 규모의 경제보다 분업의 네트워크 효과와 정의 상관관계가 있다는 사실을 제시하기도 하였다.

4. 결 론

애덤 스미스는 분업이, 마셜은 기술이, 하이에크는 사람들 사이의 분산된 지식이, 루카스는 R&D의 파급효과가, 노스는 제도가, 애로는 작업을 통한 학습이, 바로는 경제적 자유가, 삭스는 지리적 조건과 개방수준이 경제성장의 원동력이라고 제각각 주장한다. 그래서 심지어 사라-아이-마틴은 경제성장에 관여하는 변수가 60개나 된다는 의미 없는 연구까지 내놓았다. 한마디로 말해 경제성장의 원동력이 무엇인지를 꼬집어 지적하기가 어렵다는 것을 의미한다.

그런데 경제성장에 개입하는 변수들, 자본, 저축, 인구, 기술, 혁신, 제도, 학습, 문화 등이 모두 내생변수화되어버리는 마당에 결국 외생변수로 남을 수밖에 없는 인간의 인지능력의 절약이 경제를 성장시키는 원동력이라는 주장이 설득력을 가진다. 인지능력을 절약한다는 의미는 국민들 각자가 전문화하는 정도에 따라 경제성장이 좌우된다는 뜻인데, 이 주장은 작업자가 제한된 수의 과업에 전문화할수록 생산성을 올릴 수 있다는 애덤 스미스의 주장과 일맥상통한다.

하이에크도 사회에서 사용가능한 지식의 양이 너무 광대하여 개인이 지식을 흡수할 수 있는 능력이 제한되어 있다고 말한 바가 있다. 사회가 진보할수록 지식은 점점 분산되고 지식의 분업(비대칭)이 늘어나 각자가 다른 사람의 지식에 의존하는 정도는 증대한다. 그 결과 경제학의 중심과제가 희소한 자원을 배분하는 문제가 아니라 희소한 지식을 배분하는 일이라는 결론에 도달하였다. 그는 사회에 따라서 인간이 가진 희소한 정보처리 능력을 효율적으로 가동시키는 경제조직이 경제성과를 결정짓는 핵심적 열쇠라고 보았다.

인간은 동물과 마찬가지로 환경으로부터 전달되는 정보신호를 감각기관을 통해 감지할 수 있는 능력을 지니고 있는데, 불행하게도 감각기관에 도달하는 정보를 처리하는 능력이 제한되어 있는 까닭으로 뇌에 도달되는 정보의 극히 일부분만을 처리할 수 있을 뿐이다. 그래서 인간은 이러한 정보처리능력의 한계를 극복하려고 합리적 계산보다 경험, 신념, 막연한 생각, 휴리스틱(*heuristic*) 등에 의존한다. 인간의 인지능력의 결여는 결국 경제학이 인간의 희소한 인지능력을 조직화하는 문제를 다루는 학문이 되어주기를 바란다. 그에 따라 경제성장의 원동력도 사람들의 인지능력을 어떻게 효과적으로 가동시키는가에 달려 있다. 사람들이 저마다 자신의 인지능력을 최대한으로 가동시키려면, 지금까지의 고정된 관념, 즉 지식의 공유니 참여니 연대모럴과 같은 집단주의 도덕에서 벗어날 필요가 있다. 그렇게 되지 않을 경우 진화적 경쟁과정에서 도태되는 경제체제를 고집하는 유기체로 남아있게 될 뿐이기 때문이다.

존 스튜어트 밀도 《자유론》에서 사람들이 다른 사람의 행동에 전혀 관계가 없는 척하고, 또한 다른 사람의 복리와 선행에 개입하지 않으려는 비도덕적 행동을 두고 개인이 무관심하다고 치부하는 것은 오히려 대단히 잘못된 생각이라고 지적한 바가 있다. 그런 측면에서 다른 사람들의 선을 촉진시키기 위해 정부나 개인들은 다른 사람의 일에 무관심해질 필요가 있다. 최근 일본에서 와타나베 준이치〔渡辺淳一〕가 지은 《둔감력》(鈍感力) 이란 책이 베스트셀러가 되었다는 소식을 접하였는데, 일본인들이 이젠 다른 사람들과 지식을 공유하던 문화에서 벗어나고 있다는 신호가 아닐까 한다.

2008년 한국에 새 정부가 들어서자마자 국민들의 지식이 분산되기는커녕 오히려 집중화되면서 정부가 개혁하려는 사회이슈마다 국민 모두가 지식을 공유할 책무를 느끼면서까지 다른 사람의 경제생활(도덕)

을 걱정하는 모습이 보인다. 청와대 인사문제, 광우병괴담, 전직 대통령의 국민장, 대운하건설 문제 등 매 문제마다 국민 각자의 인지가 혹사되면서 분업의 이득을 살리지 못하는 방향으로 집단적 국민정서가 거듭되고 있다.

《논어》 제 13권 "자로"편에 나오는 글이다. 제자인 번지가 공자에게 농사짓는 법을 배우기를 청하니, 공자는 "나는 늙은 농부만 같지 못하다"라고 대답하고, 채소 가꾸는 법을 배우기를 청하니까 "나는 채소 가꾸는 늙은 농부만 같지 못하다"고 대답하였다. 공자도 분산된 지식이 갖는 경제적 의미를 일찍이 이해하고 있었다.

노자(老子)의 《도덕경》 제 48장에 "학문의 길은 하루하루 쌓아가는 것, 도의 길은 하루하루 없애가는 것"(爲學日益 爲道日損)이란 글이 나온다. 우리가 가진 지식이나 정보나 견해는 우리의 말이나 생각을 초월하기 때문에 이를 말로 표현할 수 있거나 생각을 통해 개념화한 모든 것들의 궁극적 지식이 아니다. 궁극적 지식에 도달하기 위해 의식적 지식을 버리고 계속 버려 결국 작업을 통한 학습을 통해 몸에 체득되면서 완전한 '무지'의 경지에 이르러서야 비로소 완전한 앎을 터득하기에 이른다. 그래서 《도덕경》 제 1장에 "도라고 불리는 도는 도가 아니고, 이름이라고 불리는 이름은 이름이 아니다"(道可道 非常道 名可名 非常名)라고 하였다. 한 가지 일에 전문화할수록 인지에 정보과부화가 점점 제거되어 무의식의 세계는 넓어지지만 의식의 세계는 점점 좁아져, 무엇을 안다는 사실 자체를 느끼지 못하는 경지에 도달한다는 오묘한 진리를 말한다.

▪ 사례 이야기

1. 몸기관의 협업

고대 로마에는 평민과 귀족의 두 계급이 있었다. 귀족계급이 정치적 권력을 독점하고 평민들은 원로원이 될 수 없었고 귀족을 상대로 소송을 제기할 수도 없었다. 평민이 유일하게 특권을 갖는 것은 군에 입대해 로마를 위해 전쟁터에 나가는 길뿐이었다. 기원전 494년에 평민계급은 종군을 거부하는 파업을 일으키는 데 성공하였다. 다급하게 집정관 발레리우스(Valerius)로부터 파업의 책임을 묻지 않는다는 약속을 얻어낸 그들은 다시 군에 복귀해 아에키족과 볼스키족, 그리고 사빈족을 차례로 물리치고 로마로 귀환하였다. 은혜를 모르는 원로원이 발레리우스의 약속을 번복하자 분노한 평민들은 로마 외곽의 산에 캠프를 치고 공격대오를 갖췄다. 원로원은 협상을 위해 현자 메네니우스 아그리파(Menenius Agrippa)를 파견했는데, 그는 평민들에게 아래와 같은 페니키아의 우화를 들려주었다.

> "언젠가 몸의 구성원들이 모여 자기들은 뼈빠지게 일하는데, 위는 하는 일 없이 게으르게 자빠져서 자기들의 노동의 결과를 즐기고 있다고 불평하기 시작했다. 그래서 손과 입과 이빨은 위를 굶겨 굴복시키기로 뜻을 모았다. 그러나 위를 굶길수록 자신들도 점점 허약해졌다. 이로써 위도 자기의 역할을 가지고 있는 것이 명백해졌다. 위가 하는 일은 받아들인 음식을 소화시키고 재분배해서 다른 구성원들을 살찌게 하는 것이었다."

부패한 정치가들을 위해 이와 같은 궁색한 변명을 늘어놓음으로써 아그리파는 반란을 진정시켰다. 평민계급에서 호민관 2명을 선출할 것과 귀족의 사적 형벌을 거부할 권리를 약속받고 평민들이 해산함으로써 질서가 회복되었다(신좌섭, 2001).

이 우화는 세상이 상부상조하는 관계로 이뤄져 있어 각자의 역할을 다할 때 자신은 물론, 비록 미운 사람일지라도 상대방으로부터 도움을 받을 수 있다는 교훈을 가르쳐준다. 이 교훈은 19세기 아일랜드의 초등학교 경제교과서에 실리기도 했는데, 원래 이 이야기의 발단은 군역에 종사한 로마인의 비참한 모습에서 시작되었다.

어느 날 병역의무 상한 나이인 예순 살을 얼마 남겨놓지 않은 한 평민의 비참한 모습이 '포로 로마노' 광장에 모인 군중의 눈길을 끌었다. 노인은 수많은 전투에 참여하여 조국 로마를 지켰다. 왜 이렇게 비참하게 되었느냐는 질문에 노인은 이렇게 대답했다. "내 농토가 있는 지역이 전쟁터가 되는 바람에 농토도 집도 잃어버렸고 가축도 도적맞았소. 재산을 다시 일궈내려고 빚을 빌렸는데, 이자가 너무 높고 수확이 예상보다 적어 빚을 갚지 못하게 되어 법에 정해진 대로 나는 채권자의 소유물이 되어 로마시민이면서 노예보다 더 혹사당하는 농노의 신세가 되고 말았소."

노인의 비참한 모습을 본 민중들이 흥분하여 원로원 의사당으로 몰려갔다. 이 같은 시점에 외적이 침입했다는 소식이 날아왔다. 집정관의 한 사람인 세르비우스가 다음과 같은 포고문을 발표하여 평민과의 타협을 꾀한다. "어떤 사람도 로마시민을 감금하거나 쇠사슬에 묶어서 로마시민이 집정관의 소집에 응해 병역에 지원하는 것을 금할 수는 없다. 군무를 수행하는 로마시민의 사유재산을 그 시민의 부재중에 팔거나 몰수해서는 안 된다."

평민들은 납득했다. 집정관의 소집에 응해 전투에서 승리를 거두었다. 개선한 로마군은 당연히 세르비우스의 포고문이 법제화되기를 기다렸다. 그런데 또 다른 집정관 아피우스 클라우디우스가 법제화를 거부했다. 원로원도 클라우디우스의 거부권에 동의했다. 민중은 분노했다. 다시 쳐들어온 외적과 싸우기 위해 집정관이 군대를 소집했지만 평민은 한 사람도 응하지 않았다. 에스퀼리누스 언덕과 아벤티누스 언덕에 틀어박혀 농성을 벌이면서 나오지 않았다. 로마 역사상 최초의 파업이었다.

원로원은 평민과 대화하기 위해 발레리우스 마니우스를 독재관(딕타토르)으로 옹립하였다. 발레리우스의 소집에 응한 로마군은 외적과의 전투에서 승리를 거두었다. 전쟁이 끝나고 나서 발레리우스는 빚을 갚지 못한 시민의 자유를 박탈하는 것을 금하는 법안을 제출하였다. 그러나 법안이 민회에서 부결되었다. 평민들은 분노하여 몬테사크로 산에 틀어박혀 농성을 벌였다. 두 번째의 파업이었다.

평민들의 이익을 수호할 목적으로 두 명의 호민관을 평민에서 선출하도록 하였다. 집정관의 결정에 거부권을 가진 호민관제도는 평민을 위하는 것처럼 보였으나 실은 집정관과 원로원은 앞으로 두 명의 호민관과 교섭하면 되었다. 또한 전시에는 호민관이 거부권을 행사할 수 없도록 규정하였는데, 사실 항상 외적과 싸우는 로마의 경우 호민관은 거부권을 행사할 기회가 없었다(김석희, 1995).

2. 과잉생산과 과소소비의 경제불안정은 지주계급이 해결한다

맬서스는 《경제학 원리》에서 지주계급을 옹호하는 이론을 내세웠다. 즉, 자본가는 이윤을 축적하는 일에만 관심이 있지 잉여생산물을 소비하는 데에는 관심이 없고, 이윤의 일부를 오히려 새로운 투자를 위해 자본재를 구입하는 데 열중한다. 동시에 최저생계비 수준의 임금만을 받는 노동자들도 잉여생산물을 살 만한 여력이 없다. 이리하여 잉여생산물의 소비문제를 해결하는 데 기여하는 계층이 지주들이다. "자신이 생산한 가치 이상을 소비하고자 하는 의지와 재력을 겸비한 다수의 계층이 존재하여야 한다. 그렇지 않으면 상업을 영위하는 계층의 사람들이 이윤을 계속 남기면서 자신들의 소비를 훨씬 상회하는 생산을 지속적으로 유지할 수 없다. 그런 계층의 대표적 예가 지주계급이라고 할 수 있다."

즉, 지주계급은 '비생산적 소비자'로서 필수불가결한 존재라는 것이다. 맬서스는 해외에서 수입하는 곡물에 대해 높은 관세를 부과하는 '곡물법'을 지지하였는데, 수입곡물에 대한 높은 관세는 지주들에게 유리하게 작용하여 '비생산적 소비'를 더욱 촉진시킬 수 있을 것으로 기대하였기 때문이다.

물론 이는 자유무역을 지지하는 애덤 스미스나 리카도의 주장과는 배치된다. 보호무역을 지지한 맬서스의 과잉생산이론은 수요부족 문제를 두고 고심한 케인즈에게 의해 커다란 영향을 미쳤다. 케인즈는 맬서스를 가장 위대한 고전학파 경제학자라고 평가하였다. 그는 "만약 리카도가 아닌 맬서스를 통해 19세기 경제학의 흐름이 발전했다면 오늘날의 세계경제는 더욱 풍요로워질 수 있을 것이다"라고까지 평하였다(신현호, 2003).

3. 남간충수(濫竿充數)

중국 제나라 선 왕(宣王)은 왕을 위하여 피리를 불게 했는데, 항상 퉁소꾼 3백 명을 합주시켰다. 성 밖 남쪽에 사는 풍각쟁이들이 왕을 위하여 퉁소(吹竽)를 불려고 너도 나도 할 것 없이 나서자 선 왕은 기뻐하여 양식을 나눠주며 초청했더니 피리를 불 사람이 수백 명을 넘었다. 그런데 이후 선 왕이 죽고 민 왕(湣王)이 군주가 되었는데, 그도 피리소리를 좋아했지만 독주를 좋아했다.

난구오[南郭]란 사람이 그동안 피리를 전혀 부르지 못하면서 피리를 부는 체하다가 도망가버리고 말았다. 제나라 민 왕은 풍각쟁이들 가운데 어중이떠중이가 대부분이라고 판단하여 퉁소꾼들을 신뢰하지 않고 피리를 부는 자는 많은데 누가 잘 부는지 알 수 없어, 한 사람 한 사람씩 불어 보도록 하여 재주가 있고 없음을 알아내려고 하였기 때문이다. 이를 두고 중국의 고사성어는 남간충수라고 말한다. 원래는 퉁소꾼들이 어중이떠중이가 아니고 천부적 재능을 가진 사람들이었는데, 합주라는 제도의 틀 속에 갇혀 아까운 재주를 썩히고 있었다는 것을 의미한다.

4. 욕심을 채워주면 게으른 자도 부지런해진다

정약용의 《여유당전서》(與猶堂全書)에 나오는 글이다. 처가 게으른 것은 패가(敗家)의 근본이다. 사경(四更)이 되지 않았는데도 등불을 끄고, 날이 밝았는데도 이불을 개지 않는 자는 게으른 자이니, 꾸짖어도 깨닫지 않는 자는 비록 내쫓아버린다 하더라도 좋을 것이다. 뽕나무 4, 5백 주를 심고, 두 해 뒤에 잔가지를 치며 엉킨 것을 정리하며 부스럼을 깎아주면 몇 해가 되지 않아서 담장을 넘을 것이다. 별도로 잠실(蠶室) 4, 5칸을 짓고, 매 간에 십자가(十字街)를 내고, 박(箔)은 7층으로 올린다. 항상 쇠똥으로 박을 소독하며, 서북은 벽으로 막고 동남으로 햇빛을 받는 것이 좋다. 면화는 모름지기 많을 필요가 없고 1경(頃, 사방 100보에 해당하는 토지면적)에 그치며, 별도로 삼과 모시를 심어서 처로 하여금 봄과 여름에는 실을 뽑게 하고, 가을과 겨울에는 베를 짜게 한다. 부지런하면 실과 베가 넘칠 것이니, 그렇게 되면 마음에 욕심이 생겨서 게으른 자도 스스로 근면해진다(전주대 호남학연구소, 1989).

5. 집단농장화의 결과

소련에서 스탈린이 집단화를 시작하기 전에 농촌에는 쿨락이라는 부농계층이 150만 내지 250만 있었다. 이에 대하여 소나 말 같은 가축도 갖지 못하고, 쿨락에 종속된 영세한 농민(무지크)이 5백만 내지 8백만 명이 있었다고 한다. 스탈린은 무지크가 쿨락을 상대로 봉기하여 쿨락의 희생 위에 농업의 집단화를 수행하려고 했다. 그러나 사태는 반드시 예상한 대로 진척되지 않았다. 실제로 당시의 소련 농촌에서 쿨락은 다른 농민들로부터 미움을 받고 있지는 않았으며, 오히려 농촌소비에트의 지도적 멤버로서 중소농민의 존경을 받는 경우도 적지 않았다. 그러므로 곳에 따라서는 쿨락이 중소 농민의 호위를 받으면서 농업의 집단화 방침에 저항하는 광경을 볼 수 있었다.

이와 같은 농민의 반항에 대해 강경한 방법으로 정책을 수행한 결과, 1934년까지에 전 농가의 약 2/3가 집단화되었다. 그러나 농업생산은 그 때문에 오히려 두드러지게 저하하였다. 1928년부터 1932년 사이에 소련의 농업수입은 25%나 감소되었으며, 소는 절반으로 줄었다(조윤정, 2008).

6. 인간본성과 싸운 공산주의

공산주의는 인간의 본성에 역행했다. 즉, 공산주의는 경제성장의 주된 요소인 이윤추구의 욕망, 사유재산, 자아발전의 기회 등을 부정했다. 이윤의 중요성은 농업에서 가장 극명하게 나타난다. 집단농장에서 일하는 사람들에게는 개인이 경작할 수 있는 작은 땅이 주어졌다. 아울러 그들은 그 땅에서 재배한 것들을 내다팔 수 있었다. 그러자 각 개인의 작은 땅에서 재배한 생산량이 전체 집단농장에서 재배한 생산량을 훨씬 상회하는 결과가 나타났다. 경제적 이익을 추구하는 인간의 본능을 무시한 경제체제, 부패와 비효율성, 미국과의 지나친 군비경쟁 등이 요인이 되어 결국 소련은 붕괴하고 말았다(장미경, 2004).

7. 자본주의의 적은 사회주의가 아니고 자본가이다

슘페트는 기업가 기능이 무용화되면서 자본주의가 해체되지 사회주의 혁명으로 소멸되는 것이 아니라고 한다.

"자본주의적 기업은 다름 아닌 스스로의 업적에 의해서 진보를 자동기계화하는 경향을 갖고 있기 때문에 우리는 여기서 자본주의적 기업은 자기 자신을 무용화하는 경향을 가진다고 결론짓고자 한다. 완전히 관료화한 거대한 산업단위는 중소규모 기업을 축출하고 그 소유자를 수탈할 뿐만 아니라 종국에 가서는 기업가 자체도 축출하며 계급으로서의 부르주아까지도 수탈하기에 이른다. 그리고 그 과정에서 부르주아계급은 자신의 소득을 잃을 뿐만 아니라, 무엇보다도 중요한 것인 자기의 기능을 잃게 되어 있다. 사회주의의 진정한 선도자는 사회주의를 권고하는 지식인이나 선동자가 아니라 반더빌트, 카네기, 록펠러의 일족과 같은 사람들이었다"(Schumpeter, 1942; 이상구, 1977: 195).

제10장

자유문명사회의 창조력

프리드리히 A. 하이에크[1]

자유로부터 내가 얻는 이득이란 주로 다른 사람들이 자유를 사용한 결과물이고, 나 자신이 한 번도 사용하지 않은 자유를 그들이 사용한 결과물이다. 따라서 나에게 가장 중요한 것은 내가 사용할 수 있는 자유일 필요는 없다.

▪ 요 약

확실한 인간사란 달성될 수 없는 것이므로 인간은 전반적으로 가장 잘 봉사될 수 있는 경험법칙을 따라야만 한다. 인간이 무지한 까닭에 자유가 주어져야만 한다. 즉, 사람들이 갈망하는 바를 탄생시키도록 하려면 사람들의 자유로운 경쟁에 의지할 수밖에 없다. 경쟁을 통한 성공과 실패는 전체적으로 순이득을 낳는 방향으로 진전한다. 왜냐하면 분산된 지식을 이용하는 것을 통해 어떤 한 사람이 달성할 수 있는 것보다 더 많은 것을 달성할 수 있기 때문이다.

일을 잘 처리해낼 자유, 효과가 이로울 것이라고 이미 알려진 자유는

1) 하이에크는 1950년대 시카고대학에 초빙교수로 머물면서 어떤 형태의 경제 및 정치제도가 자유스런 개인들로 하여금 서로 협력하도록 할 것인가 하는 등에 관해 글을 썼다. 이 시기에 하이에크는 *The Constitution of Liberty*(1960)를 썼는데, 이 책은 정치경제학에 크게 기여하였을 뿐만 아니라 마거릿 대처 영국수상에게 커다란 감명을 전달한 것으로 알려졌다. 이 글은 하이에크 'The Creative Powers of a Free Civilization," *The Constitution of Liberty*(1960), 김균 옮김, 《자유헌정론 I》(자유기업원, 1997)., pp. 61~75에서 발췌하였다.

> 자유가 아니다. 한 사람이 이용할 수 있는 자유가 모든 사람이 이용할 자유보다 사회에 보다 더 중요할 수 있고 또한 대다수를 위해 이득이 될 수도 있다. 따라서 나에게 중요한 것은 나의 자유일 필요가 없고, 어느 누군가가 시도할 수 있는 자유이다. 자유롭지 않은 대다수가 자유로운 소수의 덕분으로 이득을 보았고, 자유롭지 않은 사회가 자유로운 사회로부터 이득을 보았다. 대다수가 행사할 수 있는 자유만을 중요시 여긴다면 오히려 자유가 없는 정체된 사회를 맞이하게 될 것이다.

1. 인간의 무지에 바탕을 둔 자유옹호론

개인의 자유를 찬성하는 이유는 우리들의 목표와 복지를 달성하는데 필요로 하는 정보를 수집·분석하기 위해 의존하는 수많은 요소들에 대해 우리 모두가 불가피하게 무지하다는 사실을 인정할 수밖에 없다는 데서 나온다.

전지전능한 인간이 있다면, 우리가 현재의 욕구뿐만 아니라 우리들 미래의 필요와 욕구에 영향을 끼치는 모든 것을 알 수 있다면 자유를 지지할 이유가 없다. 물론 개인에게 자유가 주어졌다고 하여 완전한 예측이 가능하다는 것도 아니다. 자유는 예견불가능하고 예측불가능한 사항에 대해 여지를 남겨두는 데 중요한 역할을 수행한다. 자유를 갈망하는 까닭은 그로부터 우리들이 수많은 목표를 실현할 기회를 기대할 수 있다고 배웠기 때문이다. 모든 사람들은 아는 것이 거의 없고, 특히 우리들 중에서 누가 제일 잘 아는지 알 수 없기 때문에, 필요할 때 우리가 갈망하는 바가 탄생되도록 유도하려면 많은 사람들의 독립적이고 경쟁적인 노력을 신뢰할 수밖에 없다.

인간의 자존심을 모멸할지 모르지만 문명의 진보와 심지어 그 보존은 사건을 우연하게 일으키도록 만든 최대한의 기회에 의존한다는 사실을 인정하여야만 한다.[2] 이러한 우연한 사건들은 개인이 획득한 지식, 태도, 기술 및 습관 등이 결합하여 발생시키거나 아니면 특정상황을 잘 다룰 줄 아는 자격있는 적임자가 당해 상황에 부닥쳤을 때 일어난다. 이처럼 우리들이 많은 사항에 대해 무지하다는 사실은 우리가 확률이나 운과 더불어 살아가야만 한다는 것을 의미한다.

대체로 유리한 사건들은 그냥 일어나지 않는다는 것은 개인생활에서와 마찬가지로 사회생활에서도 그러하다. 그래도 우리는 이들에 대비하고 있어야 한다.[3] 그러나 우리가 제아무리 준비가 되어 있더라도 사건들이란 운에 의해 좌우될 뿐 확실하게 얻어지는 것은 아니다. 사건들이란 사람들로 하여금 위험을 의식적으로 부담하도록 요구하고, 그 결과 행운을 잡은 사람들과 똑같이 칭찬받을 만한 개인이나 집단의 불운을 요구하며, 대다수에게 심각한 실패나 퇴보를 가져오기도 한다. 그러나 개인들 사이의 성공과 실패는 전체적으로 순이득을 낳는 방향으로 진전한다. 우리들이 할 수 있는 일이란, 개인이 부여받은 특수한 재산이나 처한 환경의 배열이 새로운 도구를 조각하거나 과거의 것을 개선시킬 개연성을 높이고, 그리하여 이뤄진 혁신이 사람들 사이에 급속히 확산되어 이를 이용할 수 있는 전망을 개선시키는 일이다.

물론 모든 정치이론은 대부분의 개인들이 매우 무지하다고 전제한다. 하지만 자유를 지지하는 사람들은 무지한 사람 속에 자신은 물론 가장 현명한 사람들까지도 포함시킨다는 점에서 다른 사람들과 다르다. 동태적으로 진화하는 문명 속에서 지속적으로 활용되는 지식 전체와 비교할 때, 가장 현명한 사람이 의식적으로 활용할 수 있는 지식과 가장 무지한 사람이 사려 깊게 동원할 수 있는 지식과의 사이엔 별다

2) "우리의 모든 문제는 가능하면 실수를 빨리 저지르는 것이다." J. A. Wheeler, "A Septet of Sibyls: Aids in the Search for Truth," *American Scientist* (1956), p. 360.

3) 루이스 파스퇴르(Louis Pasteur)는 "연구과정에서 우연이란 이를 맞이할 준비가 되어 있는 사람들만 도운다"고 지적하였다. R. Taton, *Reason and Chance in Scientific Discovery* (1957), p. 91.

른 차이를 발견할 수 없다.

존 밀턴(John Milton)과 존 로크가 제안하고 이후 존 스튜어트 밀(John Stuart Mill)과 월트 베지핫(Walter Bagehot)이 재강조한 고전적 관용의 미덕을 베풀자는 주장은 물론 우리들의 무지를 인정하는 데서 출발한다. 이는 합리적이지 않은 사람들의 통찰력이 미지를 개척하는 정신을 작동시킨다는 특수한 상황에 적용해보자는 의미다. 우리들이 의식하지는 못하지만 자유를 바탕으로 하는 모든 제도들은 기본적으로 무지하다는 사실에 적응한 것이고, 확실성이 아니고 개연성이라든가 확률적이라든가 하는 것들을 다루도록 적응된 것이다. 확실한 인간사란 달성할 수 없다. 이 때문에 우리들이 가진 지식을 최대한 활용하려면 특수한 상황에 부닥친 우리들이 쫓아가서 어떤 결과가 나올지 미리 알 수 없지만, 경험을 통해 전반적으로 가장 잘 봉사될 수 있는 법칙에 의지하여 쫓아가야만 한다.4)

2. 분산된 지식의 이용

인간은 기대가 실망으로 끝나는 데서 무언가를 배운다. 그렇다고 우리들은 인간의 제도를 기만시켜 사건의 예측 불가능성까지 증대시켜서는 안 된다. 가능하다면 우리들은 예측을 교정시킬 수 있는 가능성을

4) 자유무역원리는 이를 일반적으로 이용하여 모든 일반인들에게 이득이 되는 까닭에 일반법칙으로 유효하다. 모든 일반법칙처럼 만약 어떤 사람이 부수하여 일어날 모든 상황을 알고 모든 결과의 완전한 효과를 안다면 그 법칙이 적용되지 않아야 할 특수한 경우가 있다. 그러나 그렇다고 하여 그것이 법칙을 나쁜 법칙으로 만들지 않으며, 정상적인 경우 그러하듯이 사람들이 그 경우를 바람직한 예외로 만들 수 있는 모든 결과들을 알 수 없는 경우라고 하여 적용하지 않아야 할 근거를 제공하지는 않는다. A. P. Lerner, "The Back-ward Learning Approach to Controls," *J. P. E.* (1957), p. 441.

증대시킬 수 있도록 인간의 제도를 개선시키는 데 목표를 두어야 한다. 무엇보다도 우리들은 비록 우리 자신이 지금 알지 못하는 사실이지만, 무지한 다른 사람들로 하여금 이를 배우게 하고, 그리하여 이들이 배운 지식을 행동하는 데에 활용할 수 있도록 그들에게 최대의 기회를 제공하여야 한다.

어느 한 사람이 가진 지식보다 더 많은 지식을 활용하거나, 지적으로 종합한 지식보다 더 많은 지식을 활용하려면 많은 사람들의 상호조정하는 노력을 필요로 한다. 왜냐하면 분산된 지식을 이용하는 것을 통해 어떤 한 사람이 예측할 수 있는 것보다 더 많은 것을 달성할 수 있기 때문이다. 자유사회는 가장 현명한 지도자가 이해하는 것보다 더 많은 지식을 활용할 수 있기 때문에 개인의 노력을 직접 통제하기를 거부한다.

자유를 지지한 바탕으로부터, 자유가 일을 잘 처리할 것으로 알고서 이를 특수한 상황에 쓰이도록 하더라도 그 목적을 달성할 수는 없다. 왜냐하면 그 효과가 이로울 것이라고 미리 알려진 자유는 이미 자유가 아니기 때문이다. 자유가 어떻게 사용될 것이라고 미리 안다면 이를 지지하는 상황들이 대부분 사라질 것이다. 다른 사람이 자유를 사용하더라도 바람직한 결과를 얻을 수 없다고 인정되지 않는 이상, 우리들은 자유의 이득을 취할 수도 없고, 자유가 제공하는 예측 불가능한 새로운 기회의 진전을 획득할 수도 없다. 자유가 종종 남용된다고 하여 개인의 자유를 반대하는 것은 말도 되지 않는다. 자유란 우리들이 바라지 않는 많은 것들도 일어날 것이라는 것을 의미한다. 우리가 자유에 대해 거는 신념이란, 특수한 상황에서 예견될 수 있는 결과에 기대를 거는 것이 아니라 자유가 전체적으로 평균하여 나쁜 결과보다 선한 결과를 위해 힘을 방출한다는 믿음에 바탕을 둔다.

어떤 특정한 일을 하는 데 자유롭다고 하여 우리들이나 대다수가 그 특별한 가능성을 항상 최대로 활용할 수 있는 것은 아니다. 모든 사람이 행사할 수 있는 자유가 주어져야 한다는 것은 자유의 기능을 완전히 잘못 이해하는 것이다. 수백만 명의 사람들 중에서 한 사람이 이용할 자유가 모든 사람이 이용할 자유보다 사회에 보다 중요할 수 있고 또한 대다수를 위해 이득이 될 수도 있다.[5)]

어떤 특정한 일을 하기 위한 자유를 최대로 활용할 수 있는 기회가 없어질수록 사회 전체적으로 자유의 가치는 그 값어치가 보다 높아진다. 자유를 사용할 기회가 줄어들수록 사람들은 자유를 사용할 기회가 생겼을 때 비로소 자유의 기회가 없었던 상황에 대해 보다 심각해질 것이다. 왜냐하면 자유가 주는 경험은 거의 유일한 경험이기 때문이다. 물론 대다수의 사람들은 어떤 한 사람이 자유롭게 하고자 하는 대부분의 중요한 일에 대해 관심이 없는 것은 사실이다. 왜냐하면 그렇게 중요한 자유를 개인들이 어떻게 활용할 것인지를 우리들은 알 수 없기 때문이다. 만약 그렇지 않다면(개인들이 자유를 어떻게 사용할지를 우리들이 안다면), 자유의 결과는 개인들이 무엇을 하여야 하는가에 관한 다수결의 의사결정으로 달성가능할 것이다. 그러나 다수결의 행동이란 이미 시도해보았거나 경험을 통해 확신한 것들이거나, 서로 다른 사람의 경험이나 행동을 바탕으로 하여 여러 사람들이 논의하는 과정에서 합의에 도달된 문제들에만 국한된다.

---

5) "만약 자유를 이용하려는 소수를 위한 자유가 있다면, 자유는 틀림없이 많은 사람들에게 제공될 것이다. 역사로부터 분명한 교훈이 있다면 그것은 바로 이것이다." B. F. Klein and N. H. Martin, "Freedom, Authority and Decentralization," *Harvard Business Review*(1958), p. 69.

3. 타인의 자유로부터의 이득

자유로부터 내가 얻는 이득이란 주로 다른 사람들이 자유를 사용한 결과물이고, 나 자신이 한 번도 사용하지 않은 자유를 그들이 사용한 결과물이다. 따라서 나에게 가장 중요한 것은 내가 사용할 수 있는 자유일 필요는 없다. 모든 사람들이 똑같은 것을 할 수 있는 자유보다 어느 누군가가 시도할 수 있는 자유가 보다 더 중요하다. 우리가 자유를 주장하는 까닭은, 우리가 어떤 특정한 것을 할 수 있기를 좋아해서가 아니고 우리들의 행복에 어떤 특정한 자유가 필수적이라고 간주해서도 아니다. 우리들이 물리적 속박으로부터 저항하는 본능은 도움을 주는 동반자이긴 하지만 자유를 정당화시키거나 자유에 대한 경계선을 긋기 위한 안전한 보호자는 아니다. 중요한 자유란 내가 개인적으로 행사하고 싶어 하는 자유가 아니라 사회에 유익한 일을 하기 위해 필요로 하는 다른 사람의 자유이다. 이 자유가 있는지를 잘 알지 못하는 무지한 사람들을 확신시킬 수 있는 방법이란 모든 사람들에게 자유를 제공하는 길뿐이다.

따라서 자유로부터 얻는 혜택은 자유인에게만 국한된 것이 아니다. 또한 사람들은 자신이 누리는 자유로부터 혜택받는 것도 아니다. 역사를 통해 보더라도 자유롭지 않은 대다수가 자유로운 소수의 덕분으로 혜택을 보았다는 사실에 의심의 여지가 없고, 오늘날에도 자유롭지 않은 사회가 자유로운 사회로부터 획득하고 배운 것에서부터 혜택을 본다. 물론 다른 사람들의 자유로부터 우리가 얻는 혜택은 자유를 행사할 수 있는 사람의 수가 늘어날수록 상승한다. 그런 측면에서 일부 사람을 위한 자유를 지지하는 일은 결국 모든 사람을 위한 자유에 대해서도 적용된다. 그러나 누구라도 자유롭지 않은 것보다 일부 사람이라도 자유로운 것이 모든 사람을 위해 낫고, 제한된 자유를 모든 사람들이 갖는 것보다 충분한 자유를 많은 사람들이 즐기는 것이 낫다. 어떤 특정된 일을 할 수 있는 자유의 중요성은 그 일을 하기 원하는 사람의 숫자와는 관련이 없다는 사실이 중요하다. 왜냐하면 이 둘 사이에는 반비례관계가 성립할 수도 있기 때문이다. 그 결과 대다수의 사람들이 자신의 자유가 크게 제한되어 있다는 사실을 알지 못한 채, 한 사회를 통제하여 불구로 만들 수도 있다. 대다수가 행사할 수 있는 자유의 행사만이 중요하다고 전제한다면 우리는 자유가 없는 정체된 사회를 만들 것이 확실하다.

▪ 사례 이야기

1. 그리스인들의 부자들에 대한 질시

고대 그리스에서는 부유한 시민의 공적 의무(*liturgy*)라는 것이 있었는데, 이 말은 '공공복지를 위한 부유한 시민의 기탁금'이라는 의미를 가진다. 또한 부자들은 축제를 베풀었다. '나의 재산을 공중의 즐거움을 위해 사용한다'는 것이 축제를 여는 부자들의 생각이었다. BC 4세기경에는 아테네 전체 인구의 4%가 기부금을 제공하는 부자들 계층에 해당했다. 그리스인들의 공공서비스는 부자들의 의무였는데, 그 중에서 축제를 위한 기부금은 가장 중요한 일이었다. 축제를 위한 비용에는 플루트 연구, 무용수, 합창단, 지휘자 등의 연습과 유지비용을 대는 것이었다. 체육행사에 관한 기부금을 제공하는 사람은 운동선수들이 몸에 바를 기름과 영양가 있는 음식 및 대회장의 치장과 각종 예비행사를 준비했다.

부자들은 또한 전함을 관리하는 책무를 맡고 있었다. 전함을 건조하고 장비를 갖추는 비용 및 승무원들의 식량과 1년간의 급여는 국가가 지급했으나 이외의 모든 비용 예를 들어, 수리비용과 돛을 교체하는 비용 등은 전함을 관리하기로 정해진 민간인이 부담했다. 나중에 전함을 책임질 사람이 충분치 않자 이 의무는 집단을 단위로 하여 수행되었다.

그리스의 제도가 부유한 시민의 기부로 도시를 영화롭게 하고 전쟁에서 국가를 방위하는 제도이다. 이 일은 부자들의 자발적 기부를 통해 도시의 재정부담을 담당하겠다는 선한 동기에서 출발했다. 그러나 시간이 지남에 따라 이러한 제도는 낭비와 자기 과시, 허영 등의 속물적인 것으로 변질되었다. 이에 더해 부자를 착취하기 위한 수단으로 전락하고 말았다. 이소크라테스(Isokrates)는 다음과 같이 말했다. "내가 어렸을 때는 부자라고 불리는 것이 위험하지 않았고 사람들은 그것을 자랑스럽게 생각했다. 그러나 오늘날은 사람들이 그들의 소유를 숨기는 데 최선을 다하고 있다. 왜냐하면 법률을 위반하는 것보다 부자라고 불리는 것이 더 위험하기 때문이다. 아테네는 탄식으로 가득 찼다. 어떤 사람들은 그들의 가난을 탄식하고, 다른 사람들은 국가가 그들에게 부여한 무거운 의무 때문에 탄식한다. 이런 의무는 사람을 너무 괴롭히기 때문에 재산 있는 사람들은 가난한 자보다 생활이 더 고달픈 것 같다."

정치적 범죄는 재산을 몰수하는 방식으로 처리했다. 처음에는 벌을 주기 위해 몰수했지만 나중에는 몰수하기 위해 벌을 주는 식으로 주객이 전도되었기 때문이다. 또한 이 제도는 부자에 대한 증오를 조장하는 면이 있었다. 코린토와의 전쟁을 준비할 때 돈이 부족해지자 아테네인들은 무작정 부자들의 재산을 몰수했다. 또 기소된 사람의 혐의가 석연치 않은 경우가 많았는데, 이것은 대부분 부자들에 대한 증오에서 기인한 것으로 몰수된 돈은 가난한 자들에게 분배되곤 했다. 예를 들면, 부자였던 디피루스는 애매한 사유로 리쿠르고스에 의해 기소되었고, 그의 재산이 몰수되어 시민들에게 1인당 50~100드라마크씩 분배된 사례가 있었다(전태영, 2005).

2. 타민족의 재능을 받아들인 로마인

로마인의 남다른 점은 자기들이 다 하려들지 않는다는 점이다. 그들은 어느 분야에서나 자기네가 제일이어야 한다고는 생각하지 않았다. 이제 완전히 로마에 동화한 에트루리아인은 여전히 토목사업에서 솜씨를 발휘했고, 이탈리아 남부의 그리스인은 통상을 맡고 있었다. 포에니전쟁 이후 시칠리아가 자신의 세력하에 들어온 이후로는 예술도 철학도 수학도 모두 그리스인에게 맡긴 듯한 느낌이 든다. 이런 로마인의 개방성은 세월의 흐름에 따라 점점 확대되었다(김석희, 1995).

3. 일은 전문가에게 맡겨야

그 유명한 편작(扁鵲)이 진나라 무 왕(武王)의 병을 진찰한 다음, 수술을 하고자 했다. 그러나 시종(侍從) 한 사람이, "임금님의 병은 귀 앞쪽 눈 밑인 만큼 수술한다고 해서 꼭 낫는다고도 볼 수 없으며, 잘못하면 귀가 멀고 눈이 흐려질 염려마저 있습니다" 하고 말렸으므로 무 왕은 그 말을 편작에게 전했다.

그러자 편작은 화가 나서 석침(石針)을 내던지며 말했다. "임금께선 일을 아는 사람과 의논하시고선 일을 전혀 모르는 사람과 논해 그것을 깨뜨려버리고 있습니다. 그런 무리들에게 진나라 정치를 맡기시게 되면 단 한 번으로 나라를 망치고 말 것입니다"〔김전원, 1991: 진·무 왕(秦·武王) 편〕.

로버트 그린(Robert Green, 1998)이 지은 《권력의 법칙》(*The 48 laws of Power*)에 나오는 이야기다. 영국의 렌 경(Sir Christopher Wren)은 다재다능한 조각가로 알려진 인물인데, 1688년 웨스트민스터 시청사를 설계하였으나 설계도가 시장의 마음에 들지 않았다. 즉, 시장은 설계도상으로 2층이 안전하지 못해 자신의 집무실인 1층으로 무너질까봐 걱정된다고 렌 경에게 말하면서 기둥을 2개 더 두기를 요구하였다. 렌 경은 2개의 기둥이 불필요하지만 시장이 부탁한 대로 지어주자 시장은 대단히 만족하였다. 몇 년이 지나 청소부가 기둥을 보니까 기둥이 천장에 닿지도 않은 채 서 있었다고 한다.

미켈란젤로도 다비드 상을 조각하면서 플로렌스의 시장으로부터 이와 똑같은 일을 겪었다. 1502년 플로렌스의 산타 마리아 성당에서 대리석으로 작업하던 비숙련 조각가가 잘못하여 대리석에 구멍을 뚫는 바람에 당초 다리가 조각될 부분이 훼손되어버렸다. 플로렌스의 시장인 소더리니(Soderini)가 복원시킬 수 있도록 레오나르도 다빈치와 여러 조각가에게 부탁하였으나 모두 다 대리석이 쓸모없게 되었다고 말하여 성당의 한구석에 방치되어 있었다.

미켈란젤로가 그 대리석에 대한 소문을 듣고 플로렌스를 방문하여 대리석 덩어리를 보고서는 돌의 잘려진 부분으로 조각상이 바라보는 모습을 하면 좋은 조각품이 나올 수 있겠다고 판단하여 다비드 상을 조각하기 시작하였다. 몇 주가 지난 후에 거의 작품을 완성할 무렵 시장인 소더리니가 작업실을 방문하여 작품을 보고서는 훌륭한 작품이긴 하지만 코가 너무 크다고 이야기하였다. 미켈란젤로는 소더리니가 거대한 조각상 바로 아래서 바라보기 때문에 다비드 상의 코가 커 보이는 데에도 불구하고 그를 작업대 위로 올라오게 하고서는 코에 조각칼을 대기 시작하였다. 그러나 미켈란젤로는 코를 작게 만드는 것이 아니고 실제로는 손에 있는 대리석 먼지만을 코에서 흘러나오는 것처럼 흉내냈다. 얼마 지나 미켈란젤로가 "이제 한번 보세요" 하고 말하자 소더리니는 "이제 나아졌다. 당신이 살아 있도록 만들었구려" 하고 말하였다.

제3부

교환을 목적으로 하는 시장지향의 특질

현실의 시장이 효율적 자원배분을 가져다주는 완전경쟁시장에서부터 벗어난 까닭에 정부규제의 필요성을 정당화시킨다. 시장경제를 지지하는 사람들도 정부가 직접 나서서 해결하는 데 도움이 되는 부문이 많다는 사실을 부정하지는 않는다. 다만 염려스런 점은 정부가 시장에 개입하면 유익하게 사용되기보다 체계적으로 남용된다는 사실이다. 정부가 권력을 행사하는 일을 엄격하게 제한하지 않으면 정치적으로 영향력을 행사하려는 이익집단들이 일반인들을 희생시키고, 대신 자신들의 이익을 획득하는 데 정부를 활용하려 한다. 그 결과 사람들로 하여금 새로운 부를 창출하기 위해 생산적 일에 종사하기보다는 정치적 영향력을 행사하여 이미 주어진 부를 획득하도록 부추길 것이다.

제 3부에서는 사람들이 지식을 정부에 의한 배분이 아닌 시장에 의한 교환을 진화시킨 시장지향의 특질을 살펴보고자 한다. 제 11장 "정부정책으로부터 발생하는 불균등"에서 애덤 스미스는 동업자조합이 진입장벽을 세울 수 있도록 배려한 유럽의 정부정책을 신랄하게 비난한다. 제 12장 "자유사회에서 정부의 역할"에서 밀턴 프리드먼(Milton Friedman, 1912~2006)은 정부의 일차적 기능은 사유재산을 올바르게 유지시키고, 자유인이 다른 사람과 생산적으로 거래할 수 있도록 행위규범을 유지시켜주는 데 있다고 주장한다.

제 13장 "정부정책과 시장"에서 하이에크는 시장경제를 포함한 대부분의 제도들은 특정 목적을 염두에 두지 않은 행동의 산물이라고 바라본다. 그에 따라 대부분의 개별행동들이 의도하지 않은 결과가 나타날 수 있도록 자유스럽게 허용되어야 한다고 주장한다. 제 14장 "법치경제로의 길"에서 좌승희 경기개발연구원장은 개혁을 빌미로 현실에 맞지 않게 정부가 인위적으로 경제정책을 정착시키려고 애쓰기보다 법치에 의한 경제질서가 정착되기를 주장한다.

제11장

정부정책으로부터 발생하는 불균등

애덤 스미스[1)]

장인(匠人)이 받아들일 수 있는 도제의 수까지 제한하고 또한 도제로 종사하는 기간까지 제한하는 까닭은 진입할 수 있는 교역자의 수보다 작은 수로 경쟁을 제한하려는 데 있다.

▪ 요 약

장인에 의한 지도, 도제(徒弟)의 수와 종사기간의 제한, 동업자조합 등은 경쟁을 제한하고 직업선택을 제한하였다. 7년이란 긴 세월의 금속세공 및 시계조립의 견습공제도는 불필요한 제도였다. 동업자조합이 생겨난 까닭은 자유경쟁을 제한하여 가격과 이윤 및 임금이 하락하는 것을 막기 위해서이다. 유럽의 기업법은 외국인을 차별하면서 동업자조합을 보호해주었다.

1. 동업조합의 배타적 특권의 효과

1) 동업조합의 배타적 특권이야말로 유럽의 정책이 이 목적을 위해 이용하는 주된 수단이다

유럽의 정책은 주로 다음 세 가지의 방법으로 불균등을 초래하고 있

1) 이 글은 애덤 스미스, *The Wealth of Nation*, 제1편 제10장 제2절, 김석환 · 김일곤 역, 《국부론》(대양서적, 1972), pp. 172~182에서 발췌하였다.

다. 첫째로 몇 가지 직업에 대해 경쟁을 제한하여 그렇지 않은 경우에 그 직업에 종사하기를 원하는 사람들의 수를 훨씬 적게 하는 것, 둘째로 다른 직업에서 자연히 이뤄진다고 생각하는 것 이상으로 경쟁을 증대시키는 것, 셋째로 어느 직업에서 다른 직업으로 또 어느 지방에서 다른 지방에 옮겨가는 노동이나 자본의 자유로운 이동을 방해하는 것 등이다.

일단 마을에 들어선 교역회사에 대해 배타적 권리를 부여하여 다른 회사가 자유롭게 교역할 수 없도록 이들의 경쟁을 제한하였다. 마을에 도제로 일하기 위해서는 자격 있는 장인의 지도를 받아야만 자유롭게 직업에 종사할 수 있었다. 기업을 규제하는 법령은 때론 장인이 받아들일 수 있는 도제의 수까지 제한하였고 또한 도제로 종사하는 기간까지 제한하였다. 이렇게 제한하는 까닭은 그렇지 않으면 진입할 수 있는 교역자의 수보다 적은 수로 경쟁을 제한하려는 데에 있다. 도제의 수에 대한 제한은 바로 직접적으로 이를 제한하는 것이다. 도제기간에 제한을 두는 것은 간접적으로 이를 제한하는 것인데, 교육의 비용을 늘리는 효과를 낳는다.

셰필드(Sheffield)의 칼 장인은 법령에 의해 한번에 한 사람 이상의 도제를 둘 수가 없었다. 노포크(Norfolk)와 노리치(Norwich)에서는 직조 장인이 2명의 제도밖에 둘 수 없었다. 이를 위반하면 왕에게 한 달에 5파운드의 벌금을 물어야만 하였다. 영국과 영국의 식민지 어느 곳일지라도 2명 이상의 도제를 둘 수 없었다. 이를 위반하면 한 달에 5파운드의 벌금을 물게 되는데, 절반은 왕에게, 절반은 고소한 사람에게 물어야만 하였다.

2) 7년이 보통의 견습수업 기간이었다

옛날에는 유럽 전반에 걸쳐 동업자조합이 결성된 여러 직업의 대부분에서 견습수업 기간으로 설정된 연한은 보통 7년이었던 것 같다. 그러한 동업자조합은 옛날에 모두 유니버시티(*University*)라 불렸다. 사실 유니버시티라는 말은 어떤 조합이든 조합을 뜻하는 고유의 라틴어 명칭이다. 대장간직의 유니버시티, 재봉직의 유니버시티 등의 표현은 옛 도시의 낡은 특허장 등에서 자주 볼 수 있다. 오늘날 특별히 유니버시티라고 부르는 특수한 단체가 최초로 설립되었을 때에는 '마스터·오브·아트'라는 칭호를 얻기 위해 필요했던 연한은 분명히 그보다도 훨씬 이전에 동업조합이 존재하고 있었던 보통직업의 견습기간을 모방한 것이라고 생각된다.

보통의 직업에서도 어떤 사람이 일정한 자격을 가진 장인 밑에서 7년간 일한다는 것은, 그가 주인이 되어 자기의 제자를 갖는 자격을 얻는 데 필요로 하는 것처럼 일정한 자격을 갖춘 선생(마스터) 밑에서 7년간 수업받는 것을 말한다. 리버럴 아트(예술을 포함한 기초적인 여러 사회과학 학문의 총칭)의 경우에도 선생(*master*), 교사(*teacher*) 또는 박사(*doctor*) (이 세 용어는 옛날에는 동의어였다)가 되는 것은, 자기 밑에서 배우는 학생(*scholar*) 또는 도제(*apprentice*) (이 두 말도 본래는 동의어였다)를 거느릴 자격을 얻기 위해서는 필요한 것이었다.

3) 견습공 수업이란 나쁜 솜씨를 막지도 못하거니와 청년들을 근면케 하지도 않는다

장기간의 견습공 수업이라는 제도는 완전치 못한 제품이 종종 시중에 판매되는 것을 막는 데 아무런 보장이 되지 못한다. 그런 불완전한 제품이 시중에 판매되는 것은 일반적으로 사기에 의한 것이며, 기술공의 무능력의 결과가 아니다. 또 견습공 수업기간을 아무리 길게 해도 사기를 막을 수 있는 아무런 보장이 될 수가 없다. 이런 폐단을 방지하는 데는 이 규칙과는 전연 별개의 규정이 필요하다. 금은제품의 순분도(純分度)를 증명키 위해 찍은 각인(刻印), 아마포나 모직물에 찍은 검인(檢印)은 어떠한 견습공 조례보다도 구입하는 사람에게는 훨씬 확실한 보증이 된다. 구입하는 사람은 보통 그 각인이나 검인에 관심이 있는 것이지, 그것을 만든 기술공이 7년간 견습공 수업을 받았느냐 아니냐 하는 점을 따질 가치가 있다고는 결코 생각되지 않는다.

장기간의 견습공 수업이라는 제도가 청년으로 하여금 근면하게 만드는 경향은 없다. 성과에 따라서 노임을 받는 기술공은 부지런히 하면 벌이가 커지기 때문에 아무래도 부지런하게 된다. 견습공의 경우에는 부지런해도 직접 아무런 벌이가 되지 않으니 자연 태만해지기 쉽고 또 대체로 태만하다.

장기간을 요하는 도제제도는 전혀 불필요하다. 시계제조와 같이 일반상거래보다 우월한 기술이 그처럼 장기간 지도받아야 할 정도로 장인적 기교를 요구하는 것은 아니다. 그러한 아름다운 기계나 이를 만드는 데 필요로 하는 도구들은 최초로 오랜 생각 끝에 발명되었고 인간의 독창성이 낳은 행복한 노력으로 간주될 수 있다. 이 두 가지가 발명되어 이해되고 난 이후부터서는 젊은 사람들에게 어떻게 도구를 사용하고 기계를 조립하는 방법을 완전히 설명하는 데에 몇 주 정도밖에 걸리지 않았다. 심지어 며칠이면 족하였다. 일반상거래에서 손재주는 실무와 경험 없이는 얻어질 수가 없다. 젊은 사람이 처음부터 동업자로서 일하면서 보수는 그가 일한 만큼 받고 또한 잘못으로 자재를 훼손할 경우 배상한다면 근면하고 관심을 갖고 실무를 쌓을 것이다. 그에 대한 교육은 이러한 방법으로 보다 효과가 있을 것이고 지루하지도 비싸지도 않을 것이다. 사실 장인이 손해를 본다. 그는 7년 동안 저축할 수 있는 도제의 임금을 잃어버린 것이다. 결국에는 도제도 손실을 본다. 쉽게 배울 수 있는 상거래에는 더 많은 경쟁자와 부닥치고, 그의 임금은 완전한 작업자가 되었을 때엔 현재보다 더 적어질 수 있다. 똑같이 경쟁이 증대하면 작업자의 임금은 물론 장인의 이윤도 줄어들게 할 것이다. 거래자, 기능공, 장인 모두가 손해를 볼 것이다. 그러나 이렇게 하여 배출된 기능공의 작업은 시장에서 보다 값싸게 공급될 것이기 때문에 공공은 이득을 본다.

2. 동업조합이 생겨난 이유

모든 동업조합과 동업조합법의 대부분이 만들어진 까닭은 자유경쟁을 제한하여 가격과 이윤 및 임금이 하락하는 것을 막기 위해서이다. 과거 유럽 대부분의 지역에서 동업조합을 설립하려면 동업조합이 설립되는 마을 이외에 당국의 허락을 필요로 하지 않았다. 영국에서는 왕의 특허장을 필요로 하였다. 그러나 이러한 왕의 특권은 독점에 대항하여 평상의 자유를 방어하기 위해서라기보다 신하로부터 돈을 거둬들이기 위해서였다. 왕에게 면허료를 지급하기만 하면 쉽사리 특허장을 받을 수 있었다. 특허장 없이 동업조합으로 행동해도 정당하다고 생각한 어떤 특정의 수공업자나 상인이 그 이유로 특허를 박탈당하는 것은 아니고 단지 매번 왕에게 수수료를 지급하기만 하면 계속 거래할 수 있는 특권을 행사할 수 있었다. 모든 동업조합에 대한 조사권한이나 정부를 위해 시행하는 것이 정당하다고 여겨지는 법령제정의 권한은 마을에 속해 있었다. 그들에게 취해지는 징계조치는 왕으로부터가 아니고 회원을 구성하는 상급단체(동업조합)에 의해 취해졌다.

동업조합이 위치한 지방정부(마을)는 상인과 수공업자의 손아귀에 놓여 있었다. 그들과 같은 특정 계급들은 시장이 포화상태가 되지 않도록 하는 것이 자신들에게 이익이 된다는 사실을 통상 표현하였고,

실제로 특정 산업의 종이 과밀해지지 않도록 유의하였다. 각 계층들은 그렇게 하도록 허용되어 있는 한 자신들의 의도에 기여할 수 있도록 규제를 설정하는 데 열심이었고 다른 계층도 동일하게 행동하는 데 동의하였다. 그러한 규제의 결과, 각 계층들은 마을 내에 있는 다른 계층들로부터 재화를, 그렇지 않다면 구입할 수 있는 가격보다 더 비싸게 억지로 구입할 수밖에 없었다. 그에 대한 보답으로 자신도 재화를 비싸게 팔 수 있었다. 거래의 범위가 폭넓어지는 한 마을 내의 서로 다른 계층들끼리의 거래자들은 규제로 손해를 보지는 않았다. 그러나 이들은 시골과 거래하면서 커다란 이득을 보았는데, 각 마을을 지탱시키고 풍요롭게 만든 모든 거래는 이러한 방식의 거래로 이뤄졌다.

3. 도시산업의 우월

유럽 곳곳에서 시골에 비해 도시의 산업이 갖는 우위는 동업조합이나 동업조합법 때문만은 아니다. 다른 규제를 통해 지원받고 있었다. 외국 제조품이나 외국상인이 수입하는 모든 재화에 대한 고율의 관세도 똑같은 목적을 낳는 경향이 있다. 동업조합법은 마을의 거주자가, 시골사람이 자유경쟁으로 낮은 가격으로 판매할 것을 걱정하지 않고도 가격을 인상시킬 수 있도록 허용하였다. 다른 동일한 규제는 외국인들과의 자유경쟁으로부터 이들을 보호해주었다. 양측이 인상시킨 가격은 궁극적으로 그러한 독점의 형성을 반대하지 않았던 시골의 지주, 농부, 노동자들이 지불한다. 시골주민들은 (독점들과) 어울리려는 생각도, 또한 적응하려는 노력도 보이지 않았다. 도시의 상인과 제조업자들은 사회의 한 부분을 구성하는 자신들의 개인적 이익이 전체의 이익에 공헌한다고 떠들면서 이들을 설득하였다.

▪ 사례 이야기

1. 국왕과 정부의 대신이 최대의 낭비자이다

잉글랜드가 절약을 존중하는 정부의 혜택을 입은 일이 결코 없었던 것과 마찬가지로 절약이 이 나라의 주민을 특징짓는 미덕이었던 일도 한 번도 없었다. 그러므로 사치금지법이나 또는 외국산 사치품의 수입금지 그 어느 쪽에 의해서 민간 개인의 경제를 감시하고 또 그들의 경비를 제한하려 하는 등의 주장을 하는 것은 국왕이나 대신이라 할지라도 당찮은 결례이며 월권인 것이다.

국왕이나 대신이야말로 언제나 예외 없이 사회에서 최대의 낭비자인 것이다. 그들은 자기들의 지출을 충분히 주의하는 것이 좋다. 그러면 안심하고 사적 개인소비는 개인에게 맡길 수가 있다. 그들 자신의 낭비가 국가를 파멸시키지 않는다면 그들의 신민(臣民)의 낭비가 국가를 파멸시키는 일 같은 것은 결코 없을 것이다(김석환·김일곤, 1972a).

2. 군산복합체를 혐오한 군인출신의 아이젠하워 미국 대통령

아이젠하워 대통령은 20세기 미국에서 가장 성공적인 대통령이다. 그의 재임기간 동안(1953~1961)은 미국과 세계가 가장 큰 번영을 누린 시기다. 재임시 냉전으로 조성된 긴장된 분위기 속에서 호전적인 상원의원과 과격한 장성, 그리고 탐욕스런 무기공급업자들로 이뤄진 세력(그가 발한 군산복합체)이 정부를 장악하는 상황이었다. 그는 미국에서 과도한 방위비 지출과 방만한 복지기구의 운영이 함께 이뤄지는 것을 가장 우려하였다.

재앙이나 다름없는 이런 결합은 1960년대 말 현실로 나타났다. 그는 고위 장성들에게 이렇게 말했다. 국가방위에 필요한 지출을 하지 않아서 전쟁에서 패할 수 있을 만큼 과도한 군사비 때문에 미국이 붕괴할 수 있다는 것도 명백한 사실이다. 그가 대통령으로 재임하는 동안 여러 가지 압력에도 불구하고 GNP에서 차지하는 연방정부의 지출비율이 감당할 수 있는 수준을 넘지 않았다. 이것은 왜 아이젠하워 시대가 현대에서 가장 큰 번영을 이룬 시기였는지를 설명해준다(조윤정, 2008).

3. 영리사업에 뛰어든 과도기 중국의 군대

후진타오가 군사위 부주석에 오르자 군대가 수행하는 군대기업을 개혁하는 작업에 착수하였다. 군대기업은 1970년대 말 덩샤오핑이 개혁개방정책을 펼치기 시작하면서 생겨났다. 그때 군대의 예산감축을 실시하면서 예산감축의 역반응으로 생기는 군대의 불만을 해소하는 방법으로 인민해방군도 시장에 뛰어들어 경제개혁의 성과를 함께 향유할 수 있도록 하는 조건을 제시했다.

군대의 기업참여에는 유리한 조건이 많았다. 땅, 자원, 설비, 기술, 인재. 상업에 필요한 것은 다 있었다. 없는 건 감독뿐이었다. 관리, 세무, 세관 등 어느 행정관리부서도 감히 총을 쥔 군대의 내부에 간섭하고 나설 수 없었다. 해방군의 가장 큰 기업인 바오리〔保利〕그룹은 덩샤오핑의 가족이 운영하였다. 군수물품의 생산과 경영뿐만 아니라 부동산과 같은 폭리산업에도 손을 댔고, 국외에까지 그 장사의 범위를 넓혔다.

미국의 〈뉴스위크〉지는 중국 군대가 운영하는 기업체수가 1만 5천 개가 넘었다고 발표하였다. 해방군의 경제참여는 군대의 부패, 전투력의 손상 등 문제가 많았다. 그래서 1994년 장쩌민은 부대의 상업종사를 금지시켰다. 그러나 군의 상행위가 근절되지 않았다. 후진타오가 군사위 부주석에 오르면서 군대기업을 지방정부가 인수하는 방식으로 문제를 해결하였다(임국웅, 2004).

4. 경제활동은 관청의 강제적 다스림이 있어서가 아니다

《사기》"화식열전"(貨殖列傳)에 나오는 글이다. 대저 산서(山西)지역은 목재·대나무·닥나무·삼나무·소(旄)·옻·누에고치·실·가희와 미녀가 많으며, 강남지역은 녹나무·가래나무·생강·향나무〔木犀〕·금·주석·아연·단사·무소〔犀〕·바다거북·진주·짐승의 치아〔象牙〕와 가죽〔豹皮〕이 나고, 용문(지명)과 갈석(지명) 이북에는 말·소·양·모직물과 가죽옷·짐승의 힘줄과 뿔이 많으며, 동·철은 천리마다 곳곳에 많아서 마치 산에서 나는 것이 바둑돌을 두어놓은 듯이 산재하니 이것이 그 대략이다. 이러한 산물들은 중앙의 모든 사람들이 매우 좋아하는 것으로서 풍속상 피복·음식과 생활·상장(喪葬)의 용품이다. 따라서 농부가 그것을 먹이기를 기다리고, 광부〔虞人〕가 채광하기를 기다리며, 수공인〔工人〕이 그것을 완성하기를 기다리고, 상인이 그것을 유통하기를 기다리기만 하면 된다. 이것은 어찌 관청〔官府〕의 강제적 다스림과 가르침〔政教〕, 거둬들임〔徵發〕, 기한〔期會〕이 있어서이겠는가? 단지 사람들이 각각 그 능력에 따라 그 힘을 다함으로써 원하는 바를 얻은 것이다. 따라서 물건 값이 싸지면 사람들의 자발적 경제활동을 통해 결국 다시 값이 오르게 되고, 물건 값이 비싸지면 사람들의 자발적 경제활동을 통해 결국 다시 값이 내리게 되니, 각각 그 본업에 힘쓰고 그 일을 즐김은 마치 물이 아래로 흘러가는 것이 밤낮으로 쉴 새 없음과 같으니, 치자(治者)가 부르지 않아도 백성이 스스로 오고, 억지로 구하지 않아도 백성이 그 재화를 생산하는 것이다. 이는 어찌 도(道)에 부합되어 저절로 그렇게 되는 징험〔自然之驗〕이 아니겠는가(박기수 외, 2005)?

5. 국가의 경제개입을 만류한 한나라 주휘

주휘(朱暉)는 한나라 장제(章帝) 때 상서복야의 직위를 맡고 있었다. 당시는 곡물가격이 폭등하여 국가재정이 어려워져서 일상의 지출마저도 감당하기 어려운 형편이었다. 이로 인해 조정에서 골머리를 앓고 있을 때 상서(尙書)인 장림이 나서서 말했다.

"양곡이 비싸진 것은 화폐가치가 떨어졌기 때문입니다. 따라서 돈을 풀지 말고 묶어두고 대신 직물로 세금을 거둬들여 이를 시장에 유통시키면 양곡가격이 떨어질 것입니다. 또한 소금은 일상생활에 절대로 없어서는 안될 필수품인 만큼 가격이 아무리 높아도 사람들은 사서 쓸 수밖에 없습니다. 소금을 국가가 전매한다면 수입이 크게 늘어날 것입니다. 아울러 무제(武帝) 시기의 균수법(均輸法)을 모방하여 교지(校趾)와 익주(益州)를 오가면서 싼 물건은 사들이고 비싼 물건은 팔아 이윤을 취해야 합니다."

장제는 이 조치를 서둘러 실행에 옮기라는 조서를 내리기로 마음먹고 있는데, 주휘가 소식을 듣고 달려와 장제에게 말했다.

"예로부터 천자는 물자가 있고 없음을 따지지 않았고, 제후는 물자가 많고 적음을 따지지 않았으며, 나라의 봉록을 받는 사람을 이용하여 백성들과 이득을 다투지 않았습니다. 균수법이라는 것은 장사꾼들이 물건을 파는 것과는 엄연히 다른 것입니다. 국가가 소금을 전매한다면 백성들의 원성을 사게 될 것이고, 세금을 직물로 거둬들인다면 관리들이 잔악한 도적으로 변할 것입니다. 이는 영명한 군주가 취할 바가 못 되는 조치들이지요."

장제가 주휘를 꾸짖었으나 주휘가 스스로 감옥으로 들어가 고집을 부리고, 감옥을 나온 뒤에도 병을 핑계로 업무를 외면하므로 장제도 그의 뜻에 따르는 수밖에 없었다. 결국 주휘는 국가의 경제개입을 막았다(김태성, 2008b).

6. 강한 정부의 역설

1970년대 오일쇼크가 일어났을 때 석유 수입국들의 대응방식은 두 가지로 갈렸다. 대부분의 선진국들은 즉각 석유류 가격의 인상을 허용한 반면, 많은 개발도상국은 국내 기름값의 통제에 나섰다. 전자는 석유위기에 따른 조정을 시장기능에 맡겼고, 후자는 시장을 믿지 못하고 정부가 시장에 직접 뛰어든 것이다.

과연 어느 쪽이 더 '강한 정부'일까. 외견상 유가상승을 방치한 나라의 정부는 시장에 대한 영향력이 약하고, 유가를 통제한 나라의 정부가 힘이 센 것처럼 보인다. 결과는 거꾸로 나타났다. 기름값이 시장원리에 따라 오른 나라에서는 소비자들이 스스로 에너지 절약에 나섰고, 에너지를 절감하거나 석유를 대체하는 기술개발이 자발적으로 일어났다. 유가급등의 충격을 막는다며 국내 기름값을 묶은 나라에서는 석유 소비가 줄지 않았으며 오히려 가수요와 사재기, 암거래가 성행했다. 그후 선진국들의 석유의존도는 크게 줄어든 반면, 개도국의 석유의존도는 여전히 높았다.

미국의 국제정치경제학자 존 아이켄베리는 이를 "강한 정부의 역설"(*irony of state strength*)이라고 했다. 강한 정부가 강력한 정책을 펼친 끝에 힘이 빠지고 국민으로부터 외면당하는 약한 정부로 전락하고 만다는 것이다(〈중앙일보〉 2007. 3. 13).

7. 토지국유화와 국가전매제도 도입으로 몰락한 왕망

서기 9년 왕망(王莽)은 선한(前漢)의 평제를 독살한 뒤 신나라의 황제에 오른 인물로 개혁적 세금제도를 시도했다. 그는 한나라가 농민들에게 부과하였던 과도한 세금을 들어주기 위해 토지를 국유화하여 공평하게 재배분하고자 하였다. 이는 지방호족의 대토지소유를 제한하고 자영농민의 빈민화를 막으려는 것이었다. 그는 주(周)나라의 정전법(井田法)을 모델로 하여 8호가 1호의 공전을 공동으로 경작하여 정부에 조세로 바치도록 했다. 또한 그는 가난한 농민들에게 싼 이자의 자금을 융자해 주는 제도를 두기도 했다. 대상인의 영향력을 제한하기 위한 상공업통제책도 시행했다.

그러나 의욕이 앞선 그의 정책들은 지방호족들의 강력한 반대에 부딪혀 3년 뒤에는 포기하고 말았다. 그 결과 개인의 토지소유를 다시 한번 공식적으로 인정한 꼴이 되었다. 상인들의 영향력을 축소시키기 위한 국가전매제도의 강화도 대상인의 반발로 실패하고 말았다. 왕망은 정책실패와 기근으로 건국한 지 15년 만에 멸망하고 후한(後漢)이 그 뒤를 이었다(전태영, 2005).

제12장

자유사회에서 정부의 역할

밀턴 프리드먼[1)]

정부의 책임성을 생각 없이 용인한 결과, 그러한 책임성이 더 절실한 것처럼 이해되는 근거를 제공한다. 왜냐하면 자유사회에서 정부의 활동영역이, 그러한 활동이 필요하지 않은 사람들을 대상으로 하는 적절한 활동으로부터, 가령 통화제도를 설정하는 것에서부터 개인들 사이의 자원배분을 결정하는 활동에 이르기까지 확산될 것이기 때문이다.

▪ 요 약

한 나라 내에서 법적 영역은 게임의 규칙이고 개인들의 일상적 활동은 게임규칙에 따라 선수들이 벌이는 활동이다. 자유사회에서 정부의 역할은 규칙을 따르도록 하는 심판관이다. 불안을 느낀 사람들은 정부의 책임성을 강조하다보니 정부의 활동영역이 심판관의 역할에서 벗어나 개인들 사이의 자원배분을 결정해주는 경기선수로 나서기에 이르렀다.

자연독점은 개인독점, 공공독점, 공공규제의 세 가지 방법에 의해 해결될 수 있다. 이 세 가지 중에서 개인독점(*private monopoly*)의 해악이 가장 덜하다. 우편이나 운송과 같은 공공독점은 경쟁자들의 행위를 위법으로 만들어 경쟁하지 못하도록 하여 독점을 유지하는 것이므로 정당화

1) 밀턴 프리드먼은 1946년 컬럼비아대학(Columbia University)에서 박사학위를 취득한 이후 1976년까지 시카고대학에서 강의하였으며, 1976년에 노벨경제학상을 수상하였다. 이 글은 "The Role of Government in a Free Society," *Capitalism and Freedom*(1962), 심준보 옮김, 《자본주의와 자유》(청어람미디어, 2007)에서 발췌하였다.

될 수 없다. 정부는 분명히 제한된 기능을 가지고 있는데, 그렇게 되려면 현재 구미 각국의 연방과 주는 자신이 담당하는 수많은 활동을 그만 두어야만 한다.

1. 원칙설정자이며 중재자인 정부

한 나라 내의 일반적 관습, 법적 영역으로부터 국민들의 일상적 활동을 분리하는 것은 중요하다. 일상적 활동은 한 게임에서 선수들의 활동과 같은 것이고, 법적 영역은 게임에서 규칙과 같은 것이다. 좋은 게임은 선수들이 경기규칙과 이를 집행하는 심판원 양자의 수용을 요구하듯이, 좋은 사회가 되려면 구성원들이 자신들 사이의 관계를 지배하는 일반적 조건을 동의하고, 이러한 조건을 달리 해석하는 경우에 중재하는 수단에 동의하며, 일반적으로 수용된 규칙을 준수하게 하는 장치에 동의할 것을 요구한다. 게임에서나 사회에서나 모두 마찬가지로, 대부분의 일반적 조건은 생각하지도 않고 수용한 의도하지 않은 습관의 결과이다. 고작 우리는 국민이나 선수들의 최소한의 변화만을 생각했을 뿐, 연속적으로 누적된 최소한의 변화가 게임이나 사회의 특징에 미칠 거대한 변화를 간과하고 있다. 또한 게임에서나 사회에서나 참가자들이 대부분의 경우 외부의 강제 없이 준수하는 규칙이 없다면, 환언하여 광범위한 사회적 공감대가 없으면 어떤 규칙도 존재하지 않을 것이다. 그러나 규칙을 이해하고 시행하기 위해 관습이나 공감대만에 의지할 수는 없다. 즉, 심판을 필요로 한다. 자유사회에서 정부의 기본적 역할은 규칙을 수행할 수 있는 방법을 부여하고, 규칙의 취지에서 오는 서로간의 마찰을 중재하며, 게임을 즐기지 않는 사람들도 규칙을 따르도록 시행한다.

이런 측면에서 완전한 자유가 불가능하기 때문에 정부를 필요로 한다. 그러나 하나의 철학으로서 무정부가 매력적일지 모르지만 불완전한 인간들이 사는 세계에서는 실현 불가능하다. 인간의 자유는 서로 상충될 수 있고, 최고법정이 언젠가 말한 "나의 주먹을 움직일 수 있는 자유는 상대방의 턱 바로 앞에까지 제한되어야만 한다"는 것과 같이, 실제 사람들 사이의 자유가 충돌한다면 타인의 자유를 보호하기 위해 자유는 제한되어야만 한다.

경제영역 내에서 대다수 문제는 경쟁하기 위한 자유와 결합하기 위한 자유 사이의 논쟁관계에서 야기된다. '기업'의 다른 표현이기도 한 '자유'의 속성은 무엇을 의미하는가? 미국에서 말하는 '자유'라는 것은 누구나가 기업을 자유롭게 설립하는 데 자유롭다는 의미로 이해되었다. 이는 이미 설립되어 있는 기업은 동일한 가격으로 더 나은 제품을 판매하거나 동일한 상품을 저가격으로 판매하는 것을 제외하고서는 경쟁자가 진출하지 못하도록 막을 자유는 없다는 의미다. 다른 한편으로 유럽의 관습에서 말하는 자유란 기업은 자신이 원하는 것을 자유롭게 할 수 있다는 의미인데, 가격의 고정, 시장분할, 잠재적 경쟁자를 막기 위한 다른 기술의 채택 등을 자유롭게 할 수 있다는 의미다.

정부의 책임성을 생각 없이 용인한 결과, 그러한 책임성이 더 절실한 것처럼 이해되는 근거를 제공한다. 왜냐하면 자유사회에서 정부의 활동영역이, 그러한 활동이 필요하지 않은 사람들을 대상으로 하는 적절한 활동으로부터, 가령 통화제도를 설정하는 것에서부터 개인들 사이의 자원배분을 결정하는 활동에 이르기까지 확산될 것이기 때문이다. 환언하여 사람들이 불안을 느껴 정부의 개입(규제)을 더 바랄 것이다.

2. 정부를 통한 기술적 독점의 해결

지금까지 고려한 정부의 역할은 시장이 스스로 할 수 없는 무언가, 즉 게임의 규칙을 결정하고 중재하며 강제하는 데 있다. 동시에 우리는 시장을 통해 이뤄질 수 있는 일들이 마찬가지로 정부를 통해서도 무언가가 이뤄지기를 바란다. 그러나 기술적 및 이와 유사한 조건으로 말미암아 바라는 대로 일이 진행되기가 어렵다. 엄밀히 자발적 거래는 몹시 비싸거나 거의 현실적으로 불가능한 상황으로까지 도달한다. 그와 같은 경우는 독점과 이와 유사한 불완전 시장, 그리고 간접효과의 두 종류이다.

거래는 사실 거의 동등한 대체물들이 존재할 때 자발적이다. 독점은 대체재가 없다는 것을 뜻하며 거래의 효율적 자유를 금한다. 실제로 독점은 개인들 사이의 공모의 동의나 정부의 지원으로부터 발생한다. 이와 관련하여 남은 문제는 독점을 정부가 적극적으로 육성하는 일을 피하든지, 독점금지법에 규정된 규칙을 시행할 수 있도록 자극하든지 이다. 그러나 독점은 또한 개별 생산자나 기업가를 갖는 것이 기술적으로 효율적이기 때문에 발생한다. 나는 생각했던 것보다 제한되어 있는 숫자라고 과감히 제안할 수 있지만 독점은 확실히 발생하고 있다. 간단한 예로 지역사회 내의 전화서비스의 공급에서이다. 나는 그와 같은 경우를 '기술적' 독점이라 말한다.

기술적 조건으로 말미암아 경쟁시장의 자연적 결과로 한 개의 독점을 만들 때 선택가능한 세 가지 유형, 즉 개인독점, 공공독점, 공공규제가 있다. 세 가지 모두 좋지 않다. 그래서 우리는 해악 중에서 선택해야만 한다. 미국에서 독점에 대한 공공규제를 조사한 사이먼(Henry Simon)은 공공독점(*public monopoly*)이 해악을 덜 낳는다는 불만족스러운 결과를 발견했다. 독일 자유주의자인 오이켄은 독일 철도에 관한 독점에서 공공규제(*public regulation*)가 해악을 덜 낳는다는 불만족스러운 결과를 발견했다. 마지못해 둘로부터 얻을 수 있는 결론은 그래도 괜찮다면 개인독점(*private monopoly*)의 해악이 가장 덜하다는 점이다.

이에 대해서는 미국의 철도가 좋은 예이다. 19세기에 기술적 이유로 철도부문에서 독점은 불가피하였다. 이것이 바로 ICC(국내통상위원회)를 만든 이유이다. 그러나 상황이 변했다. 도로와 항공운송으로의 대체로 철도의 독점적 요소는 무시할 만큼 줄어들었다. 그렇다고 바로 국내통상위원회를 해체하지는 않았다. 반대로 철도의 착취로부터 공익을 보호하기 위해 설립되었던 국내통상위원회가 트럭과 다른 운송수단에 의한 경쟁으로부터 철도를 보호하기 위한 기관으로 전락하였다. 심지어 최근에는 신규 참가자에 의한 경쟁으로부터 기존 트럭회사를 보호하고 있다. 유사하게 영국에서 철도가 국유화되었을 때 트럭운송업이 먼저 주정부의 독점기업이 되었다. 만약 철도가 미국에서 규제받지 않았다면 철도를 포함한 지금의 모든 운송수단들이 독점적 요소를 거의 갖추지 않은 채 대단히 경쟁적인 산업이 되었을 것이다.

기술적 독점은 사실상 공공독점을 정당화하기 위한 수단이 된다. 공공독점은 경쟁자들의 행위를 위법으로 만들어서 경쟁하지 못하도록 하여 독점을 유지하는 것이므로 정당화될 수 없다. 예를 들면, 지금 우체국의 공공독점을 정당화시킬 수는 없다. 우편운송은 기술적 독점이어서 정부독점이야말로 최소한의 해악을 낳는다고 주장할 수 있을 것이다. 이 경우에서 아마도 국영우체국을 정당화할 수는 있으나 우편을 운송하는 그 밖의 기관의 행위를 불법으로 규정하는 법령을 정당화시킬 수는 없다. 만약 우편배달이 기술적 독점이라면 정부와 경쟁하여 성공할 사람은 아무도 없을 것이다. 그렇지 않다면 정부가 우편배달에까지 종사할 이유는 없다. 이것을 발견하는 단 한 가지 방법은 사람들로 하여금 경쟁시장에 진입할 수 있도록 규제하지 않고 내버려 두는 것이다.

왜 정부가 우편서비스에 독점권을 가져야 되는지에 대한 역사적 근거를 더듬어보자. 포니 익스프레스(Pony Express)가 대륙을 가로질러 우편을 성공적으로 배달하고 있었는데, 정부가 대륙횡단 서비스를 제공하면서 사실상 정부가 효과적으로 경쟁하지 못하고 돈을 잃었다. 그 결과 정부 이외의 기관이 우편배달서비스를 제공하는 것을 불법으로 하는 법이 만들어졌다. 이러한 이유에서 아담스 익스프레스(Adams Express)사가 우편배달을 담당하는 경영회사 대신 오늘날 투자신탁회사가 되었다. 나는 만약 우편배달사업에 대한 진입이 모두에게 개방되어 있다면 많은 수의 회사가 들어올 것이고, 이러한 낡은 산업은 단기간에 대변혁을 일으키게 될 것이라고 추측한다. …

3. 결 론

정부라는 것은 법과 명령을 유지하고 재산권을 명시하며, 경제게임의 다른 규칙과 재산권을 수정하는 수단을 제공하고, 그 규칙의 해석에 관한 논쟁을 판결하며, 계약을 강제하고 경쟁을 촉진하며, 통화기구를 제공하고, 기술적 독점에 대응하여 활동하며, 정부간섭을 정당화하기 위한 매우 중요한 간접효과를 극복하기 위해 활동하고, 가족 내에 무책임한 부모나 자식을 보완하기 위한 관용을 베푸는 따위로 수행하여야 할 분명하고도 중요한 기능을 가지고 있다. 기존의 자유주의자는 무정부주의자는 아니다.

그러나 그와 같은 정부는 분명히 제한된 기능을 가지고 있는 것도 사실이다. 현재 미국과 다른 서구 나라에서 연방과 주에서 담당하는 수많은 활동을 그만두어야만 하는 것도 사실이다.

▪ 사례 이야기

1. 미국 금주법의 여파

미국에서 1920년대 시행된 금주법의 여파로 주류산업 종사자들이 직장을 잃게 되었고, 주류 원료인 각종 곡류의 수요가 격감하여 농산물 가격이 폭락하고 말았다. 경기가 침체하자 농부들은 재산가치와 소득이 급속히 감소하는 고통을 겪었다. 대출을 받아 생산한 제품이 팔리지 않게 되자 기업들이 차례로 부도가 나고, 대출을 회수하지 못한 금융기관이 연이어서 문을 닫았다. 마침내 주식시장이 붕괴되고 대공황이 발발하자 1929년 세금위기가 닥쳤다.

대공황이 휩쓸고 지나간 3년 동안 토지가격은 폭락했고, 신규주택 건축시장도 붕괴됐다. 어떤 지역에서는 95%의 신규건축물량이 사라졌다. 대공황 초기에 미국의 실업률은 25%로 상승했고 사람들의 실질소득은 33%나 감소했다(전태영, 2005).

2. 당나라 유안의 친시장정책

당나라 때 유안(劉晏)이 전운사〔당태종이 절도사체제를 해체하고 전국을 15로(路)로 나누어, 각 로마다 전운사(轉運使)를 두어 민정과 재정을 담당케 하였다〕로 있을 때는 번진들의 할거로 내란이 그치지 않던 시기였다. 그때 나라의 모든 군사비용은 유안이 다 마련해야 했는데, 그는 정력이 왕성하고 영활한 데다가 기지 또한 남달라서 나라의 재정사무를 아주 잘 처리했다.

그는 뜀을 잘 뛰는 사람을 고용하여 각지의 물가를 조사하고 그 정보를 알리게 했는데, 각 지방의 정보들이 불과 며칠이 안 되어 유안에게 보고되곤 했다. 그래서 그는 나라 각지의 물가가 어떤지 모두 알고 있었다. 그는 각 지방의 물가차이를 이용하여 싼값으로 사들이고 비싼 값으로 팔아 나라의 재정수입을 적잖게 올렸을 뿐만 아니라 또 원근 각지의 물가들을 무리 없이 통제하기도 했다.

유안은 정부에서 소금을 전매하는 제도를 없애버렸다. 관리들은 대개가 백성들을 착취하는 경향이 있으므로, 소금이 나는 고장에서 소금을 관리하는 염관을 없애고, 백성들이 만든 소금을 직접 상인들에게 팔아 상인들이 소금을 가지고 각지로 다니며 마음대로 팔게 했다. 다른 주와 현에도 염관을 세우지 않았다.

강령이라는 고장은 소금이 나는 곳과 멀리 떨어져 있는 고장이었다. 유안은 관가의 소금을 거기로 운반하여 저장해 두었다. 그러다가 상인들이 소금을 팔지 않아 소금 값이 올라갈 때면 유안은 관가의 소금을 풀어 싼값으로 팔곤 했다. 그런 소금을 상평염(常平鹽)이라고 했는데, 이 방법은 나라도 이익을 보고 백성들의 어려움도 해결해 주는 좋은 방법이었다(이원길, 2004).

3. 송나라 조청헌 공의 친시장정책

중국 송나라 신종(神宗) 때 조청헌 공이 월주(越州) 지사로 부임했는데, 그 부근지역은 심한 가뭄과 메뚜기 떼의 피해를 받아 심한 흉년이 들었다. 그에 따라 쌀값은 폭등하고 굶어죽는 백성이 부지기수였다. 각 고을의 지사들은 '쌀값을 몰래 올리는 자를 고발하면 상을 내린다'는 방을 써 붙여 쌀값을 낮추기 위해 무진 애를 썼다. 그러나 조청헌 공은 오히려 '쌀을 가진 사람은 쌀값을 더 올려서 팔라'고 방을 써 붙였다. 그러자 월주에서는 쌀 거래가 매우 활발해졌고 쌀값도 떨어졌다. 물건이 흔하면 값이 떨어지고 물건이 귀하면 값이 오르는 것이 경제법칙이다. 조청헌 공은 값을 낮추려 하지 않고 물건이 많아지게 조치하는 지혜로운 관료였다(이원길, 2004).

4. 흑사병 이후 영국의 반시장정책

1347~1351년 동안에 유럽에서 발생한 흑사병으로 인구의 1/3이 희생당했다. 많은 사람들이 죽자 곡식을 거둬들일 일손이 부족하여 농촌에선 임금이 크게 상승하였다. 잉글랜드 왕이 포고문을 내려 전국 어디에서나 곡식 거두기를 비롯한 모든 삯꾼들이 보통 때 받던 삯보다 더 많이 받아서는 안 되고, 이를 어기면 법령에 따른 벌을 내릴 것이라고 포고했다. 그러나 일꾼들은 콧대가 높아지고 고집이 세져서 국왕의 명령도 아랑곳하지 않았기 때문에 그들을 쓰려는 사람은 그들이 요구하는 대로 주어야 했다. 일꾼들의 탐욕스러운 요구에 응하거나 아니면 그해 농사를 버려야 하는 형편이었다.

지주들이 자기 명령을 지키지 않고 일꾼들에게 기준보다 많은 임금을 주었다는 사실을 나중에 알게 된 왕은 수도원의 원장과 부원장들, 높고 낮은 신분의 기사들, 그리고 크고 작은 지주들에게 무거운 벌금을 매겨, 100실링이건 40실링이건 20실링이건 각자 납부할 수 있는 능력대로 징수했다. 그리고 나중에 왕은 많은 일꾼들을 체포해서 감옥으로 보냈다(김기협, 2005).

5. 곡가가 높은 것도 낮은 것도 백성들에겐 피해다

《한서》《식화지》에 나오는 이야기다. 관청에서 매우 비싸게 곡식을 사들이면 곡가가 등귀하여 농민 이외의 곡식소비자인 백성이 피해를 입고, 매우 싸게 사들이면 곡가가 하락하여 곡식생산자인 농민이 피해를 입습니다. 곡식소비자가 피해를 입으면 달아나 흩어지고, 곡식생산자가 피해를 입으면 나라가 빈곤해질 것입니다. 그러니 곡식 값이 매우 등귀하는 것과 매우 하락하는 것은 결과적으로 백성의 생업을 해치는 데서는 매한가지입니다. 나라를 잘 다스리려는 자는 곡식소비자에게는 피해가 없도록 하고, 곡식생산자에게는 더욱 많이 생산할 수 있도록 근려(勤勵) 해주어야 합니다(박기수 외, 2005).

6. 공염(公鹽) 혁파를 주장한 조선의 실학자 박규수

환재(瓛齋) 박규수(朴珪壽, 1807~1876)가 헌종 14년(1848년)에 증광문과에 급제한 뒤, 철종 때인 1854년 경상좌도 암행어사로 민정을 시찰하고 나서, 관청 소유의 염전(鹽田)에서 오는 독점의 병폐를 지적하여 올린 수계(繡啓)이다.

"예전에는 민간의 개인 상인이 염전을 일구는 백성에게 이미 소금값을 지불하거나 대부해주었다. 이것은 염전을 일구는 백성의 급박한 사정을 헤아린 것으로 서로에게 도움이 되는 일이었다. 그런데 지금은 그렇지 못하다. 왜 그런가? 개인 상인들이 관청의 염전에서 소금을 사면 관리들이 권세를 부려 상인들을 억류하고 물품을 몰수해 관청의 소속으로 만든 다음, 뇌물을 받고나서야 비로소 풀어준다. 이 때문에 개인 상인들의 어려움이 이만저만이 아니다. 백성이 사사로이 설치한 염전이 많이 있는데, 소금을 사고파는 권한은 어째서 공전(公田)에서만 갖게 한단 말인가? 이 때문에 상업활동이 막혀 끊어지고 재물과 화폐가 제대로 유통될 수 없게 되었다. 만약 공염과 사염(私鹽)을 똑같이 교역하게 한다면 관청과 백성에게 돌아가는 이익이 고르게 된다. 그러나 관리들이 권세와 이익의 계책을 부려 공염이 팔리기 전에는 어떠한 상인도 거래할 수 없게 한다. 이렇게 한다면 소금을 사고자 하는 사람은 많고 물량은 적기 때문에 가격이 오를 수밖에 없다. 관청에서는 원래가격보다 오른 가격에 소금을 팔아 이익을 챙긴다. 또한 가격이 떨어지면 소금상인에게 원래 가격대로 사게끔 압력을 가한다. 이러면 연안의 백성이 피해를 보게 된다. 소금가격이 오른 까닭은 공염 탓이다. 그런데 중개인의 물품거래마저 가로막으면 가격이 올라서 산골마을 백성은 더욱 소금을 구하기 어렵게 된다. 그리고 상인들도 가격이 높을 때 거래하지 못하고 헐값일 때 거래하기 때문에 마침내 본전을 잃게 된다. 이 모든 해악이 공염 때문에 발생하는 것이다. 따라서 공염을 혁파하여 백성의 고통을 제거해야 한다"(瓛齋繡啓 — 慶尙左道暗行御史別單) (한정주, 2007).

7. 실학자 박지원의 친시장주의

실학자 박규수의 아버지인 박종채(朴宗采)가 자신의 아버지인 연암 박지원의 언행과 가르침을 기록한 《과정록》(過庭錄)에 나오는 글이다.

"아버지가 신해년(1791) 경남 안의현감으로 임명되기 직전 한성부(지금의 서울시청, 연암이 55세 때 과거를 치르지 않았지만 종5품 벼슬에 해당하는 판관으로 근무했다)에 계실 때 흉년이 들었다. 전국의 곡물상들이 일제히 오강(五江, 서울의 한강을 지역에 따라 5개로 붙인 이름)에 모여들어 서울의 곡물값이 오른 것을 이용해 갑절의 이득을 얻으려 하였다. 부자들 역시 저마다 이때를 틈타 곡물을 사들여 쌓아두니 값은 점점 더 폭등했다. 당시 재상은 시중의 곡물가를 억제하는 한편 곡물의 매점매석을 막아야 한다는 의견을 갖고 있었다. 그리하여 장차 이를 임금님께 건의하여 시행하려고 했다. 그는 건의를 드리기에 앞서 공시당상(貢市堂上, 공전과 시전을 감독하는 사무를 담당하는 벼슬로, 이들로부터 세금을 거두고 물가조절을 맡았다)과 한성부 평시서(平市署, 시장의 점포, 도량형, 물가에 관한 질서와 상인보호에 관한 시무를 맡아보던 관청)의 제조(提調)들 및 낭관(郎官, 정 3품 이하의 당하관)들로부터 의견을 수렴했다. 아버지는 대략 다음과 같은 의견을 올렸다.

'옛사람이 시장에 인위적으로 개입하여 그 흐름을 교란하지 말라고 경계한 까닭은 무엇 때문이겠습니까? 상인이란 싼 곳의 물건을 가져와 비싼 곳에다 파는 존재이며, 백성과 나라는 그로부터 도움을 받고 있습니다. 진실로 장사하는 데 이익이 없다면 뒤도 돌아보지 않고 가버릴 게 뻔합니다. 무엇 때문에 값을 내려서 팔려고 하겠습니까? 지금 이 명령을 시행한다면 서울의 상인들은 장차 곡물을 다른 데로 옮겨가 버릴 것입니다. 또한 매점매석을 막는다면 서울로 오던 사방의 곡물상들이 그 사실을 전해듣고서는 필시 다시는 경강(京江, 뚝섬에서 양화도에 이르는 한강일대)으로 들어오지 않을 것입니다. 이렇게 되면 서울의 식량사정은 더욱더 어려워질 것입니다.'

또 이런 의견도 개진하셨다.

'온 나라 사람 가운데 임금님의 백성이 아닌 사람은 아무도 없습니다. 그렇거늘 만일 온 지방의 곡물을 모두 서울에만 모아놓고 그것이 지방으로 분산되는 것을 막는다면, 장차 지방의 백성들은 내버려둔 채 구제하지 않겠다는 말입니까?'

그런가 하면 이런 의견도 개진하셨다.

'상인은 관에서 조종해서는 안 됩니다. 조종하면 물건값이 고정되고, 물건값이 고정되면 이익을 얻을 수 없게 되며, 이익을 얻을 수 없게 되면 가격을 조절하는 시장기능이 마비되고 맙니다. 그렇게 되면 농민과 수공업자가 모두 곤궁해지고 백성들은 살아갈 바탕을 잃게 됩니다. 그러므로 상인들이 싼 곳의 물건을 사다가 비싼 곳에다 파는 행위는 실로 넘치는 것을 덜어내어 부족한 데다 보태주는 이치인 것입니다. 이는 비유컨대 흐르는 물 밑이 가벼운 모래가 출렁거리는 물결에 고루 퍼져 솟은 곳도 패인 곳도 없도록 절로 그렇게 되는 것과 마찬가지입니다.'

또한 이런 의견도 개진하셨다.

'백성들이 비록 사사로이 쌓아두는 것이라 할지라도 이 또한 비축해두는 효과가 없지 않습니다. 물가의 등락은 시세를 따르고, 쌓아두거나 내다파는 것에는 때가 있는 법입니다. 가령 금년에 물가를 억제하여 곡물을 모두 내다팔게 했다가 내년에 또 흉년이 들면 어떡하겠습니까? 그러니 이 명령은 결코 시행해서는 안 됩니다.'

정부에서는 결국 아버지의 의견을 따르기로 했다. 과연 아버지 말씀대로 거듭 흉년이 들었지만 큰 문제가 없었다.

아버지는 이런 말씀을 하신 적이 있다.

'장사치는 4민(사농공상) 가운데 비록 천한 직업이기는 하나 장사치가 없으면 온갖 물건이 유통될 수 없다. 이것이 상업을 폐지할 수 없는 이유다. 또한 부가 백성들에게 축적된 뒤에라야 국가재정이 풍족해진다.'

그후 나는(박종채) 나라에서 매점매석을 막는 경우도 보았고, 곡물가를 억제하거나 조종하는 경우도 보았다. 비단 서울에서만 그렇게 하는 것이 아니라 관찰사나 지방수령 또한 이런 정책을 사용하는 자가 더러 있었다. 나는 그때마다 자세히 살펴보았는데, 백성들에게 해를 끼치지 않은 적이 없었다. 요즘 나라와 백성의 재물이 고갈된 게 그 폐단 때문은 아닐까? 아버지의 생각이 옳다는 사실이 이런 데서 뚜렷이 확인되기에 함께 기록해둔다"(박희병, 2005).

제13장

정부정책과 시장

프리드리히 A. 하이에크[1)]

정책을 통해 거대기업을 도우는 것이 정당화될 수 없듯이 거대기업을 차별하는 것도 정당화될 수 없다.

▪ 요 약

경쟁은 생산가능한 모든 물건을 가장 값싸게 생산하도록 하고, 또한 가장 낮은 가격으로 판매하도록 이끈다. 사람들에게 경쟁이 허용되어야 합리적 행동을 생산하는 전통이 만들어질 수 있다. 사회의 지적 성장은 소수의 견해가 모방을 통해 점점 다수에게 확산되면서 이뤄진다. 그런 의미에서 경쟁이란 다수가 싫어하는 것을 소수가 다수로 하여금 필요하게끔 만드는 과정이다.

사람들은 소규모 기업을 지지하고 대신 거대기업이 행사하는 힘이 위험하므로 정부가 이를 제한할 것을 요구한다. 그리하여 소규모 기업은 부담하지 않을 책임을 거대기업은 부담할 것을 요구하는 분위기가 사회를 지배한다. 대기업에게 공공의 이익을 위해 행동할 의무가 주어진다면, 그렇게 하는 힘은 결국 공공의 통제하에 들어가게 될 것이다. 독점을 통제할 수 있는 것은 대규모로 집적되어 경쟁하는 다른 자본이다. 이러한 경쟁을 통한 억제가 정부가 취하는 어떤 종류의 감독보다 효과적이다. 정부가 감독하는 독점은 보호받는 독점으로 변질된다. 거대기업을

1) 이 글은 하이에크의 "Government Policy and the Market," *Law, Legislation and Liberty*(1976), 서병훈 역, 《법, 입법, 그리고 자유 III》(자유기업원, 1997), pp. 129~142에서 발췌하였다.

거부할수록 규모가 규모를 해독하는 길을 막아버리게 된다.

독점이 제품을 낮은 가격으로 팔 도덕적 의무를 부담하여야 한다는 주장은 노동자는 가능한 한 열심히 일하여야 한다는 도덕적 의무를 부담하여야 한다는 주장처럼 정당성을 인정받을 수 없다. 도덕적으로 잘못된 것은 독점 자체가 아니라 경쟁금지에 있으므로 경쟁을 억누르는 노동독점이 오히려 폐지되어야 한다.

1. 자유시장의 성취물들

경쟁이 가져다 줄 것을 바란다면 무엇을 바란다는 것이며, 경쟁하지 못하도록 금지되어 있지 않은 이상 경쟁은 무엇을 가져다줄 것인가? 그것이 너무도 간단하고 명백한 결과여서 대부분의 우리들은 당연한 것으로 받아들이는 경향이 있다. 즉, 사람들은 경쟁이 가져다줄 것들이 괄목할 만한 것들이라는 사실을 인식하지 못하고 있고, 권위있는 당국이 생산자로 하여금 지시하더라도 결코 성취될 수 없는 것들이라는 사실을 인식하지 못하고 있다. 경쟁은 금지당하지 않으면 다음과 같은 상황을 가져다주는 경향이 있다. 첫째, 누군가 어떻게 만들면 된다는 것을 아는 물건들은 모두 생산될 수 있고, 생산자는 구매자가 다른 대안 대신에 선택한 이 물건을 구매자가 선호하는 가격으로 판매하여 이윤을 얻을 수 있다. 둘째, 생산되는 모든 것들은 다른 사람이 생산하는 것(결국 생산되지 않을 것이지만)보다 더 싸게 생산될 수 있다. 셋째, 모든 것들은 다른 사람이 판매하는 것(결국 판매되지 않을 것이지만)보다 더 낮은 가격으로 판매될 수 있다.

이런 상태의 중요성을 제대로 된 시각에서 보기를 원한다면 고려되어야 할 것들이 세 가지가 있다. 첫째, 이것은 누가 중앙에서 지시한다고 하여 될 일이 아니다. 둘째, 이 상태는 정부에 의해 경쟁이 금지당하지 않는 영역이나, 개인이나 조직에 의해 경쟁이 금지되는 것을 정부가 용납하지 않는 모든 영역에 가까이 근접한다. 셋째, 정부가 직접 경쟁을 제한하거나 아니면 경쟁을 제한하는 개인이나 조직을 정부가 간접적으로 지원한다면 경제활동의 상당한 부문은 이 상태에 근접하지 못한다.

경쟁이 성취하는 것들이 처음엔 미미하게 보일지라도 우리들은 보다 더 나은 결과를 가져다줄 다른 방법을 알지 못하는 것이 사실이다. 경쟁이 금지되거나 방해받으면 그 결과는 항상 만족스럽지 못할 때가 많다. 많은 영역에서 정부가 사려 깊은 정책으로 항상 경쟁을 제한하였으나 경쟁이 허용된 곳에서는 그 성과가 좋았다는 점을 고려한다면 가능하지도 않은 '완전경쟁' 상태에 맞추어 움직이기보다 일반적으로 수용가능한 수준에서 경쟁이 일어나도록 하는 데 더 관심을 가져야 할 것이다.

정상적으로 작동하는 사회에서는 경쟁이 제한되어 있지 않는다면 소비자에게 보다 더 나은 서비스를 제공하여 생계를 꾸려가려는 사람들이 모든 영역에서 기회를 발견하기가 얼마나 어려운지는 널리 알려져 있다. 우리는 이것이 사실상 얼마나 어려우며 또한 그러한 기회를 발견하려면 개인이 시장에서 상호이득(카탈락시)을 위해 얼마나 독창성을 발휘해야 하는지도 잘 안다. 이런 측면에서 이미 상업적 활동이 왕성하게 일어나고 대부분의 기회를 이미 활용하는 사회와 반대로 사람들이 다재다능하지도 않고 기업가적 기질도 약해 조금만 생각을 달리할 수 있는 사람이라면 거금을 벌 기회가 열려 있는 사회를 비교해보는 것은 나름대로 배울 게 있다. 아주 발달한 상업정신은 그 자체가 효과적 경쟁의 조건처럼 하나의 생산물이고, 경쟁이 제공하는 기회를 활용하기를 원하는 모든 사람에게 경쟁이 열리도록 하는 방법 이외에는 다른 방법은 없다는 사실이 중요하다.

2. 경쟁과 합리성

경쟁은 다른 사람이 가진 지식과 기술을 활용하기 위한 유일한 방법일 뿐만 아니라 우리들이 보유하는 지식과 기술의 대부분을 얻을 수 있도록 이끌어 주는 방법이다. 경쟁을 찬성하는 까닭이 경쟁에 참여하는 사람들의 합리적 행동을 전제로 한다고 주장하는 사람들은 이러한 사실을 잘 이해하지 못하고 있다. 합리적 행동은 비록 그렇다고 제시되긴 하지만 경제이론의 전제조건이 아니다. 경제이론은 경쟁이 사람들로 하여금 합리적으로 행동하도록 만든다고 주장할 뿐이다. 경제이론은 시장에 참여하는 사람들이 합리적이라는 전제에 기반을 두는 것이 아니라, 이와 반대로 좀더 합리적인 사람이 일반적으로 경쟁을 통해 나머지 사람들이 자신을 따라오도록 유도한다는 전제에 기반을 둔다. 합리적 행동이 개인들에게 이득을 제공하는 사회에서는 합리적 방법은 누진적으로 개발되어 모방을 통해 전파될 것이다. 합리적으로 행동한다고 해서 돌아오는 이득이 없는 이상 다른 사람들보다 더 합리적일 필요는 없다. 따라서 경쟁이 작동하도록 하기 위해 필요로 하는 것은 일반적으로 합리성이 아니고 경쟁을 허용하여 합리적 행동을 생산하는 전통이다. 통상 이뤄지는 것보다 더 낫게 이뤄지도록 하려는 노력 자체는 이후 토론과 비판을 표출하는 사고능력까지 계발시킨다. 사고의 도구를 개선시켜 개인들에게 이득을 가져다주는 상업집단을 제일 먼저 발달시키지 않은 사회는 체계적이고 합리적으로 사고하는 능력을 획득하지도 못하였다.

기업가정신이 결여된 사람들 속에서는 경쟁이 작동하지 않을 것이라고 주장하는 사람들은 특히 이 점을 명심해야만 한다. 처음에는 생소한 침입자이지만 새로운 방법을 시도한 소수의 사람만이 성장하고 존경받고 또 힘을 갖도록 해보자. 그리고 처음에는 소수에 지나지 않겠지만, 이들을 모방해보고자 하는 사람들이 자유롭게 모방할 수 있도록 해보자. 기업가정신은 이런 가운데서 탄생될 것이다. 경쟁이란 다른 것들과 마찬가지로 어떤 형태의 마음을 육성시키는 방법이다. 위대한 기업가란 그들이 타고난 재능을 개발시킬 수 있는 환경이 아니면 존재할 수도 없다. 똑같이 타고난 능력이라도 어떤 목표를 추구하느냐에 따라 전혀 다른 모습을 보일 것이다.

이런 발전이 일어나기 위해서는 전통을 따르는 다수가 모든 사람에게 전통적 방법과 관행을 따르도록 강제하는 권력을 가지고 있지 않아 경쟁 속에 내재되어 있는 사람들의 실험정신을 억압하지 않는 것이 반드시 필요하다. 이것은 다수의 권력이 일반규칙에 의해 제한되어야 하며, 개인이 다른 사람의 권리를 침해하지 못하도록 방지하는 차원을 넘어 특정한 행동을 하도록 지시해서는 안 된다는 것을 뜻한다. 만일 다수가, 또는 어느 한 개인이 무엇을 어떻게 해야 한다고 적극적으로 규정하는 힘을 가진다면, 좀더 합리적인 절차가 덜 합리적인 절차를 발전적으로 교체하는 일이 불가능해진다. 사회의 지적 성장은 소수의 점점 확산되는 견해(비록 이를 받아들이기 싫어하는 사람들의 불이익에도 불구하고)에 의존한다. 어느 누구도 자신의 견해가 낫다고 생각하여 새로운 견해를 강요할 힘을 가져서는 안 되지만, 그것이 성공을 거두어 보다 효과적이라고 증명되면 낡은 방식에 집착하여 자신의 지위가 하락하는 사람들을 보호해주어서도 안 된다. 결국 경쟁이란 다수가 싫어하는 것(그것이 더욱 열심히 일하라고 하거나, 습관을 바꾸라고 하거나, 주의를 기울이라고 하거나, 계속 적응하라고 하거나, 경쟁이 없으면 필요로 하지도 않을 일을 규칙적으로 하도록 하거나 따위)을 소수가 다수로 하여금 필요하게끔 만드는 과정이다.

기업가정신이 아직 널리 퍼져 있지 않은 사회에서 다수가 자신이 싫어하는 것이라면 무엇이든지 금지할 수 있는 힘을 가지고 있다면 경쟁이 일어나도록 허용되지는 않을 것 같다. 다수결이 지배하는 제한 없는(무제한의) 민주주의하에서는 기능을 제대로 발휘할 시장이 새로 탄생할 것으로 보이지는 않는다. 오히려 그나마 이미 싹튼 시장을 무제한의 민주주의가 파괴해버릴 가능성도 있다. 다른 사람과 경쟁하는 상태에 있는 사람들에게는 경쟁상대를 가지고 있다는 사실 자체가 언제나 안락한 삶을 방해하는 부담으로 작용한다. 그런 부담은 언제나 눈에 띌 정도로 직접 영향을 미치는 반면, 경쟁이 가져다주는 효과는 언제나 간접적이다. 경쟁이 어떻게 작동하는지를 아는 동일 직종의 종사자들에게는 경쟁의 효과가 직접 피부에 와닿지만 소비자들은 누구의 행동으로 가격이 인하되었으며 또 누가 품질을 향상시켰는지에 관해 간접적으로 알 수 있을 뿐이다.

3. 규모와 집중, 그리고 힘

일반적으로 거대한 것에 대해 갖는 사람들의 거부감, 중산층과 독립기업가 및 소규모 생산자와 상점 또는 기존의 사회구조는 보존되어야 한다는 생각, 개인기업이 가격에 영향력을 행사한다는 잘못된 주장 등이 경제적 및 기술적 발전으로 성취한 변화에 반발한다. 또 거대기업이 행사할 수 있는 힘은 그 자체가 위험하므로 이를 제한할 정부의 특별한 조치를 필요로 한다고 주장한다. 개인기업의 규모와 힘에 대한 관심은 다른 어떤 고려보다 근본적으로 자유주의의 전제에서 출발하였지만 결과적으로 반자유주의적 결론에 도달하게 한다.

여기에는 독점이 이를 소유한 자에게 해로운 힘을 부여할 수 있는 두 가지 중요한 측면이 있다. 규모 자체는 물론 모든 사람이 구매할 수밖에 없는 가격을 결정하는 능력은 해로운 힘을 측정하는 기준이 아니다. 보다 중요한 것은 특정 기업이 너무 커다라고 판단할 수 있는 기준이나 척도가 없다는 사실이다. 특정 산업에서 기업들은 가격선도

자의 가격을 따라가기 때문에 어느 한 큰 기업이 시장을 지배하는 사실은 효과적 경쟁자의 출현(우리들이 바라는 바이기도 하지만)으로 그러한 상태를 개선시킬 수 있다는 사실을 증명하는 것은 아니다. 왜냐하면 현재 지배적 기업이 누리는 특별한 이득을 똑같이 누리도록 하지 않고서는 새로운 경쟁기업이 출현하지 않을 것이기 때문이다.

개인기업의 가장 효과적인 규모는 가격이나 수량 또는 생산되어 판매되는 제품의 품질이 시장과정을 통해 미지의 것으로 발견되는 것처럼 시장과정을 통해 발견되는 미지의 것이다. 가장 바람직스런 규모가 무엇인지에 관한 일반적 법칙은 부단히 변하는 기술적 및 경제적 조건에 의존할 것이기 때문에 있을 수 없다. 과거에는 지나치게 과다하다고 생각되었던 규모가 이러한 변화 때문에 지금에 와서는 오히려 기업에 유리하게 작용할 수도 있다. 사람의 능력이 미칠 수 없는 이를테면, 특정한 재능이나 희귀한 자원이라는 이유(어떤 사람이 그 분야에 일찍 진출하여 경험을 쌓고 특수한 지식을 획득할 시간을 많이 갖는 우연하지만 피할 수 없는 사실을 포함한다) 때문에 규모의 이득이 일어나는 것은 아니다. 우연하게 어떤 수준의 규모를 갖춘 기업에게 유리하게 작용하는 제도적 합의에 의해 생겨날 수도 있기 때문이다. 그렇게 되면 단위당 보다 더 작은 사회적 생산비용을 확보하지 못한다는 측면에서 다소 인위적으로 만들어진 규모에 이득을 주게 된다. 물론 조세법이나 기업법이나 정부의 영향 등으로 차별된 이득(물론 순수하게 성과의 우수함에 기반을 두지 않는 이득이다)이 주어진다면, 거대기업에게 인위적으로 제공된 이러한 이득을 제거하도록 틀을 변경시켜야 할 만한 충분한 이유가 있다. 그러나 정책을 통해 거대기업을 도우는 것이 정당화될 수 없듯이 거대기업을 차별하는 것도 정당화될 수 없다.

규모가 경쟁자들이 시장에서 행동하는 데에 새로운 힘을 부여한다는 주장은, 어느 산업에 오직 전문화된 하나의 거대기업만이 존재할 경우에는 어느 정도 납득이 간다. 그러나 한 대규모 기업이 성장을 거듭하면, 각 산업이 서로 분리되어 한 산업마다 하나의 대기업에 의해 지배되다시피 하는 경우를 상정하기가 어렵다. 개별기업의 규모가 늘어난 결과 가운데에서 보이지 않는 결과는, 이론가들이 아직 충분히 소화하지는 못하였지만 큰 규모가 산업으로 정의되는 경계를 넘어 다각화를 가져오게 하였다는 점이다. 그에 따라 기업규모가 한 산업에서 유일하게 대규모였던 기업은 자신이 발휘하는 힘을 다른 산업에 있는 기업규모에 의해 견제받기에 이른다. 가령 한 나라의 전력산업을 보면 다른 기업들이 독점적 권한을 행사하는 대기업에 도전하기란 쉽지 않다. 그러나 미국의 거대 자동차 및 화학기업들이 보여주는 것처럼, 이들은 진입하려면 자원이 필수적으로 뒷받침되어야만 하는 데에도 다른 산업부문을 잠식하는 데 거리낌이 없다. 따라서 규모는 규모의 힘을 가장 효과적으로 해독하는 약이 되었다. 자본이 대규모로 집적되는 힘을 통제하는 것은 다름아닌 대규모로 집적되는 다른 자본이다. 이러한 통제는 직설적 보호가 아니더라도 인허가에 관한 권한을 가진 정부가 취하는 어떤 종류의 감독보다 효과적이다. 여기서 반복할 생각은 없지만, 정부가 감독하는 독점은 정부의 보호를 받는 독점으로 변질되는 경향이 있다. 거대한 기업을 거부하여 대항하면 할수록 규모가 규모의 해독제가 되는 길을 막아버리는 결과를 초래한다.

현실적인 사회적 및 정치적 고려에서 소수의 대기업보다 다수의 중소기업들이 바람직하다거나 건강한 구조로 보인다는 주장을 부인할 의도는 없다. 우리들은 대규모 기업에서 일하는 사람의 수가 늘어난다는 사실, 그에 따라 명령체계의 조직질서에 친숙하다는 사실, 대신 여러 기업들의 활동을 조정하는 시장에 대해서는 친밀하지 않다는 사실 따위로부터 초래되는 위험을 여러 차례 언급한 바가 있다. 이러한 고려는 개별기업의 규모가 너무 커지는 것을 제한하거나, 또는 효율적이지 않은 소규모 기업이 퇴출되지 않도록 하거나 거대기업에 흡수되지 않도록 보호하려는 조처를 정당화시키는 데로까지 발전한다.

그러한 조처가 어떤 의미에서는 바람직하다고 인정하더라도 어느 권위 있는 당국에 재량이나 임의의 힘을 부여하지 않고서는 성취될 수 없다. 그에 따라 어떠한 권위 있는 당국에게도 그러한 힘을 부여하여서는 안 된다고 하는 보다 높은 차원에 양보하여야만 한다. 앞에서도 강조하였지만 모든 권력에 제한을 둔다면 다수가 바람직하게 여길지도 모르는 특정 목표를 달성하기가 어려워질 것이다. 일반적으로 보다 더 큰 악을 피하기 위해서라도 자유사회는 특정 종류의 권력의 존재를, 비록 그 권력을 사용하여 예견되는 결과가 유익하고 또한 그러한 결과를 달성하기 위해서는 그 방법밖에 없다고 하더라도 거부하여야만 한다는 점도 강조하였다.

4. 경제권력의 정치적 양상

개별기업의 규모가 커지면 그것을 경영하는 사람들에게 강력한 권력이 집중될 수밖에 없으며, 따라서 그런 현상은 정치적으로 위험할 뿐만 아니라 도덕적으로도 문제가 많다는 주장은 경청할 만하다. 그러나 얼핏 설득력이 있어 보이기는 하지만, 이런 주장은 권력이라는 말의 뜻을 혼동하면서 바람직한 권력과 바람직하지 않은 권력의 개념 사이를 왔다갔다하고 있다. 즉, 물질적 수단을 지배하는 권력과 다른 사람을 통제하는 권력을 구분하지 못하고 있다. 이 두 가지 권력개념은 반드시 연결된 것은 아니며 분명히 분리될 수 있다. 사람에 대한 권력을 사물에 대한 관리로 대치시키겠다고 약속하면서 권력을 잡은 사회주의가 어쩔 수 없이 사람에 의한, 그리고 사람에 대한 권력의 무한한 확대를 초래하고 만 것은 역사의 아이러니가 아닐 수 없다.

물적 자원을 대규모로 집적하여 작은 조직이 제공할 수 있는 것에 비해서 보다 개선되거나 보다 싸거나 보다 나아진 서비스 등의 형태로 보다 나은 결과를 가능하게 하는 한 이러한 종류의 힘을 확대하는 것은 그 자체가 이득이 되는 것이라고 간주되어야만 한다. 하나의 지시를 통해 자원을 대규모로 집적하면 규모가 늘어나는 것보다 더 힘을 증대시킬 수 있다는 사실이야말로 대기업을 발전시킨 이유이다. 규모가 모든 면에서 이득이 되는 것은 아니고 또 생산성을 증대시키게 되는 규모를 늘리는 데에 한계가 있지만, 기술의 변화가 이전에 존재하던 규모보다 더 큰 단위에게 이득을 주는 부문이 항상 존재할 것이다. 철 생산으로부터 일관공정의 성장으로, 가내수공업의 직조가 공장직조로 대치되는 것으로부터 기술적 지식의 진전은 보다 규모가 큰 것이 효율적이 되도록 만들었다. 규모가 커지면서 자원이 더 효율적으로 이용되기는 하지만, 자기들의 이익을 위해 자발적으로 기업에 들어온 사람에 대해 기업주가 행사하는 제한된 권력을 제외한다면, 이것이 반드시 사람에 대한 권력의 증대를 초래하는 것은 아니다. 우편주문판매업체인 시어즈로벅 회사(Sears Roebuck & Co.)가 세계 100대 기업으로 성장하여 비슷한 다른 기업들을 규모 면에서 압도하며 수많은 사람들의 행동과 생각에 심대한 영향을 끼치고 있지만, 원하는 사람들에게 서비스를 제공한다는 의미 이외에 따로 무슨 권력을 행사한다고 말할 수는 없다. 마찬가지로 쓰이지 않는 곳이 없을 정도로 많이 쓰이는 기계부품을 한 단일기업이 아주 효율적으로 생산한 탓에 다른 모든 경쟁자들이 생산을 포기할 정도라고 해서 그 기업이 다른 사람들의 행동을 통제하는 권력을 얻었다고 말할 수는 없다. 그 기업이 자기제품을 원하는 모든 사람들에게 동일한 조건으로 판매할 준비가 되어 있고, 비록 이를 통해 기업이 막대한 이익을 얻을 뿐만 아니라 사람들 또한 모두가 혜택을 본다고 하더라도, 이것이 곧 사람들이 그 기업의 권력에 종속된다는 것을 뜻한다고 말할 수는 없다.

현대사회에서는 한 기업에 통제하는 총자원의 규모가 아니라 바로 사람들이 크게 필요로 하는 서비스를 보유하고 있으면서 그 서비스를 제공하지 않을 수도 있는 역량 때문에 다른 사람들에 대해 권력을 행사할 수 있게 된다. 다른 사람들을 통제하는 권력은 단지 자기 회사 제품의 가격을 결정하는 권한뿐만 아니라 소비자마다 다른 조건을 제시하는 권한에서도 생겨나는 것이다. 그러나 이 권력은 기업의 규모, 심지어는 불가피한 독점생산물에도 직접 의존하지는 않는다. 소비자에게 동일하지 않도록 서로 다른 조건으로 자유롭게 판매할 수 있는 한 규모를 불문하고 어떤 종류든 중요한 제품을 독점하는 생산자가 그런 권력을 보유하게 될 것이다. 독점자가 사람들을 임의로 차별대우하는 것은 이와 유사한 권력을 가진 정부에게 행사하는 것 못지않게 해로우므로 반드시 제지되어야 한다. 그러나 이러한 권력은 비록 큰 규모와 가끔 연관되긴 하지만, 그렇다고 대규모로 인한 불가피한 결과도 아니고 대규모 조직에만 국한된 것도 아니다. 긴요한 서비스를 생산하면서 서비스 제공을 빌미삼아 사회 전체를 볼모로 잡을 수 있는 소규모 기업 또는 노동조합과 같은 조직에서도 똑같은 문제가 일어난다.

그러나 독점으로 인한 해악을 제거하는 문제를 더 논의하기 전에 왜 흔히 큰 규모가 나쁜 듯이 여겨지는지에 관해 다른 이유를 좀더 살펴볼 필요가 있다.

소규모기업보다 대규모 기업의 의사결정으로 많은 사람들의 복지가 영향을 받는다고 해서 별도의 방도를 강구하여야 한다거나, 아니면 대기업이 잘못을 저지르지 않도록 공공이 감시하는 것이 바람직하다거나 가능하다는 것을 의미하지는 않는다. 대기업에 분개하는 대부분의 이유는 큰 대기업이라면 행동할 수 있을 것(물론 소규모 기업은 그렇게 행동할 수가 없다)이라고 사람들이 생각하는 것들을 그들이 수행하지 않기 때문에 일어난다. 만약 이윤이 나지 않는 지방공장을 폐쇄한다면 대기업이 직장을 보존하기 위해 손해를 보아서라도 가동시켜야 한다고 아우성이지만, 똑같은 공장이 독립된 기업이라면 공장이 폐쇄되는 것이 불가피하다고 모든 사람들이 받아들인다. 다른 수익원천을 끌어들일 수 없는 기업이 폐쇄되어야만 하듯이, 거대기업에 속한 비경제적 공장도 비록 다른 공장들로부터 생기는 이윤으로부터 계속 가동시킬 수 있더라도 마찬가지로 폐쇄되어야만 하는 것이 바람직하다.

거대기업은 단지 크다는 이유로 자신이 결정한 것들로부터 발생하는 간접적 영향에 유의하여야 하고, 소규모 기업은 부담하지도 않는 책임을 거대기업은 부담할 것을 요구하는 감정이 사회를 지배하고 있다. 그러나 대기업이 과도한 권력을 장악하는 것이 위험한 이유가 바로 여기에 있다. 경영자가 주주들의 이익을 위한 수탁자로서 자신의 통제하에 놓여 있는 자원을 관리할 의무를 짓밟는 또 하나의 다른 의무를 갖는 한 그의 손은 묶이고, 이해관계자에게 이득을 줄 수 있는 자의적 힘을 가질 수 없게 된다. 대기업의 경영자가 의사결정에서 공중이나 사회의 이익이라고 간주되는 것을 고려하여야 한다거나, 선한 명분을 지지하여야 한다거나, 공공의 이익을 위해 행동하여야 할 의무가 주어진다면, 그는 통제할 수 없는 힘을 갖게 된다. 그러한 힘은 개인 경영자의 손에 남아있지도 못하고 불가피하게 점증하는 공공의 통제하에 들어가게 될 것이다.[2]

독점에 관해 현재 거론되는 이야기 중에서 간과되는 사항이지만, 해로운 것이 독점 그 자체가 아니라 독점이 경쟁을 막는다는 사실을 기억해둘 필요가 있다. 비록 다른 경쟁자가 뛰어들지 못할 정도로 가격을 낮게 책정하여 최대한의 이윤을 거두려고 하더라도, 순전히 생산성이 높은 까닭에 독점적 위치에 오른 기업은 찬사를 받을 만하다. 그 기업은 다른 경쟁자들보다 자원을 더 효율적으로 사용하기 때문이다. 그러한 독점은 이윤을 낳더라도 가급적이면 제품을 낮은 가격으로 팔아야 마땅한 도덕적 의무를 부담하여야 한다는 주장은 정당성을 인정받을 수 없다. 이는 마치 가능한 한 열심히 노동하여야 한다는 도덕적 의무나 희소한 귀중품을 적정한 값으로 팔아야 한다는 도덕적 의무를

2) David Lack, *The Life of the Robin* (1946), p. 35.

부담하여야 한다는 주장이 정당성을 인정받지 못하는 것과 마찬가지다. 어느 누구도 예술가나 의사의 유일한 기술에 대한 독점적 가격을 공격할 생각을 꿈도 꾸지 않는 것처럼 다른 기업보다 더 싸게 생산할 능력이 있는 독점기업의 독점이윤 또한 잘못이 있을 수 없다.

도덕적으로 잘못된 것은 독점 자체가 아니라 경쟁(모든 경쟁, 그것이 독점으로 나아가게 할지라도)을 금지하는 것이라는 사실을 특히 신자유주의자들(*neo-liberals*)은 기억해두어야 한다. 왜냐하면 이들은 모든 독점기업들에 대항함으로써 공평무사함을 보여주어야 한다고 믿는데, 그러려면 노동독점에 대해서도 대항하여 공평무사함을 보여줄 필요가 있다. 이들은 경쟁을 억누르는 노동독점에 대해서는 이의를 제기하지 못하고, 기업의 독점이 보다 나은 성과의 결과란 점을 잊고 있다. 물론 기업독점이 유사하게 경쟁을 금지하는 것에 바탕을 두는 경우에는 노동독점과 마찬가지로 책임을 부담하여야 하고 동시에 경쟁금지는 폐지되어야 한다.

▪ 사례 이야기

1. 피할 수 없는 대규모 기업의 출현

미제스는 《자유주의》에서 기업규모의 증대는 분업이 진화시킨 결과라고 본다. 자유주의를 반대하는 사람들은 각 산업에서 중간규모의 수많은 기업들이 경쟁하던 당시에는 자유주의가 아직 실용성이 있으나, 독점적 기업들이 시장을 지배하는 오늘날엔 자유주의가 끝난 것이고, 이 경우 그렇게 된 것은 정치가 죽인 것이 아니라 자유기업에 내재하는 피할 수 없는 진화과정의 결과라고 한다.

> "생산에서 이와 같이 심화되는 특화는 의심할 나위 없이 모든 영역에서 전 세계를 시장으로 하는 기업의 출현을 가져오는 경향이 있다. 이러한 진전이 반자본주의적 조치에 의해 억제되지 않는다면 결과적으로 생산의 모든 분야에 걸쳐서 상대적으로 적은 수의 기업들이, 경우에 따라서는 단 하나의 기업이 고도로 전문화된 생산활동을 전개하여 전 세계를 그 시장으로 하는 상황에 도달할 것이다"(이지순, 1988).

2. 진정한 적은 거대기업이 아니라 거대정부다

맥밀런 영국수상은 종종 이렇게 말했다. "영국에는 너무 막강해 어떤 정부도 손대지 않으려는 조직이 셋 있다. 근위여단, 로마 가톨릭교회, 전국광산노동조합이 그것이다."

영국의 석탄산업은 1946년에 이미 국유화되었다. 대처(Margaret Thatcher)가 1979년 5월 4일 영국에서 처음으로 여성총리가 되면서 국립석탄국은 한해 1억 파운드 이상의 손실을 보는 20개의 광산을 폐광한다고 발표하였다. 전국광산노동조합장 스카길(Arthur Scargill)이 파업을 촉구하였으나 두 번이나 실패하였다. 파업을 찬성하지 않는 민주광산노동조합이 따로 설립되어 파업을 지지하지 않는 광산노동자들이 많았기 때문이다. 무엇보다 정부가 결코 물러서지 않겠다는 결의를 보이자, 파업이 소용없다는 사실이 점차 현실로 나타났기 때문이다. 뒤이어 일어난 인쇄공조합의 파업실패로 영국에서 노동조합의 위협은 사라졌다.

하지만 외국인들이 특히 놀랐던 것은 대처 정부가 국가부문을 감축하는 데 성공했다는 점이다. 국영기업 민영화는 두 가지 방식으로 이뤄졌는데, 첫째는 국유화된 산업을 민간에게 이전하는 것이고, 둘째는 상수도, 전기, 유통산업 등과 같은 자연독점산업을 민영화시켜 민간이 소유와 경영을 맡는 방식이었다. 영국의 민영화는 대단한 성공을 거두었고 그 결과 1980년대 유럽과 라틴아메리카, 호주, 아프리카, 아시아에서 영국을 모방하려는 움직임이 일어났다. 서구 나라의 귀감이었던 일본마저 영국의 사례를 따라 1987년 4월 1일 철도를 민영화했다. 1980년 11월 대통령으로 당선된 레이건은 자서전에서 “나는 1960년대에 이르러 진정한 적은 거대기업이 아니라 거대정부라는 사실을 깨달았다”라고 썼다. 그는 1981년 취임식에서 “정부는 우리가 직면하는 문제의 해결책이 아니다. 정부 자체가 문제다”라고 꼬집었다.

1985년 체르넨코를 뒤이어 서기장에 오른 고르바초프가 도입한 1989년 시장체제는 실상 작은 범위의 농지를 개인 경작자에게 맡기고, 개인기업에게 훨씬 더 큰 책임을 부여하는 것에 그쳤다. 그럼에도 첫 번째 이 조치로 소규모의 자작농이 경작하는 5%의 농지에서 시장에 유통되는 식량의 50%를 생산하는 결과를 가져왔다(조윤정, 2008).

3. 경쟁원리를 도입한 카이사르의 직업의 자유

카이사르는 기원전 45년에 교육과 의료에 종사하는 교사와 의사에게는 본인의 출신지나 피부색에 관계없이 로마시민권을 준다는 법안을 성립시켰다. 로마시민권을 갖는다는 것은 곧 속주세를 면제받는다는 뜻이다. 카이사르의 생각은 속주세를 면제해주고 로마시민권자에게 부여된 특권을 갖도록 하는 대신에 적정한 보수를 받고 교육과 의료에 종사하라는 의미였다. 요컨대 지식을 요하는 직종에 종사하는 사람들에게 특전을 주어 그 직종의 자유시장을 만들고 그에 따른 경쟁원리를 도입하여 그들의 수준을 향상시키고 비용을 적정수준으로 유지하려고 한 것이다.

그 결과 의료나 교육을 국가가 제공하지 않아도 소규모 진료소나 사설학당은 난립하게 되었다. 의술의 신 아스클레피오스 신전에 딸린 진료소나 의사의 사택 일부가 질병치료에 활용되었다. 신전이나 포름이나 회당의 한 귀퉁이가 사설학당 자리로 제공되었다. 로마제국은 국가가 반드시 해야 할 일을 제외하고선 모두 민간에 위탁하는 방침으로 일관했기 때문에 오늘날 말하는 작은 정부를 실현할 수 있었던 것이 아닐까?

의료와 교육에 대한 카이사르의 정책은 계급과 출신지역, 그리고 인종을 불문하고 고급두뇌를 로마에 유치하여 로마의 교육환경을 개선하고 낮은 수수료를 부담하고 양질의 의료서비스를 시민들이 받을 수 있도록 한 일종의 고급두뇌 유치전략이라고 볼 수 있다. 이렇게 로마정부는 막대한 재정자금을 필요로 하는 교육 및 의료분야를 정부의 재정지출 없이 민간인의 시장경쟁원리에 따라 경쟁적으로 제공하자 교육 및 의료분야에서 정부재정의 부담이 크게 줄게 되고, 낮은 세금부담을 실현한 작고 강력한 정부가 가능하게 되었다(문점식, 2007).

4. 경쟁을 싫어하는 이익집단

1980년 당시 전두환 대통령의 신군부가 만든 미디어법(강압적 분위기에서 만들어져 당시 반대가 많았다)을 개정하기 위해 제17대 국회 문화관광위원회 여야의원들이 유럽과 미국 등을 방문해 선진국의 미디어 산업과 관련법안을 살펴보고 또 6년간 국내외 방송 언론학자들과 만나 전문가들의 의견을 듣고 논의하는 과정을 거쳤다.

미디어법 개정안은 신문과 방송의 겸영을 허용하고, 신문과 대기업이 지상파방송(지분의 20%)과 종합편성채널(지분의 30%), 보도채널(지분의 49%)에 투자할 수 있도록 한 내용을 골자로 하고 있다. 방송산업에 신규자본을 유입시켜 디지털화를 촉진하고 신문의 정보처리 노하우를 방송에 투입해 미디어산업의 경쟁력을 강화시키자는 취지다.

그러나 이 같은 내용을 담은 개정안은 2009년 7월 22일 국회 본회의를 통과하는 과정에서 대폭 수정됐다. 대기업과 신문의 방송참여 비율은 크게 줄어들었고, 지상파의 경우 경영권을 행사할 수 있는 시기도 2012년 이후로 대폭 연기됐다. 수정안은 지상파방송의 경우 신문과 대기업의 지분참여 비율을 10%로 제한했다. 그러나 최대 10% 지분으로는 경영권 행사가 사실상 어려운 상황에서 지상파방송에 참여하는 대기업이나 언론을 찾기는 쉽지 않을 것으로 전문가들은 보고 있다. 독점체제를 유지하는 집단이 경쟁체제로 돌입하는 미디어법을 반대하는 배경에는 이미 기득권이 되어버린 새로운 이익집단의 횡포가 자리잡고 있다(〈매일경제〉 2009. 7. 23).

5. 경쟁이 있는 나라는 통치가 잘되는 나라다

중국 제나라 관중은 농촌이 도시와, 민간이 정부와, 황금이 곡물과, 지방이 조정과 경쟁하는 나라가 잘 다스려지는 나라라고 하였다.

“농촌이 인구를 두고 도시와 경쟁하고, 민가는 창고와 재물을 두고 정부와 경쟁하며, 황금은 신분의 귀천을 두고 곡물과 경쟁하고, 지방은 정치를 두고 조정과 경쟁한다. 전답에 잡초가 돋아나 있지 않는 것은 농업을 중시하는 인구가 많기 때문이다. 정부의 창고에 재화가 많이 쌓여 있지 않은 것은 물자가 국민에게 보관되어 있기 때문이다. 마을에 상점이 늘어서 있지 않은 것은 가정에 필수품이 충분하기 때문이다. 조정에서 사람을 모으지 않는 것은 지방분권제도가 잘 이뤄지고 있기 때문이다. 그러한 나라는 통치가 잘되는 나라이다"〔장기근, 1972: 권수(權修) 편〕.

제14장

법치경제로의 길

좌승희[1]

모든 개혁의 과제는 우리의 행동 그 자체를 규제하기보다는 전체 사회시스템의 구성인자 중에서 우리 행동을 규율하는 제도적 환경을 개선함으로써 순리에 따라 문제행동이 개선될 수 있도록 하는 데 있다.

▪ 요 약

현대의 복잡한 경제생활은 아시아의 전통적 가치인 '인치'에 의해서보다 서구의 전통적 가치인 '법치'에 의해 규율되어야 국가의 경쟁력 저하를 막을 수 있다. 정부가 규칙의 제정자이고 동시에 선수와 코치의 역할을 맡는 중앙관리질서에서 벗어나 시장경제질서를 따르고, 평등주의 함정에서 벗어나 재산권을 보호해주어야만 법치경제가 정착될 수 있다.

우리나라 재벌과 기업들의 독특한 경영행태는 한국 경제문화의 산물이다. 자본주의 시장경제에서 기업지배구조는 제품 및 요소(자본, 경영자, 노동 등) 시장에 의한 시장규율과 그룹 기조실, 구조조정본부, 지주회사, 주주총회, 이사회 등에 의한 내부규율의 두 가지 방식에 의해 이뤄진다. 이 중에서 진입규제, 가격규제, 관치금융, 노조활동 따위를 개선하는 시장규율 방식을 활성화하여 기업경영형태를 개혁하는 것이 바람직하다. 따라서 소유구조 규제, 소유·경영분리 유도, 출자총액 규제, 내부거래 규제, 전문화 유도, 다각화 규제, 계열사 규제, 빅딜, 부채비

1) 이 글은 2003년 6월 한국제도·경제학회가 주관한 '인치·관치·법치' 세미나에서 발표 당시 한국경제연구원장 좌승희 박사가 발표한 논문, "법치경제로의 길"을 발췌한 내용이다.

율 규제, 상호지급보증 규제, 기조실 폐지, 이사회 규제 등과 같은 기업 내부를 외부에서 규율하는 방식에서 탈피해야만 한다.

외환위기 이후 재무제표의 공시강화, 적대적 M&A 등 경영권 시장의 활성화, 지배주주의 책임강화, 대표소송제의 도입 등 주주권 강화 등으로 기업지배구조가 상당히 개선되었으나 아직도 사외이사 비율, 2백% 부채비율, 출자총액한도제, 집중투표제와 집단소송제 등은 개선의 여지가 있다.

100년~천 년을 요하는 비공식적 제도(전통, 가치관, 종교 및 관습 등) 개혁 없이 10~100년을 요하는 공식적 법·제도(재산권제도, 정치제도, 사법제도, 행정제도 등)가 개혁되기 어려우므로 제도개혁은 세대와 세기를 넘는 과정이고 또한 실패를 거듭했다.

1. 개혁의 시계(時界)와 법·제도개혁의 불가피성

제도는 크게 비공식적 제도와 공식적 제도로 구분할 수 있다. 비공식적 제도는 오랜 역사를 통해서 사회의 기초를 형성한 문화, 전통, 가치관, 종교 및 관습 등을 말한다. 한편 공식적 제도는 구체적으로 명문화되거나 사람들에 의하여 공식화된 제도로서 재산권제도, 정치제도, 사법제도, 행정제도 등을 의미한다.

비공식적 제도는 사회구성원의 깊은 의식에까지 뿌리를 박고 있기 때문에 이를 바꾸는 데에는 적어도 100년 내지 천 년까지의 기간이 필요하다. 공식적인 제도적 장치를 바꾸는 데에는 10년에서 100년 정도의 기간이 필요하다. 구성원들이 자율적으로 계약을 맺고 조직을 형성하는 자율적 지배구조가 변화하는 데에도 1년에서 10년 정도의 기간이 요구된다. 마지막으로 이러한 경기실현의 결과에 따라 자원이 배분되고 고용이 이뤄지는 경제활동의 현장이 있는데, 이는 매순간 지속적으로 변화한다(〈그림 14-1〉 참조).

〈그림 14-1〉 제도적 장치의 작동메커니즘과 이의 변화에 소요되는 기간

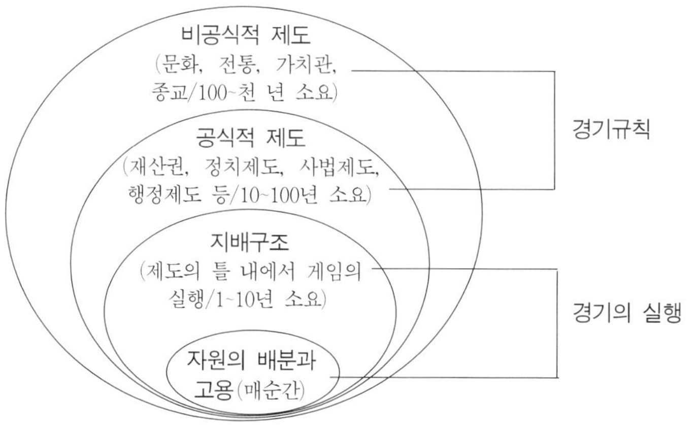

2. 법치의 필요성과 요건

1) 인치의 한계와 법치의 필요성

아시아나 서구 국가들 모두가 형식적으로는 법치국가임에 틀림없지만 법을 바라보는 사회구성원의 시각에는 큰 차이가 존재한다. 서양법은 그 형성과정에서 시민혁명 등을 통하여 지배받는 국민들의 의지가 대부분 반영되었다. 그러나 전통적으로 아시아에서는 사람을 통한 지배, 즉 인치(人治)가 법치(法治)에 우선하였다. 그러나 인치는 한계점을 가지고 있다.

첫째, 사람이 관리할 수 있는 능력이 제한되어 있다는 점이다. 사회와 경제가 발달함에 따라 지역적으로나 분야 면에서 그 연계성이 증가하여 사회와 경제는 인치가 가능한 영역을 벗어나고 있다. 둘째, 인치는 지배의 투명성과 일관성, 공정성을 보장할 수 없다. 지배하는 사람에 따라 결과가 달라질 수 있으며 때와 장소와 지배대상에 따라 지배

의 내용이 달라질 수 있기 때문이다. 이러한 제약들로 인치는 복잡한 현대적 시장경제를 규율하는 장치로서 적합하지 못하며, 법치에 비해 더 높은 거래비용을 초래하고, 나라 경제의 경쟁력을 저해하는 결과를 낳고 있다.

2) 법치의 구체적 요건

법치의 개념을 제대로 파악하기 위해서는 법치의 구체적 요건이 무엇인지 살펴보아야 한다.

첫째, 법치는 입헌주의에 뿌리박고 있어야 한다. 즉, 모든 통치행위와 중요한 국민의 권리와 의무를 헌법에 의하여 보장하고 또 명시하여야 하는 것이다.

둘째, 법이 정부를 지배하여야 한다. 정부는 지나치게 큰 재량권과 자의성을 가져서는 안 된다는 것을 말한다.

셋째, 사법부가 독립되어야 한다. 즉, 독립적으로 분립된 권력 사이에 적절한 견제와 균형작용이 있어야 하는데, 그렇게 하려면 결국 최종적으로 법을 해석하고 판결하는 사법부가 독립적 힘을 가져야만 한다.

넷째, 법은 공정하고 일관성 있게 적용되어야 한다. 즉, 법은 지역적, 종교적, 인종적, 민족적으로 사람을 차별하여 적용되어서는 안 된다. 마찬가지로 상황이 변하고 시간이 변해도 법은 적어도 어떤 동일한 원칙하에 일관되게 적용되어야만 한다. 그렇지 않다면 법의 집행과 적용에 대한 예측가능성이 사라지게 되므로 법은 국민으로부터 신뢰받을 수 없게 되어 그 권위가 떨어지게 된다.

다섯째, 법은 투명하여야 하고 대중의 참여와 의견개진이 가능하여야 한다. 법이 투명성을 갖추게 되면 예측가능성과 신뢰성이 제고되고 모든 사람들의 행동에 대한 법의 적용이 자의적이고 변덕스럽지 않을 것이라는 공감대가 형성된다.

여섯째, 재산권과 경제권이 보호되어야 한다. 시장경제를 지탱하기 위해서는 재산에 대한 권리 및 계약의 의무를 인정하고 보호해 주어야 한다. 재산권에는 지적 재산권도 포함된다. 소득과 재산에 대한 권리가 부정된다면 아무도 열심히 일하려고 하지 않을 것이다. 또한 개인이 자유롭게 계약에 참여할 수 없다면 다양한 시장활동은 나타나지 않을 것이다. 그리고 계약의 이행의무에 대해서는 공적인 법적 강제가 뒷받침되지 않으면 누구도 계약을 맺으려 하지 않게 된다.

일곱째, 인권이 보호되어야 한다. 기본권과 참정권은 물론 인종, 민족 또는 성별에 따른 불공평한 차별에 대항하는 권리, 공정한 임금을 받을 권리, 경제관계에서 차별적 대우를 받지 않을 권리, 흡족할 만한 생활을 유지할 권리 등과 같은 기본적 경제권도 포함한다.

여덟째, 법은 투명하고 공인된 과정을 통하여 변화되어야 한다. 사회적, 경제적 환경에 따라 법을 변화시켜야 하는 때에는 입법활동이 누구에게나 개방되어 접근될 수 있도록 하는 제도적 틀이 마련되어야 한다.

3. 법치경제의 장애요인

1) 시장경제질서와 중앙관리질서

시장경제에서 정부는 시장이 원활하게 작동하도록 법에 따른 시장규율 메커니즘을 중립적으로 관리하게 된다. 예를 들어, 정부는 상품시장에서 경쟁원리가 제대로 작동하기 위하여 독과점을 규제하고 사업자간 담합이나 불공정 거래행위가 나타나지 않도록 규제한다. 또한 증권시장이 원활하게 작동되도록 증권거래법 및 의무관계 등을 잘 정리하고 감시하는 역할도 담당한다. 한편, 금융시장에서는 은행이 고객의

예금을 잘 관리하고, 적절한 위험관리와 신용평가를 통하여 채무자를 잘 관리하도록 규제하기도 한다. 시장경제질서에서는 정부가 선수가 아닌 심판역할을 제대로 맡도록 정부의 역할을 제한한다.

중앙관리질서에서 정부는 단순한 룰의 제정과 관리자일 뿐만 아니라 적극적으로 선수와 코치의 역할을 맡아서 시장에 참여하고 있다. 따라서 경제에서 정부나 공공부문 및 공기업이 차지하는 비중이 자연스럽게 커지는 성향이 나타난다. 사회주의 경제체제뿐만 아니라 국가가 적극적으로 경제개발을 추진하였던 여러 국가, 그리고 전후에 주요 산업을 국영화하고 정부주도로 진행시켰던 유럽의 여러 나라의 경제는 중앙관리질서의 면모를 갖고 있었다고 할 수 있다.

2) 재산권 보호의 미흡이 법치경제의 장애

우리나라의 가장 큰 문제점 중의 하나는 사회 전반에 걸쳐 만연해 있는 평등주의의 함정이다. 우리 사회에는 국민간의 위화감을 최소화시킨다는 명목으로 공평한 소득재분배와 빈부격차의 해소를 지나치게 강조하는 경향이 만연되어 있다. 교육문제에서도 교육의 평준화를 강조하고, 복지, 노동 등 모든 분야에서 평등주의적 사고방식이 능력과 경쟁력에 따른 성과원칙을 압도하고 있다. 대기업과 그 소유주에 대한 일반국민들의 인식은 또한 매우 부정적이다.

이러한 평등주의 함정은 본질적으로 재산권 보호를 미흡하게 하는 특성이 있다. 즉, 소득이나 자산이 많은 사람에 대하여 고율의 세금이나 부과금을 징수하고 이에 따른 혜택은 중저소득층에게 폭넓게 부여하는 정책이 사회 전반적으로 확산됨에 따라 사회구성원은 노력에 비하여 자신이 실질적으로 처분할 수 있는 수익과 편익이 줄어들게 되는 것이다. 이에 따라 경제주체의 창의적 투자 및 경제활동이 제대로 보상받지 못하게 된다. 이와 같이 우리 사회에 만연된 평등주의 함정은 개인재산권 보호에 장애요인으로 작용하고 있다.

자기책임하에 일상생활에서 오는 생활의 위험을 감당할 수 있는 고소득층 내지 재력이 있는 계층을 저소득층 내지 영세민과 구별함이 없이 일률적 국민보험의 규제대상으로 하는 사회보장제도는 헌법이 강조하는 복지국가 실현의 이념적 한계를 벗어난 것이다. 그런 점에서 모든 국민을 하나의 '연대집단'으로 묶은 채, 현재 시행중인 의료보험, 연금보험, 고용보험 등의 사회보험은 오히려 생활수준의 하향식 조정을 의미하는 것으로서, 생활수준의 상향식 조정을 지표로 하는 현대 산업국가의 헌법질서에 부합하지 않는다. 고교평준화정책은 공교육을 황폐화시켜 국가경쟁력의 약화를 초래하고 있는데, 이는 역사발전의 보편성에도 반하는 위헌적 제도라고 할 수 있다.

시장에서 경쟁을 북돋워야 할 경제정책도 이 같은 평등주의 함정에서 자유롭지 못하다. 공정거래법상의 경제력집중 억제정책은 사실상 시장에서 강자로 떠오른 대기업을 역차별적으로 징계하는 성격을 갖고 있다. 한편 우리나라의 높은 소득세 누진율도 외국기업들의 국내진출을 어렵게 하고 있으며, 실제로 우리나라에서 사업활동은 하지만 홍콩 등에 적을 두는 외국인 기업의 경영진이 많은 것도 사실이다.

3) 법치경제에 역행하는 경제제도 개혁

개발도상국에서 선진국의 성공적 제도를 그대로 이식하더라도 성공을 거두지 못하는 경우가 많이 나타남을 볼 수 있다. 많은 경우 선진산업국가에서 잘 작동하는 제도가 개발도상국에서는 잘 작동하지 않는데, 근본적 이유는 선진사회에서는 개발도상국과는 달리 투명성을 촉진하면서 법집행을 원활하게 해주는 보완적 제도가 잘 발달되어 있기 때문이다. 예를 들어, 각종 회계기준이나 자본시장의 공시제도, 회사법체계, 그리고 사법적 법처리 절차는 선진사회의 법·제도가 잘 작동되는 데에 중요한 역할을 수행한다. 이러한 전체적이고 보완적인 제도적 인프라의 도움 없이 특정한 법·제도만을 도입하려는 경우 많은 어려움이 따르게 된다.

한 사회의 역사적, 문화적 환경과 가치관, 관습 등이 어떤 제도를 정형화된 틀로 이식하지 못하도록 작용한다. 즉, 제도구축은 경로의존성[2]이 매우 크게 나타난다. 가령 법체계가 잘 정리되어 있지 않고 정보의 유통이 제한된 사회에서는 기업지배구조를 무조건 서구식으로 확립하는 것 자체가 쉽지 않았다. 오히려 집중된 소유구조가 분산된 소유구조보다 기업활동을 감시하는 데 더 효과적일 수 있다.

4. 경제와 기업개혁의 기본틀

1) 한국기업은 한국적 경영환경의 산물

우리나라의 현존하는 대기업들은 이른바 성공했다는 기업들이며, 따라서 우리나라 경영환경에 가장 적합한 형태로 적응해 온 기업들이다. 적응에 성공한 우리나라 재벌과 기업들이 독특한 경영행태를 보이고 있다면, 이는 바로 우리나라 문화, 관행, 가치관, 정치계의 행태, 정부의 규제정책과 산업정책 등 각종 경제정책과 소비자, 은행 등 채권자, 주주들의 감시 정도, 노사관계 등 기업을 둘러싸고 있는 각종

2) 다음의 일화는 경로의존성의 중요성을 비유적으로 잘 설명한다. 아이젠하워가 제2차 세계대전 이후 미국 컬럼비아대학의 총장으로 재임할 때의 일이다. 컬럼비아대학 캠퍼스 내에서 잔디밭을 깔고 보도를 내는 공사를 시행하여야 하는데, 아이젠하워는 무슨 이유에서인지 공사가 끝난 잔디밭에 보도의 포장공사는 시행하지 말라고 명령하였다. 몇 달이 지난 후에 잔디밭에 사람들이 다녀서 누가 보더라도 보행인이 자주 다니는 도로가 자연히 드러나게 되었을 때에 아이젠하워는 그 위에 포장공사를 허락하였다.

시장제약 등으로 구성되는 기업경영 환경의 특성을 반영하는 것이라고 보아야 한다.

2) 경영여건 개선 없이 기업행태 개혁 어려워

〈그림 14-2〉에 의하면 기업은 가장 멀리는 한 사회의 문화, 사회적 가치, 관습 및 관행 등에 의하여 영향을 받으면서 가깝게는 정부 3부에 의해 만들어지는 법과 제도에 의하여 영향을 받는다. 또한 보다 직접적으로는 정부가 내리는 각종 명령이나 경제정책의 영향하에 있으며 가장 가깝게는 제품시장과 요소시장의 조건에 따라 결정적 영향을 받게 된다. 문화와 전통은 정치제도 및 정치권의 행태로부터 정부의 정

〈그림 14-2〉 기업형태를 결정하는 기업경영환경

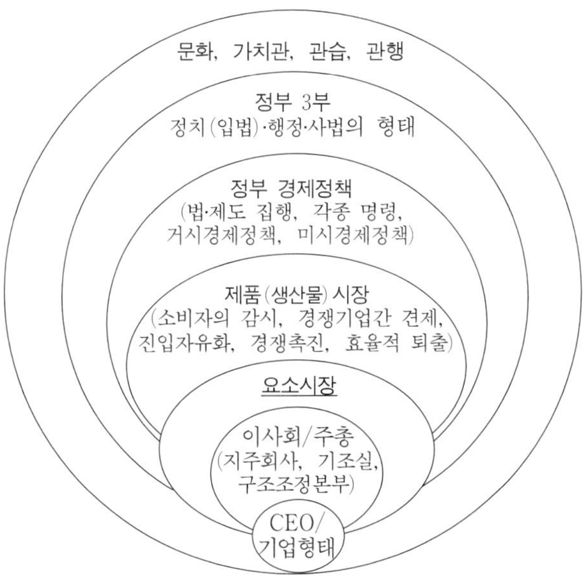

책, 그리고 각종 시장조건과 기업의 행태에 이르기까지 모든 주변요소에 영향을 미치는 전반적 외생조건으로 작용한다. 입법부를 포함하는 정치제도는 또한 법, 제도와 같이 사회를 운용하는 게임의 법칙을 정함으로써 사회를 구성하는 모든 주체들에게 영향을 미친다. 또한 정부의 경제정책은 각종 시장조건과 기업부문에 직접적으로 영향을 미치게 되며 제품시장은 기업의 생산물 시장에서의 행태를, 마지막으로 금융제도를 포함하는 요소시장은 기업의 특정한 유형의 자금조달 및 인력활용 방법 등 요소조달 행태에 영향을 미치게 된다.

따라서 경제 및 기업개혁도 정부 3부에 의해 만들어지는 기업활동 관련 법·제도를 개선하고, 기업활동을 규율해온 일반적 문화, 관행은 물론 정부와 기업 간의 공식·비공식적 관계에 대한 개혁까지 이뤄져야만 기업들이 자연스럽게 경영행태를 바꾸게 되는 것이다. 여기에 더하여 기업의 경쟁력을 높이기 위해서는 소비자, 채권자, 주주들의 감시기능을 강화하고, 경쟁기업들에 의한 경쟁압력을 강화하는 것이 불가피한 것이다.

따라서 모든 개혁의 과제는 우리의 행동 그 자체를 규제하기보다는 전체 사회시스템의 구성인자 중에서 우리 행동을 규율하는 제도적 환경을 개선함으로써 순리에 따라 문제행동이 개선될 수 있도록 하는 데 있다 할 것이다.

5. 기업개혁정책의 새 패러다임

1) 기업을 규율하는 두 가지 지배구조

정부의 기업정책도 시장경제원리에 맞게 재정립되어야 할 때가 되었다. 경제 내에서의 정부와 기업의 역할에 대한 합리적 이해하에 정부가 해야 할 일과 기업이 해야 할 일을 가려내야 한다.

외환위기 이후 기업의 지배구조개혁이 핵심과제로 등장하였는데, 자본주의 시장경제에서 기업의 경영형태를 규율하는 기업지배구조는 시장으로부터의 감시에 해당하는 시장규율방식과 내부로부터의 감시에 해당하는 내부규율방식의 두 가지가 있다. 시장으로부터의 규율방식은 다시 제품시장 및 요소시장(직접금융시장, 간접금융시장, 경영인시장, 노동시장 등)에 의한 규율방식으로 세분화될 수 있다.

먼저 제품시장은 기업의 생산물에 대한 소비자의 평가를 통해 비효율적이고 경쟁력이 없는 기업을 걸러내는 가장 중요한 기업규율기능을 담당한다고 할 수 있다. 직접금융시장은 주주의 권리행사와 M&A를 통해 경영자를 견제하는 기능을 담당하고, 간접금융시장은 채권자의 여신심사와 더불어 대출채권의 원활한 회수를 위한 사후감독 과정을 통해 경영자 견제기능을 수행한다. 그리고 경영인 시장은 전문경영인들간의 경쟁과정을 통해 비효율적 경영자를 시장에서 도태시킴으로써 경영효율을 높이는 데 기여하게 된다. 노동시장은 특정 노사관계의 정착을 통해 기업을 견제하게 된다.

반면에 내부로부터의 규율방식에는 그룹 기조실, 구조조정본부나 지주회사와 같은 기업 내부의 통제조직, 그리고 주총이나 기업지배구조 논의에서 전통적으로 가장 주목받는 이사회에 의한 경영자 견제기능 등이 있다. 이밖에 기관투자가들에 의한 사외이사 선임 등을 통한 경영통제방식은 시장규율과 내부규율의 중간형태로 볼 수 있다.

2) 시장규율방식을 활성화해야

정부가 기업의 구조조정을 보다 합리적으로 촉진시키기 위해서는 무엇보다도 법·제도개혁과 규제완화 등을 통해 이러한 기업규율체제가 유기적으로 잘 작동하도록 해야 한다. 그렇다면 정부는 위의 다양한 규율방식 중에서 어느 부문을 강조해야 하는가?

우선 기업조직이나 이사회 구성과 같은 내부규율방식은 주어진 경제환경과 시장규율방식의 작용 속에서 기업이 선택해야 하는 경영전략 변수, 즉 내생변수에 해당된다. 따라서 이는 기업의 특성에 따라 차별화될 수밖에 없다는 점에서 지나치게 경직적 내부규율방식 규제는 비효율을 초래할 가능성이 높다. 그러나 요소시장이나 제품시장은 기업의 입장에서 보면 외생변수에 해당된다. 따라서 기업 및 시장관련 법·제도의 개혁을 통해 시장규율방식을 활성화하는 것이 기업의 자발적 변신을 유도하는 데 보다 효과적이다.

3) 관련 시장제도의 개선노력이 시급하다

시장규율방식의 활성화와 관련해서는 기업의 경영은 최종적으로 제품시장에서 평가된다는 점에서 제품시장에서의 경쟁촉진이 가장 중요함에도 불구하고 그동안 제품시장은 진입 및 가격규제, 대기업의 퇴출억제시책 등 오히려 경쟁제한적 정부정책에 의해 왜곡되었다. 그리고 직접금융시장은 그동안 M&A가 불허되고 기관투자가의 역할에 대한 제약 등으로 기업규율기능이 매우 미흡했으며, 은행 등 간접금융기관도 관치금융 속에서 배태된 자체의 낙후성 때문에 기업경영감시에 적극 나서지도 못했다. 또한 그럴 유인도 없었다. 그리고 노동시장의 제일 중요한 플레이어인 노조는 그동안 기업에 대한 건전한 견제세력으로서보다는 기업경영의 발목을 잡고 있다는 비판을 받고 있다. 1980년말 정치민주화 이후 노조의 권한을 높이고, 근로자의 권익을 보호해야 한다는 올바른 명제에서 출발한 노조활동의 강화 이후, 그동안 노조는 이른바 경영민주화의 기치 아래 그 힘이 점차 비대해지면서 이제는 법치 위에 군림하는 조직으로 부각되고 있다.

따라서 이러한 점들을 감안할 때 시장에 의한 기업규율기능이 정상적으로 발휘될 수 있도록 관련제도를 체계적으로 개선하는 노력이 무엇보다도 우선되어야 할 것이다. 정부는 시장이 제대로 작동할 수 있도록 시장제도를 정비함으로써 시장의 힘을 이용해 기업을 단련시키는 것이 새로운 시대에 맞는 보다 효율적인 기업정책이 될 수 있음을 인지해야 할 것이다.

4) 우리나라 기업정책에 대한 평가와 새 패러다임

공정거래법상의 대기업에 대한 규제의 많은 부분은 기본적으로 기업의 내생변수나 내부규율장치에 대한 규제였음을 알 수 있다. 소유구조 규제, 소유·경영분리 유도, 출자총액 규제, 내부거래 규제, 전문화 유도, 다각화 규제, 계열사 규제 등은 기본적으로 기업의 내생변수에 대한 규제에 해당된다. 한편 빅딜, 부채비율 규제, 상호지급보증 규제 등도 사실은 기업의 내생변수에 대한 규제라고 볼 수 있다.

그리고 외환위기 이후 강요된 기조실 폐지, 이사회제도에 대한 지나치게 경직적인 규제 등은 기업의 내부규율장치에 대한 규제에 해당된다. 이사회제도, 특히 사외이사제도는 앞에서 지적한 대로 기업경영에 대한 시장으로부터의 감시기능을 하는 측면도 배제할 수 없지만, 결과적으로는 기업의 내부조직에 해당되기 때문에 이를 지나치게 경직적으로 규제하는 것은 결국 기업경영에 제약이 될 수밖에 없을 것이다. 따라서 이사회제도와 관련된 감사위원회 구성과 기능에 대한 지나친 규제도 바람직하지 않다 하겠다. 또한 사외이사 선임방식과 관련된 집중투표제의 경우도, 이것이 결국은 기업내부조직 구성과 관련된다는 점에서 강제하기보다는 지금처럼 기업의 자율적 선택에 맡기는 것이 좋다고 볼 수 있다.

한편 과다부채규모, 상호지급보증 관행 등은 이러한 것이 기업 건전성에 해가 되기 때문에 억제되어야 하지만, 이 문제를 푸는 방법은 기업에 대한 자금공급 기능을 갖는 기업 견제장치로서 금융기관의 대출관행, 즉 외생변수의 관리를 통해 푸는 것이 순리이다. 은행의 동일인 및 동일계열 여신한도제도의 강화나 동일인간의 상호지급보증을 허용해온 불건전 대출관행을 금지하는 건전감독의 강화로 푸는 것이 시장원리에 부합하는 정책이 될 것이다.

개혁들은 과거 경제력집중 억제시책의 큰 틀에서 운영되어온 기업정책에 비해, 주로 기업의 외생변수를 개선하는 데 집중함으로써 시장에 의한 기업규율장치를 개선하는 데 많은 진전을 이루었다고 할 수 있을 것이다.

경제위기 이후 도입된 제도개혁의 구체적 내용은 〈표 14-1〉에 정리

〈표 14-1〉 경제위기 이후의 경영투명성과 기업지배구조 정책

정책구분	정책내용
경영투명성	결합재무제표 작성 의무화(2000년 7월부터) '감사선임위원회' 설치 예측정보 공시제도 및 공시위반에 대한 처벌강화
경영권시장 활성화	의무공개매수제도 폐지, 적대적 M&A 허용 외국인 주식취득시 이사회 동의요건 완화: 10% ⇒ 1/3 이상
지배주주의 책임강화	이사의 충실의무 신설 업무집행 관여자(사실상의 이사)의 책임규정 신설
주주권강화	소액주주의 권한강화, 대표소송제 도입 및 강화 이사 선임시 집중투표제 도입 서면 투표제, 전자투표제 도입 기관투자가의 shadow voting 폐지 신탁재산(투신과 은행의 신탁개정)의 의결권 부여 지배목적의 의결권 행사 제한
이사회 구조	사외이사제 도입, 1인 이상(1998) → 1/4 이상(1999) 대규모 상장기업(자산규모 2조 원 이상)과 금융기관 1/2 이상(2000) 사외이사 미선임 기업은 주권상장 폐지 감사위원회 등 소위원회 설치규정 대규모 상장기업과 금융기관은 감사위원회 설치 의무화

되어 있으며, 여기에서 보면 경제위기 이후 정부는 기업지배구조를 개혁하기 위해 체계적으로 노력했음을 알 수 있다. 이미 지적한 바와 같이 이사회제도에 대한 일부 규제를 제외하면 외환위기 이후의 경영투명성 제고를 위한 개혁조치들이 주로 기업의 외생변수 부분에 집중됨으로써 개별 개혁조치의 내용들이 적절하냐의 논쟁은 있을 수 있지만, 기업정책의 큰 틀은 여기에서 제시하는 패러다임에 많이 접근하고 있다고 평가할 수 있다. 재무제표의 정확성과 공시강화, 적대적 M&A 등 경영권시장의 활성화, 지배주주의 책임강화, 대표소송제 도입 등 주주권 강화 등은 기업의 외부여건에 대한 개혁조치로서 그 필요성이 인정되는 부분이다.

그럼에도 불구하고 외환위기 이후의 제도개혁 추진과정에서 정책의 내용이 한국적 문화관행, 법적 전통에 적합한지 여부, 정책의 우선순위와 속도 등에 관해 많은 논란이 있었던 것이 사실이다. 이미 지적한 바와 같이 대규모 공개기업과 금융기관이 사외이사 비율을 50% 이상 유지하도록 하는 정책이나, 대기업들의 부채비율을 200%로 규제하는 정책 등은 각 개별기업들의 특성과 우리나라 금융제도의 특성을 무시한 기업의 내생변수에 대한 획일적 규제라고 볼 수 있을 것이다. 또한 출자총액한도제라는 내생변수에 대한 규제의 적절성 논란, 집중투표제와 집단소송제를 강제하려는 조치의 적절성 논란 등 개혁정책의 내용 자체에 대한 적절성 여부 논란도 없지 않다.

집중투표제의 경우는 내부조직인 사외이사의 선임과 관련된 제도이기 때문에 CEO나 이사회의 판단에 의해 선택할 수 있도록 하는 것이 순리이며, 이런 점에서 필요하면 정관에서 배제할 수 있도록 한 것은 합리적이라고 판단된다. 다음으로 대표소송제는 기업의 외생변수로서 정부가 결정해 주어야 할 제도이며, 이런 점에서 제도도입은 일단 적절하다고 할 수 있다.

한편 최근 도입이 논의되는 집단소송제와 관련해서는 그동안 소액주주의 권한이 상대적으로 소홀히 다뤄졌기 때문에 소액주주의 감시기능을 강화할 필요가 있다는 점이 인정되고, 또한 이러한 제도는 논리상 기업의 외생변수로서 기업견제장치이기 때문에 정부가 이러한 성격의 제도도입을 주도하는 것은 합리적이라 볼 수 있다. 그러나 집단소송제를 도입한 미국 등에서 남소(濫訴)와 같은 부작용이 심대하다는 것을 고려해야 할 것이며, 또한 법리적으로는 우리가 채택하는 대륙법체계에 부합되지 않는다는 점도 고려해야 할 것이다. 따라서 대안으로서 우리나라를 포함한 대륙법 계통의 나라에서 채택하는 유사한 제도인 민법상의 선정당사자제도를 활용하는 것이 우리나라의 기존 법체계에도 부합된다고 볼 수 있을 것이다. 나아가 우리나라 투자자들이 단기성 투자에 치중하고 있으며 또한 투자원본 훼손을 수용하지 못하는 행태 때문에 이 제도가 의외의 부작용을 초래할 가능성도 배제할 수가 없다.

6. 개혁은 세대를 넘는 대장정

모든 개혁은 하루아침에 이뤄지는 것이 아니다. 물론 혁명이나 전쟁, 경제위기 혹은 천재지변 등에 따라 개혁의 계기가 마련된다면 변화의 속도는 빠를 수 있지만, 이미 지적한 바와 같이 최근의 '신제도학파 경제학'은 그동안의 역사적 경험에 비춰볼 때 법·제도 등의 공식적 규칙의 개혁은 10~100년 단위로 이뤄진다는 것을 강조하고 있다. 더구나 법·제도의 개혁에 따라 일반국민들의 사회·경제·정치 등 관련 생활을 바꾸는 데만도 10년 단위의 기간이 걸릴 수 있음을 강조하고 있다.

그런데 의식, 가치관, 관행 등을 포괄하는 의미의 문화의 경우는 공식적 법·제도가 장기간에 걸쳐 생활관습화되면서 문화의 일부로 자리잡게 된다. 따라서 문화를 바꾸는 일도 결국은 구체적인 공식적 규칙을 개혁하는 일에서부터 시작할 수밖에 없지만, 문화의 개혁은 더 어려운 일일 수밖에 없다. 이미 지적한 바와 같이 문화적 변화나 개혁은 100~천 년 단위로 이뤄진다는 점을 상기할 필요가 있다.

이와 같이 개혁은 생활환경을 바꾸는 일일뿐만 아니라 국민들이 바뀐 환경에 적응하는 기간까지 감안하면 세대와 세기를 넘는 과정일 수 있음을 명심해야 한다. 개혁을 주도하는 사람들이 조급해 하지 않으면서도 변화의 긴 과정 동안 항상 개혁과정에 있음을 잊지 않고 법치경제개혁을 지켜내는 것은 지난한 일임에 틀림없다. 그러나 그렇기 때문에 개혁이 또한 실패를 거듭했다는 사실도 명심해야 한다.

▪ 사례 이야기

1. 북송을 멸망으로 이끈 왕안석의 변법개혁

송나라 신종 때 왕안석(王安石, 1021~1086)은 청묘법(靑苗法), 시역법(市易法), 균수법(均輸法) 및 면역법(免役法)이라는 변법(變法)을 도입하였다. 변법이 시행되기 이전엔 상평법(常平法)이 시행되고 있었는데, 이는 풍년일 때 정부가 평년가격으로 곡식을 사들였다가 흉년이 되어 곡식이 귀해지면 평년가격으로 백성들에게 되파는 것이다. 이는 대지주나 교활한 상인들이 사재기를 통해 부당이익을 취하는 현상을 방지하고 물가가 요동치지 않도록 조절할 수 있어서 정부와 백성들 모두에게 이득이 되었다.

왕안석은 이러한 상평법을 청묘법으로 바꾸고자 하였다. 1년 중에서 농민들이 가장 힘들어 하는 시기가 봄이다. 가을에 추수한 곡식은 이미 바닥이 나고 여름곡식은 아직 익지 않아 식량수급에 공백이 생기는 이른바 '춘궁기'에 들어선다. 재력이 뛰어난 대지주들은 이 틈을 이용해 돈과 곡식을 농민들에게 빌려주고 곡식을 수확하는 여름과 가을에 고리대의 이자를 덧붙여 갚도록 했다. 이는 보통 청묘(어린 벼 모종)를 담보로 한 저당대출이었으므로 대지주들은 전곡을 제대로 돌려받을 수 있을지 걱정할 필요가 없었다.

청묘법은 이러한 악덕 대지주들의 저당대출을 정부가 대신하는 것이었다. 고리대금업자의 악랄한 돈놀이에서 농민들을 구해내는 한편, 국가의 재정수입을 늘릴 수 있는 일석이조의 대책이었다. 그렇게 하기 위해 정부가 상평법으로 보관하는 곡식을 팔아 거둔 돈을 춘궁기에 농민들에게 낮은 이자로 빌려주는 것이었다. 이러한 대안은 여러 가지 효과가 있었다. 첫째, 춘궁기에 곡식가격이 폭등하면 창고의 묵은 곡식을 팔아 물가를 조절할 수 있고, 둘째, 곡식을 팔아 얻은 자금을 대출해 활용할 수 있으며, 셋째, 곡식가격의 균등화와 저리담보대출로 농민들을 구제할 수 있고, 넷째, 대출을 통해 정부도 수익을 올릴 수 있었다.

그러나 실제운영은 이러한 본래의 취지에서 완전히 벗어났다. 일단 대출금리가 결코 낮지 않았다. 농민을 배려한다는 차원에서 출발한 저금리 대출제도가 정부의 독점형태의 고리대금제로 변질되어버린 것이다. 왕안석은 연 2할의 이자를 제시하였으나 일부 지역에선 기준치의 서른다섯 배나 되는 고금리가 적용되기도 하였다. 높은 이자에다가 대출절차가 번거로워 탐관오리들에게 뇌물을 찔러주어야 제대로 대출이 이뤄졌다. 게다가 중앙정부가 매년 의무적으로 대출해주는 금액을 지방정부에 할당하자 지방관들은 주민들에게 강압적으로 대출을 할당하게 되다보니 중산층은 물론 부농 심지어 지주들까지도 대출을 강요받았다.

시역법과 균수법도 마찬가지였다. 왕안석은 상업유통을 활발히 하고 국가재정을 보강하기 위해 상평시역사(常平市易司)라는 시장관리 전담기구를 두어, 물가가 하락하면 상품을 고가로 매수하고 물가가 상승하면 저가로 되팔게 하자고 제안하였다. 이것이 시역법이다. 균수법은 과거 정부가 필요로 하는 품목을 채우기 위해 매년 중앙에 재물을 운송해야 했는데, 각 지역마다 지정되어 있었다. 그해의 작황이나 지역별 가격차에 상관없이 중앙으로 올려 보내야 할 수송품목과 수량이 일률적으로 정해져 있어 비합리적이기도 하였다. 왕안석은 이를 균수법으로 바꾸어 정부의 부처가 필요한 품목을 가장 편리한 곳에서 가장 싼값으로 물자를 조달하는 방식으로 바꾸었다. 즉, 균수법은 과거 '지방의 공납제'를 '중앙의 구매조달'이란 개념으로 바꾼 제도란 점에서 획기적 아이디어였다. 그러나 시행에 들어가자 중앙의 구매담당부서인 발운사아문(發運司衙門, 우리나라의 조달청)은 시장을 독점하는 최대

국영기업으로 변질되었다. 사실 청묘법도 결국은 정부기관이 대형 은행역할을 떠맡고, 시역법도 정부가 상점과 은행역할을 겸하게 하는 제도여서 균수법과 마찬가지로 국가가 시장에 개입하는 제도였다. 정부가 직접 장사를 했기 때문에 부정부패의 온상이 될 수밖에 없었다.

원래 상평시역사는 적체된 물품을 사들여 시장가격을 조절하는 것이었다. 그러나 실제로 그들은 판로가 좋은 물품들만 앞다투어 사들이자 투기꾼으로 변질되고 말았다. 그렇게 해야만 조정이 하달한 이윤지표를 달성할 수 있었고, 중간과정에서 자기 주머니를 채울 수 있었기 때문이었다. 이러한 점에서 "상거래와 무역은 민간에게 맡겨 두어야 한다"는 수구파의 주장이 옳았다. 정부의 상거래 개입은 결국 나라와 백성 모두를 망치는 것이었다. 변법을 추진한 후 북송이 멸망하기까지는 불과 50~60년도 걸리지 않았다.

변법이 도입되기 이전엔 백성들에게 세금과는 별도로 의무노동을 부과하던 차역법(差役法)이 시행되고 있었는데, 당시 돈 많은 권세가들은 물밑으로 손을 써서 가벼운 노역을 할당받거나 아예 면제받는 탓에 힘든 고역은 고스란히 힘없는 농민들 차지가 되었다. 왕안석은 변법을 도입하면서 노역의 '강제징발'을 '모집고용'의 형태로 전환하는 면역법으로 바꾸었는데, 이는 백성들에게 노역 대신 면역전을 납부하게 하고, 이를 재원으로 필요한 부문에 실업노동인력을 고용하는 방식이었다. 면역법은 첫째, 농민들이 노동력을 차출당하지 않아 생산활동에 지장을 받을 일을 없앴다. 둘째, 모든 사람들에게 일률적으로 돈을 징수하므로 비교적 공평했고, 셋째, 실업상태의 사람들을 이용할 수 있는 이점이 있었다. 훗날 면역법이 폐지되고 차역법으로 다시 부활되자 왕안석을 반대하던 사람들조차 면역법의 폐지를 옳지 않다고 여겼다.

여기서 흥미로운 사실은 시역법이나 균수법이나 청묘법과는 달리 국가가 개입하지 않고 시장화(화폐화)한 왕안석의 면역법만이 수구파로부터 인정받았다는 점이다. 신종이 죽고 나서 면역법까지 폐지되자 왕안석은 면역법까지 폐지한 것을 아쉬워하였고, 그로부터 한 달 후에 병이 깊어져 세상을 떠났다(강경이, 2007).

반계 유형원은 당시 조선에서 시행하는 환상제(還上制, 흉년이나 춘궁기에 관곡을 대여하였다가 풍년 또는 추수기에 이를 상환하게 하는 제도)를 폐지하고 서울과 지방에 관주도의 상평창(常平倉)과 개인주도의 사창(社倉)을 각각 설치하여 곡식을 매매하도록 권하였다. 즉, 곡식이 천하여 값이 헐한 때에는 그 값을 올려서 사들이고 곡식이 귀하여 값이 비쌀 때에는 그 값을 헐하게 내팔 수 있는 시장을 만듦으로써 곡가를 안정화시켜 곡식이 천하여도 농민을 해치지 않게 하고, 곡식이 귀하여도 다른 백성을 해치지 않게 하려는 생각에서였다.

그는 당시 시행하는 환상제가 백성들에게 이익이 없다고는 할 수 없으나 이익은 매우 적고 그 해독은 매우 크다고 지적하였다. 《반계수록》에서 말하기를 "환상제는 송나라 왕안석이 만든 청묘법과 그 해독이 다름이 없다. 소식(蘇轍, 소동파)이 청묘법을 비평해 말하기를 '돈을 백성들에게 대부하면 돈을 출납할 때에 이서(吏胥)들이 이를 기회로 협잡하더라도 법은 능히 금할 수 없으며, 돈이 백성의 손에 들어가면 비록 선량한 백성이라도 무리하게 소비하는 경우가 있을 것이며, 그 돈을 반제할 때에는 비록 부유한 백성이라도 기한을 어기는 경우가 있을 것이다. 이렇게 기한을 넘기게 되면 반드시 백성들에게 편태(鞭笞)의 형벌을 쓰게 될 것이니 주현(州縣)에서는 일이 많아질 것이다.' 당나라 유안(劉晏)이 국가의 회계사무를 관장하고 있을 때에 조금도 남에게 빌려주지 않으므로 이를 비난하는 사람이 있으니 유안은 말하기를 '백성들로 하여금 요행으로 돈을 얻어 쓰게 함이 나라의 복이 될 수 없으며, 이서들로 하여금 법을 믿고 백성들을 독촉하게 함이 백성에게 편리한 일이 될 수 없다. 내가 비록 백성에게 일찍이 돈을 빌려주지 않았지만 사방의 풍흉과 곡물의 귀천을 알지 못함이 없으므로 곡물이 천하면 반드시 사들이고 곡물이 귀하면 반드시 내다팔기 때문에 사방에 곡물이 귀하거나 너무 천하거나 하는 폐해가 없게 되니 무엇 때문에 돈을 빌려주는 일을 하겠는가? 하였으니 유안의 말은 한(漢)나라의 상평법(常平法)일 것이다. 진실로 능히 이 법을 시행한다면 이보다 더 좋은 법은 없을 것이다'라고 하였다"(이재호, 1977).

연암 박지원의 언행과 가르침을 기록한 《과정록》에서 박종채는 부친인 박지원이 당시의 균역법(均役法)이 안고 있는 문제를 다음과 같이 지적하였다고 한다.

"군포(軍布)를 덜어주는 것은 본래 백성에게 은혜를 베풀기 위한 것이었건만 세액의 부족을 대신하는 방법이 좋지 않아서 그 폐단이 끝이 없다. 가령 어살〔물고기를 잡기 위해 물 속에 설치한 나무 울타리를 말하는데, 당시 어살의 수입을 몇 등급으로 나누어 어세(漁稅)를 부과하였다〕의 경우를 예로 들어보자. 밀물과 썰물, 개펄의 넓이는 수시로 변하는 법이고 어족(魚族)이 모이고 흩어지는 것도 일정하지 않다. 만약 어떤 곳의 포구에 어살을 설치하여 올해 잡은 농어가 고깃배 100척의 분량이라고 하자. 나라에서는 이를 기준으로 세금을 매겨 장부에 기재한다. 이듬해 밀물이 멀찍이 물러나 개펄의 넓이가 줄어들거나 어족이 모이지 않게 되면 백성들은 수입이 준다. 그렇건만 세금은 그대로다. 관에서는 상황에 따라 세금을 가감하지 않고 오로지 세금독촉만을 일삼을 뿐이다. 그러니 백성들은 살 도리가 없어 뿔뿔이 흩어지고, 마을은 텅 비어버린다. 그래도 세금장부는 그대로 남아 계속 세금을 징수하고 있다. 기타 선박세나 염세 등의 폐단도 이와 다르지 않다. 아버지는 일찍이 호포법(戶布法, 가옥을 단위로 군포를 부과하는 제도로, 숙종 때 논의되다가 대원군에 의해 시행됨)과 구전법(口錢法, 인구에 대해 부과하는 인두세)을 시행함이 바람직하다고 하였다. 그렇게 하면 정연하고 간단한 데다 요체가 분명해 번거롭지 않다"(박희병, 2005).

송 왕조의 나대경(羅大經)이 말했다. "옛말에 이르기를 충분한 이익이 없다면 변법을 논하지 말라고 했다. 말하자면 이미 자리잡은 법률을 경솔하게 바꾸지 말라는 뜻이다. 그런데 이렇게 하면 많은 사람들은 마치 폐단을 발견하고서도 고치지 않는 것이 아닌가 하고 의심한다. 폐단은 바로 법규를 지키지 않기 때문에 나타나는 것인데, 어찌 법규를 탓할 수 있겠는가"(장연, 2003)?

2. 학교설립을 후회한 《수학의 정석》 저자 홍성대 이사장

우리나라에서 40년 이상의 연령을 가진 《수학의 정석》의 저자로 알려진 상산학원 홍성대 이사장은 2006년 12월 참여정부가 개방형 이사제를 도입하여 외부인사를 강제로 이사에 앉히는 사립학교법 개정안을 통과시키자 한 인터뷰에서 "학교 세운 것을 후회한다"고 말했다. 그는 학생들 덕분에 번 돈이니 학생들을 위해 쓰겠다는 생각에서 1981년 전주 효자동에 상산고(象山高)를 세웠다. 그는 지금까지 상산고에 천억 원쯤 쏟아 넣었다고 하는데, 2만 평의 교정은 조경협회가 선정한 '조경 백선'에 꼽히기까지 하였다(〈조선일보〉 2006. 8. 30).

3. 노무현 대통령의 죽음과 아직 성숙되지 않은 보수

한 국가의 전직 대통령의 비극적 죽음까지 가져온 이유에 대해 논란이 많다. 이 중에 이른바 보수와 진보라는 사회적 충돌의 결과라는 측면에서 지적해야 할 부분은 한국사회에는 아직 진정한 보수가 자리잡지 못했다는 점이다.

보수란 무엇인가. 경제적으로는 정부의 인위적 시장개입보다는 시장의 자유경쟁에 맡겨 놓는 것이 가장 효율적이라고 믿는 것이다. 자유경쟁이 성공하려면 사회의 근간이 되는 사유재산 보호와 게임의 법칙 준수가 절대적으로 필요하고, 이 기능은 국가 공권력으로 이뤄진다. 시장경제 도입으로 경제를 일으키겠다던 대부분의 개발도상국들이 실패한 이유는 정권의 부패다. 시장경제의 핵심인 게임의 법칙을 지켜줘야 할 정권이 스스로 그 권력을 남용해 시장질서를 흩뜨려 놓았으니 그 시장의 말로는 뻔한 것이다. 그렇다면 시장경제를 믿는 보수세력은 누구보다도 게임의 법칙을 지켜 공정한 사회를 만드는 세력이어야 한다. 시장경제의 성공은 공정한 게임의 법칙이 지켜지는 경제사회 구조에서만 가능하기 때문이다.

이번 노 전 대통령의 비극에는 바로 이 법질서를 지켜야 하는 기관이 스스로 몰고 간 인민재판적 요소가 분명히 있다. 법치주의의 핵심인 증거입증주의와 절차는 철저히 무시되었다. 한국의 보수가 가장 싫어하는 북한 공산주의 죄상 중에 치를 떠는 것이 무엇인가. 바로 인민재판이다. 판결이 나오기 전에 이미 만신창이가 되는 수많은 피의자들, 세무감사만 한다고 소문나면 결과가 나오기도 전에 부도를 맞았던 기업들에 대한 수사권과 공권력의 폭력은 결코 인민재판보다 낫다고 할 수 없다.

시장경제에서 보수가 두려워할 것은 진보세력이 아니다. 보수를 가장해 법과 시장질서를 유린하는 독재세력이다. 이제 상처받은 한국은 진정한 보수를 위해 뼈를 깎는 고통으로 거듭나야 한다(최운화, 〈매일경제〉 2009. 6. 10).

4. 중국 〈인민일보〉의 사과

중화인민공화국이 들어선 이후 1949년부터 중국 남부지역에서 토지개혁이 시작되었다. 1951년에는 '반혁명분자의 처벌에 관한 법률'로 사회주의의 본 모습을 보여주기 시작하였다. 그리하여 사회주의의 적들은 공개적으로 비난받고 형을 받아 처형되었다.

1955년 농업의 집산화를 강화시키고 개인이 운영하던 상공업을 국유화하였다. 그러나 사회주의 운동이 제대로 성과를 거두지 못하자 백

화제방(百花齊放) 운동을 실행에 옮겼다. 이 운동은 비판의 목소리를 내도록 국민을 설득했다. 마오쩌둥은 "올바른 사상이라도 온실에서 자라나 질병에 대한 저항력이나 면역력을 얻지 못하면 잘못된 사상과 맞서 승리할 수 없다"고 말했다. 그러나 이는 단지 사람들의 내면의 생각을 드러내도록 꾀어 위험한 생각을 하는 자들을 골라내 처단하는 데 이용되었다. 우익분자들은 노역장으로 보내졌고, 잠깐 동안 꽃을 피웠던 교수들은 화장실을 청소하는 자리로 전락하고 말았다.

1958년부터 대약진이 개시되었는데, 마오쩌둥은 "비생산적 지역은 없다. 단지 비생산적 사상이 있을 뿐이다. 열악한 땅이란 없다. 단지 열악한 경작방식이 있을 뿐이다"라고 말했다. 1958년 말에는 약 7억 명에 달하는 사람들(인구의 90%)의 경제적 정치적 행정적 생활이 완전히 바뀌었다. 예를 들어, 허난성에서는 집단농장 5,376개가 평균 8천 가구로 구성된 208개의 인민공사로 재편성되었다.

특히 각 인민공사마다 철강을 생산하여야 했기 때문에 흐루시초프를 만나로 온 저우언라이는 중국의 철강산업이 곤경에 빠졌다고 말했다. 소련의 국가계획위원회의 부의장 자시아드키(A. F. Zasyadki)가 상황을 조사하기 위해 중국에 파견되었는데, 대약진운동의 실태를 보고선 소련은 1959년부터 기술원조 프로그램을 중단하였다. 1959년 7월 23일부로 대약진운동은 중단되었다.

대약진운동의 실패로 마오쩌둥은 1959년부터 2선으로 물러났고 수정주의자들이 우위를 점했다. 마오쩌둥은 대약진운동이 현실의 장벽에 부딪힌 것은 문화적 실패 때문인 것으로 보고 1966년 그의 부인 장칭〔江靑〕을 동원하여 문화대혁명을 일으켰다. 그러나 이듬해 문화대혁명에 대한 공식적 지지를 철회하고 홍위병으로 치안이 엉망이 된 지역에 인민해방군을 통해 질서를 회복했다. 문화대혁명으로 도덕적 관념에 갇혀 있는 홍위병에 의해 많은 사람들이 죽었다. 프랑스의 AFP통신은 1979년 2월 3일 홍위병이 약 40만 명을 살해했으리라 추산했다.

마오쩌둥의 최대 정적이었던 류샤오치〔劉少奇〕는 1973년 콘크리트 독방에 갇혀 배설물로 어질러진 차가운 바닥에서 벌거벗은 채로 죽었다.

1977년 덩샤오핑이 공직에 다시 등장하였다. 그는 관념에만 사로 잡혀 있는 완고한 좌파를 혐오하였고, 프롤레타리아 예술을 경멸했다. "여러분은 지금 무대 위에서 이리 뛰고 저리 뛰는 사람들을 보았을 겁니다. 예술이라고는 흔적도 찾아볼 수 없지요. 외국인들은 단지 예의로 박수를 보내는 것뿐이에요." 또 빈 필하모니 오케스트라의 연주를 보고는 이렇게 말했다. "이것이야말로 내가 찾던 영혼의 양식이다."

그는 베트남에 군대를 파견했는데, 부분적으로는 중국인 소수민족을 학대하는 친소적인 베트남 지도부를 응징하기 위해서였다. 하지만 무엇보다 관념에 빠진 인민해방군에게 삶이 얼마나 진지한 것인지를 가르쳐주기 위해서였다. 제대로 훈련받지 못한 군대는 엄청난 사상자를 냈다. 이 일을 끝낸 뒤 덩샤오핑은 1978~1979년 중공업을 강조하는 스탈린주의와 마오쩌둥주의에서 벗어나 개발도상국에 적합한 경제구조를 지향한다는 결정이 내려졌다. 동시에 베이징의 〈인민일보〉는 독자들에게 그동안의 "모든 거짓과 왜곡"에 대해 사과했다(조윤정, 2008).

제4부

거래상대방을 차별하지 않는 계약자유의 특질

애덤 스미스는 《국부론》을 통해 국가가 교역에 여러 가지 제한을 가해야 한다는 당시의 중상주의사상을 비판하였다. 당시 상업을 개인들이 자유롭게 하도록 방치해두면, 자신의 이득을 위해 이런저런 방식으로 경제체계를 남용할 것이라는 믿음이 지배하였다. 그래서 정부가 건전한 토대가 되어 법령이나 규제를 만들어 개인들의 경제활동에 개입하여야 한다는 믿음이 지배하였다. 그러나 불행하게도 규제를 현명하고 신중하며 자비로운 정부에 의존한 것이 오히려 어리석게도 시장경제가 정상적으로 작동하는 것을 손상시키기에 이르렀다. 불완전한 시장으로부터 공공을 보호한다는 구실로 규제하다보니 알게 모르게 특정 이익집단을 보호하고 이들에게 이득을 주는 꼴만 남겼다.

제 4부에서는 정부가 경제개입을 자제하고 개인들로 하여금 자유로운 계약에 의해 경제질서가 이뤄져야 한다는 근거를 살펴보고자 한다. 먼저 제 15장 "차별 없는 교환"에서 더글라스 노스는 교환이 확대되면서 거래 상대방을 차별하지 않는 거래가 가능하도록 태어난 제도(사유재산권, 국가, 자본시장 등)가 서구사회의 성장을 가져온 원동력이라고 주장한다. 제 16장 "종교적 관용"에서 미제스는 자유주의가 사회평화를 정착시키려면 종교적 신앙은 물론 정치운동에까지도 관용이 베풀어져야 한다고 주장한다.

제 17장 "가격에 대한 보도관제"에서 드와이트 리(Dwight R. Lee)는 가격기구에 저항하면 사회가 비용을 치르게 된다는 사실을 강조한다. 노동시장과 농산물시장에서도 정보를 자유롭게 교환시키는 가격의 중요성을 보여주고 있다. 끝으로 제 18장 "자유주의와 시장경제"에서 강원대학교 민경국 교수는 사회주의와 정부규제의 한계를 지적하고, 현재 한국경제가 처한 이념적 갈등을 구체적 사례를 들어 설명하고 있다.

제15장

차별 없는 교환

더글라스 노스[1]

지배자가 자의적으로 권력을 행사하지 못하도록 자신에게 족쇄를 채우고 국가와 자발적인 상인기구가 따를 수밖에 없는 차별 없는 원칙을 마련한 것이 가장 핵심적인 내용이다.

▪ 요 약

정보가 비대칭적 상황에서는 거래비용이 경제의 성과를 결정짓는 데 중요한 역할을 담당한다. 동시에 거래비용을 줄이는 데에는 정치 및 경제제도가 기여한다. 결국 경제사와 경제발전이론이란 정치 및 경제제도가 진화하는 과정을 설명하는 것에 지나지 않는다.

소규모 마을에서는 거래비용이 낮았다. 그러다가 장거리 교역이 일어나자 친족을 이용한 대리자, 통행세, 표준중량, 표준척도, 계산단위, 교환의 매개물, 공증, 영사, 상인법정, 상인거류지 등의 제도가 나타나 거래비용을 줄여주었다. 1688년 영국 명예혁명의 결과 사유재산권이 보장되자 자본시장이 발전하게 되었다. 고리대금업의 폐지, 어음할인제도, 회계절차가 자본의 가동성을 높였고, 인쇄기술이 정보비용을 낮추었으며, 해상보험제도와 합작회사제도가 위험비용을 낮추어 주었다. 계약을 이행시키는 상인법과 공증제도, 그리고 국가의 차별 없는 법집행이 거래비용을 낮추었다.

제도는 경로에 의존하는 성질이 있는데, 북아메리카는 영국의 제도를

1) 이 글은 노스의 논문, "Institutions," *Journal of Economic Perspectives* (1991), pp. 97~111에서 발췌, 번역하였다.

이어받았지만 라틴아메리카는 스페인의 제도를 이어받았다. 그 결과 북미에서는 차별 없는 교환에 필요로 하는 제도적 틀이 진화하여 정치적 안정과 경제적 편익을 거둬들일 수가 있었다. 대신 차별 없는 교환제도를 이식하지 못한 남미에서는 경제성장을 불규칙하게 만들었고, 정치적 및 경제적 안정을 가져오지 못하였으며, 현대기술에서 오는 이득을 실현시키지도 못하였다.

1. 경제발전 연구의 대상

제도는 인간이 교환과정에 질서를 세우고 불확실성을 줄이고자 오랜 시간에 걸쳐 마련되었다. 제도는 경제학에서 말하는 표준적 제약과 함께 선택기회를 정의하고 따라서 거래비용과 생산비용을 결정하고 경제활동의 이윤가능성과 타당성을 결정한다. 게다가 제도는 한 나라 경제의 인센티브 구조까지 제공한다. 즉, 그 구조가 진화하면서 경제를 성장시키거나 정체시키거나 또는 쇠퇴시키기도 한다. 여기서는 경제의 성과를 만들어내는 제도의 역할을 연구하려고 하는데, 경제사적 측면에서 분석하고자 한다.

제도를 통해 인간들이 상호작용하는 것을 제약하도록 만드는 것이 무엇인가? 이 문제는 게임이론의 맥락으로 간략하게 그 해답을 구할 수 있다. 부를 극대화하는 개인들은 게임이 반복되거나, 상대방의 과거 행적에 대한 정보를 충분히 알고 있거나, 게임 참여자들의 수가 적은 경우에는 다른 게임 참여자와 협력하는 것이 이득이 된다는 사실을 발견하게 된다. 그러나 게임을 완전히 뒤집어보자. 즉, 게임이 반복되지 않거나, 상대방에 대한 정보를 모른다거나, 또는 게임 참여자의 수가 많은 경우에는 상호간의 협력이 유지되기 어렵다.

이 두 가지의 극단적으로 대립된 사례가 현실의 경제를 극명하게 보여준다. 예를 들어, 협력이 이뤄져 낮은 거래비용으로 교환이 이뤄지도록 하는 사례는 곳곳에서 보인다. 모든 사람들이 동일한 목적함수(예를 들어, 기업의 이윤극대화)를 갖고 있다고 하더라도 거래하는 데에는 상당한 양의 자원을 필요로 한다. 그러나 개인들의 입장에서 부를 극대화하고 무엇이 교환되는지에 관한 귀중한 속성(상대방의 성과)에 대한 정보가 비대칭적 상황에서는 거래비용이 경제의 성과를 결정짓는 데에 아주 중요한 역할을 담당한다. 제도와 효과적 집행(이용되는 기술과 함께)에 의해 거래비용은 결정된다. 효과적 제도는 게임의 용어를 빌려서 이야기하면 협력이라는 해결의 결과에서 오는 편익을 향상시키고 반대로 변절이라는 해결의 결과에서 오는 비용을 상승시킨다. 거래비용의 용어로 말하면 제도는 교환이 이뤄지는 때마다 거래비용과 생산비용을 줄여 교역에서 오는 잠재적 이득을 실현시킨다. 여기서 정치적 제도와 경제적 제도는 효과적 제도를 구성하는 주요한 부분이다.

제도와 거래비용에 관한 대부분의 연구가 경쟁적 구조를 통해 조직문제를 효율적으로 해결하는 제도를 알려주려는 데 관심을 둔다. 따라서 그러한 논문에서는 시장교환, 특약, 수직적 통합과 같은 현상을 여러 가지 경쟁적 구조하에서 기업가들이 부닥치는 복잡한 문제를 해결하는 효율적 방안으로 인식한다. 그러나 그러한 접근방법은 이 논문에서 관심을 두고자 하는 이른바 과거와 현재를 통틀어서 각 경제사회가 다양한 성과를 보여주는 것을 설명하지 못한다.

왜 어떤 경제는 효율적이고 경쟁적인 시장을 달성할 수 있게 되었는가? 공식적인 경제적 제약이나 재산권은 정치적 제도에 의해 규정되고 또한 이행된다. 그런데 기존의 논문들은 모두 이를 외생적으로 주어진 것으로 간주해버린다. 그러나 경제사는 지속적 경제성장을 이끌어낼 수 있는 경제적 게임의 룰(집행을 포함하여)을 만들어내는 데 성공하지 못한 여러 나라의 경제사회에 관한 이야기를 늘어놓는다. 경제사와 경제발전이론이 당면한 가장 중요한 문제는 생산성을 향상시키는 경제환경을 창출하는 정치적 및 경제적 제도가 진화하는 과정을 설명하는 일이다.

2. 교역의 이득을 포착하는 제도들

초기의 경제는 마을 내(심지어 단순한 수렵사회 내에서도)의 국한된 지역적 교역에 머물고 있었다. 그러다가 교역은 마을을 벗어나 점차 확대되어 처음에는 지역 내에서 물물교환의 형태로 나아가다가 이후 대상(隊商)들이나 선박을 통해 보다 원거리 지역과도 이뤄지고, 최종적으로는 세계 곳곳에까지 이뤄지게 되었다. 각 단계마다 경제사회는 전문화와 분업을 증대시키고 생산적 기술을 계속 향상시켰다. 이처럼 지역의 자급자족에서 시작하여 전문화와 분업에 이르기까지 점진적으로 진화하는 과정은 독일의 역사학파들에 의해 설명되었다. 그러나 실제로 경제가 진화한 과정이 반드시 방금 말한 교환의 단계에 따라 이뤄지는 과정과 일치할 필요는 없다.

1) 마을 내 및 마을간의 지역경제

여자들은 채취하고 남자들은 사냥하는 수렵채취의 경제에서는 전문화가 아주 초보적인 단계에 머물렀고, 자급자족이라고 해봤자 가계 내의 단위에서만 이뤄졌다. 소규모 마을에서는 지역적 교환을 가능하게 하는 비공식적인 사회적 교류망이 밀도 높게 구축되어 마을 내의 교역을 지배하였다. 이러한 단계에서는 거래비용이 아주 낮았다(비록 동족과 마을 조직을 구성하는 데 기본적으로 필요로 하는 사회적 비용은 높았을지라도 그 비용이 거래하는 과정에 추가로 반영되지는 않았다). 사람들은 서로를 잘 알고 폭력의 위협이 사회질서를 계속 유지시키는 힘으로 등장하였는데, 폭력의 위협이 사회의 다른 사람에게 학습효과를 심어 주는 데 크게 기여하였다.

그러나 교역이 한 마을의 범위를 넘어 확대되자 교환을 둘러싸고 갈등이 일어나기 시작하였다. 시장의 규모가 커지는 바람에 사회의 밀도 높은 교류망이 해체되자 거래비용이 급격하게 증가하였다. 그 결과 보다 많은 자원을 다른 사람과의 거래와 관련된 계약을 측정하는 일과 집행시키는 데 투하하여야만 했다. 계약을 이행시키는 정부가 없는 상태에서 처음에는 대개 종교적 교훈이 거래참여자들의 행동표준으로 부과되었다. 종교적 교훈이 거래하는 데 들어가는 비용을 낮춘 효과는 그 교훈이 강제력을 가지고 있느냐의 여부에 따라 다양하다.

2) 장거리 무역

원거리 교역이 대상이나 장기간의 항해를 통해 발전하기 위해서는 경제구조의 성격에 커다란 전환을 요구하였다. 그에 따라 교역으로 생계를 꾸려가는 사람들은 교환하는 데 상당한 정도의 전문화를 필요로 하였고 일시적 집산장〔유럽의 초기 축제시장(*fair*)〕이나 보다 항구적인 도시와 마을이 들어서기 시작하였다. 식물재배에서와 같은 규모의 경제가 이러한 세계의 성격을 잘 나타냈다. 지리적으로 전문화되는 장소가 주요한 특성으로 생겨나기 시작하였고 직업상으로 전문화되는 현상이 일어났다.

장거리 교역으로 두 가지 종류의 거래비용문제가 생겨나기 시작하였다. 하나는 고전적 대리자 문제인데, 이 문제는 역사적으로 친족을 이용한 장거리 교역으로 해결되었다. 즉, 육상에 머무는 상인이 친족을 화물과 함께 보내 판매상담을 벌이게 하고나서 그가 돌아오는 때의 화물까지 조달하도록 하였다. 성과를 측정하는 데 들어가는 적은 비용, 끈끈한 친족관계, 그리고 변절시에 부담하는 엄청난 대가, 이 모두가 그러한 협약이 준수되도록 하였다.

가령 11세기에 유대인들은 지중해에서 무역하는 과정에 일어나는 대리자 문제를 긴밀한 지연관계를 활용하여 해결함으로써 정보비용을 낮추었다. 상업규율을 위반한 대리자를 집단이 공동으로 추방시키거나 보복하였다고 한다. 그러나 교역의 크기와 규모가 늘어나자 대리자 문제는 주요한 골칫거리로 등장하였다. 또 하나의 문제는 세상 다른 곳에 있는 사람과 계약을 상담하고, 계약이 이행되는가를 감시하는 문제였다. 당시에는 계약에 합의하고 나서 계약이 이행되는가를 감시할 수 있는 적절한 방법이 없었다. 계약이행이란 합의사항을 이행하는 것뿐만 아니라 재화와 서비스를 운송도중에 해적이나 산적들로부터 보호하는 것까지 포함하였다.

운송도중에 계약을 이행시키는 문제는 군대가 선박이나 대상을 보호함으로써 해결되거나 지역의 강제력 있는 집단에게 통행세나 보호금을 지불하는 방식을 통해 해결되었다. 먼 거리에 있는 사람과 상담하고 이행을 보장받으려고 하다보니 표준중량, 표준척도, 계산단위, 교환의 매개물, 공증, 영사, 상인법정, (왕이 수입을 대가로 받고 보호하는 외국상인) 거류지 등이 개발되었다. 거래비용을 줄이고 계약을 이행시키게 하는 인센티브가 제공됨으로써 제도, 조직, 기구가 한데 어울려 장거리 무역이 영위되기에 이르렀다. 자발적이거나 반강제적인 기구, 또는 적어도 합의를 준수하지 않은 상인을 효과적으로 추방할 수 있도록 하는 기구 덕분으로 장거리 무역이 일어날 수 있게 되었다.

시장이 확대되자 보다 전문적인 생산자를 동반하게 되었다. 규모의 경제로 계층적 구조를 가진 생산조직이 탄생하면서 전임의 노동자가 중앙이나 생산의 각 단계에서 작업하게 되었다. 마을과 중앙도시가 생겨나기 시작하고, 전통적 농업에 여전히 무게가 주어졌으나 인구의 직업상 분포로 볼 때 제조와 서비스에 종사하는 노동력이 많은 부분을 차지하게 되었다. 이러한 발전단계는 사회가 도시화되는 방향으로 전환되고 있다는 것을 반영한다.

그러한 사회에서는 계약이 효과적이고도 거래상대방을 차별하지 않고 이행될 것이 요구된다. 왜냐하면 개인적 친분관계, 자발적 제약, 추방 등은 보다 복잡한 차별 없는(*impersonal*) 교역이 생겨나면서 더 이상 효력을 갖지 못하였기 때문이다. 그렇다고 이러한 개인적 친분이나 사회적 제약이 중요하지 않다는 의미는 아니다. 이러한 것들은 오늘날과 같이 상호의존적 사회에서 여전히 중요한 역할을 수행한다. 그러나 차별 없는 계약이 효과적으로 이뤄지지 않는 상태에서는 변절함으로써 얻게 되는 이득이 상당히 높기 때문에 오히려 복잡한 교환이 발전하는 길을 미리 막아버린다. 자본시장이 만들어지고 제도와 기술과의 사이에 존재하는 상호역할에 관한 예를 들어보고자 한다.

자본시장은 시간이 지나더라도 재산권이 계속 안정될 것을 필요로 한다. 따라서 정치지배자가 시민의 재산을 자의적으로 몰수할 수 있고 또한 그 가치를 급진적으로 변경시킬 수 있는 분위기에서는 자본시장이 발전하지 않는다. 계속하여 재산권을 보호하기 위한 방편으로 신뢰할 만한 약속이 통용되도록 하려면 지배자가 강제력을 행사하는 데에 참을성이 있고 스스로도 억제할 필요가 있으며 또한 지배자가 자의적으로 재산을 몰수하지 못하도록 그의 권력에 족쇄를 채울 필요가 있다. 첫 번째 방식은 지배자가 매번 재정위기(주로 계속된 전쟁으로 인한 위기)를 맞이하는 바람에 오랜 기간 동안 성공하지 못하였다. 두 번째 방식은 1688년 명예혁명의 결과 영국에서 일어난 것과 같이 정치조직을 근본적으로 재구성하는 것(의회가 국왕 위에 군림하는 형태)을 의미하였다.

제조업의 성장을 일으킨 기술로 인해 공장시설이나 도구와 같은 고정자본이 늘어나고, 생산과정은 중단되지 않게 되었으며, 훈련된 노동력 및 발달된 교통망을 동반하였는데, 결국 효과적 생산요소 및 재화시장을 필요로 하였다. 그러한 시장을 뒷받침한 것은 안전한 재산권이었고, 그에 따라 정치기구와 사법체계는 낮은 비용으로도 계약을 체결할 수 있는 사회분위기를 조성하는 광범위한 조직구조가 가능한 융통성 있는 법률을 마련하고, 계층적 조직에 나타나는 대리자 문제를 해결하고자 복잡한 지배구조를 만들어냈다.

3) 현대 서구사회

마지막 단계인 현대 서구사회에서 전문화는 증대하고, 농업은 작은 비율의 노동력만을 필요로 하며, 시장은 전국적 및 국제적으로 확대하였다. 규모의 경제는 제조업뿐만 아니라 농업에서도 대규모의 조직으로 운영되는 것을 의미하였다. 모든 사람들이 전문화된 기능을 맡아 수행하고, 자신들에게 필요한 수많은 재화와 서비스를 공급하기 위해 서로 관련 있는 부분들을 연결하는 방대한 유통망에 의존하게 되었다. 노동력의 직업상 분포는 제조업 위주에서 점차 서비스부문으로 이전하였다. 사회는 압도적으로 도시화되었다.

마지막 단계에서 전문화는 사회의 자원이 거래부문에 종사하는 비중이 늘어나도록 만들었다. 그에 따라 거래부문이 국민총생산고에서 커다란 비중을 차지하게 되었다. 이렇게 된 까닭은 단순한 경제활동은 물론 교역, 금융, 신용, 보험상의 전문화에 따라 이러한 부문들이 노동력의 상당부분을 차지하게 되었기 때문이다. 예를 들어, 미국의 거래부문에서 발생한 국민총생산고가 전체 국민총생산고에 차지하는 비중은 1870년에 25%, 그리고 1970년에 45%를 점유하였다고 한다. 고도로 전문화된 거래부문의 조직이 탄생하는 것은 필연적이었다. 전문화와 분업이 국제적으로 일어나자 거래당사자들 사이에 신뢰할 수 있는 자본시장(물론 다른 시장을 포함하여)이 생성할 수 있도록 국가간의 경계를 넘어 재산권을 보호할 수 있는 제도와 조직을 필요로 하였다.

지금까지 설명한 역사적 단계가 각각 합쳐지면서 협력하는 형태로 발전한 것처럼 보인다. 과연 그렇게 되었을까? 거래당사자들로 하여금 덜 복잡한 교환형태로부터 보다 복잡한 교환형태로 발전하게끔 만든 무언가가 있는 것일까? 그러한 발전에 문제로 된 것은 계약을 이행시키는 방법이 향상된 것과 함께, 정보비용과 규모의 경제가 보다 복잡한 교환형태를 허용하고 권장하였는가 아닌가이다. 뿐만 아니라 사회조직이 보다 사회적으로 생산적인 방향으로 발전하게 하는 지식과 정보를 획득하려는 인센티브를 가지고 있었느냐 없었느냐이다.

3. 실패한 원시적 교환제도의 진화

여기서는 왜 원시적 교환형태가 진화하는 데 실패하고 근세 초기 유럽에서 제도적 발전이 일어났는가를 설명하고자 한다. 왜 어떤 나라의 교환제도는 진화하여 발전하고 어떤 나라의 교환제도는 진화하지 못하였는가를 살펴보고자 한다. 특히 18~19세기 서구유럽의 경제발전의 맥락을 중심으로 하여 살펴보고자 한다.

경제주체들은 교환이 이뤄지는 체계마다 자신들의 물질적 지위를 향상시키고자 자신들의 시간, 자원, 지식열, 숙련된 기술을 소비하려는 인센티브를 갖는다. 그런데 원시적 형태의 제도에서는 보답이 뒤따르는 지식과 숙련된 기술의 종류가 보다 생산적인 경제를 지향하는 방향으로 제도적 발전을 성취하지 못한다. 예를 들어, 원시동족사회, 물물교환이 이뤄지는 지역경제, 그리고 장거리 대상무역의 세 가지를 검토해 보면 모두 스스로 내부적으로 진화할 수 없는 결함을 내포하고 있다.

동족사회에서 이뤄지는 교환은 밀도 높은 사회관계망에 의존한다. 이러한 사회에서는 모든 사람들이 절묘한 힘의 균형을 유지하면서 살아가고 자신의 선의를 상대방에게 보여줌으로써 자신도 상대방으로부터 안전을 보장받을 수 있다. 일반적으로 인정된 표준을 무시하는 것은 비합법적 권력을 행사하겠다는 것과 동일하고 사람들에 대항하여 싸우겠다는 증거가 된다. 원시적 제도에 대해 이뤄진 한 분석에 의하면 앞의 증거와 마찬가지로 동족사회의 구성원이 집단에서 벗어나는 행동을 하거나 혁신을 시도하는 행위는 집단의 생존에 위협이라고 인식되었다.

수천 년 동안 교환의 형태가 존재하였던 것은(지금도 세계 곳곳에 보이고 있지만) 물물교환으로 비교적 광범위한 차별 없는 교환과 비교적 높은 거래비용을 수반하는 교환형태였다. 물물교환형태의 기본적 성격은 교환에 참여하는 소규모의 기업가들이 많다는 것인데, 마을 인구의 40~50%가 교환과정에 참여하고, 기계나 토지 등과 같은 고정시설에 그다지 비용을 부담할 필요가 없고, 아주 세세한 분업으로 작은 단위의 무수한 거래가 이뤄지며, 각자가 다소 독립적으로 서로간의 대면거래를 통해 동질적이 아닌 재화와 서비스를 교환한다.

시장정보를 모으거나 분배시키는 제도를 필요로 하지 않고, 환언하여 가격표시, 생산보고, 고용알선기관, 소비자보호기구 등을 필요로 하지 않는다. 중량이나 척도체계는 교묘하게 불완전한 상태로 표준화되어 있다. 각자의 교환기술은 공들여 발전된 것으로 누가 번창하고 그렇지 않는지를 결정하는 주요 잣대가 된다. 교환조건이나 다른 모든 면에서 틈만 보이면 흠을 잡는 일이 시장에 널리 스며있고 또한 그칠 날이 없다. 구입과 판매가 실질적으로 구분되어 있지 않고 근본적으로 한 개의 행위로 이뤄진다. 교역하기 위해서는 구체적 상대자를 계속해서 찾아야 하고 일반인을 대상으로 재화를 제공하는 것만으로 교역이 이뤄지는 것은 아니다. 분쟁이 일어나면 신뢰할 수 있는 증인의 증언을 필요로 하였을 뿐, 외부의 사법적 원칙을 적용하여 해결될 일이 아니다. 시장에서 이뤄지는 활동을 정부가 통제하는 일은 거의 미미하며 분권화되어 있고 명목적인데 지나지 않는다.

물물교환경제의 특성을 요약하면, ① 측정비용이 높고, ② 고객을 확보하기 위한 지속적 노력을 필요로 하며, ③ 모든 면에서 집약적 상담이 이뤄진다는 데에 있다. 상대방보다 나은 정보를 가질수록 많은 이득을 실현할 수가 있다.

이러한 동족사회에서 혁신이 이뤄지면 오히려 왜 동족의 생존에 위협을 주게 되는가를 쉽게 알 수 있다. 그러나 이러한 물물교환이 비효율적인데에도 불구하고 오랫동안 지속된 이유를 이해하기 어렵다. 정보의 비대칭에서 오는 태만과 불확실성에 대항하기 위해 요즘 우리가 아는 사회의 보험제도와 같은 자발적 조직이 출현할 것을 기대할 수 있다. 그러나 물물교환경제에서 이윤을 낳아 생존할 가능성이 있는 그러한 자발적 조직이 전혀 결여되었다. 이러한 자발적 조직에는 계약을 집행시키는 효과적인 법적 구조와 사법제도를 필요로 하고, 이러한 법적 구조와 사법제도는 다시 그러한 틀을 창조할 정치적 제도에 의존한다. 그러한 구조와 제도가 없는 상황에서 물물교환사회의 틀을 변경하는 혁신적 일은 일어날 수가 없었다.

세 번째의 대상무역은 보호가 필수적으로 필요하고 국가란 조직이 없는 세상에서 교역을 가능하게 하는 비공식적 제약에 의해 이뤄졌다. 예를 들어, 모로코에서 대상들이 직물을 교역하는 데 있어 지방의 권력자에게 직물을 통행세로 지급하였다고 한다. 보호를 받는 상인의 명성을 더럽히면 보호하는 권력자의 명성을 더럽히는 것으로 인식하여 가해자에게 대가를 치르게 하는 질서가 마련되어 있었다. 비록 지방의 권력자는 대상들을 보호함으로써 이익이 된다는 사실을 알았으나 이를 보다 확대시킬 수 있는 군사적 조직이나 정치적 구조로 발전시켜 재산권을 영구히 집행토록 하는 데까지 발전하지는 않았다.

4. 초기 유럽 경제제도의 발전배경

많은 원시적 형태의 교환체계 대신에 11~16세기에 이뤄진 초기 유럽의 장거리 무역은 점점 보다 복잡한 조직을 만들면서 궁극적으로 서구사회를 탄생시킨 이야기다. 장거리 교역에 종사하는 데 들어가는 비용을 줄인 조직상의 변화, 기구, 구체적 기술과 집행적 성격이 한데 어우러져 거래비용을 낮추는 혁신이 이뤄졌다. 이러한 혁신은 세 가지 비용 면에서 나타났는데, ① 자본의 가동성을 높인 것, ② 정보비용을 낮춘 것, ③ 위험을 분산시킨 것에 의해 이뤄졌다. 이들 비용은 서로 중복되지만 거래하는 데 들어가는 비용의 특성을 잘 나타낸 것들이다. 이러한 혁신은 이미 오래전부터 기원이 있는데, 그 대부분이 중세 이탈리아의 도시국가나 이슬람 및 비잔티움에서 나와 발전된 것들이다.

1) 자본의 가동성 향상

자본의 가동성을 높인 혁신으로서는 고리대금업법(*usury law*)을 피하기 위한 기술과 방법이 진화한 사실을 예로 들 수 있다. 대부자금의 대가가 교묘한 방법으로 대부계약서상에 숨은 채로 예를 들어, 지연지불에 대한 지체상금의 형태에서부터 초기형태의 저당에 이르기까지 여러 명목으로 나타나기에 이르렀다. 고리대금업법을 피하려고 이자를 위장하기 위해 계약서를 복잡하게 만들거나 성가시도록 작성할 수밖에 없었을 뿐만 아니라 그러한 계약을 이행시키는 데에도 문제가 뒤따랐다. 자본에 대한 수요가 늘고 법을 회피하는 관행이 일반화되자 고리대금업법은 점점 사라지고 이자율만이 허용되었다. 그 결과 계약서를 작성하는 비용과 이를 이행시키는 비용이 크게 줄어들게 되었다.

자본의 가동성을 높인 두 번째의 혁신으로 가장 주목받는 것은 어음

제도의 출현과 이를 통용시키고 또한 할인할 수 있도록 하는 기술과 기구의 발전을 들 수 있다. 용통과 할인의 필요성으로 이러한 일을 담당하는 기구가 발전하게 되었는데, 처음에는 12~13세기의 샴페인 축제시장처럼 축제시장에서 경제적 교환을 수행하면서 그러한 역할이 병행되어 수행되었으나, 그 이후 은행을 거쳐 할인업무만을 전담하는 금융거래소와 같은 구체적 장소가 탄생하였다. 이러한 발전도 구체적 제도뿐만 아니라 경제활동의 규모에 의해 결정될 수밖에 없었는데, 거래규모가 늘어나자 그러한 제도의 발전을 가능하게 만들었다. 어음제도가 발전하기 위한 경제규모의 성장과 더불어 계약을 이행시키는 방법을 향상시키는 일도 긴요하였지만 부채를 수집하거나 계약을 이행시키는 데 증거로 사용할 수 있는 회계와 감사방법의 발전도 중요한 역할을 수행하였다고 지적한다.

자본의 가동성에 영향을 미치는 세 번째의 혁신이 장거리 무역에서 대리자를 감독하는 일을 유지하고자 탄생하였다. 중세 및 초기 근대사회에서 대리자 문제를 해결하는 전통적 방법은 주인에 얽매일 수밖에 없는 친척을 사용하는 방법이었다. 그러나 상인이 교역하는 범위가 지리적으로 늘어나면서 친척이 아닌 사람들을 고용하게 되자 이들의 행동을 감시할 정교한 회계절차의 발전이 요구되었다.

2) 정보비용의 하락

정보분야에서는 각종 상품의 가격을 인쇄하거나 중량이나 척도, 관습, 중개수수료, 운송체계, 그리고 교역국 사이의 통화를 교환하는 환율 등을 인쇄하는 기술이 발전하였다. 이러한 발전은 국제무역에 의존하는데, 결국 경제규모가 늘어나자 이뤄진 것이다.

3) 위험의 분산

마지막으로 불확실성을 위험으로 바꾸는 혁신이 일어났다. 불확실성이란 어떤 사태의 일어날 확률조차 없는 경우로서 그러한 사태에 대해 보호받을 수 있을 여지가 없다. 그러나 위험이란 어떤 사태가 발생할 확률을 부여할 수 있는 능력으로, 그러한 결과에 대해 보호받을 수 있는 것을 의미한다. 현대사회의 보험제도와 재산의 다양한 관리란 불확실성을 위험으로 변경시키는 방법이다. 그러나 중세 당시와 초기 근대사회에서도 똑같이 변경시킬 수 있는 방법이 마련되었다. 즉, 15세기쯤에는 해상보험제도가 확립되었는데, 이미 16세기에 들어와서는 일부 항목, 예컨대 선박이름, 선장이름, 부보가액, 보험료 등 몇 가지 항목만을 빈칸으로 둔 보험약관이 현재 사용되는 것과 거의 똑같이 이용되었다고 한다.

위험을 해결하는 또 다른 제도로 재산을 다양화시켜 위험을 분산시키거나 많은 투자자가 위험성 있는 영업에 투자할 수 있도록 하는 기업조직이 생겨났다. 예를 들어, 위탁증(*commenda*)은 장거리 무역에서 육상에 머무는 주인과 화물을 가지고 떠나는 대리자와의 사이에 채택된 계약형태였다. 이 제도는 유대상인, 비잔티움, 무슬림들로부터 생겨나 이탈리아 상인들에 의해 이용된 것인데, 이후 합작회사(*Joint Stock Company*)로까지 이어져 위험을 제도화시키고자 진화하였다.

이러한 혁신과 제도적 기구가 생겨나게 된 배경에는 두 가지의 경제적 힘이 상호작용한 것으로서, 하나는 교역량이 늘어나는 것과 더불어 규모의 경제가 일어났고, 또 하나는 보다 적은 비용으로 계약을 이행시킬 수 있는 보다 향상된 메커니즘이 발전하였다는 데에 있다. 그 인과관계는 서로 영향을 주고받고 하였는데, 장거리 무역량이 늘어나자 계약을 이행시키는 보다 효과적인 메커니즘을 고안함으로써 상인들은 보다 많은 이득을 올릴 수 있었고, 반대로 그러한 메커니즘이 발전하자 계약비용을 낮추게 되었으며, 무역이 보다 수지맞는 사업이 되고 따라서 무역량도 늘어나게 되었다.

4) 자발적 상인법

물론 계약을 효과적으로 이행시키는 메커니즘을 만들기까지에는 오랜 시간이 걸렸다. 비록 여러 가지 종류의 사법기구가 상업상의 분쟁을 조정하였으나 보다 중요한 사실은 상인들 스스로가 계약을 이행시키는 메커니즘을 발전시켰다고 하는 사실이다. 계약의 이행성은 길드(*guild*) 상인들의 가부장적 질서에서 내부적 행동규범이 발전하면서 그 기원을 찾을 수 있다. 즉, 이 규범을 쫓지 않으면 추방이란 위협이 도사라고 있었다. 더 진보하여 상인법(*law of merchant*)이 태어났다. 상인들은 이 상인법을 장거리 무역에 거래하는 나라로 가져가는 바람에 여러 나라들에 상인법이 파급되는 효과를 낳았다.

보다 세련된 회계방법 및 공증제도는 분쟁이 일어났을 경우에 증거로서 사실을 확인할 수 있는 역할을 수행하였다. 상인들이 자신들의 내부조직에 의해 자발적으로 계약을 이행시키는 방법이 국가의 강제이행과 결합되어 계약을 이행시키는 데에 커다란 역할을 수행하였다.

5) 국가의 역할

국가는 이러한 진화과정에서 중요한 역할을 담당하였는데, 그 과정에서 국가의 재정적 수요와 상인들의 계약이행의 필요성이 결합하여 국가에 의한 재산권을 보호하는 제도가 출현하였다. 특히 자본시장은 국가정책에 의해 크게 영향을 받으면서 발전하였는데, 국가가 재산을 몰수하지 않고 또한 국가가 교환과정에 발생하는 불확실성을 증대시키는 방향으로 권력을 행사하지 않겠다고 약속하는 정도에 비례하여 재정제도가 진화하고 보다 효율적인 자본시장이 발전하였다. 이러한 과정에 지배자가 자의적으로 권력을 행사하지 못하도록 자신에게 족쇄를 채우고 국가와 자발적 상인기구가 따를 수밖에 없는 차별 없는 원칙을 마련한 것이 가장 핵심적인 내용이다. 정부의 채무가 유통되도록 하는 제도가 개발된 것도 자본시장이 발전하는 데 크게 기여하였고, 조세를 통해 정기적으로 자금이 조달된 것도 주요한 역할을 수행하였다.

5. 안정된 변화와 불규칙한 변화

인간의 경제조건에 일어나는 변화를 설명하는 데에는 서구유럽과 다른 나라의 경제성과를 비교하는 것이 적합하다. 경제사학자들은 분할된 유럽의 정치조직들이 생존하고자 군사기술을 변화시켜 그 결과 필요한 재정수입을 확보하려고 경쟁한 결과 다른 경제적 성과를 나타냈다고 설명한다. 물론 생존하기 위한 정치적 경쟁이 그 당시의 경제적 성과를 부분적으로 설명은 하지만 왜 이러한 정치적 경쟁을 똑같이 수행하였던 서구유럽의 나라들 사이에 그 경제적 성과가 다른지를 설명하지는 못한다. 예를 들어, 16세기에 강대국이었던 스페인은 왜 몰락하고 영국과 네덜란드는 발전하게 되었는가?

그 원인을 알기 위해 두 가지의 수수께끼를 풀어야 한다. 즉, 첫째, 제도적 틀과 그에 따른 조직구조, 그리고 제도변화와의 사이의 관계를 알아야 하고, 둘째, 제도적 틀이 갖는 수확체증의 성격에 따라 나타나는 경제적 변화의 경로의존적 성질을 살펴보아야 한다.

1) 제도변화

개인과 조직이 경제활동을 하는 방향과 형태는 관습, 종교적 교훈, 공식적 법칙(그 이행이 효과 있게 이뤄지는가를 포함하여)과 같은 기본적인 제도적 틀이 제공하는 기회가 반영되어 있다. 앞에서 말한 물물교환시장이나 샴페인 축제시장에서 이뤄지는 교환도 따지고 보면 경제이론에서 말하는 전통적 제약은 물론 궁극적으로 제도적 틀에 의해 제한받는다.

거래에 참여하는 사람들은 항상 자신의 부를 늘리고자 지식과 기술을 얻는 데 투자한다. 가령 물물교환시장에서 사람들은 다른 사람보다 나은 지식과 기술을 가지면 상담능력이 늘어나 이득의 기회도 많아지기 때문에 상대방보다 나은 지식과 기술을 갖추는 데 투자하였다. 그러므로 기본적 제도의 틀을 바꾸는 지식과 기술에 대한 투자는 이뤄질 수 없었다. 그러나 중세의 샴페인 축제시장에서는 비록 상인들이 과거와 같은 형태의 지식과 기술을 많이 가질수록 이득이 되어 돌아왔으나 상대방 상인을 계약으로 묶어두거나, 상인재판소를 만들거나, 재화의 수송을 보호받거나, 어음을 할인하거나 하는 등에 관한 지식과 기술에 투자하여 이득을 얻을 수 있었다. 이러한 지식과 기술에 대한 투자가 점차 기본적 제도의 틀을 변경시키도록 만들었다.

경제가 진화한다고 해서 바로 경제성장으로 연결되는 것은 아니다. 일반적으로 기본적 제도의 틀이 제공하는 인센티브 구조는 뒤이어 태어날 조직이 진화할 수 있도록 기회를 만들어 준다. 그러나 조직이 진화하는 방향이 반드시 생산성을 향상시키는 활동을 촉진시키는 방향으로 이뤄지지 않는다는 사실을 많이 보아왔다. 예를 들어, 독점화시키는 방향으로 진화함으로써 개인적 이윤을 더 향상시킬 수가 있었고, 진입장벽을 세우거나 생산요소의 가동성을 억제시키는 방향으로 진화함으로써 개인의 생산성을 향상시킬 수가 있었다. 또는 소득을 증대시키기보다는 오히려 소득을 재배분시키는 방향으로 재산권을 지탱시키는 정치조직을 진화시킴으로써 개인의 이윤이 더 늘어날 수 있기도 하였다.

2) 경로의존

북아메리카의 경우, 영국 의회와 국왕 사이에 갈등이 최고조에 이른 때에 영국이 식민지를 미대륙에 건설하였다. 영국과 마찬가지로 미국에서는 정치적 조직이 지방을 중심으로 하고 의회가 성장하는 경로를 밟았다. 독립전쟁이라고 하는 정치적 사건을 제외한다면 독립전쟁이 일어나기 이전의 공식 및 비공식적인 제도적 제약이 그대로 독립 이후에도 승계되었다. 즉, 영국의 경로를 미국도 그대로 밟았다.

스페인의 식민지인 라틴아메리카의 경우 스페인이 관료적 행정기구에 의해 지배되는 사회였으므로 관료적 지배가 모든 정치 및 경제활동에 끼어들었다. 그에 따라 대리자 문제로 위기가 계속하여 일어났다. 조직이나 정치적 및 경제적 기업가들이 부를 극대화할 수 있는 가장 효과적인 방법은 어떻게 하면 관료기구를 획득하고 이를 통해 영향을 미칠 수 있을 것인가에 지식과 기술을 투자하는 데에 몰두하는 일이 벌어졌다.

영국과 스페인이 형성한 서로 다른 경로들이 비록 공통적으로 이상을 향한다고 하는 중재시키는 요소가 있음에도 불구하고 신세계에서는 수렴되지 아니하였다. 북미에서는 복잡한 차별 없는 교환에 필요로 하는 제도적 틀이 진화하여 정치적 안정과 현대기술의 이용에서 오는 경제적 편익을 거둬들일 수가 있었다. 남미에서는 여전히 개인적 친분관계가 정치 및 경제적 교환과정에 주요한 역할을 수행하였다. 여기서 진화된 제도적 틀은 경제성장을 불규칙하게 만들었고, 정치적 및 경제적 안정을 가져오지 않았으며, 현대기술에서 오는 이득을 실현시키지도 못하였다.

▪ 사례 이야기

1. 교역의 원형은 중계무역이다

모든 장소의 자원이 동일한 것은 아니기 때문에 사람들은 일찍이 바위, 조개껍질, 가죽 등의 상품들을 교환하기 시작했다. 환경의 불균질함은 선사시대 초기에 교역을 하게 만들었다. 우리는 단지 선사시대 수렵인과 채취인들 사이의 거래양식을 추정할 수 있을 뿐이지만 생산지에서 수백 킬로미터 떨어진 곳에서 그 생산지의 물건들이 고고학적으로 발굴되었다는 사실 예를 들어, 중부프랑스에서 고대의 조개껍질이 발견되었다는 사실과 역사시대의 집단에서 교역양식이 발견되는 것으로 미뤄보아 교역이 일어났다는 점을 확신할 수 있다.

교역의 양식은 대개 한 집단에서 다음 집단으로 특정 품목이 짧은 거리로 나뉘어 중계되어 장거리까지 이동하게 되는 '중계무역'이었음이 확실하다. 이런 형태의 교역은 완전히 다른 언어를 가진 집단간에 물건을 직접 교환할 필요가 없도록 하는 장점이 있다. 서로 다른 수렵-채취인 집단 사이에는 많은 언어장벽이 있었을 것이고, 이 장벽으로 집단간의 유전자 교환의 가능성이 감소되었을 것이다(전방욱, 2008).

2. 수출품에 대한 관세는 물품통행을 보호한 대가에서 시작되었다

수출입에 종사하는 상인들은 항구에서 통행세를 납부했다. 그것은 보험의 성격을 가지고 있었다. 당시에는 해적이 많았으므로 상인들이 관세를 납부하는 것은 국왕이 해적으로부터 지켜줄 것을 요청하는 의미가 있었다. 국왕은 수입품과 마찬가지로 수출품도 해적으로부터 보호해 주었으므로 관세는 수입품은 물론 수출품에도 부과되었다. 윌리엄의 시대에는 대부분의 무역업자들이 외국인이었다. 주된 수입품은 프랑스산 포도주이고, 수출품은 양모와 가죽이었다. 포도주의 수입관세는 20통에 1통이었고, 다른 상품의 관세는 상품가액의 1/10에서 1/15이었다(전태영, 2005).

3. 사유재산권을 정착시킨 마그나카르타

부도덕하였던 영국의 존 왕은 1215년 귀족들로부터 마그나카르타에 서명할 것을 강요당했다. 머리글과 63개 조항으로 된 마그나카르타는 군주에게 봉건시대의 의무를 부과한 것이었다. 부당한 상납금과 군역면제금 징수의 반대(12조), 귀족들의 봉건적 특권 존중(34조), 부당한 벌금이나 자유민에 대한 비합법적 체포금지(20조, 29조), 그 밖에 재판과 행정의 실시, 도시특권의 존중 및 상인의 보호 등을 요구하는 조항들로 되어 있다.

이 내용은 국왕도 법 아래에 있다는 원칙을 규정한 것으로써 민주주의의 기본이념을 담고 있다. 왕이 마그나카르타를 승인함으로써 어떠한 시민도 '자신의 상원의원의 법적 판결' 없이는 투옥될 수 없게 되었고, 어떠한 사유재산도 보상 없이 압류될 수 없게 되었다. 그리고 왕이 만약 이 헌장을 위반하게 되면 귀족들은 혁명을 일으킬 수 있는 권리도 갖게 되었다.

결국 존 왕은 약속을 어겼고, 1216년 귀족들과 싸우다가 사망하였다. 그 후에도 마그나카르타는 지속되었고, 왕이 모든 결정에 대해 귀족들과 협의하여야 한다는 조항은 군주제에 대한 의회의 제한을 정당화하기에 이르렀다. 이것은 로크와 루소에게 영향을 끼쳐, 이들은 시민의 권리를 보호하지 않는 정부는 멸망할 것이라고 선전하였다. 이 주장이 미국의 독립운동과 프랑스혁명의 중심사상이 되었다(조윤정, 2008).

4. 고리대금을 규제하는 법이 먹혀들지 않았다

애덤 스미스는 시장에서 이뤄지는 자연적 법칙을 규제하는 금지조치 예를 들어, 고리대금금지나 사치금지 등을 비판하였다. 헨리 8세의 법령에 의하여 연 10% 이상의 모든 이자는 위법이라고 선언되었는데, 이는 그 이상의 이자가 징수되고 있었다고 생각된다. 에드워드 6세의 치하에서는 종교적 열정 때문에 모든 이자가 금지되었다. 그러나 이러한 금지는 다른 같은 종류의 금지와 마찬가지로 아무런 효과도 거두지 못했고 고리의 폐해를 감소시키기는커녕 오히려 증가시켰다고 한다. 왜냐하면 채무자는 화폐의 사용에 대해서 뿐만 아니라 채권자가 (불법으로 이자를 수령하는 데서 오는 처벌의) 위험에 대해서도 일정한 지급을 하지 않을 수 없기 때문이다. 채무자는 고리에 관한 형벌에 대해서 자기의 채권자에게 보험까지 지급하지 않으면 안 되기 때문이다(김석환·김일곤, 1972a).

이자를 받고 돈을 빌려주던 것을 금했던 사회에서 사람들은 교묘한 방법으로 이자를 받았다. 돈을 빌려주는 일이 물건의 판매와 동시에 이뤄졌다. 돈을 빌리는 사람은 자기의 재산(집이나 토지 등)을 돈을 빌려주는 사람에게 판매하고 그 대가로 돈을 받았다. 그런데 돈을 빌린 사람은 매각한 집이나 농지를 그대로 사용한다. 그가 임대료를 내는 조건으로 그 재산을 다시 임차했기 때문이다. 물건을 빌린 사람은 당연히 임대료를 내야 하므로 임대료가 이자의 역할을 했다. 그리고 돈을 빌린 사람은 자신의 재산을 처음 거래했던 금액으로 다시 인수하겠다고 동의함으로써 거래가 이뤄졌다(전태영, 2005).

5. 은행은 힘 있는 채무자의 횡포를 막는 제도로 태어났다

인류역사상 최초로 은행업무가 시작된 때는 고대 바빌로니아 시대까지 거슬러 올라간다. 제사장들이 신전에 재화를 보관하고 서민들에게 가축이나 곡물을 빌려주었던 것이다. 현재와 같은 어음이 사용되기 시작한 것은 중세 이탈리아 및 지중해 연안의 도시에서 발달했던 환전상(*Banco*)에 의해서였다. 부유한 환전상들은 귀족이나 일반서민들에게 돈을 빌려주고는 그 증표로 어음을 보관하였다. 그러나 사회제도적 뒷받침이 없어서 어음을 받고 돈을 빌려준 환전상들이 권력을 가진 귀족들로부터 돈을 못 받아 재정적으로 몰락하는 경우가 자주 발생하였다.

그러다가 1407년 이탈이아 제노바에 '카사 디 산 조르지오'라는 첫 번째 은행이 탄생하였다. 37년간 지속된 이 은행은 어음결제와 계좌이체 등의 업무를 처리하였고, 어느 정도 공권력도 갖추어 힘이 있는 채무자들의 횡포를 막아냈다. 또 정부를 대상으로도 한번 대출해 간 부채를 반드시 상환하도록 하여 일반 환전상들은 수행할 수 없는 유례없는 신뢰를 쌓았다. 이를 본받은 은행들이 제네바와 베네치아 등 주요 도시에 들어서게 되었다. 그러나 상업의 중심이 지중해로부터 북쪽으로 옮겨감에 따라 네덜란드의 암스테르담에 설립된 '위셀뱅크'는 당시 다양하게 유통하던 잡다한 화폐들을 예금으로 받아들이고 이것을 표준화폐로 환산해줌으로써 상인들 사이에 서로 결제가 가능하도록 하였다.

예금이나 대출업무 등 오늘날과 같은 본격적인 자금의 중개업무를 시작한 은행은 1694년에 유럽대륙에서 전쟁을 피해 영국으로 건너간 금 세공업자들에 의해 창립된 잉글랜드은행이다. 당시 런던 시민들은 자신들이 지니고 있는 값나가는 귀금속들을 런던 탑 안에 있는 조폐국에 맡겼는데, 1640년 찰스 1세가 전쟁을 치르면서 나라 살림이 어려워지자 조폐국에 보관되어 있던 화폐를 포함한 귀금속을 모두 몰수하였다. 이 사건 이후로 사람들은 조폐국 대신에 안전한 금고를 갖고 있던

금 세공업자들에게 귀금속을 위탁하였다. 이 금 세공업자들이 발행하는 보관증서가 오늘날의 지폐(현금)나 수표처럼 물건을 사고파는 데까지 쓰이게 되었다. 또한 금 세공업자들은 보관되어 있는 귀금속이나 화폐 가운데 위탁한 사람들이 찾아가는 분량은 일부에 지나지 않으며 상당량이 계속 남아있다는 사실에 착안해 증서를 더 많이 발행하거나 귀금속을 다른 사람들에게 빌려줌으로써 대출업무도 다루게 되었다(조윤정, 2008).

6. 공채신용제도가 영국해군을 승리로 이끌었다

네덜란드 동인도회사는 1602년에 설립되었다. 그것은 암스테르담을 유럽의 도시 가운데 가장 세련되고 동적인 도시로 만든 재정적 혁명의 한 부분이었다. 네덜란드인들은 정부로 하여금 시민들로부터 낮은 이자율로 돈 빌리는 것을 가능하게 하는 공채제도를 만든 바 있다. 그들은 지금의 중앙은행과 유사한 것을 세웠다. 그들의 자금은 건전했다. 네덜란드 동인도회사는 1796년 문을 닫을 때까지 연평균 18%의 높은 수익률로 배당금을 지불했다.

1759년 캐나다 퀘벡에서부터 1762년 쿠바와 필리핀에 벌어진 영국과 프랑스 간의 식민지 쟁탈전에서 영국이 대승을 거두었다. 영국해군이 승리를 거두는 데에는 국채가 커다란 역할을 하였다. 7년 동안의 전쟁에서 윌리엄 피트의 영국정부는 모든 전쟁경비의 1/3 이상을 낮은 이율의 국채로 조달이 가능하였다. 그러나 프랑스정부는 국채를 발행하는 체제가 도입되지 않았다. 신용에서 영국이 프랑스보다 우위에 있었다. 프랑스 경제학자 이작 드 펭트는 "해를 입힌 것, 그리고 어쩌면 최근 재앙의 주요한 원인일지도 모르는 것은 바로 유사시 신용의 부족이었다"라고 동의하였다(김종원, 2006).

7. 11~12세기 제노아상인과 유대상인의 차이

경제사학자 그라이프(Avner Greif)는 11세기 및 12세기 지중해 무역에서 개인주의 신념의 제노아상인들과 집단주의 신념의 마그리브 이슬람권 유대상인을 비교분석하면서 문화적 가치가 경제적 성과에 미친 영향에 대한 가장 체계적인 연구를 수행하였다. 그는 개인주의적 행동신념과 집단주의적 행동신념을 대비시켜 그것들의 조직적 구조에 체계적 차이가 있음을 발견했다.

이슬람 세계에서 온 상인들은 집단행동을 강제하는 집단 내 사회적 소통네트워크를 발전시켰다. 그러한 네트워크는 상대적으로 규모가 작은 동질적 인종집단 내에서는 효율적이지만 시장규모의 확대와 다양한 인종의 상인들 사이에서 발생하는 차별 없는 교환에 대해서 그러한 네트워크를 사용할 수 있게 해주지는 않았다. 반면 제노아인들은 계약을 조사하고 집행하기 위한 공식적인 법적·정치적 조직의 독창성을 필요로 하는 쌍무적 집행기제를 발전시켰는데, 그러한 제도적·조직적 경로가 더욱 복잡한 교환을 가능하게 하고 또 이끌어냈다. 그라이프는 이러한 상이한 신념구조가 라틴세계 및 이슬람세계에서 일반적이었다고 주장한다(조석곤, 2007).

8. 차별 없는 공정한 인사

중모(中牟)에 현령자리가 비어 있었으므로 진(晋)나라 평공(平公)이 조무(趙武)에게 물었다. "중모는 이 나라의 수족과 같은 요지로서, 서울인 한단(邯鄲)의 어깨와 팔꿈치에 해당하는 곳이므로 과인은 여기에 훌륭한 현령을 두고 싶은데, 누가 적당하겠소?"

"형백자(荊伯子)가 좋을 줄로 아옵니다."

"그는 경의 집안과는 원수간이 아니오?"

"사사로운 원한을 어떻게 국사에까지 끌어 들이겠습니까?"

평공이 또 물었다. "궁내부(宮內部) 장관은 누구를 시키면 좋겠소?"

"신의 자식이 적임자인 줄 아옵니다."

결국 사람을 추천할 때에는 자기의 원수라고 피해서는 안 되며, 가까운 사람을 추천할 때에는 내 자식이라고 해서 피할 필요는 없다〔배종호, 1977: 외저설(外儲說) 좌하편〕.

진(晉)나라의 대부 기해(祁奚)가 늙자 임금이 물었다.

"누구를 그대의 후임으로 삼았으면 좋겠습니까?" 기해가 대답했다.

"해호(解狐)가 좋겠습니다." 임금이 의아해하며 물었다.

"그 사람은 그대와 원수 사이가 아닙니까?" 이에 기해는 이렇게 답했다.

"임금께서는 후임으로 누가 좋겠는가를 물으셨지 저의 원수가 누구인가를 물으신 것이 아니지 않습니까?" 그리하여 임금은 드디어 해호를 후임으로 기용하였다.

얼마 후 임금이 다시 다른 문제로 이렇게 물었다. "과연 누구를 국위(國尉)로 삼았으면 알맞겠습니까?"

이에 기해는 "오(午)가 알맞은 인물입니다"라고 대답하였다. 임금이 "그는 그대의 아들이 아닙니까?"라고 묻자 기해는 이렇게 답했다.

"임금께서는 국위로 알맞은 인물이 누구인가를 물으셨지 저의 아들이 누구인가를 물으신 것이 아니지 않습니까?"

군자들은 이 일을 두고 기해야말로 사람을 잘 추천하는 자라고 하였다. 자신의 원수를 거론하면서 의심하는 일도 없고, 자신의 아들을 세우면서 자랑하지도 않는다는 것이었다(임동석, 1999).

9. 문벌에서 오는 차별

이익은 《성호사설》에서 문벌을 중시하는 당시의 풍토를 한탄하였다. "가까운 세대에 관직한 선조가 없다. 어미와 조모의 선대가 좋은 문벌이 아니다. 웃대 조상에 폐고(廢錮)된 자가 있다, 혹은 자신이 직접 농사지었다. 몹시 가난해서 빌어먹기도 했다. 서북지방 사람이며 송도사람이다"라면서 사람을 물리치는 세태를 못마땅하게 여겼다. "우리나라에서 개성사람을 대우하는 것도 이와 비슷하다. 고려를 위해서 절개를 지킨 저 신하들이 무슨 죄가 있었기에 그 자손들의 벼슬을 막아 3백 년을 내려오도록 해제하지 않는 것인가? 개성 이북도 또한 단군과 기자의 옛터인데, 그곳 사람을 말갈지역과 같게 여기니 이것은 또 무엇 때문인가? 이것은 모두 문벌을 숭상하는 허물이다. 문벌을 숭상한다면 재덕(才德)을 폐기할 뿐만 아니라 벼슬에 있는 자는 교사(矯奢)하고 음일(淫逸)해지지 않을 자가 없을 것이다"라면서 차별된 처우를 비판하였다(강만길 외, 1976).

10. 도공을 차별한 조선과 우대한 일본 사이의 국가간 경쟁

현대 한국인에게는 잘못된 환상이 하나 있다. 임진왜란 당시 왜군에 의해 강제로 끌려갔던 조선 도공들이 비참한 생애를 보냈을 것이라는 분노와 연민의식이다. 그러나 이는 근거 없는 오해일 뿐이다. 조선인 도공을 데리고 간 각 번(藩)의 번주들은 조선 자기를 대량생산하는 한편 이를 일본 각지와 멀리 유럽에까지 수출했다. 일본에 정주한 조선 도공들은 이처럼 각 번의 재정에 커다란 공헌을 했다. 번에서는 이들의 공적을 평가해 일반평민과 달리 무사(武士)의 지위로 격상시켜 주었다. 경제적 보상 또한 말할 것도 없다. 도공들의 기술개발로 일본의 식기·기와·건축기술은 획기적 변화를 겪었다. 오늘날 일본이 자랑하는 첨단 세라믹공업에는 조선 도공들의 입김이 서려 있다.

그렇다면 조선에 남은 도공들은 어땠을까. 그들에게는 여전히 노비라는 사회적 굴레가 이어져 갔다. 아무리 열심히 일하고 기술을 개발한다한들 제 입에 들어가는 밥이 더 많아지는 것도 아니었다. 당연히 기술은 퇴보했고, 오늘날의 북한사회에서처럼 노동에 대한 사보타주가 만연했다.

똑같은 조선인 도공들에 의해 이뤄진 양국 도예문화는 이토록 엄청난 차이를 가져왔다. 도대체 그 원인은 어디에 있는 것일까. 일본사회는 기술인을 양성하는 데 지원을 아끼지 않았고 기업인을 정당하게 대우해 줬다. 반면 조선사회는 도공을 멸시하고 그저 노비로나 취급하면서 '경영의 실패', '정치의 실패'를 거듭하고 있었다. 조선과 일본의 국가간 경쟁은 1910년 한일합방이 아니라 이미 그 훨씬 전부터 승패가 결정나 있었던 것이다(〈문화일보〉 2008. 1. 14).

제16장

종교적 관용

루드비히 폰 미제스[1)]

자유주의는 사회의 발전을 저해할지도 모르는 파괴적 가르침이나 의견, 심지어는 자유주의가 지치지 않고 그것에 대항하여 싸우는 정치운동들까지도 용인되어야 한다고 주장한다.

▪ 요 약

자유주의와 종교는 영역을 두고 서로 다투었는데, 결국 자유주의가 승리하여 종교는 많은 주장을 포기하기에 이르렀다. 자유주의가 종교적 신앙에 대해 관용심을 갖는 까닭은 사회평화를 보장하기 위해서이다. 자유주의는 상식에서 벗어난 가르침이나 이단, 심지어 미신조차도 그대로 두어야 한다는 믿음에 바탕을 둔다. 게다가 자유주의는 사회의 발전을 저해할지도 모르는 파괴적 가르침이나 의견, 심지어는 자유주의가 대항하여 싸우는 정치운동에까지도 관용을 보낸다. 그렇게 하는 까닭은 상대방의 교리 내용이 아니라 관용만이 사회평화를 창조하고 유지시킬 수 있다고 믿기 때문이다.

1) 이 글은 미제스의 *Liberalism*(1964), 이지순 역, 《자유주의》(한국경제연구원, 1988), pp. 104~107에서 발췌하였다.

1. 자유주의와 종교의 대립

자유주의의 관심사는 전적으로, 그리고 오로지 이 지상에서의 생활과 이 지상에서 사람들이 노력하는 것에 있다. 이에 반하여 종교의 왕국은 이 세상의 것이 아니다. 따라서 자유주의와 종교는 서로의 영역을 간섭하지 않고는 공존할 수 없다. 양자가 충돌하게 되었다면 그것이 자유주의의 잘못일 수는 없다. 자유주의는 종교의 고유한 영역을 침범하지 않았다. 즉, 그것은 종교적 신앙이나 형이상학적 교의의 영역으로 침해해 들어가지 않았다. 그럼에도 불구하고 자유주의는 인간과 앞으로 올 세상과의 관계뿐 아니라 이 세상사에 대해서도 규제할 권한이 있다고 주장하는 정치권력으로서의 교회를 마주하게 되었다. 바로 이 점에서 양 세력간 전투의 제일선이 그어질 수밖에 없었다.

이러한 대립에서 자유주의가 거둔 승리는 너무나 압도적이어서 교회는 그가 수천 년간 확고하게 유지했던 여러 가지 주장을 영원히 포기하지 않을 수 없었다. 이단자를 불태워버리는 일이나 종교재판에 의한 박해, 그리고 종교전쟁 등은 이제 역사에 속한다. 이제는 아무도 어떻게 해서 자기 집 울타리 안에서 그들이 믿는 바에 따라 신앙생활을 하는 조용한 사람들을 법정에 끌고 나가 감금하고 순교를 강요하며, 또 불태워버릴 수 있었는지 이해하지 못한다. 그러나 비록 이제 더 이상 신의 영광을 위하여 화목에 불을 붙이는 일은 없다 하더라도 아직도 상당한 정도로 이단에 대한 불관용이 남아있다.

그러나 자유주의는 어떤 종류의 불관용이든 그것을 그대로 용인해서는 안될 것이다. 모든 이의 평화로운 협동을 사회적 진보의 목표라고 생각한다면 그러한 평화나 승리가 광신자에 의해 교란당하는 것을 허용해서는 안될 것이다. 자유주의가 모든 종류의 종교적 믿음이나 형이상학적 믿음에 대하여 관용심을 갖는다고 선언하는 것은 이들 '더 높은'

것들에 대한 무관심에서가 아니라 사회평화를 보장하는 것이 무엇보다도 최우선이 되어야 한다는 확신에서이다. 또 자유주의가 어떤 종류의 견해나 종교 및 종파를 모두 다 허용할 것을 요구하는 만큼, 만일 이들이 그들에게 합당한 경계선을 참을 수 없을 정도로 벗어나려 한다면 자유주의는 마땅히 그들을 그들에 맞는 울타리 안으로 불러들여야 할 것이다.

2. 자유주의의 관용

평화스런 협동에 바탕을 둔 사회질서 속에서는 젊은이들의 교육과 감화를 교회가 독점해야 한다는 주장은 성립되지 않는다. 교회를 지지하는 사람들이 자발적으로 찬성하는 것은 모두 다 교회에서 주어도 되며, 또한 주어야 되겠지만 교회와 아무런 관계를 갖지 않으려는 사람에 대해서까지 교회의 간섭이 허용되어서는 안될 것이다.

자유주의의 이러한 원리가 어떻게 해서 온갖 종류의 종교단체 속에 자유주의에 대한 것을 만드는지 모르겠다. 어떤 교회가 그 자신의 강제력이나 국가로부터 부여받은 강제력을 사용하여 사람들을 개종시키는 것을 자유주의의 원리가 반대하고 있으나, 동시에 그것은 다른 교회나 종파가 그 교회를 강제로 개종시키려는 것을 막아주기도 하는 것이다. 결국 자유주의는 교회로부터 한쪽 손이 빼앗은 것을 또 다른 손을 이용하여 되돌려주는 셈이다. 종교의 열성분자라고 하더라도 자유주의가 신앙의 고유영역에 속하는 것으로부터 아무것도 빼앗으려고 하지 않는다는 것을 인정해야 할 것이다.

자기들이 유리한 위치에 있을 때 이단자를 마음껏 박해하지 못해 안달하던 교파나 종파조차 만일 그들이 소수파로 전락하면 적어도 자기들한테만은 관용을 베풀어 달라고 간청하게 될 것이다. 그러나 이들의 이러한 요구와 자유주의자가 관용성을 중시하는 것과는 전혀 성질이 다른 것이다. 자유주의가 관용성을 중시하는 것은 원칙의 문제이며 기회주의적인 것이 아니다. 자유주의는 상식에 어긋나는 것이 분명한 가르침이나 어리석은 이단, 그리고 어린아이처럼 바보스런 미신조차도 그대로 두어야 한다고 요구한다.

뿐만 아니라 자유주의는 사회의 발전을 저해할지도 모르는 파괴적 가르침이나 의견, 심지어는 자유주의가 지치지 않고 그것에 대항하여 싸우는 정치운동들까지도 용인되어야 한다고 주장한다. 자유주의자로 하여금 관대함을 강요하고, 또 그것을 허용하도록 만드는 것은 관용의 대상이 되는 교리의 내용이 아니라 관용만이 사회평화를 창조하고 유지시킬 수 있다는 인식인데, 사회적 평화가 유지되지 않는다면 인류는 오랜 세월 이전의 야만과 빈궁 속으로 되돌아갈 수밖에 없을 것이다. 어리석고 상식 이하이며, 또한 진실이 아니며 해를 끼치는 것에 대하여 자유주의는 야만적 힘이나 억압에 의해서가 아니라 마음의 무기를 써서 대항하고자 하는 것이다.

▪ 사례 이야기

1. 팍스로마나와 팍스브리타니카의 몰락

기원전 550년에 시작하여 2백 년간 존속하였던 페르시아의 아케메네스 왕조가 오랫동안 광대한 영토를 다스릴 수 있었던 것은 관용정책 덕분이었다. 그러다가 100년도 채우지 못하고 아케메네스 왕국은 무너지고 말았다. 고대 그리스인들은 그 원인을 후기로 접어들면서 아케메네스 왕들의 잔혹성과 억압이 강화된 것이 피정복민의 반란과 알렉산더 대왕에 대한 지지를 유발했다고 설명한다. 아케메네스 왕조의 몰락은 크세르크세스(기원전 485~465년)로부터 시작되었다. 선대의 왕 키루스와 다리우스가 이집트와 바빌로니아에서 주민들에게 상당한 자율권을 허용하고 고유의 관습을 존중해주었지만, 후기의 왕 크세르크세스는 그들을 노예신분으로 끌어내렸다.

역사학자들은 또 로마제국의 쇠퇴원인으로 제국의 지나친 팽창, 경제위기, 야만인들의 침입, 군사력 약화에서부터 납중독, 도덕적 타락, 지력고갈, 은자의 수도사와 수녀 등 사회낙오자들의 급격한 증가, 그리고 순수한 로마혈통의 희석에 이르기까지 다양하다. 《제국의 미래》를 쓴 에이미 추아(Amy Chua)는 로마가 세계적 대국으로 발전하고 팍스로마나를 유지하는 데 결정적으로 기여했던 관용이 다른 한편으론 로마 땅에 뿌려진 궁극적 붕괴의 씨앗이었다고 한다. 즉, 로마의 시민권 부여와 제국에의 편입이라는 미끼와 로마문화의 매력이 다양한 피정복민들을 효과적으로 동화시킬 수 있었다. 그러나 로마가 기독교를 공식적으로 국교로 채택하고 치명적 불관용정책을 펼침으로써 제국의 다양한 주민들을 성공적으로 통합시켰던 동화 및 통합전략이 훼손되었다고 한다. 몽테스키외(Montesquieu)는 "고대 로마인들은 모든 종교를 용인하여 제국을 강화했는데, 그들의 후계자들은 지배적 종파를 제외한 모든 종파들을 차례로 제거하여 제국을 약화시켰다"고 지적하였다.

게르만족이 로마로 밀려들어오자 4세기 말 로마는 처음으로 피지배민족들에 대한 인종차별정책을 실시했다. 로마는 종족간의 결혼을 금지했고, 야만인들의 복식(바지) 착용을 금지하고, 야만적 형식의 기독교를 이단이라고 비난했다. 인종간의 갈등은 서기 476년 서로마제국을 멸망으로 이끈다. 콘스탄티노플을 수도로 삼았던 동로마제국은 서로마제국이 멸망한 뒤에도 1천 년 이상 존속했지만, 비국교도를 가혹하게 박해하면서 페르시아와 슬라브, 이후 이슬람교도의 공격에 시달리면서 멸망하기에 이른다. 로마의 붕괴는 로마가 도저히 동화시킬 수 없는 민족들을 동화시키는 데 실패하면서 분열과 멸망의 길로 빠져들었다.

끝으로 대영제국이 쇠퇴하게 된 요인으로 역사학자들은 제1차 세계대전과 제2차 세계대전에 소요된 막대한 비용, 정부의 복지예산의 급증, 엄청난 외채부담, 파운드화의 평가절하, 산업의 상대적 정체, 식민지 유지비용, 인종 혹은 종교와 관련된 폭동으로 인한 비용의 증가 등을 꼽는다. 에이미 추아는 영국이 쇠퇴한 것은 해외, 특히 인도와 파키스탄, 로디지아, 케냐, 이라크, 이집트, 미얀마 등 아시아와 아프리카 등지의 식민지에서 관용을 베풀지 못했기 때문이라고 지적한다. 폴 케네디가 지적한 대로 20세기 중반 영국은 경제적으로나 군사적으로 식민지에서 권력을 유지할 수 없는 상황이었다(이순희, 2008).

영국의 경제가 쇠퇴하게 된 이유로 첫째, 1차 산업혁명 이후 영국인의 보수적 사상 때문에 신기술개발에 적극적으로 나서지 못해 2차 산업혁명에서 독일과 미국에 뒤졌기 때문이라고 한다. 타성에 젖은 영국은 면직, 석탄, 철강, 조선 등의 새로운 산업에서 미국과 독일에 뒤처졌다. 둘째, 팍스브리타니카를 통해 부를 축적한 영국은 제1차 세계대전이 일어나기 전까지 세계투자액의 절반 이상 투자하였는데, 거의 대부분이 해외로 빠져나갔다. 자본의 수출은 런던을 세계적 금융중심지로 만들었고, 이로 인해 영국도 국제무역에서 많은 이익을 거두었다. 하지만 장기적으로 해외로 빠져나간 막대한 자본이 국내의 생산투자와 기술혁신을 가로막아 영국경제가 대외에 의존하도록 만들었다. 이외에 셋째로 기업가정신도 상실되었다. 이는 영국사회에 뿌리 깊게 남아있는 귀족제도와 그들의 생활방식에 대한 전통적 애착과 관련이 있다. 기업가들 중에는 창업한 뒤에는 자손들을 귀족으로 양성하려는 사람들이 많았는데, 그 결과 몇 대가 지난 뒤에는 창업정신이 모두 사라지게 되었다. 국가건 개인이건 우세한 지위에 머물러 있다 보면 어느 정도 타성에 젖기 마련인데, 특히 영국에서는 이 점이 두드러지게 나타났다. 결과적으로 영국이 쇠퇴한 이유는 영국문화의 고유한 특성인 보수성이 끊임없이 창조성을 요구하는 공업의 발전을 방해했기 때문이다. 창조성의 상실은 국가의 쇠락으로 나아가는 길이다(이지은·이주연, 2007).

제17장

가격에 대한 보도관제

드와이트 리[1)]

언론인은 정부가 가격통제를 시도하는 것을 정부가 뉴스를 통제하면 싫어하는 것처럼 혐오하여야 한다.

▪ 요 약

자유시장가격보다 낮거나 높게 가격을 설정하는 정부정책은 검열이나 다름없다. 최저임금제도는 비숙련의 청년이 잠재적 고용자와 거래하는 일을 불법으로 간주한다. 정부의 농산물가격지지정책도 소비자를 희생시킨다. 임대료규제, 동등한 보수규정, 수입상품에 대한 관세, 천연가스 가격통제 등도 시장정보를 검열함으로써 자유로운 의사소통을 해치고 있다.

자유로운 의사소통과 표현의 자유가 지식을 발달시키듯이 검열이 없는 자유시장은 경제적 기술을 발달시킨다. 언론인은 정부가 가격통제를 시도하는 것을 정부가 뉴스를 통제하면 싫어하는 것처럼 혐오하여야 한다. 언론통제나 가격통제는 자유로운 사회 그 어떤 곳에서도 발붙일 곳이 없도록 하여야 한다.

1) 드와이트 리 교수는 캘리포니아 샌디에이고대학에서 경제학 박사학위를 취득하였고, 미국 조지아대학에 재직하고 있다. 이 글은 그의 논문, "The Price Blackout", *Reason* (1985) 에서 발췌, 번역하였다.

1. 가격통제와 언론검열

그 어떤 전문직보다 언론인은 개방된 보도와 정보의 자유로운 흐름의 가치를 인식하고 있다. 그 어떤 그룹보다도 정치적 의도로 (검열)하는 제도를 비난하는 일에 대해 단호한 태도를 지닌다. 그러므로 언론인들이 일상적으로 특정의 정치적 검열에 대해 호의적으로 보고하는 데에 놀라지 않을 수 없다.

내가 관심을 두는 검열이란 가격정보의 자유로운 흐름을 제한하는 정부의 규제를 말한다. 고차원으로 전문화된 우리 사회에서 시장가격은 중요한 정보, 즉 소비자에게는 상품의 유용성을, 생산자에게는 소비자의 선택에 관한 중요한 정보를 전달한다. 이러한 가격정보는 소비자와 생산자에게 계획을 조정할 수 있도록 허용하여 각각의 경제적 생산성과 사회적 조화를 촉진시킨다.

자유시장에서 존재하는 가격보다 낮거나 높게 가격을 설정하는 정부정책은 검열과 관련이 있다. 그들은 일간신문의 내용을 어떻게 하라고 지시하는 것과 마찬가지로 표현의 자유에 대한 권리를 침해한다. 그리고 어떠한 검열제도도 그러하듯이 그러한 정책은 사람에게 순수한 피해를 입히고, 종종 통제를 지지하는 사람들이 도우려고 하는 바로 그 당초의 사람들에게 피해를 끼친다.

예를 들어, 최저임금제도는 비숙련의 청년이 잠재적 고용자와 효과적으로 의사소통하는 일을 불법으로 간주한다. 많은 젊은이들은 고용자에게 이렇게 말하길 좋아한다. "나는 기술을 거의 가지고 있지 않다. 그리고 대학은 다닐 수 없었다. 그래서 당신이 적은 임금으로 날 부린다면 나는 현재 적은 보수를 받더라도 재정적 책임을 거의 부담하지 않으므로 현장경험과 훈련을 습득하고자 기꺼이 일하겠다." 최저임금제도에 대한 검열이 없으면 실직된 수천 명의 젊은이들이, 현재는 거부당하고 있지만 생산력 있는 그들의 미래의 직업을 준비할 수 있을 것이다.

농산물가격지지정책은 정부가 검열하는 종류의 또 다른 예이다. 이것은 모든 소비자를 희생시키고, 특히 적은 수입으로 기아에 허덕이는 사람들에게 피해를 준다. 가난한 가족이 시장에서 낙농업자들이 받아들일 수 있는 최저가격으로 우유를 구입할 수 있을까? 아니오, 그러한 의사소통은 정부가 우유가격을 지지하는 미국에서는 일반적으로 불법이다. 언론인들은 검열에 반대하는 소리를 내는 사람이나 가난한 자들과 연대할 수 있는 양자의 기회를 가진다. 불행하게도 대부분의 언론인들은 굶주림과 가격정보 검열과의 사이로부터 나타나는 현안보다 굶주림과 레이건 대통령 사이의 논평에 더 관심을 갖는다.

언론인들이 검열이라고 인정하지 않는 다른 예로서는 임대료규제, 동등한 일에 대한 동등한 보수규정, 수입상품에 대한 관세, 지금도 존재하는 천연가스에 대한 가격통제 등이다. 그러나 시장정보를 검열함으로써 어떤 의미에서 언론의 자유에 의해 보호되는 것보다 더 중요한 의사소통을 해치고 있다.

2. 언론의 모순

언론인들은 실직한 젊은이나 그들의 고용기회를 강제로 확장할 필요가 있다는 등의 이야기로 신문을 채운다. 그러나 그러한 정보의 효력은 10대들이 더 적은 보수를 받더라도 일할 수 있다는 의사를 고용자에게 전달하는 낮은 임금과 비교하여 볼 때에 전혀 가치가 없는 기사다. 유사하게 소비자가 천연가스를 구입하기를 원하거나 더 좋은 아파트를 요구한다면 편집장에게 편지를 쓰기보다 검열이 없는 시장에서 자신들의 수요를 표출하는 것이 더 유효할 것이다.

그렇다고 이 말이 우리가 적은 임금과 높은 가격으로 행복해져야만 한다는 이야기는 아니다. 낮은 임금은 우리에게 생산기술이 결핍되어 있고, 높은 가격은 중요한 생산물이 부족하다는 사실을 알려준다. 그런데 시장으로부터이건 다른 곳으로부터이건 나쁜 소식은 뉴스거리를 억누를 수 있도록 하지 못한다.

가격정보를 자유롭게 전달하는 일은 재산이 없는 사람을 차별할 것이기 때문에 거부될 수 있다. 그러나 만약 그렇다고 한다면 전통적으로 내려온 언론의 자유는 상식이 모자라거나 지식이 부족한 사람들을 차별한 것이 된다. 많은 측면에서 유식하고 명료한 사람들이 그렇지 않은 사람보다 많은 이점을 가지고 있을지라도, 무식한 사람들을 보호하려는 노력에서 자유로운 언론을 억압하는 짓은 결코 정당화될 수 없다.

실제로 검열은 무식한 사람과 가난한 자들에게 장기적으로 손실을 끼치게끔 작용한다. 자유로운 의사소통과 표현의 자유가 지적 기술을 발달시키는 최고의 희망이듯이 자유시장을 표방하는 것은 또한 경제적 기술을 발달시키는 최고의 희망이 된다.

물론 우리는 자유시장의 항상 정직하고 정확한 전달에 의존하지는 않는다. 어떤 확고한 신념은 그들 자신에게 이득이 되도록 시장가격을 왜곡시키는 힘을 갖고 있다. 기업의 사악함으로 종종 생산물을 잘못 표현하게 하여 경솔한 소비자에게 손실을 끼치기도 한다. 그러나 유사하게 왜곡된 상태와 와전된 설명이 종종 어느덧 스며든 뉴스나 책, 잡지 등에 존재하지 않는다고 누가 장담할 수 있겠는가?

이러한 결함은 결코 제거되지 못한다. 그러나 그러한 결함은 자유로운 의사소통을 유지함으로써 줄어들고 대처될 수 있다. 오보가 낳는 해악을 통제하기 위한 최고의 방법은 자유로운 표현으로 경쟁하게 하는 일이다. 그리고 이것은 단어를 통하여 표현된 정보에서 흔히 그러하듯, 가격을 통하여 표현된 정보에서도 마찬가지이다.

언론자유의 대변자로서 언론인은 정부가 가격통제를 시도하는 것을 정부가 뉴스를 통제하면 싫어하는 것처럼 혐오하여야 한다. 언론통제나 가격통제는 자유로운 사회 그 어떤 곳에서도 발붙일 곳이 없다.

▪ 사례 이야기

1. 디오클레티아누스의 사문화된 가격통제와 투자의욕을 꺾은 세제개혁

로마시대에 정부가 통화를 평가절하함으로써 혼란이 일어났다. 정상적 데나리온의 은 함유량은 50%였는데(210년), 그것은 나중에 5%로 하락했다(270년). 당연히 물가가 치솟을 수밖에 없었다. 밀 1부셀이 10데나리온이었는데(200년), 곧 2백 데나리온이 되었고(270년), 나중에는 2백만 데나리온이 되었다(344년).

디오클레티아누스(284~305)는 군인출신 황제의 마지막 인물로 군사적 및 행정적 재능을 가진 사람이었다. 그는 무질서에 대항할 수 있는 강력한 방법이 필요했다. 그래서 날뛰는 인플레이션을 군대식 명령으로 억제하고자 시도했다. 그는 "가격이 그 자리에 정지하도록" 명령했다(301년). 이 명령을 따르지 않을 경우 사형을 언도하겠다고 공언했다. 놀랍게도 가격은 계속 올랐다. 점차 이 칙령을 밀고 나가기가 어렵다는 사실이 밝혀졌다. 정부가 고시한 가격은 도매가와 소매가를 구분하지 않은 데다 상품의 질, 수요와 공급 등의 요소를 전혀 고려하지 않은 것이었다. 동방에서는 심각한 폭동을 유발시켰고, 결국 그 칙령은 1년 뒤에 사문화되고 말았다(전태영, 2005).

서기 284년에 디오클레티아누스 황제가 제위에 오르자 로마제국을 외적으로 방위하고자 군대를 종전의 30만 명에서 60만 명으로 두 배로 증가시켰다. 게다가 방대한 영토를 혼자 다스리기가 어려워, 서기 293년부터 4두정치를 실시하여 동방에 자신과 갈레리우스를 황제로 하고, 서방에 콘스탄티우스와 막시미아누스를 황제로 하는 4인의 황제지배체제를 마련하였다. 그 결과 관료대국이 되어 제국의 재정을 압박하기에 이르자, 디오클레티아누스 황제는 늘어난 재정을 보충하려고 세제개혁을 단행하였다.

아우구스투스 황제 때부터 3백 년 동안 시행된 속주세 10%, 매상세 1%, 상속세와 해방노예세 5%, 관세 1.5%~5.0%가 디오클레티아누스 황제 때에 들어와 토지세와 인두세로 개정되었다. 가령 농촌에서 비옥한 1급 경작지 5헥타르, 2급 경작지 10헥타르, 3급 경작지 15헥타르, 포도밭 1.25헥타르, 올리브나무 220그루가 모두 동등한 가치를 가진다고 하여 동일한 금액의 토지세가 부과되었다. 도시에서도 상점이나 공장과 같은 생산기반에 대해 토지세가 부과되었다. 인두세는 14세부터 65세까지 과세대상이었다. 그러자 농민들이 무거운 세금에서 벗어나기 위해 농경지를 버리고 도시로 흘러들었다. 도시의 상인과 수공업자도 새로운 세제로 타격을 입었는데, 아들이 아버지의 사업을 잇는 것을 싫어하게 되었다. 또한 새로운 사업을 시작하려는 사람도 크게 줄어들었다. 이전에는 연리 12%였던 금리가 4%까지 떨어진 것은 투자의욕이 상실되었다는 것을 반영한다(김석희, 1995).

2. 가격통제와 전투를 벌인 조지 워싱턴 장군

조지 워싱턴(George Washington) 장군이 1777~1778년 사이에 벌어진 전투에서 영국군, 영국군의 독일인 용병, 혹독한 겨울추위와도 싸웠으나 역사책에서는 전혀 소개되지 않은 또 하나의 적과도 싸워야 하였는데, 그 적 때문에 1777년 겨울 베리 포저(Valley Forge)에서 참담한 패배를 맛보았다. 그 적이란 다름 아닌 펜실베이니아 연방주가 만든 법률 때문이었다.

1777년 조지 워싱턴 장군의 주력부대가 펜실베이니아 주에 있는 베리 포저 계곡에 주둔하게 되었는데, 펜실베이니아 주가 전투를 위해 군수품에 대한 가격통제를 일시적으로나마 시행하는 법률을 제정하였다. 군수품가격을 규제하면 군비(軍費)가 그만큼 줄어들어 주정부의 시민들이 부담하는 전비(戰費)도 줄어들 것이라고 믿었기 때문이다. 군수품 가격을 규제하자 시장에서는 군수품이 아닌 상품의 가격도 천정부지로 치솟았다. 때문에 미국농부들은 공정한 가격이 아니라고 생각하여 농산물을 미 독립군 진영에 공급하기를 거부하였다. 많은 부양가족을 거느린 농부들은 수확한 농산물을 오히려 금화로 교환해주는 영국군에게 팔아넘겼다.

베리 포저 계곡에서의 전투가 있은 추운 겨울에 조지 워싱턴 장군의 병사들은 전투가 아닌 굶주림 때문에 거의 모두 죽어갔다. 비록 의도는 좋았으나 잘못된 법률로 수많은 인명을 앗아간 뼈아픈 전장이었다. 참담한 경험을 겪은 후 가격통제는 철폐되었고 1778년 4월 연방의회에서 다음과 같은 권고결의를 하였다.

"상품에 대한 가격통제는 의도한 성과를 얻지 못하고 오히려 나쁜 결과만을 낳아 공무상 중대한 결함을 일으키고 더 나아가 개인에게도 불행만을 안겨다 준다는 사실을 경험하였다. 그러므로 다른 여러 주에서도 어떤 물품이나 제품 또는 상품의 가격을 규제하는 주의 법률을 철폐할 것을 권고한다"(Baumol, 1982).

3. 금융위기를 극복한 로마

서기 33년 로마에서 고리대금업을 하는 것으로 알려진 한 원로원의원이 고발당하면서 금융위기가 일어났다. 고발이유는 연리 12%가 상한선인 법정금리를 위반했기 때문이 아니라 율리우스 카이사르가 금융업자는 누구나 자기 자금 가운데 일정의 의무비율을 본국 이탈리아에 융자하도록 규정한 법령을 위반하였기 때문이었다. 카이사르가 본국의 산업공동화를 초래할 것을 염려하여 제정한 법령을 위반하여 고발당한 것이었다.

당시 본국에서는 이자율 12%가 최고 한도로 되어 있었지만 속국에는 그러한 제한이 없었기 때문에 브루투스처럼 48%의 폭리를 취하는 원로원의원도 있었다. 수익률이 다른 이런 이자율로 속주에 자금을 대여하는 비율이 높아지자 본국에 대출하는 비율을 지키지 못하는 금융업자가 많을 수밖에 없었다. 또 이런 사태가 일반화되기 전에 규제해 두자는 것이 카이사르 법의 제정목적이다.

법이 제정되고 나서 60년 동안이나 평화의 시대를 맞이하자 의무비율이 지켜지지 않아 카이사르의 이 법은 사문화된 것이나 마찬가지였다. 이 법률에 따라 재판을 받으면 원로원의원 대다수가 유죄판결을 받을 것이기 때문에 티베리우스는 이 문제를 해결하기 위해 1년 반을 기한으로 하여 일정비율의 의무에 도달할 수 있도록 각자 자기자산을 조정하라고 명령했다. 당연히 의무비율을 채워야 하는 금융업자들은 일제히 채권회수에 나섰다. 동시에 신규대출을 중단했다. 그 결과 통화량이 부족한 사태를 맞게 되었다. 그런데 이 통화량 부족사태는 속주보다 본국의 채무자에게 치명적이었다. 금융위기가 닥치면 대기업보다 중소기업이 먼저 타격을 받기 마련이다. 속주에는 대규모 농장이 많은 반면, 본국 이탈리아에는 카이사르가 제정한 농지법에 따라 중소규모의 농장이 많았는데, 금융업자들이 속주의 대농장에만 돈을 빌려주고 본국 이탈리아의 자작농한테는 대출을 꺼렸기 때문에 돈줄이 막힌 것이다. 그 결과 상대적으로 서서히 내려가던 본국의 땅값까지도 폭락하기 시작했다. 부채상환을 독촉받은 채무자들이 땅을 팔아서 빚을 갚으려 했기 때문이다. 땅값 하락으로 파산자가 속출하는 현상이 일어났다.

티베리우스는 이러한 금융위기상황을 타개하기 위해 1억 세스테르티우스나 되는 돈을 국가가 지원해주기로 결정했다. 현대식으로 말하면 공적 자금을 투입하기에 이르렀다. 이 자금은 채무자에게 3년 기간의 무이자로 융자되었지만 융자금의 두 배에 해당하는 부동산을 담보로 잡혀야 했다. 이리하여 서기 33년의 금융불안에서 생긴 위기는 일단 해소되었다. 금융업자들은 의무비율을 채울 수 있게 되었다.

그러나 문제는 근본적으로 해결된 것은 아니었다. 본국의 시장이자율은 5% 안팎이었고 속주의 금리는 10~15%였다고 한다. 평화의 시대를 맞이하면서 속주에 대한 융자도 예전처럼 위험도가 높지 않았다. 금융업자들은 위험도 그다지 높지 않지만 이자율이 높은 속주에 융자하는 바람에 의무비율을 지킬 수 없었던 것이다. 하지만 의무비율을 지키지 않고 상당한 자금이 유럽과 아시아, 그리고 아프리카로 융자된 까닭에 속주의 경제력은 높아졌고 로마제국 전체의 평화를 유지하는 데에도 도움이 되었다. 서기 33년에 일어난 금융위기는 본국 이탈리아의 공동화를 예고하는 전조가 아니라 본국과 속주 사이의 경제균등화를 예고한 셈이다(김석희, 1995).

4. 물건 값까지 일일이 정해주겠다는 한국의 공정거래위원회

공정거래위원회가 반시장적 가격규제정책을 끝내 밀어붙일 모양이다. 공정위는 최근 시장지배적 사업자의 가격남용행위 규제와 관련된 공정거래법 시행령 개정안을 입법 예고했다. 시장지배적 사업자가 상품이나 서비스의 가격을 비용에 비해, 또는 동종업계에 통용되는 수준에 비해 너무 높게 책정할 경우 가격을 직접 규제하겠다는 내용이다. 공정위가 적절한 시장가격이 얼마인지를 일일이 정해주고 그보다 높으면 가격을 낮추도록 하겠다는 것이다. 중앙통제에 의한 사회주의 경제가 아니고서는 감히 생각할 수 없는 반시장적 발상이 아닐 수 없다.

공정위는 시장지배적 사업자가 지배력을 남용하는 경우에만 이 규정을 적용하겠다고 한다. 그러나 어떤 가격이 시장지배력을 남용해 책정된 가격인지 아닌지를 공정위가 무슨 수로 판단할 수 있겠는가. 공정위가 제시하는 남용의 기준은 가격이 비용보다 현저히 높을 경우라는 자의적이고 모호한 잣대뿐이다. 가격이란 말 그대로 시장의 수요와 공급에 의해 결정된다. 얼마가 적정한지는 시장이 결정하는 것이지 공정위가 정해주는 것이 아니다. 가격에는 원가도 고려되지만 수요 역시 큰 결정요인이다. 또 비용에는 경영효율이나 연구개발처럼 당장 눈에 보이지 않는 요소가 많이 포함된다. 더구나 시장이 개방된 마당에 국내의 시장지배적 사업자가 제멋대로 시장지배력이란 것을 행사하는 데도 한계가 있다.

공정위는 "기술과 경영혁신 등으로 신상품을 개발했다든지, 비용절감으로 이익이 늘어난 경우는 규제대상에서 제외한다"고 한다. 이는 공정위가 기업의 기술·경영혁신과 비용절감 여부를 일일이 들여다보고 적정성을 판정하겠다는 얘기나 다름없다. 공정위는 시장과 기업 위에 군림하는 전지전능한 존재가 아니다. 반시장적 규제를 일삼는 공정위야말로 권한을 남용해 시장을 지배하려는 과욕을 버려야 한다(〈중앙일보〉 2007. 1. 6).

5. 북한의 시장통제는 반인민적 조치다

북한의 김정일(67) 국방위원장은 2008년 "시장허용은 경제가 어려운 상황에서 취한 과도기적 조치"라며 시장을 통제하라는 지시를 내렸다. 황해남도 해주 시장에 나붙은 포고문에 따르면 올해 1월부터 북한 시장에서 팔 수 있는 상품은 개인이 생산한 농산품과 고기류(소고기 제외), 옷가지 정도뿐이다. 나머지 공산품과 수입품은 모두 국영상점에서 판매해야 하고 상설시장도 '10일장'으로 제한하겠다고 북한당국은 밝혔다. '시장폐쇄'에 가까운 조치다. 그러나 정부 당국자는 "현재 북한의 시장통제는 제대로 이뤄지지 않고 있다"며, "김 위원장의 명령이 먹히지 않을 만큼 '시장'이 북한 내부에 깊숙이 뿌리내리고 있다"고 말했다.

북한은 1950년 10월 '내각 결정 9호'를 통해 시·도마다 1~2개의 농민시장을 허용했다. 말이 시장이지 농민들이 10일에 한 번씩 텃밭에서 또는 가내부업으로 생산한 상품을 당국의 통제를 받으며 파는 '시장놀이' 수준이었다. 그러나 1990년대 중반 굶어 죽는 사람이 속출하는 등 경제난이 심각해지자 주민들의 생계유지 공간으로서의 실질적 시장이 등장했다. 매일 열리는 암시장에선 각종 공산품과 식량이 거래됐고, 관리들은 뇌물을 받고 이를 묵인했다. 2000년 남북정상회담 이후 남한 상품까지 공공연히 유통됐다. 그러자 북한은 2003년 3월 '시장장려조치'를 발표해 농민시장을 공산품과 수입품도 판매할 수 있는 종합시장으로 개편했다. 시·군마다 시장건물을 신축했고, 점포를 개인·기업에게 빌려준 뒤 자릿세 개념의 '시장사용료'와 소득세 형태의 '국가납부금'을 걷었다.

그러나 예상치 못한 부작용이 속출했다. 먼저 북한 전역의 시장에서 매일 주민 수백만 명이 모이면서 정보통제가 어려워졌다. '황색바람'(남한 자본주의 풍조)이 시장을 통해 급속히 퍼져갔다. 대북 소식통은 "북한 시장에서 남한 제품은 명품으로 인식된다"고 했다.

북한은 시장폐해가 계속 드러나자 2005년부터 단속 고삐를 죄기 시작했다. 2005년 10월 다시 배급제를 실시하겠다고 밝혔고, 2007년 하반기에는 49세 이상 여성에게만 장사를 허용했다. 남한상품 등 60여 종의 거래금지품목을 발표하기도 했다.

그러나 이런 조치는 전혀 '약발'이 없었다. 북한주민들의 경제현실이 크게 변했기 때문이란 관측이다. 정부 당국자는 "북한 4인가족의 한 달 생활비로 4만~6만 원이 필요한데, 노동자 월급은 3천 원~1만 원 수준"이라며, "불법장사를 하지 않으면 굶어 죽을 판인데, 통제가 되겠느냐"고 했다. 북한주민들도 과거와 달리 "장사를 막는 것은 반인민적 조치"라며 단속에 강력 반발하는 것으로 알려졌다(〈조선일보〉 2009. 1. 14 외).

제18장

자유주의와 시장경제

민경국[1]

오늘날과 같은 거대한 사회에 평등주의를 실현하게 되면 시장경제에서 존중받는 도덕규범, 정직성, 책임감, 타인의 권리에 대한 존중심, 관용과 법의 지배 등 자유주의 가치가 손상될 뿐만 아니라 좌파이데올로기가 소중히 여기는 유대감, 연대감 같은 도덕까지도 파괴된다는 점을 우려하지 않을 수 없다.

▪ 요 약

자유사회란 개인 각자가 소극적 행동규칙 내에서 자신의 지식을 자신의 목적을 위해 사용할 수 있는 사회를 말한다. 다수결이 지배하는 제한 없는 민주주의는 압력단체의 시녀로 전락한 까닭에 개인의 자유를 보장하지 못하고 따라서 시장경제와도 양립하지 않는다. 사회정의라는 도덕에 입각한 소득분배는 자생적 시장질서와 부합하지 않는다. 적극적 연대모럴을 바탕으로 하는 복지국가는 소극적 모럴을 바탕으로 하는 시장질서에 반한다.

우리 사회는 예를 들어, 강자인 자본가와 약자인 노동자로 구분하는 좌파의 이분법적 사고가 판을 치는데, 강자와 약자는 이데올로기에 의해 구분될 것이 아니라 시장에 의해 구별되어야 한다. 좌파의 연대모럴은 원시 소규모 폐쇄사회에서는 적합한 특질이지만 현대와 같이 거대한 열린사회에서는 어울리지 않는다.

---

1) 이 글은 강원대학교 민경국 교수의 《자유주의와 시장경제》(위즈비즈, 2003)에서 발췌한 내용이다.

우리 사회는 자유시장경제로 나아가고 있으나 반자유시장경제가 지배하는 부문이 여전히 존재한다. 공기업, 구제금융, 기업빅딜, 출자총액한도제, 부채비율, 30대 그룹 지정제, 강제의료보험, 국가독점의 공교육 등의 관치주의가 시장경제를 잠식하고 있다. 또한 결과적 평등주의를 지지하는 이데올로기로 책임의식과 소유권 존중심이 훼손되고 있다.

인간의 이성에는 한계가 있는 데에도 불구하고 경제문제의 성격과 해결책을 처음부터 끝가지 완전하게 알고 있다고 자부하는 지식인들의 치명적 자만이 사회를 잘못 인도하고 있다.

1. 자유시장경제

1) 자유사회란?

자유사회란 어느 누구도 국가계획에 필요한 지식을 수집가공하기가 불가능하기 때문에 모든 사람들이 가지고 있는 각자의 지식을 자신의 목적을 위해 사용하도록 자유를 허용하는 사회를 말한다. 이처럼 자유를 허용하면 비로소 곳곳에 흩어져 있는 알려지지 않은 지식들은 알려지지 않은 시점과 장소에서 알려지지 않은 개인들 상호간에 이용될 수 있다. 이러한 질서야말로 효율적 질서이고 자생적 질서이다. 이러한 질서가 바로 자유사회이다. 그리고 이러한 사회에서 개인들은 새로운 지식을 발견하여 이를 실험할 수 있고 또 새로운 경험을 쌓을 수 있다. 이로써 그들의 이성도 개발될 수 있다.

시장경제와 같은 자생적 질서로서의 자유사회는 개인을 비롯하여 기업과 가계 및 지역적·혈연적·직업적 연합은 물론 국가까지 포함한다. 조직으로서의 국가는 다른 자생적 조직과는 달리 강제적 독점권력을 가진다. 이를 제외한다면 국가도 다른 사적 조직과 마찬가지로 자유주의 사회질서에서 하나의 조직에 불과하다. 그렇지만 국가는 다른 사회조직과 마찬가지로 자유를 보장하는 행동규칙을 지녀야 한다. 하이에크는 자유주의 사회의 질서와 양립하는 국가의 활동으로 정의로운 행동규칙의 개선과 집행, 시장의 자생적 질서에 의해 공급될 수 없는 재화와 용역의 생산, 보통교육의 조직과 이에 대한 재정지원, 전염병과 같은 것에 대한 위생제공, 그리고 최소생존을 위한 소득이전 등을 열거하고 있다. 국가가 상기의 목적을 수행할 경우에만 자유주의 사회의 질서와 양립한다.

하이에크는 민주주의 정치시스템은 자유를 보장하지 못하고 따라서 자유사회와 시장시스템과도 합치할 수 없다고 주장하면서 민주주의가 설계주의적 합리주의에 빠진 정치체제라고 비난하였다. 국민주권사상은 다수가 원하는 구체적 목적을 달성하기 위해 인간이 자생적 질서의 진화과정을 조정・통제할 수 있는 능력이 있다고 전제한다. 그러려면 조정・통제하는 데 필요로 하는 지식을 인간이 완전히 가질 수 있을 때에만 가능하다. 그러나 인간이성의 한계로 그렇게 하는 것이 불가능하다. 따라서 다수를 바탕으로 하는 민주주의는 한계가 있다.

과학주의에 따라 사회과학은 사회질서의 구체적 원인과 결과를 예측하고 설명할 수 있어야 한다. 주류경제학은 이러한 경제모형을 토대로 만들어진 정책을 입법가나 행정가에게 제공하여 시장경제를 수정하려고 한다. 하이에크에 따르면 과학주의에 매료된 경제학자들이 의회의 분위기를 지배하여 사법보다 공법이 지배하는 사회를 만들었다고 비판한다. 그는 인간의 지식에 한계가 있기 때문에 그러한 경제모형을 만드는 일이 불가능하다고 주장한다. 그렇다면 사회과학은 존립할 필요가 없는 것이 아닌가?

하이에크에 따르면 사회과학은 오로지 사회질서의 일반적 패턴만을 예측할 수 있거나 원리를 설명할 수 있을 뿐 최종 가야 할 방향은 알 수 없다고 주장한다. 그는 "진화이론은 어느 한 과정을 기술하는 것 이외에 그 이상을 제공하지 못한다. 왜냐하면 그 과정의 최종결과는 무수히 많은 특수한 사실들에 의해 결정되기 때문이다. 이들의 수효가 너무 많기 때문에 우리는 이들 전체를 알 수 없다. 따라서 우리는 그 과정이 따르는 추상적 패턴의 예측이나 원리의 설명에 국한할 수밖에 없다"고 지적한다. 하이에크는 복잡한 현상이론의 대표적 예로 다윈의 진화이론을 들고 있다.

2) 제한 없는 민주주의는 압력단체의 시녀로 전락한다

민주주의에서는 다수가 지지하면 그것은 무엇이든지 관계없이 법으로 인정된다. 이 사상에 기초하여 만든 것이 민주주의이다. 그런데 다수결주의가 갖는 모순은 이미 경제학자 애로(K. Arrow)가 '불가능성 정리'로 지적한 바가 있다. 즉, 다수 투표자의 서로 다른 선호순위가 일관되게 종합될 수 없다는 사실이다. 각종 이익단체들은 자신에게 유리하도록 시장시스템에 영향력을 행사하고, 정당은 여기에 부응하는 제한 없는 민주주의가 탄생한다. 그런 측면에서 민주주의에서 다수의 의지란 사실상 투표교환, 정치적 결탁의 산물에 지나지 않는다. 하이에크는 이러한 민주주의를 제한 없는 민주주의, 부패민주주의, 매관매직 민주주의라고 불렀다. 하이에크가 현대 민주주의를 삼권분립의 실패 또는 헌법적 실패라고 불렀는데, 이와 유사하게 뷰캐넌(J. Buchanan)도 신정치경제학의 분석결과를 토대로 하여 현대 민주주의를 리바이어던 국가 또는 헌법적 혼란이라고 불렀다. 이러한 헌법적 실패는 이익단체의 등장으로 국가의 간섭주의적 경제정책이 만연되면서 나타난 결과이다.

비록 갈브레이서(K. Galbraith)는 현대 민주주의 사회에서 불평등한 이익단체들이 동일한 힘을 갖도록 국가가 강력한 이익단체에 대항하기 위해 열악한 이익단체를 육성해주어야 한다고 주장하지만 하이에크는 오늘날 경제부문에서 유행하는 '신조합주의', 예컨대 노동조합·사업주·국가의 3자합의제(노사정위원회)나 의료복지위원회나 방송위원회

등을 강력하게 반대한다. 그는 국가가 시민사회에 개입하면 할수록 이익단체는 더욱더 강력해지고 이익단체가 강력해지면 국가의 간섭주의가 더욱더 강화된다고 한다. 이와 같이 국가권력과 이익단체의 압력은 상승작용한다. 이러한 과정에 민주주의는 압력단체의 시녀로 전락하게 된다. 제한 없는 민주주의는 결과지향적 정의를 추구하는 것이 위험하듯이, 연대와 같은 도덕을 바탕으로 하기 때문에 위험한 정치시스템이다.

3) 시장경제를 구성하는 원칙들은?

모든 사회에서 재화와 서비스의 흐름이 다양한 형태로 나타나고 있는데, 오이켄은 어떤 질서에 의해 모든 일이 이뤄지는가를 알고자 인간들 사이에 이뤄지는 활동을 조정하는 방법을 두 가지 종류의 질서로 분류하였다. 그 하나가 교환경제이고 다른 하나가 중앙집권적 경제이다. 하이에크는 중앙집권적 경제를 계획된 질서 혹은 조직된 질서로, 교환경제를 계획되지 않은 질서 혹은 자생적 질서라고 불렀다. 오이켄은 교환경제질서(자생적 질서)를 구성하는 원칙으로 ① 사유재산의 원칙, ② 계약자유의 원칙, ③ 책임의 원칙을 들었다. 사적 소유권은 잠재적 교환대상일 뿐만 아니라 개개인들이 자기책임하에 영향력을 행사할 수 있는 범위를 설정하는 요소이다. 그리고 개인들이 자신들의 계획을 오로지 계약을 통해 조정할 수 있도록 하기 위해서는 그들의 자율성을 확립할 필요가 있다. 이러한 자율성을 확립하는 것이 바로 사적 소유권이다. 따라서 사적 소유권과 자유는 불가분의 관계를 가지고 있다. 이미 흄은 시장을 구성하는 원칙으로 소유의 안정원칙, 동의에 의한 이전약속, 약속이행의 원칙을 들었다. 또 독일의 뢰프케(W. Röpek)는 자유시장경제의 안정을 위해 필요로 하는 인성으로 개방적 성격, 꼼꼼함, 신뢰, 부지런함, 독립심, 혁신적 성격, 앞서가는 사람에 대한 존경심, 책임감 등을 들었다.

2. 시장경제질서

1) 자생적 사회질서는 소극적 금지에서 탄생한다

의도적으로 만들어지지 않고 구성원들이 자신이 가지고 있는 지식에 따라 자신이 설정한 목적을 추구할 수 있는 사회를 자생적 사회 또는 열린사회라고 부른다. 자생적 사회에서는 인간들이 서로 알지 못하면서도 낯선 영역으로까지 경제적 관계를 확대한다. 그에 따라 자생적 사회질서는 거대한 사회에 통용된다. 하이에크는 자생적 사회에 질서가 이뤄지기 위한 전제조건으로 특정 행동국면을 제한하는 성격의 행동규칙이 존재하여야 한다고 주장한다. 이 행동규칙은 특정 행동을 적극적으로 지정하는 것이 아니라 행동을 금지하는 금지적 성격을 가진다. 이러한 금지적 행동규칙 속에서 타인들의 행동에 대한 최소한도의 확실한 기대를 형성할 수 있다. 비록 개인들은 이성의 한계로 무지한 상태이지만 이런 행동규칙이 존재하기 때문에 목적합리적 행동을 수행할 수 있다. 이러한 행동규칙에는 도덕규칙, 종교규칙, 전통 및 법규칙이 있는데, 가격메커니즘과 똑같이 정보를 제공한다.

2) 사회정의는 시장경제질서와 부합하지 않는다

진화적 시장경제에서 소득격차를 야기하는 것은 당연하고 동시에 이 격차는 시장을 건설적 방향으로 나아가게 하는 요소이다. 그래서 사회정의에 입각한 소득분배의 시정에 대해 하이에크는 회의적이다. 그 까닭은 첫째, 소득분배는 어느 누구에 의해 의도된 것이 아닌 결과물인데, 그 분배결과가 정의롭지 못하다거나 정의롭다고 평가하는 것은 시장경제에 분배를 하는 어떤 인간정신이 존재한다는 의미이다. 그렇다면 시장질서를 자생적 질서로 바라보는 개념과 충돌하게 된다. 사회주의에 경사된 주류경제학자들은 소득분배의 격차에서 균등분배를 요구할 근거를 찾고 사회적 정의의 필요성을 가지고 이를 정당화시킨다.

둘째, 시장경제질서는 복잡하여 인식할 수 없고 따라서 소득분배구조를 구체적으로 예측할 수 없다. 그러므로 비록 구체적으로 설정된 분배목표가 존재하더라도 이를 목적지향적으로 시장과정을 통해 조정·통제하려고 해도 인간이성의 한계 때문에 불가능하다. 셋째, 정의로운 분배를 국가가 강제조치에 의해 실시하려고 해도 경제적 자유영역의 보장을 바탕으로 하는 시장경제의 질서와는 부합하지 않는다.

그에 따라 평등지향적 분배구조를 형성하고자 하는 과제를 국가의 과제로 간주하지 않는다. 대신 시장언저리 그룹의 충분한 생존유지를 확립하도록 하는 일을 국가의 의무로 간주한다. 그런데 국가는 지금까지 이러한 시장언저리 그룹의 생활을 보장하는 조치를 일관되게 취하지 않았다. 왜냐하면 이러한 정책으로서는 정치적으로 득표에 도움이 되지 않기 때문이었다.

3) 연대모럴에 바탕을 둔 복지국가는 시장질서에 반한다

하이에크는 자유사회를 위태롭게 하는 요소로 사회정의 실현과 함께 복지국가 또는 사회주의 국가 실현의 노력을 든다. 그는 시장모럴과 연대모럴을 구분하는데, 열린 거대한 사회가 지녀야 할 행동규칙으로서는 소유의 존중, 피해에 대한 책임, 계약의 충실성, 자신에 대한 책임의식 존중 등과 같은 '소극적 시장모럴'을 든다. 이것이 시장경제가 유지되기 위한 최소한의 모럴이다. 이에 비해 연대모럴은 원시사회의 소규모 그룹에 적용되는 행동규칙이다. 이러한 사회에서는 공동생산, 공동분배, 공동책임, 구성원들의 불확실한 미래에 대한 연대적 보호를 특징으로 삼는다. '적극적 모럴'인 연대모럴은 인간본능에 의해 고착되어 세대를 통해 전수되는 데 비해 소극적 시장모럴은 학습과 모방에 의해 전수된다.

연대모럴을 바탕으로 하는 복지국가의 이상은 소규모 사회에 적용될 수 있으나 거대한 사회에서는 적용될 수 없다. 하이에크는 복지국가를 강요할수록 열린사회는 닫힌 사회로, 거대사회는 소규모 사회로 전환될 뿐이라고 주장한다. 또한 연대원칙 대신에 개인원칙 및 보완원칙을 제안하여 개인원칙의 차원에서 시장질서에 낙오된 시장언저리에 있는 그룹의 안정욕구를 국가가 충족시키는 보완원칙을 주장하였다.

독일의 정치경제학자 오이켄은 비스마르크 이후 독일이 추구하였던 사회정책을 날카롭게 비판하였는데, 왜냐하면 집단적 복지국가의 성향을 가지고 있었기 때문이다. 오이켄은 복지국가정책을 비판하면서 사회정책의 원칙으로 개인의 원칙, 개인원칙을 보완하는 수단으로 자선단체 및 국가의 부조를 들고 있다. 이러한 보완원칙은 하이에크를 비롯하여 독일의 자유주의 개혁자들이 주장하는 공통된 원칙이다.

4) 시장은 최악의 것을 도태시키는 진화과정이다

하이에크는 시장의 균형이란 한순간에나 있을 법한 것으로 파악하고, 그 대신 진화과정으로 이해하고 있다. 하이에크는 시장시스템을 균형시스템으로 파악하지 않고 진화적 시스템으로 파악한다. 진화적 시스템은 매우 복잡한 현상이기 때문에 이를 인식하고 정책적으로 조정·통제하는 데에는 인간이성(과학적 지식을 전제로 한)이 극복할 수 없는 한계가 존재한다고 인식한다. 진화과정으로 시장을 바라보는 시각은 시카고학파의 경제학자들이 가지고 있는 시각이다. 시카고학파에 의하면 진화적 경쟁에서 장기적으로 효율적인 해결책(가령 기업규모 또는 시장구조)이 선별된다는 것이다. 그러나 최적이라는 개념이 이미 주관적이기 때문에 장기적으로 나타난 현상을 최적으로 평가할 수는 없다. 그래서 하이에크는 장기적으로 무엇이 선택되는가가 아니라 무엇이 도태되는가라는 소극적 해석으로 진화과정을 이해하고자 한다. 그런 까닭에 진화과정은 최선의 해결책을 선별하는 과정이 아니라 최악의 것을 도태시키는 과정으로 이해한다. 진화과정인 경쟁과정도 최악을 가려내는 과정이다.

3. 좌파이데올로기

1) 좌파의 이분법적 사고

좌파는 사회구조를 강자와 약자, 또는 지배자와 피지배자로 구분하는 사고를 가지고 있다. 자본과 노동이 대표적 예이며 대기업과 중소기업, 지배주주와 소액주주, 병원과 간호사, 재단이사와 교사(학부모, 학생), 상가소유주와 세입자 구분도 이분적 사고로 만들어진 용어이다. 언론부문에서의 대언론사와 중소언론사, 병원부문에서의 대규모병원과 종소병원, 산업부문에서도 농민과 비농민, 지역에서도 중앙과 지방 또는 강남과 비강남으로 구분한다.

사회 각처의 약자와 강자가 누구인지를 구분하여 약자를 '민중'으로 이해하고 약자를 '우리들'이라고 부르며 강자를 '그들'이라고 부른다. 사회의 모든 병폐가 '그들' 때문으로 인식하여 그 결과 '우리들'은 이러한 실정이라는 생각이다. 좌파주의 이데올로기는 예를 들어, 노동에 대한 자본의 착취, 대규모기업의 횡포에 따른 중소상인의 몰락, 소액주주에 대한 지배주주의 착취, 학교재단이사의 전횡에 따른 교사의 자율권과 학생의 학습권 위축 등이 나타났다고 주장한다. 좌파에게는 '그들'은 수구세력이고 개혁의 대상이며 대언론사, 대기업, 학교재단이사 등은 '그들'로서 수구세력이다.

이에 반해 약자에 대해서는 관대한 평가를 내린다. 노조의 불법적 파업에 대해 강자에 대한 약자의 정당한 요구라고 치부한다. 예를 들어, 노조원에 대한 징계철회에 대해서, 농민의 부채문제해결을 요구하는 고속도로 점유행위를 관대하게 바라본다. 왜냐하면 노동자, 농민, 중소기업들은 모두 '우리들'에 속하기 때문이다.

이를 국제관계에도 적용하여 남한은 강자이고 북한은 약자로 해석한다. 그에 따라 좌파이데올로기에 따르면 북한이 남한보다 '우리들'에 가깝다. 따라서 퍼주기식으로라도 약자인 북한을 도와주는 것을 당연한 것으로 여긴다. 국내의 불우한 이웃을 돕기보다 북한동포 돕기가 우선이고 숭고한 것으로 인식한다. 북한당국이 벌이는 인권유린에 대해서는 관대하게 처리하거나 침묵으로 일관한다. 오히려 노조의 불법행위를 처벌하면 인권유린이라고 비판하는 것과 똑같이 북한 최고책임자에 대한 비판을 냉전논리라고 비판한다. 노조위원장을 존중하듯이 북한 최고책임자도 존중받아야 한다는 이데올로기이다.

좌파는 우리들의 지위가 낙후된 것을 '그들'의 탓으로 돌린다. 노동자가 가난한 것은 자본가 때문이고, 중소기업의 낙후성은 대기업 때문이며, 가난은 부자 때문으로, 자유시장경제가 소중히 여기는 책임의식이 없다. 북한이 못사는 것은 미국의 경제제재 때문이고, 후진국이 못사는 것도 선진국 때문이라고 여긴다.

약자를 동질적으로 해석하지만 현실적으로 그렇지 않는 경우가 많다. 가령 대기업의 노조파업은 중소기업 노조의 이익을 침해한다. 항공노조의 파업은 일반시민은 물론 다른 산업 노동자들의 이익에도 배치된다. 대언론사의 시장지배율이 높은 까닭은 독자들이 선택하여서이다. 시장과 독자가 강하기 때문이지 대언론사가 강하기 때문에 중소언론사가 낙후된 것은 아니다. 언론사의 사주는 비록 약할지라도 독자와 신문시장이 강하면 결국 그 언론사와 사주도 강해진다. 국가의 간섭이 없는 자유시장에서는 기업의 규모와 경제적 힘은 소비자가 결정한다. 강자를 가려내고 약자를 가려내는 것은 소비자이다. 북한이 못사는 것은 북한체재 내부에 내재되어 있는 것이지 미국 때문이 아니다. 북한체제가 자유경제로 전환되지 않는 한 어떠한 외부의 도움도 밑 빠진 독에 물붓기식이 되어버린다. 후진국이 못사는 까닭도 선진국 때문이 아니고 빈곤을 야기하는 자신의 고질적 제도 탓이다.

2) 좌파의 원시사회에 대한 낭만적 향수

좌파의 사고방식은 공동으로 생산하고 생산물을 공동으로 나눠 먹는 사회(평등주의), 위험에 대해 공동으로 대비하는 사회(복지사회)가 이상적 사회라고 믿는다. 이러한 사회의 기본적 윤리는 참여와 연대이다. 이러한 좌파적 사고방식이 사람들에게 매력을 끄는 이유는 첫째, 원시적 본능이 우리들 마음속에 자리잡고 있기 때문이다. 인류가 자유주의 윤리 속에 살아온 기간은 짧은 데 비해 본능적 도덕 속에 살아온 기간은 길다. 노스는 폐쇄된 소규모 사회의 윤리를 바탕으로 집단을 이뤄 수렵·채취생활을 영위한 기간이 인류역사의 24시간 중에서 23시간 56분을 차지한다고 지적하였다. 그러므로 본능적으로 원시사회에 대한 향수가 발현되어 사람의 마음에 부합하게 된다. 둘째, 소규모 사회의 도덕은 우리 본능 속에 정착되어 있고, 복지국가나 평등주의는 이러한 본능적 소망과 정서에 잘 부합하기 때문이다.

그러나 원시적 소규모 사회에 적합한 모럴을 지금처럼 대규모 사회에 적용한다는 것은 원천적으로 불가능하고 오히려 치명적 결과만을 낳는다. 이는 사회주의 국가들이 몰락한 데서 알 수 있다. 인간이성의 한계 때문에 복잡한 사회를 계획에 맞춰 조종한다는 것은 불가능한 일인데에도 불구하고 거대한 사회를 계획하겠다고 나서는 것은 시민들을 기만하는 것에 지나지 않는다.

4. 하이에크의 사상이 한국경제에 던지는 의미

하이에크는 1940년대부터 사회주의 계획경제와 복지국가는 스스로를 붕괴시키는 고질적 요인을 내포하고 있다고 줄기차게 주장하였다. 그렇게 될 수밖에 없는 이유를 지식의 문제에서 찾았다. 지식의 사용이 제한되어 있기 때문에 계획경제는 불가능하다는 것이다. 그의 예측은 적중하여 1989년 병석에 누워 동유럽이 무너지는 광경을 텔레비전을 통해 지켜보면서 "저것 봐, 내가 뭐랬어!"라고 말했다고 한다. 그가 한국경제의 현실을 본다면 마찬가지로 '사회주의 이념에 편향된 전문가 집단의 지적 자만 때문에 한국의 사회경제가 멍들어 가고 있군'이라고 언급하였을 것이다.

민주주의 존재 자체가 언제나 개인의 자유를 보장하지는 않는다. 개인의 자유와 권리를 보장하지 못하는 민주주의는 본래의 민주주의가 아니다. 지금의 민주주의는 포퓰러리즘(*Popularism*)에 빠진 고삐 풀린 민주주의가 되어버렸다. 포퓰러리즘은 유권자들의 인기를 끌 수 있는 정책이면 무엇이든지 정책으로 받아들이는 민주주의이다. 그 결과는 분배적 평등을 실현하는 정책, 복지사회건설을 위한 정책이다.

한국사회가 경험한 정경유착, 부실금융은 정부의 규제 때문이고 외환위기의 근본적 원인도 정부의 간섭 때문이었다. 정경유착의 문제를 기업가들의 부도덕성에서 찾는데, 시장경제가 억압되었기 때문에 정경유착과 같은 비리가 생겨난 것이다. 정경유착을 바라보는 한국사회의 일반정서는 정치인이나 공무원들은 원래 깨끗한데 기업들이 타락시켰기 때문에 개혁의 대상은 대기업가들이라고 지적한다. 기업하는 사람이나 정치하는 사람이나 모두 똑같은 사람인데 유독 기업가들만 부도덕하다고 말할 수는 없다. 만약 정부가 경제에 개입하지 않는다면 기업들은 스스로의 힘으로 사업하고 이익을 보면 이득을 누리고 손해를 보면 스스로 책임지면 그만인 것이다.

국가의 규제 때문에 시민들의 주도권과 창의력이 약화되고 있다. 우리의 교육과 의료보험제도가 이러한 사실을 여실히 보여주고 있다. 의료보험의 파탄, 공교육의 파탄도 평등을 실현하려는 의도로 정부가 간섭한 탓이다. 금융기관에 대한 국가의 개입이 오히려 늘어나고 있어 시장이 해야 할 일을 정부가 대신하고 있다. 국가가 경제에 개입하지 못하도록 국가권력을 제한하는 일이 자유시장경제를 구축하는 데 필요하다.

우리 사회는 시장개방을 통해 자유시장경제로 나아가는 부문이 있으나 대부분의 사회영역에서 반자유시장경제로 나아가고 있다.

1) 관치주의

경제의 여러 부문에서 과거와 같이 관료주의, 간섭주의가 여전히 창궐하고 있다. 공기업의 민영화는 정체되었고, 금융부문에서는 개혁이라는 명분으로 구제금융과 금융기관의 공기업화가 심화되고 있다. 대기업 그룹에 일어났던 빅딜(사업교환), 출자총액한도제, 획일적인 부채비율의 적용 등 개별기업이 전략적으로 결정해야 할 사항들을 개혁의 이름으로 정부가 개입하고 있다. 30대 그룹 지정제도, 획일적인 기업지배구조 의무화, 다각경영 억제정책 등을 통해 기업들을 묶어놓으려고 한다.

의료부문에서도 국민건강을 보호한다는 명분으로 의약분업을 시행하고 의료보험의 자유화와 민영화는 고사하고 국가독점을 강화하고 있다. 교육의 민영화는 고사하고 오히려 공교육의 국가독점을 강화하고 있다. 그리하여 시장의 역할보다 정치적 전문가집단(관료, 정치가, 학자나 지식인)의 역할이 강화되고 있다. 정부의 이러한 개혁은 계획과 통제, 그리고 간섭을 신념으로 하는 좌파이데올로기에 편향된 사상에 바탕을 두고 있다.

2) 평등주의

좌파이데올로기는 사회를 강자와 약자로 구분하여 지배주주와 소액주주, 재벌과 비재벌기업, 의사와 환자, 대기업과 중소기업, 재단이사와 교사, 자본가와 노동자, 그리고 상가소유주와 세입자로 구분하여 될 수 있는 대로 강자를 묶어놓자는 사상이다. 이로써 결과적 평등을 실현하려 하고 있다. 그 결과 모든 부문, 기업, 의료, 교육, 건물 등의 하향평준화가 진행되고 있다.

좌파이데올로기가 사회를 개혁하는 방향은 결과적 평등이다. 사학의 전횡을 막기 위해 재산을 출연한 이사들의 경영권을 빼앗자는 것이 좌파이데올로기가 주장하는 내용이다. 그러나 경영으로 인한 손해에 대해 출연자가 책임을 부담하고 경영은 다른 사람이 한다면 어느 누가 사학에 투자할 것인가? 좌파의 평등주의적 이데올로기는 책임의식과 타인의 소유권에 대한 존중심을 파기하자는 것에 지나지 않는다.

3) 지적 자만

정부의 개혁주의자들은 사회를 자신이 바라는 이상에 따라 계획하고 조정·통제할 수 있다고 자부한다. 이들은 공교육 붕괴의 원인, 바닥난 의료보험재정의 원인, 외환위기의 원인, 기업경쟁력 약화의 원인, 대학경쟁력 약화의 원인, 약물 오용 및 남용의 원인 등을 아주 완전하게 이해하고 있다고 자부한다. 그들은 인과관계에 관한 지식뿐만 아니라 그 해결책도 아주 잘 아는 것처럼 자만한다. 그렇기 때문에 자신의 이상에 따라 개혁하려고 한다. 의약분업을 통해, 의료보험 통합에 의해, 빅딜에 의해, 재벌에 대한 규제를 통해 해결책을 제시한다. 공적 자금만 투입하면 금융부실이 해결되고, 사외이사제도만 도입되면, 2백%의 부채비율만 채택되면 기업의 투명성과 건전성이 확보될 수 있을 것처럼 자부한다. 인간의 이성은 한계가 있는 데에도 불구하고 완전한 이성을 가진 것처럼 자부하는 것을 하이에크는 지식의 치명적 자만(*fatal conceit*)이라고 지적하였다.

오늘날과 같은 거대한 사회에 평등주의를 실현하게 되면 시장경제에서 존중받는 도덕규범, 정직성, 책임감, 타인의 권리에 대한 존중심, 관용과 법의 지배 등 자유주의 가치가 손상될 뿐만 아니라 좌파이데올로기가 소중히 여기는 유대감, 연대감 같은 도덕까지도 파괴된다는 점을 우려하지 않을 수 없다. 자유시장경제는 지적 자만과 평등주의를 지양하고 자생적 질서가 정착되도록 요구한다.

▪ 사례 이야기

1. 지식인의 잘못된 교설이 국가붕괴의 원인이다

홉스는 국가를 질병에 걸리게 하고 붕괴시키는 원인들을 주로 국가 내부에서 찾고 있다. 그의 진단을 다음과 같이 정리할 수 있다. 첫째, 불완전한 제도에 그 원인이 있다. 이것은 마치 잘못된 출생 때문에 생기는 신체의 병과 같다. 둘째, 잘못된 교설들 때문에 국가는 붕괴된다.

그렇다면 국가붕괴의 책임은 누구에게 있는가? 위에서 열거한 국가붕괴의 원인들을 자세히 보면, 그 책임이 누구에게 있는지 드러난다. 잘못된 교설들을 가르침으로써 백성들을 속이는 사람들이 국가를 붕괴시키고 반란을 부추기는 사람들이다. 홉스가 구체적으로 지적한 사람들의 면면을 보면 성직자들과 지식인들이 대부분이다. 이들 성직자 외에도 대학에서 거짓 학설을 퍼뜨리는 지식인들과 국민을 선동하는 정치가들은, 사람들이 감언이설에 쉽게 속는다는 속성을 악용하여 중우정치를 도모한다. 다음과 같은 홉스의 말은 무서울 정도로 현실의 정곡을 찌르고 있다.

"다수를 속이는 일이 그들 가운데 한 사람을 속이는 일보다 더 쉽다." "모든 인간은 어리석어서 더 좋은 것을 대신 세우기 전에 이미 있는 좋은 것을 파괴하고 만다"(김용환, 2004).

특정의 체제를 지키려는 교조주의적 정신(*spirit of system*)을 가진 자는 자신의 이상적 계획이 갖는 가상적 아름다움에 현혹되어 그러한 계획이 조금이라도 수정되는 것을 번번이 참지 못한다. 그는 거대한 사회를 구성하는 서로 다른 구성원들을 배치하는 것을 장기판에서 말을 배치하는 것만큼이나 쉽게 생각하는 것 같다. 장기판에서 말을 움직이는 데에는 손이 힘을 주는 대로 움직이는 것 외에 다른 원칙이 없지만,

인간사회라는 거대한 장기판에서는 모든 말 하나하나가 자기 자신의 운동원리를 가지며, 이는 〔입법부가〕 그들에게 요구하는 것과도 전혀 다른 것이다.

교조주의에 빠진 정치가는 시민들의 복지를 증진시키기보다 자신의 이상적 계획을 전면적으로 실현시키기를 원한다. 그들은 완벽한 정책과 법이라는 체계적 관념에 빠져 모든 반대에도 불구하고 자신들의 구상을 단번에 실현하고자 한다. 특히 이러한 교조주의에 빠지기 쉬운 정치가는 군주들이다. 이들은 자신의 판단이 우월하다는 것에 대해 하등의 의심도 품지 않고 자신이 국가를 위해 존재하는 것이 아니라 국가가 자신을 위해 만들어진 것이라고 생각한다(박세일·민경국, 1996: 417~420).

우주라는 거대한 체제의 관리, 모든 합리적이고 분별 있는 존재들의 보편적 행복을 돌보는 것은 신의 업무이지 인간의 일은 아니다. 인간에게 할당되어 있는 것은 훨씬 하찮은 부문이지만, 그의 약한 능력이나 편협한 이해관계에 견주어 보면 이러한 할당은 매우 적절한 것이다(박순성, 2003: 253).

젊을 때 맑시스트가 아니면 바보이지만 나이가 들어서까지 맑시스트로 남아있으면 그 사람은 천치라는 경제학자의 이야기를 학생들에게 들려주며, 자신도 과거에 그랬었다는 서울대 서양학과 박지향 교수(2007)는 《중간은 없다 — 마거릿 대처의 생애와 정치》 서문에서 한국에 퍼져 있는 좌파지식인들을 향해 말한다.

> "1984년 4월, 영국의 광부노조가 그 유명한 파업을 시작했을 때 난 런던에서 박사논문 자료수집중에 있었다. 당시 영국 좌파 지식인들의 지대한 영향하에 있던 나는 마거릿 대처 총리를 격렬히 비난하면서 적은 액수이지만 광부노조에 후원금을 보내기도 했고 1년의 파업 끝에 노조가 철저히 패했을 때 분노의 눈물을 흘리기도 했다. 철이

든 후 생각하니 그처럼 어리석은 짓도 없었다.

이 책은 내 젊은 시절의 환상에 대한 되새김이기도 하다. 대처를 몹시 미워했던 내가 이제 대처가 이룬 것을 높이 평가하는 책을 내게 된 것은 연륜이 준 가르침 덕분이다. 젊은 시절에 믿었던 바가 더 이상 진리가 아님을 깨닫는 것은 기쁨이다. 젊은 시절에 믿었던 바가 더 이상 진리가 아님을 알면서도 그것을 붙들고 있는 사람들보다는 솔직한 나 자신이 대견하기도 하다."

2. 노자의 무위정치(無爲政治) — 탈지적 자만

노자는 《도덕경》에서 자연 그대로 내버려두는 정치를 좋은 정치라고 주장한다. "세상은 신비스런 물건이어서 거기에다 함부로 뭘 하겠다고 할 수 없다. 거기에다가 뭘 하겠다는 사람은 이를 망치고, 이를 휘어잡으려는 사람은 그것을 잃고 만다"(天下神器, 不可爲也, 爲者敗之, 執者失之) 고 지적한다. 이는 나라든 자연이든 함부로 대하지 말하는 의미다. 나라나 자연은 그렇게 호락호락 마음대로 되는 대상이 아니다. 가령 나라를 뜯어고쳐 모든 사람이 평등하게 살게 하겠다고 외치면서 혁명이나 계급투쟁이나 인민해방을 함부로 대들다가 얼마나 많은 사람이 고통을 당하였는가?

장자(莊子)도 짧은 오리다리를 길게 늘이려 하거나 긴 황새다리를 짧게 오그라뜨리려는 것은 고통을 가져다 줄 뿐이라고 하였다. 나라나 사회도 하나의 생명체로서 그 자체 생리와 리듬이 있는데, 이를 무시하고 기계덩어리로 다룰 수 없다.

노자는 억지로 함이 없는 정치를 설명하면서 세상에 금지하고 가리는 것이 많을수록 사람이 더욱 가난해지고, 사람 사이에 날카로운 무기가 많아질수록 나라가 혼미해지며, 사람 사이에 잔꾀가 많을수록 괴상한 물건이 더욱 많아지고, 법이나 명령이 요란할수록 도둑이 더욱 많아진다고 하였다. 그러므로 성인이 말하였다. "내가 억지로 일을 하지 아니하므로 백성이 저절로 바뀌고, 내가 고요를 좋아하므로 백성이 저절로 바르게 되며, 내가 일을 꾸미지 아니하므로 백성이 저절로 부하게 된다"(天下多忌諱, 而民彌貧, 民多利器, 國家自昏, 人多伎巧, 奇物滋起, 法令滋彰, 盜賊多有, 故聖人伝, 我無爲而民自化, 我好靜而民自正, 我無事而民自富) 고 하였다.

또 그는 "큰 나라를 다스리는 것은 작은 생선을 요리하는 것과 같다"(治大國若烹小鮮) 고 하였다. 즉, 작은 생선을 구울 때는 칼로 배를 갈라 내장을 꺼내고 뼈를 추려내지 않고 통째로 굽는다. 또 구울 때 젓가락으로 이리저리 들쑤시지도 않는다. 한쪽이 다 익기 전에 이리저리 뒤지면 고기가 망가져버린다. 잘 익을 때까지 한참 동안 가만히 놓아두고 지켜보고 있어야만 한다.

특히 《도덕경》 제 65장에서 지적 자만을 경계한 점은 예사롭지 않다. "사람을 다스리기 어려운 것은 지도자가 아는 것이 많기 때문이다. 그러므로 아는 것으로 나라를 다스리면 나라에 해가 되고 앎이 없이 다스리는 것은 나라에 복이 된다"(民之難治, 以其智多, 故以智治國 國之賊, 不以智治國, 國之福) 고 하였다. 무언가 안다고 하여 인위적이고 부자연스럽게 참견하는 정치는 '함의 정치'로 무위, 무사, 무지, 무욕의 정치가 아니다. 또 제 75장에서도 "백성을 다스리기 어려운 것은 윗사람이 뭔가를 한다고 하기 때문"(民之難治, 以其上之止有爲) 이라고 하였다. 결국 위정자가 성을 쌓는다, 제도를 개혁한다는 등으로 인위적으로 다스리려고 하면 나라가 다스려지기 어렵다(오강남, 1995). 그래서 《회남자》에서는 천하를 얻고자 한다면 늘 의도적으로 일함이 없어야 한다. 의도적으로 일하는 것이 있으면 천하를 얻을 수 없다고 하였다(이석명, 2004).

3. 송나라 육구연의 무위정책

중국 송나라 육구연(陸九淵, 1139~1192)이 말했다.

"과거에 정부기관에는 관리들이 넘칠 정도로 매우 많았는데, 이들은 스스로 쓸모없는 식객이 되기 싫어서 여러 경로를 통하여 황제에게 부단히 제안을 올렸습니다. 그리고 그 제안을 둘러싸고 조정의 관리들이 이러쿵저러쿵하면서 새로운 기구를 설립하고 일부 제도들을 개혁할 것을 요구했습니다. 하지만 실제로는 아래를 살펴야만 실제정황을 알 수 있습니다.

서생(書生)과 왕공(王公)의 제자들은 백성들의 실제사정을 파악하지 못한 채 경솔하게 정책을 정하기 때문에 그것이 실행된다면 많은 문제를 낳게 됩니다. 그들은 단지 종이 한 장을 낭비할 뿐이지만 백성들에게 끼치는 피해는 이루 다 말할 수 없으니까요. 그래서 나는 늘 동료들과 함께 상서에서 언급된 내용을 조목조목 반박하고 있습니다. 조정의 정치가 명철하다면 마땅히 무위(無爲)로써 다스린 효과가 나타나게 됩니다. 종일 죄목만 만들고 늘 상급자의 의사만 파악한다면 실로 나라의 봉록을 먹는 사람으로서 임금을 위해 책임지는 것이라 할 수 없습니다"(장연, 2003).

4. 칠레의 성공과 아르헨티나의 몰락

1965~1990년 사이 태평양 국가들은 전제정치를 거부하고 시장경제를 도입한 결과 세계 제일의 무역발전지역으로 변모했다. 가장 흥미로운 사례는 태평양 동쪽에 자리잡은 칠레다. 1973년 아옌데(Salvador Allende)의 사회주의 정부를 유혈 쿠데타로 전복한 피노체트(Augusto Pinochet)는 다른 태평양 국가들의 노선을 따라 경제를 시장의 힘에 맡겼다. 시장경제 아래서는 원칙적으로 국가가 방대한 의사결정영역에서

손을 떼고 개인에게 결정권을 위임한다. 경제적 자유와 정치적 자유는 불가분의 관계에 있다. 시장의 자유는 정치적 억압을 약화시킬 수밖에 없다. 한국의 1987년 서울의 봄은 경제적 자유가 정치적 자유를 가져오게 한 전형적 사건이다. 싱가포르, 대만, 태국, 인도네시아, 필리핀 모두 이런 과정을 거쳤다.

이 교훈은 칠레에도 똑같이 적용된다. 1973년의 쿠데타는 칠레의 정치와 경제를 완전히 붕괴시켰다. 1971년 아옌데가 정권을 잡았을 때부터 시작된 높은 인플레이션을 진정시키는 과정은 느리고 고통스러웠으며 대중의 지지를 얻지 못했다. 1980년대가 진행되면서 경제적 자유를 발판으로 정치적 자유에 대한 요구가 확대되었다. 1989년 국민투표에서 야당의 아일윈(Patricio Aylwin)이 대통령으로 당선되면서 마침내 피노체트 독재정권의 시대를 마감하였다. 하지만 아일윈 정권은 피노체트가 성공적으로 추진했던 경제정책은 그대로 유지하는 현명함을 보여주었다.

대신 아르헨티나는 1945년 후안 페론(Juan Perón)이 정권을 잡기 전까지는 라틴아메리카에서 최초로 경제도약에 성공한 국가였다. 탄탄한 시장경제, 최소정부, 늘어난 중산층, 언론의 자유, 법치를 이룩했다. 제2차 세계대전 동안 임금이 서유럽수준까지 올라갔다.

그러나 페론이 등장하면서 중앙은행, 철도, 통신, 가스, 전기, 어업, 항공운송, 강철, 보험을 국유화했다. 그리고 수출을 전담하는 국영기관을 두었다. 그는 단번에 '큰 정부'와 복지국가를 만들어냈다. 공공서비스 지출은 5년 만에 GNP의 19.5%에서 29.5%로 늘어났다. 사회혜택은 스칸디나비아 수준을 따라 잡았다. 페론은 심지어 노동자에게 후한 회사를 찾아내 다른 회사들이 이런 관행을 따르라고 강요했다. 1951년이 되자 국제수지가 파탄이 나고, 임금 인플레이션은 관행화되었다. 그의 지지세력이 사라지자 강권정치를 발동하기 시작하였다. 1955년 그가 가톨릭교회에 눈을 돌리자 노동자들은 아르헨티나에서 가장 멋진 성당들을 파괴했다. 1955년 군대가 페론을 축출했다.

하지만 페론의 뒤를 이은 정권들은 아르헨티나를 부유하게 만들어준 '작은 정부'로 돌아가지 못했다. 너무나 많은 기득권층이 생겨났기 때문이다. 아르헨티나는 거대한 기생국가였고, 노조가 지나치게 많은 권력을 가진 나라가 되었으며, 공공부문 근로자가 너무 많았다. 이즈음 아르헨티나는 선진 경제국가가 될 수 있는 기회를 잃고 영원한 이류 라틴아메리카 국가로 전락했다. 산업의 낙후, 정치적 불안정, 군사독재가 아르헨티나의 일상적 체질(DNA)이었다. 여기서 일단 국가가 팽창하면 다시 부피를 줄이는 일이 불가능하다는 교훈을 얻게 되었다(조윤정, 2008).

5. 무산계급과 사회주의에는 자유화가 있을 수 없다

개혁개방노선이 진행되던 1986년 9월 28일에 개최한 제12기 중국 중앙위원회 전국인민대표대회의 결의문 초안에 '자산계급 자유화를 반대한다'라는 문구를 넣자, 넣지 말자를 두고 논란이 벌어졌다. 덩샤오핑은 자산계급 자유화를 반대한다는 말을 자신이 가장 많이 했다고 운을 떼고선, 자유화의 모체는 바로 자본주의이고, 무산계급에는 자유화가 없고, 그리고 사회주의에도 자유화가 없으며, 자유화의 모체는 지금 중국이 실행하는 정책과 현행제도에 대항한다고 말하였다. 그는 자유화를 실행한다는 것은 바로 중국을 자본주의의 길로 인도한다고 지적하였다. 그는 중국이 개방정책을 실시하는 까닭은 자본주의 사회의 유익한 부분을 흡수하여 사회주의의 생산력을 발전시킬 수 있기 때문이며, 이를 사회주의 현대화라고 불렀다(임국웅, 2004).

6. 자유시장경제가 없었다면 독일의 경제기적은 존재하지 않았을 것이다

1949년 8월 14일 서독에서 총선이 치러졌다. 에르하르트와 연합한 아데나워가 크게 성공하였다. 전후 인플레이션이 발생하여 점령군사령부에서는 가격동결, 경제통제, 배급제도의 도입이 불가피해졌다. 그러자 암시장이 등장하여 국민들은 아무런 가치 없는 마르크화 대신에 미국산 담배 및 버터 등의 물품구입에 혈안이 될 수밖에 없었다. 이런 상황에 종지부를 찍은 인물이 독일경제 기적의 아버지인 에르하르트이다.

에르하르트는 1948년 아데나워 정부의 경제부장관으로 취임하면서 가격제한 및 각종 규제와 배급제도를 완전히 철폐하였다. 통화개혁으로 새로운 통화가 유통되기 시작하자 상점의 진열대에는 여러 종류의 상품들로 가득 차기 시작하였다. 생산자와 상인들은 이전까지만 해도 기존의 통화를 신뢰하지 않았기 때문에 대량의 상품을 창고나 그 밖의 공간에 재워놓고 있었다. 아데나워와 에르하르트의 자유시장경제가 없었다면 독일의 경제기적은 존재하지 않았을 것이다.

선거에서 서독인들은 천 3백만 명이 에르하르트가 추진하는 자유기업 시장경제에 찬성표를 던졌고 겨우 8백만 명만이 국유화를 찬성하였다. 이 선거는 전후 세계의 결정적 사건이었다. 당시 사회민주당의 경제철학이나 경제프로그램으로 미루어 보건대, 만일 사회민주당이 정권을 잡았다면 서독은 경제기적을 이루지 못하였을 것이다. 1969년 마침내 사회민주당이 권력을 잡았을 때에는 그들은 이미 맑스주의 집단소유를 포기한 변종의 사회주의 정당이었다(조윤정, 2008).

제5부

자유행사의 대가를 지불하는 책임부담의 특질

자유는 경제번영에 필요불가결한 요소이다. 경제진보가 없이도 자유를 가질 수가 있겠지만, 자유 없이는 진정한 의미의 경제적 진보를 갖기가 불가능하다. 자유가 번영을 보장하는 까닭은 시장을 통한 계약의 자유를 통해 개인들은 다른 사람의 자유는 물론 자신의 자유를 행사할 수 있기 때문이다. 그러나 자유를 행사하는 데에는 필연적으로 책임이 뒤따른다. 책임을 부담하지 않는 거래는 계약을 불안정하게 하여 경제적 기회의 확대를 억제한다. 사유재산권을 바탕으로 하는 시장경제에서는 개인들은 자신의 자유를 행사한 결과에 대한 책임을 부담하는 까닭에 경제번영에 이바지한다. 그런 측면에서 권한(자유)의 행사만 누리려 하고 책임(의무)을 부담하지 않으려는 특질은 시장경제의 진화적 특질과는 어울리지 않는다.

제5부에서 사유재산을 바탕으로 자유를 행사하는 개인들은 그 대가로 책임을 부담할 수밖에 없는 진화적 특질을 소개하고자 한다. 제19장 "노예의 길"에서 하이에크는 제2차 세계대전 직전 독일이 전체주의로 빠져드는 위험을 경고하고 사회주의가 '궁핍으로부터 해방되는 길'이 아닌 '노예로 가는 길'이라고 이미 주장하였다. 제20장 "자유와 개인의 책임"에서 드와이트 리는 책임을 부담하지 않고서는 개인의 자유도 불가능하다고 지적한다. 제21장 "자유와 실패"에서 드와이트 리는 시장경제에서 실패하는 자에게 정부가 도움을 주어야만 한다는 낭만주의적 견해를 반박하고, 오히려 실패가 있어야만 이어서 번영이 온다고 주장한다. 제22장 "기업과 노동의 사회적 책임성"에서 밀턴 프리드먼은 기업가들이 보다 많은 사회적 책임을 가져야 한다는 기존의 사회통념을 반박한다. 그는 기업경영자들이 사회적 책임을 지기 이전에 이윤극대화를 통해 주주들에게 책임을 지고, 주주가 사회적 책임을 지는 사회가 되기를 주장한다.

제19장

노예의 길

프리드리히 A. 하이에크[1]

자신의 상관에 대해서가 아니라 자신의 양심에 대한 책임, 강제에 의해 강요되지 않은 의무에 대한 인식, 가치가 있다고 여기는 여러 가지 중에서 다른 사람을 위해 어느 것을 희생해야 한다고 스스로 결정하고, 또 그 결정에 따른 결과를 감수할 필요성, 이런 것들이야말로 바로 도덕이란 이름에 걸맞은 도덕의 본질 바로 그것이다.

▪ 요 약

사회주의가 주장하는 궁핍으로부터의 해방에 매료된 자유주의자들이 사회주의 노선을 지지하였지만 새로운 자유가 결국 부의 평등한 분배, 따라서 생산수단의 사적 소유를 철폐하고, 계획경제체제를 창설하는 노예로 가는 첩경이라는 사실을 자유주의자들은 몰랐다.

자유사회에서 경쟁은 정부의 개입 없이 사람들의 활동을 상호조정해 주는 효과적 방법이다. 경쟁을 배제하고 대신 국가가 계획하면 할수록 개인에겐 계획이 더 어려워지고 또 정부의 계획이란 그 효과가 미리 알려져 있는 까닭에 정부는 공평무사하지 않는 도덕적 기관이 되어버린다. 자유의 행사에는 불가피하게 위험이 따르는데, 지식인들은 위험보다 안

1) 프리드리히 A. 하이에크는 히틀러 치하에서 《노예의 길》(*The Road to Serfdom*) (Routledge, 1944)을 발표하여 시장경제의 주창자로서 명성이 퍼지기 시작하였다. 오스트리아 태생의 하이에크는 1938년 히틀러가 오스트리아를 합병하자 영국으로 귀화했는데, 제2차 세계대전중에 오스트리아 출신이라는 '회피할 수 없는 의무감'을 느껴 집필한 글이 이 책이다. 이 글은 김이석 옮김, 《노예의 길》(나남, 2006)에서 발췌한 내용이다.

정 내지 보장을 권유하는 치명적 잘못을 저지르고 있다.

철도, 도로, 항공운송, 가스, 전력공급 등과 같은 독점은 중앙통제보다 민간독점체제로 남아있는 동안 소비자는 유리한 지위에 놓인다. 노동조합은 사회의 희생 아래, 특히 가장 빈곤한 계층과 실업자들의 희생 아래 자본가의 독점이윤을 공유하고 있다.

집산주의는 개인적 의무감, 독립심과 자조심, 위험을 감수하려는 태도 등, 사회가 의존해야 할 본질적 미덕을 훼손시키고 있다. 영국인들은 독립심과 자조정신, 개인적 창의성, 지역적 책임감, 자발적 활동, 이웃에 대한 불간섭, 관용정신, 관습과 전통의 존중, 권력과 당국에 대한 의구심 등의 전통적 도덕을 가지고 있었는데, 집산주의의 등장으로 점차 파괴되고 있다.

1. 위대한 유토피아

국가가 지상지옥이 된 것은 항상 국가를 지상천국으로 만들려고 했기 때문이다.

— F. Hoelderlin

1) 사회주의의 새로운 약속

사회주의가 자유주의를 대신하여 진보주의자의 교리가 되었다. 이런 일이 벌어진 것은 과거 위대한 자유주의 사상가들이 집산주의의 결과를 경고했지만 사람들이 이 경고를 망각한 것이 아니라 사회주의가 약속하는 유토피아에 매료당했다는 것을 뜻한다. 사회주의의 도래는 궁핍의 영역(*realm of necessity*)으로부터 자유의 영역(*realm of freedom*)으로 도약한다는 새로운 약속을 점차 교묘하게 사용하기 시작하였다. 사회주의는 '경제적 자유'(*economic freedom*)를 가져오는 것이며, 그것 없이는 이미 쟁취한 정치적 자유도 '가질 만한 가치가 없어지는 것'이라고 하였다.

2) 자유라는 의미의 변화

이 주장이 그럴듯하게 보이기 위해서는 자유라는 말에 들어 있는 의미상의 변화가 중요한데, 원래 자유는 강압으로부터의 자유, 타인의 자의적 권력으로부터의 자유, 상관의 명령에 복종하는 것 이외에는 다른 선택이 없는 속박으로부터의 해방을 의미하였다. 그러나 약속된 새로운 자유란 궁핍으로부터의 자유, 우리 모두의 선택의 범위를 불가피하게 제한하는 상황들의 강제로부터의 해방을 말한다. 인간이 진정으로 자유로워지기 이전에 '물리적 궁핍의 압제'(*despotism of physical want*)가 분쇄되어야 하며, '경제체제의 억압'(*restraints of economic system*)이 풀려야 한다. 이런 의미에서 자유는 단지 권력(*power*)[2] 혹은 부(*wealth*)의 다른 이름에 지나지 않는다.

비록 사회주의의 자유에 관한 새로운 약속이 막대한 물질적 부의 증가를 가져올 것이라는 무책임한 약속과 흔히 결부되었다 하더라도, 경제적 자유가 기대하는 바는 인색한 자연을 완전히 정복하는 데서 나오는 것은 아니다. 그와 같은 약속이 진정으로 의미하는 바는 사람들 사이에 존재하는 커다란 불평등을 사라지게 하겠다는 것이었다. 이리하여 새로운 자유에 대한 요구는 부의 평등한 분배를 요구하는 다른 이름에 지나지 않는다. 그러나 이 이름은 사회주의자들과 자유주의자들에게 공통으로 '새로운 자유'라는 용어를 주었고, 사회주의자들은 이 용어를 최대한 이용하였다. 그리고 이 용어가 두 집단에 의해 각기 다

---

2) 약 70년 전에 한 학자가 국가사회주의(생시몽주의)의 기원을 논의하면서, 이 자유에 관한 이론은 "그것만으로도 전적으로 사회주의"라고 말하기에 이르렀다〔P. Janet, *Saint-Simon et le Saint-Simonism*(1878), p. 26〕. 이 혼동을 가장 명확하게 옹호한 사람은 미국 좌익주의의 지도적 철학자 존 듀이(John Dewey)인데, 그에 의하면 "자유란 특정한 것을 할 수 있는 유효한 권력"이고 그리하여 "자유에 대한 요구는 권력에 대한 요구"라고 하였다〔Liberty and Social Control, *The Social Frontier*(Nov. 1935), p. 41〕.

른 의미로 사용되었으나 사람들은 그 차이를 거의 알지 못했다. 심지어 이 두 가지 종류의 약속된 자유가 실제로 결합될 수 있을지의 여부에 관해 스스로에게 물어보는 사람은 지금까지 거의 없었다.

보다 큰 자유의 약속이 사회주의를 선전하는 가장 효과적인 무기 중의 하나가 되었으며, 사회주의가 자유를 제공할 것이라는 믿음이 진정이고, 성실한 것이라는 데는 의심의 여지가 없었다. 그러나 자유로 가는 길(*road to freedom*)로서 우리에게 약속된 그것이 사실은 예속으로 가는 첩경(*high road to servitude*)으로 밝혀질 경우에는 그것은 커다란 비극을 낳을 따름이다. 의심할 것도 없이, 많은 자유주의자들이 더 많은 자유의 약속에 매료되어 사회주의 노선을 지지하였고, 사회주의와 자유주의의 기본원리 사이에 존재하는 대립을 보지 못하고 말았다. 그리고 자유의 약속은 사회주의자들이 구자유정당의 명칭을 그대로 도용하여 사용할 수 있게 만든 바로 그 장본인이었다. 이리하여 사회주의는 자유주의의 전통을 이어받을 상속인이던 수많은 지식계급(*intelligentsia*)들에 의해 환영받았다. 그러므로 그 사상이 자유와는 정반대로 그들을 끌고 갈 그런 사회주의라고는 그들조차 상상하지 못한 것에 놀라울 것도 없다.

2. 개인주의와 집산주의

> 사회주의자들은 두 가지 서로 완전히 다른 별개의 것, 서로 충돌하는 것, 즉 자유와 조직을 동시에 믿고 있다. —Elie Halévy

1) 사회주의의 의미

사회주의는 때로는 단지 사회주의의 궁극적 목표인 사회정의, 더 큰 평등과 안전이라는 이상을 묘사하거나 의미한다. 그러나 사회주의는 또한 대개의 사회주의자들이 이 목적을 달성하기 위해 채택하는 특정한 방법을 의미하기도 한다. 많은 유능한 사람들은 이 방법이야말로 그 목적을 충분하고도 빠르게 성취할 수 있는 유일한 수단으로 간주하고 있다. 이런 의미를 지닌 사회주의란 사기업제도와 생산수단의 사적 소유를 철폐하고, 이윤을 추구하는 기업가 대신 그 자리에 중앙계획당국이 들어서는 '계획경제'체제의 창설을 뜻한다.

2) 계획의 의미

계획화라는 말이 대중으로부터 명성을 얻게 된 것은 우리 모두가 우리의 공동관심사를 되도록이면 가장 합리적으로 처리하기를 바라고, 또한 일을 처리하는 과정에서 우리가 동원할 수 있는 예지능력을 사용하기 바란다는 사실 때문이다. 이런 의미에서 완전한 숙명론자가 아닌 이상, 우리 모두는 계획가이며 모든 정치적 행위는 계획행위이다. 모든 계획은 단지 훌륭하게 세웠거나 잘못 세웠다는 차이, 현명하게 앞을 내다보고 세웠거나 어리석게도 너무 눈앞의 일만 생각하고 세웠다는 차이가 있을 뿐 계획이라는 점에서는 마찬가지이다. 사람들이 실제로 어떻게 행동하며, 그들의 문제를 어떻게 계획할 것인지에 대한 연구가 전문분야인 경제학자는 이러한 일반적 의미의 계획에 대해 반대하지 않는다.

3) 명령경제의 대안으로서 합리적 경쟁

이러한 종류의 계획에 대해 반대하는 태도와 독단적인 자유방임주의적 태도를 혼동하지 않는 것이 중요하다. 자유주의자들은 인간의 노력을 조정하는 수단으로서 경쟁의 힘을 가능한 한 최대로 활용하자고 주장하며, 사태를 있는 그대로 내버려두자고 주장하지는 않는다. 그렇게 주장하는 까닭은, 경쟁은 다른 어떤 부문보다 개인의 노력을 지도하는 데 있어 보다 나은 방법이기 때문이다. 경쟁이 유리하게 작용하기 위해서는 심사숙고하게 입안된 법체계가 필요하며, 현재 또는 과거의 법규정에 중대한 결함이 있을 수 있다는 것을 결코 부정하지 않으며, 심지어는 이러한 사실을 강조하기도 한다. 그리고 경쟁을 유효하게 만드는 데 필요한 조건을 조성하는 것이 불가능한 경우에는 경제활동을 지도하는 다른 방법에 의존해야 한다는 주장도 역시 부인하지 않는다.

그러나 경제적 자유주의는 경쟁 대신에 인간의 노력을 조정하는 보다 열등한 방법으로 경쟁을 대체하는 일에는 반대한다. 그리고 경제적 자유주의는 경쟁을 보다 우수한 것으로 간주하는데, 그 이유는 대부분의 환경에서 경쟁은 지금까지 알려져 있는 가장 효과적인 방법일 뿐만 아니라, 더욱이 경쟁은 당국이 강제적으로 또는 자의적으로 개입하지 않고서도 우리의 활동이 상호간에 조정할 수 있도록 하는 유일한 방법이기 때문이다. 실제로 경쟁을 지지하는 주된 주장의 하나는 경쟁이 '의식적 사회통제'(*conscious social control*)의 필요성을 제거하고 또한 특정사업의 위험에 대해 보상을 받기에 충분한가의 여부를 결정할 수 있는 기회를 개개인에게 부여한다는 점이다.

3. 계획과 법의 지배

개인이 그 자본을 어떠한 방법으로 사용해야 하는가를 지시하려고 드는 정치가는 자신에게 가장 불필요한 주의를 기울이도록 하는 부담을 지우게 할 뿐만 아니라, 동시에 추밀원이나 의회 그 어디에서인가에 안심하고 맡길 수 있는 권력을 가지려고 시도한다. 그러나 자신이 그것을 행사하는 데 적합하다고 망상에 젖어 있을 만큼 어리석음과 억측을 가지고 있는 사람의 수중에 그러한 권력이 있을 때만큼 더 위험한 권력은 없다.

—Adam Smith

이 논의는 두 가지다. 첫째는 경제적인 것이며 여기서 간략하게 설명될 수 있다. 국가는 일반적 형태의 여러 사정에 적용되는 법령을 제정하는 일로 그쳐야 하고, 시간과 공간의 사정 여하에 달려 있는 모든 일에 대해 개인에게 자유를 허용해야 한다. 왜냐하면 각 경우에 당사자인 개인만이 그러한 사정을 충분히 알고, 그들의 행동을 그 사정에 적응시킬 수 있을 것이기 때문이다. 만약 개개인이 계획을 수립하는데 자신들의 지식을 효과적으로 사용할 수 있도록 하려면 그들은 자신들의 계획에 영향을 미칠 국가의 행동을 예측할 수도 없고, 사전에 고려할 수도 없는 구체적 사정과는 관계없이 법령에 의해 확정되어 있어야 한다. 그러면 그러한 국가행동의 특수한 효과는 예측할 수 없을 것이다. 한편 국가가 특정 목적을 달성하기 위해 개인의 행위를 지시하려고 든다면 그 조치는 예측될 수 없는 것이어야 할 것이다. 그러므로 국가가 더 많이 계획하면 할수록 개인에 대해서는 계획이 더 어려워진다는 점은 잘 알려진 사실이다.

두 번째의 도의적 및 정치적 논의는 문제가 되는 요점과 더 직접 관련된다. 국가가 만약 그 행동의 영향을 정확하게 예측할 수 있다면, 그것은 영향을 받는 사람들에게 아무런 선택의 여지를 남겨둘 수 없다는 것을 의미한다. 선택되는 여러 행동과정이 특정인들에게 미치는 효과를 국가가 정확하게 예측할 수 있는 경우에는 어느 경우라도 각기 상이한 목적들 중에서 선택하는 것은 역시 국가라고 할 수 있다. 만약 우리가 모든 사람에게 개방되는 새로운 기회를 창출하자면, 즉 국민이 하고 싶은 대로 이용할 수 있는 그런 기회를 제공하고자 한다면, 그 정확한 결과는 예측될 수 없는 것이어야만 한다. 그러므로 특수한 명령과 구분되는 것으로서 일반적 법령, 진정한 법은 상세하게 예측될 수 없는 사정에 적용되도록 의도되어야 하고, 그 때문에 그 법이 특정 목적과 특정인들에게 미치는 효과를 사전에 알 수가 없어야 한다. 입법가가 공평무사한 것이 전적으로 가능한 것은 오직 이런 의미에서 뿐이다. 공평무사하다는 것은 어떤 질문(우리가 결정해야 한다면 동전을 던져 결정하는 그런 질문)에 대답하지 않는 것을 의미한다. 모든 일이 정확하게 예측되는 세계에서는 국가는 아무것도 할 수가 없고 그래서 공평무사하게 될 수도 없다. 그러나 정부의 정책이 국민에게 미치는 영향이 정확히 알려져 있는 상황에서는 정부가 어떤 특정한 효과를 직접 의도하고 있다면 그 효과를 알게 될 수밖에 없고, 그러한 까닭으로 정부는 공평무사할 수가 없게 된다. 이런 경우 정부는 당연히 한편에 기울어져 국민에게 가치판단을 강요할 것이 틀림없고, 국민 자신이 목적을 수행할 때 그들을 도와주는 대신 국민을 위해 목적을 선택하지 않으면 안 된다. 법이 제정될 그 시점에서 특정 효과가 예측되는 순간 그 법은 국민이 사용할 단순한 수단이 아니며, 그 대신 입법가가 국민에 대하여, 그리고 입법가의 목적을 위해 사용될 수단이 된다. 이때 국가는 국민의 개성이 최고도로 발전되도록 도와줄 의도를 갖는 그런 종류의 공리적 기관이 아니고 하나의 '도덕적' 기관이 된다. 여기서 '도덕적'이라는 말은 비도덕적이라는 말과 대조적으로 사용된 것이 아니고, 국가 구성원들에게 모든 도덕적 문제에 관해 국가의 견해(그 견해가 도덕적이든 또는 고도로 비도덕적이든)를 강요하는 하나의 기관을 뜻하는 것이다. 이런 의미에서 나치(*Nazi*)나 다른 집산주의 국가는 '도덕적'이며, 자유주의 국가는 그렇지 않다.

4. 전체주의적 통제의 확대

부의 생산을 통제하는 것은 인간의 삶 그 자체를 통제하는 것이다.

—Hilaire Beelloc

경제생활의 통제가 가장 심했던 유럽역사의 그 시절에도 일반적이고 반영구적인 법령체계를 만들어서 그 체계 내에서 개인은 광범위한 자유의 영역을 가지고 있었으며, 경제생활의 통제도 이런 정도 이상으로 실시되지 않았다. 당시에 사용된 통제수단도 매우 일반적인 지시 이상을 부과하기에는 적합하지 않은 것이었다. 그리고 통제가 가장 철저했던 곳에서도 통제는 개인이 사회적 분업에 참가하는 그런 활동으로만 확대되었을 따름이었다. 개인은 당시에도 아주 광범위한 영역에서 역시 그 자신의 생산물에 의존하며 살았고, 그가 선택하는 대로 행동할 자유가 있었다.

지금의 사정은 완전히 다르다. 자유주의시대에 점차 발전한 분업은 우리 활동의 거의 하나하나가 사회적 과정의 한 부분이 되는 그런 상황을 만들어냈다. 이것은 우리가 되돌릴 수 없는 발전이다. 우리가 현재의 수준과 같은 어떤 수준으로 엄청나게 불어난 인구를 먹여 살릴 수 있는 것은 오직 이런 발전 때문이므로, 그것은 되돌릴 수 없는 발전인 것이다. 이 때문에 경쟁을 중앙집권적 계획으로 대체하게 되면 그 이전 어느 때 시도된 것보다 우리 생활의 훨씬 더 많은 부분을 중앙에서 통제하지 않으면 안될 것이다. 계획은 우리가 경제활동으로 간주하는 정도에서 그치지 않는다. 왜냐하면 우리는 지금 우리 생활의 모든 분야에서 다른 사람들의 경제활동에 의존하고 있기 때문이다.

5. 보장에 대한 요구가 갖는 의미

사회 전체가 노동의 평등과 급여의 평등이 달성되는 하나의 사무실, 하나의 공장이 될 것이다.
—V. I. Lenin, 1917

유일한 고용주가 국가인 나라에서는 반대한다는 것은 천천히 굶어죽는다는 것을 의미한다. 일하지 않는 자는 먹지 말라는 과거의 원칙은 새로운 원칙으로 대체될 것이다. 복종하지 않는 자는 먹지 말라.
—L. Trotsky, 1937

국가에 의해 용인되거나 혹은 지지받는 제한조치들을 통해 경제적 보장을 달성하려는 일반적 노력은 시간이 흐르면서 사회를 점진적으로 변형시켰다. 다양한 방법으로 독일이 주도하여 변형시켰고 다른 나라들이 뒤이어 이를 추종하였다. 이러한 사태진전은 사회주의자가 가르친 또 다른 영향으로 더욱 촉진되었는데, 그 가르침이란 경제적 위험을 수반하는 모든 활동을 의도적으로 비방하고, 위험을 무릅쓸 만한 가치가 있으나 단지 소수인만이 얻을 수 있는 이익을 도의적 치욕이라고 몰아세우는 그런 가르침이었다. 우리의 청년들은 어릴 적부터 안전하고 급료받는 자리가 보다 훌륭하고 덜 이기적이며 사욕이 없는 직업이라고 말하는 것을 들었으므로, 기업의 위험보다는 안전하고 급료받는 자리를 보다 더 선호하였다고 하여 비난할 수는 없다. 오늘날의 젊은 세대가 자라온 세계는 학교에서나 신문에서나 상업적 기업정신을 창피한 것으로 표현하고, 이윤을 얻는 것을 비도덕적인 것으로 표현하는 그런 세계였으며, 또한 100명의 사람을 고용하는 것은 착취이지만, 같은 수의 사람을 명령하는 것은 명예스러운 것으로 표현하는 그런 세계였다. 좀 연로한 사람들은 이것을 현 사태를 과장한 것으로 여길지 모르지만, 반자본주의적 선전의 결과 이 나라에서 이미 일어났던 제도의 변화에 훨씬 앞서 가치체계가 이미 바뀌었다는 점은 대학교수의 일상경험에서 거의 의심할 여지가 없다. 문제는 새로운 요구를 충족시키기 위해 우리의 제도를 바꿈으로써 우리가 여전히 높이 평가하는 가치들을 부지불식간에 파괴하지는 않을까 하는 점이다.

극심한 궁핍에 대해 적절히 보장하고 잘못 기울인 노력과 그에 따른 실망과 같은 피할 수 있는 원인을 줄이는 것이 정책의 주된 목표의 하나라야 한다는 것은 의문의 여지가 없다. 그러나 이런 노력이 성공적이고 또한 개인의 자유를 파괴하지 않으려면 '시장' 밖에서 보장이 마련되어야 하고, 경쟁은 방해받음이 없이 제 기능을 하도록 내버려두어야 한다. 자유가 유지된다면 다소의 보장은 필수적인 것이다. 왜냐하면 단지 위험이 그렇게 크지 않은 한 자유가 불가피하게 수반하는 위험을 대부분의 사람들이 기꺼이 참으려고 할 것이기 때문이다. 그러나 이것이 우리가 결코 놓쳐서는 안될 진리임에도 불구하고, 지도층의 지식인들이 자유를 대가로 보장을 격찬하는 현재의 유행보다 더 치명적인 것은 없다. 자유는 오직 어떤 대가를 치르고서 얻을 수 있다는 것, 그리고 개개인은 자유를 유지하기 위해 물질적 희생을 단단히 할 각오를 하고 있어야 한다는 사실을 직시하여 솔직하게 다시 배우는 일이 반드시 필요하다. 우리가 이런 생각을 가지려고 한다면, 앵글로 색슨(*Anglo-Saxon*) 국가에서 자유원칙의 토대가 된 그 확신, 그리고 벤자민 플랭클린(Benjamin Franklin)이 개인으로서나 국가로서나 우리의 생활에 적용될 수 있는 다음의 구절로 표현한 내용, 즉 '사소한 일시적 안전을 사기 위해 본질적 자유를 포기하려는 사람은 자유도 안전도 다 같이 얻을 자격이 없다'고 표현한 그 확신을 우리가 되찾지 않으면 안 된다.

6. 우리들 속에 잠재된 전체주의

> 권력이 조직이라는 모습으로 나타날 때 그것은 자유로운 사람들의 공동체를 전체주의 국가로 전환시키기에 충분한 매력을 만들어간다.
>
> — *The Times*

1) 자본의 독점노선

독점이 불가피한 여러 경우에도 독점을 통제하는 최선의 방법으로 이를 국가의 수중에다 두는 것이 어떠냐는 것도 의문의 여지가 있다. 단지 하나의 산업만이 문제가 될 때는 그렇게 하는 것이 좋을지도 모른다. 그러나 우리가 많은 다른 독점적 산업들을 취급해야 한다면, 이들을 단일의 국가통제하에다 결속시키는 것보다는 이들을 각기 다른 개인의 수중에 남겨두자는 말을 많이 하게 될 것이다. 철도, 도로, 항공운송, 또는 가스나 전력공급 등은 모두 불가피한 독점이라 하더라도, 이들이 중앙통제에 의해 '통합될' 때보다 개별적인 별개의 독점체로 남아있는 동안에 소비자는 오히려 더 강력한 지위에 놓이게 된다는 사실에는 의문의 여지가 없다. 민간독점은 지금까지 그렇게 완벽하지도 않았고, 더욱이 장기간 지속되는 일도 드물었으며, 잠재적 경쟁을 무시할 수도 없었다.

그러나 국가독점은 항상 국가가 보호하는 독점이며, 잠재적 경쟁과 효과적 비판으로부터 보호받는 그런 독점이다. 이것은 대부분의 경우에 일시적 독점이 항구적 지위를 확보할 힘을 얻게 된다는 것을 뜻한다. 그 힘은 거의 틀림없이 행사될 일이다. 독점을 견제하고 통제해야 할 권력이 감싸고 보호하는 일에 관심을 갖게 되는 곳에서 독점권의 남용을 정부가 치유한다는 것은 곧 그 남용의 책임을 인정하는 꼴이 되어버리고 만다. 그리고 독점에 대한 비판이 곧 정부에 대한 비판이 되는 곳에서 독점이 사회의 봉사자가 될 희망이란 거의 없는 것이다. 독점기업의 경영이 사방으로 얽혀 있는 국가는 그것이 개인에 대해서는 짓뭉개는 힘을 가지고는 있어도, 정책형성의 자유에 관한 한 약체 국가일 것이다. 독점기구는 국가기구와 동일한 것이 될 것이고, 국가 그 자체는 일반국민의 이익보다는 일을 경영하는 사람들의 이익과 점점 더 밀착하게 된다.

2) 노동의 독점노선

우리가 싸워야 할 대상이 단지 자본가 독점뿐이라면 독점의 문제는 지금과는 달리 별로 어렵지 않을 것이다. 그러나 독점이 지금처럼 위험하게 된 것은 소수의 이해관계를 가진 자본가들이 산업의 독점조직화를 위해 노력하기 때문이 아니다. 이렇게 된 것은 자본가들의 이득을 일부 공유하게 된 사람들이 독점을 지지할 뿐만 아니라, 독점에 대한 지지가 공정하고 질서정연한 사회를 창출하는 길이라고 설득당한 대다수 사람들이 이를 지지하기 때문이다. 모든 특권과 투쟁함으로써만이 그 원래의 목적에 기여할 수 있는 위대한 운동, 즉 노동운동이 경쟁에 반대하는 주장의 영향력 아래로 들어오고, 그 운동 자체가 특권을 얻기 위한 투쟁에 얽혀들면서 현대적 독점의 발전과정은 치명적 전환점을 맞게 되었다. 독점의 최근 성장은 대개 조직화된 자본과 노동 사이의 의도적 협력에 따른 결과이며, 이런 의도적 협력을 통해 노동의 특권집단들은 사회의 희생 아래, 특히 가장 빈곤한 계층, 보다 덜 조직화된 산업들과 실업자들의 희생 아래 독점이윤을 공유하고 있다.

위대한 민주적 운동이 민주주의를 틀림없이 파괴할 그런 정책을 지지하고, 또 그 운동을 지지하는 대중들 가운데 소수의 집단에게만 혜택을 주는 그런 정책을 펴는 것을 바라보아야 한다는 것은 우리 시대의 가장 슬픈 광경이 아닐 수 없다. 이처럼 대중으로 하여금 저항할 수 없도록 만들고 미래에 관한 전망을 그처럼 암울하게 하는 것은 좌익이 독점지향적인 여러 경향을 이처럼 지원하고 있기 때문이다.

모든 노동자들에게 적어도 어느 정도의 독립성과 자유를 보장해주던 유일한 질서를 파괴하는 일에 노동운동이 계속 협력하는 한 정말로 미래에 대한 희망은 별로 없다. 지금 목소리를 높이며 자신들이 "단번에 미친 경쟁체제를 끝장냈다"[3]고 주장하는 노동운동 지도자들은 실은 개인의 자유의 종말을 선고하고 있다. 차별 없는 시장에 의해 지배되는 질서와 몇몇 소수 개인들의 뜻에 따라 명령받는 질서 이외에는 우리가

3) 라스키(H. J. Laski) 교수가 1942년 5월 26일 런던 제 41차 노동당 연차회의 연설에서 "모든 국민에게 빈곤을 가져오는 것은 바로 이 경쟁체제이며, 전쟁은 이런 빈곤의 결과이다"라고 언급한 것은 주목할 만한 가치가 있다. 이는 지난 150년간의 역사를 정말 이상하게 해석한 것이기 때문이다.

선택할 수 있는 대안은 없다. 그리고 시장질서를 파괴하려고 열심인 사람들은 의식적이든 무의식적이든 명령질서를 창출하는 데 돕는 셈이다. 이 새로운 명령질서 아래서 일부 노동자들은 아마 좀더 잘 먹고, 모든 노동자들이 똑같이 통일된 옷을 입는다고 할지라도 영국 노동자의 대다수가 개인의 자유를 위태롭게 하는 사회주의 교리를 제시한 지식인 지도자들을 감사하게 여길 것인지는 정말 의심스럽다.

7. 물질적 조건과 이상적 목표들

> 다수의 목소리가 자유롭고자 하는 소수를 노예화하는 것이 과연 정당하고 이성적인 것인가? 소수가 자신들에게 해가 되지 않는 다수를 강제하여 그들(다수)의 자유를 갖도록 하는 것이 다수가 자신(다수)들의 천박함을 즐기기 위해 소수의 사람들을 해쳐서 강제로 그들(다수)의 노예가 되기를 강요하는 것보다 더 정당하다. 자신의 정당한 자유만을 추구하는 사람들이 권력을 가지면, 자유를 반대하는 목소리가 제아무리 크다고 할지라도, 언제나 자유를 쟁취할 권리를 가진다. —John Milton

1) 영국식 정치이상의 퇴보

물질적 상황이 우리에게 선택을 강요하는 분야에서 행동의 '자유'와 자신의 양심에 따라 꾸려간 결과에 대한 '책임', 이 두 가지 속에서 도덕적 감성이 자라날 수 있고, 개인의 자유로운 결정으로 도덕적 가치들이 날로 재창출된다. 자신의 상관에 대해서가 아니라 자신의 양심에 대한 책임, 강제에 의해 강요되지 않은 의무에 대한 인식, 가치가 있다고 여기는 여러 가지 중에서 다른 사람을 위해 어느 것을 희생해야 한다고 스스로 결정하고, 또 그 결정에 따른 결과를 감수할 필요성, 이런 것들이야말로 바로 도덕이란 이름에 걸맞은 도덕의 본질 바로 그것이다.

집산주의가 개인행동의 영역에 미친 영향은 거의 전적으로 파괴적이었다는 사실은 불가피할 뿐만 아니라 부정할 수도 없다. 그 주된 약속이 책임으로부터의 해방(*relief from responsibility*)이었던 이 운동은, 그 출현에 이바지한 이상이 아무리 고상한 것이라 하더라도 그 결과에서는 반도덕적(*anti-moral*)인 것이 되지 않을 수가 없다. 개인의 능력이 허용하는 데에도 불공평을 시정하려는 개인적 의무감은 강화되었다기보다는 오히려 약화되었다고 하는 데 의문의 여지가 없다. 기꺼이 책임을 지려는 태도나 어떻게 선택할 것인지를 아는 것이 개인적 의무라는 그런 자각(*consciousness*)도 눈에 띌 정도로 손상되었다고 하는 점에서도 의문의 여지가 없다. 바람직한 상태를 당국이 만들어야 한다고 요구하거나 심지어 다른 모든 사람이 같은 일을 하게 된다는 조건이라면 기꺼이 복종하겠다고 하는 그런 태도가 지금 집단적으로 빠져들고 있다.

그동안 별로 존중받지도 못하고 또 실천되지도 않았던 미덕, 즉 독립심과 자조, 기꺼이 위험을 감수하려는 태도, 다수에 대항하여 자기 자신의 신념을 지키려는 각오, 자신의 이웃과 기꺼이 자발적으로 협력하려는 태도, 이 모든 것들은 사실 개인주의 사회가 작동하기 위해 그 사회가 의존해야 할 본질적 미덕이다. 집산주의는 이런 덕망을 대신할 아무것도 갖고 있지 않다. 그리고 집산주의가 이런 미덕을 파괴한 이상, 그 미덕이 들어갔던 공간에는 개인에게 오직 복종만을 강요하고 집단적 결정을 실행하도록 강제하는 것이 옳다고 하는 생각 이외는 아무것도 채울 것이 없다.

2) 영국적 전통에 대한 신뢰회복

집산주의의 등장이 초래한 도덕가치의 변화에 관한 한 가지 측면을 오늘날 특별히 반성의 자료로 삼을 것이 있다. 그것은 영국국민들이 특히 자랑스럽게 여겼고 또 그들이 그 분야에서 일반적으로 탁월하다고 인정받던 미덕이 이제 점점 더 존중받지 못하게 되었고, 그 결과 점점 찾아보기 힘들게 되었다는 점이다. 스위스나 네덜란드와 같은 소국을 제외하고는 대부분의 다른 국민들보다도 영국인들이 더 많이 지니고 있던 그 미덕은 독립심과 자조정신, 개인적 창의성, 지역적 책임감, 자발적 활동에 대한 성공적 의존, 이웃에 대한 불간섭, 자기와 다른 사람이나 특이한 사람들에 대한 관용정신, 관습과 전통의 존중, 권력과 당국에 대한 건전한 의구심 등이다. 영국의 힘과 특성과 업적은 대부분 자발적 정신을 배양한 결과였다. 그런데 영국의 국민성과 도덕적 풍토를 조성하였던 거의 모든 전통과 제도는 집산주의의 등장과 집산주의에 고유한 중앙집권적 경향으로 점차 파괴되고 있다.

▪ 사례 이야기

1. 《노예의 길》 서문

1994년 밀턴 프리드먼은 하이에크가 저술한 《노예의 길》 발간 50주년 기념판의 서문에 다음과 같은 글을 남겼다. “동서 독일은 서로 대조적인 과학실험을 거듭했다고 볼 수 있다. 동일한 피가 흐르고 문화와 관습도 같은 사람들이 전쟁이라는 사건에 의해 분리되고서는 근본적으로 서로 다른 사회의 조직화에 순응했다. 결과는 수정처럼 분명하게 나타났다. 시민이 도망가지 못하도록 벽을 쌓아야 했던 쪽은 서독이 아니라 동독이었다. 하나는 벽을 사이에 두고 한쪽에서는 압제와 비참함이, 또 다른 한쪽에서는 자유와 풍요로움이 있었던 것이다.”

2. 전체주의 탄생의 조건

독일 출신의 유대계 자유주의 사상가 아렌트(Hannah Arendt)는 《전체주의의 기원》(*The Origins of Totalitarianism*)에서 나치즘과 볼셰비즘이 폭정과 전제정치를 가져오게 한 전제조건들을 탐구하였다. 그리하여 전체주의를 가능하게 만든 핵심적 요소는 당시 근대사회에 만연했던 ‘쓸모없는 존재’(*superfluousness*)의 경험인데, 이 경험은 근대 국민국가가 몰락하고 현대적 대중사회가 출현하는 과정에 이뤄졌다. 대중이 없으면 전체주의 운동이 일어날 수 없으며, 전체주의 운동 없이는 전체주의 국가체계가 형성될 수 없다고 한다. 전체주의 운동을 구성하는 대중들은 정당이나 조합과 같은 확고한 조직에 소속되지 않고 표류하는 모래처럼 사회를 떠다닌다. “조직되지 않고 구조화되지 않은 대중, 절망적이고 증오로 가득 찬 개인들의 대중”이 생겨난다. 사회적으로 분리되고 고립되어 있는 자신들을 구원해줄 지도자를 둘러싼 전체주의 운동이 일어난다고 한다. 아렌트에 따르면 실업, 인구과잉, 사회적 아노미, 정치적 불안 등 개인을 쓸모없는 존재로 만드는 현상들은 모두 전체주의적 해결방식으로의 유혹을 부추긴다고 한다.

맹자는 "일정한 생업이 있는 사람은 일정한 마음을 갖고, 일정한 생업이 없는 사람은 쓸데없는 잡념에 사로잡힌다"〔有恒產者 有恒心 無恒產者 無恒心, 슬문공장구(滕文公章句) 상편〕고 하였다. 중국 후한의 왕충(王充, 27년~99년?)도 "한 가지 마음이면 100명의 임금도 섬길 수 있으나, 백 가지 마음이면 한 임금도 섬길 수 없다. 그래서 너의 마음을 바르게 갖고, 너의 말을 적게 하라"〔心可以事百君, 百心不可以事日君. 故日, 正而心又少而言, 설원 담총(說苑 談叢)편〕고 경고하였다. 공자도 "사람이 항구한 마음이 없으면 무당과 의원(귀신과 생사를 다루므로 비천한 직업을 일컬음)도 되지 못한다"(人而無恒 不可以作巫醫, 《논어》 제 13권 "자로"편) 고 하였다.

맹자, 왕충, 공자 모두 사람들이 한 가지 일에 지속하여 생활을 꾸려나가는 게 얼마나 중요한지를 가르쳐주고 있다.

3. 자신에 대한 책임 대신에 남에 대한 책임은 노예로 가는 길

"어려서부터 우리는 부모, 가족, 모국에 대해 책임을 지도록 배웠습니다. 그러나 아무도 우리가 우리 자신에 대해 책임을 져야 한다고, 우리의 책임을 대신할 사람은 없다고 말하지 않습니다. 이것이야말로 가장 근본적인 책임인데도 말입니다. 언제나 남에 대한 책임보다는 자신에 대한 책임이 우선해야 하기 때문입니다. 책임을 다른 사람에게 돌릴 때 우리는 어린아이로 남을 뿐 결코 성장하지는 못할 것입니다. 성장하는 유일한 좋은 길은 좋고 나쁘고, 즐겁고 슬픈 모든 것을 받아들이는 것입니다. 우리는 우리에게 일어나는 모든 것에 책임이 있습니다.

이 같은 사고가 커다란 자유를 줍니다. 만약 나 아닌 남이 어떤 것에 대해 책임이 있다면, 그때 우리 행동들에 대한 열쇠는 그의 손 안에 있습니다. 그때 우리는 노예입니다. 스스로 삶의 모든 것에 대해 책임이 있다는 이 위대한 자각을 즐길 줄 알아야 합니다. 그때 우리는 독립적 개인 혹은 진정한 개인이 될 것입니다"(김상대 · 성낙희, 2008).

제 20 장

자유와 개인의 책임

드와이트 리[1)]

자유의 행사가 개인들의 윤리적 책임으로 뒷받침되지 못할 때 자유가 사라질 것이라는 것은 피할 수 없는 사실이다.

▪ 요 약

희소성은 경쟁을 낳는데, 생산적 경쟁이 이뤄지기 위해서는 룰을 필요로 한다. 룰은 개인의 행위에 제한을 가함으로써 모두가 행사할 수 있는 자유를 확대시킨다. 계몽주의 사상가들은 개인의 자유와 사회질서를 조화시키는 데에 개인들이 자신의 행동의 결과로 얻어지는 대가가 타인에 의해 몰수되지 않도록 보장해주는 개인의 권리를 필요로 한다고 주장하였다. 그에 따라 사유재산의 원칙은 생산적 사회질서를 추구하는 데 중요한 개념으로 등장하였다.

사유재산의 원칙은 자신의 결정에 따른 결과에 대해 개인이 책임을 부담함으로써 사람들에게 많은 자유를 줄 수 있다. 사유재산의 원칙을 시행함에서 정부는 심판자로서 행동하고 타인의 재산권을 침해하는 자유를 억제한다. 그런데 정부의 권력이 제한받지 않으면 사유재산의 원칙에 따라 작동되는 책임감, 따라서 자유까지 파괴시킨다. 그래서 정부의 행위도 사회의 룰, 즉 헌법에 의해 규제되어야 한다. 성공적 헌법이란 개인의 자유가 보장됨에 따라 발생하는 결과에 대해 개인이 책임진다는 신

1) 이 글은 드와이트 리의 논문, "Liberty and Individual Responsibility", *The Freeman* (Apr. 1987), pp. 126~133에서 발췌, 번역하였다(www.the free manonline.org 참조).

념 내지 윤리의식에 바탕을 두어야 한다.

정부가 확대될수록 개인들의 책임감은 약화되고, 사람들이 타인의 비용으로 이익을 얻을 수 있는 기회를 늘림으로써 사유재산체제를 약화시키고 개인의 책임감의 토대를 위협한다. 그러므로 자유가 사라지지 않도록 개인의 윤리적 책임감이 중요하다는 점을 자각하여야 한다.

1. 책임감이 뒤따르는 자유의 행사

자유는 유익한 정치경제체제가 만들어 낸 매우 가치 있는 성과물인 동시에 정치경제체제를 위해 필요로 하는 필수적 요소이다. 그런 측면에서 자유의 역할을 투입과 산출로 고려해보는 것은 지극히 간단명료한 일이다. 사유재산과 자발적 교환을 토대로 하는 경제적 질서를 유지하는 데 필요한 법적 환경을 제공하는 '작은 정부'는 개인의 자유를 위한 풍요한 터전을 제공한다. 작은 정부, 사유재산, 자발적 교환으로 특징짓는 정치경제체제의 혈액은 개개인이 경제적 및 정치적 자유를 완전히 가질 때에만 제공될 수 있는 정보의 흐름이다.

그러나 고전적 자유의 개념에 토대를 두는 정치경제체제가 어떻게 개인의 자유를 육성시키고 또한 개인의 자유에 의해 육성되었는가를 주의 깊게 살펴보면, 자유가 필요로 하는 사회제도와 자유의 행사 사이에 복잡한 상호작용이 있음을 보여준다. 자유의 행사가 개별주체들의 윤리적 신념 이외에 어떠한 외부의 힘도 제압할 수 없는 책임감에 의해 제어되지 않고서는 자유 자신이 의지하는 사회제도를 점차 침식하고 말 것이다. 환언하여 개인이 자신의 신념에 바탕을 둔 책임감만이 자유를 제어할 수 있다. 자유에 관한 정치경제학 연구는 자유가 의존하는 자신의 기반이 얼마나 무너지기 쉬운가라는 경고에 귀를 기울이며 이뤄져야 한다.

2. 희소성, 규칙, 그리고 자유

희소성이라는 경제문제가 존재하지 않는 사회에서는 각 개인들이 방대한 범위에 걸친 자유를 행사할 수 있고, 그 행위가 다른 사람에게 영향을 끼치지도 않는다. 그러나 우리는 희소성이 존재하는 사회에 살고 있으며, 개인들은 타인과 상호작용하여야 하며, 이러한 행위들은 사회적 행동에 제한을 가하는 규칙에 의해 제약받는다. 그러한 규칙은 개인의 행동에 제한을 가하고 또한 자유와 방종을 엄밀히 구별짓는다. 그러한 규칙의 제한이 없다고 한다면 희소성 그 자체가 우리들을 더 강하게 구속할지도 모른다.

비록 희소성이 바람직한 협력을 이끌어낼지라도 희소성은 경쟁을 불가피하게 이끌어낸다는 사실을 먼저 고려해보아야 한다. 우리 각자는 현재 소유하는 것 이상의 것을 바라는데, 한정된 자원 아래서 더 소유하기 위해서는 타인과의 경쟁을 거쳐야 한다. 경쟁은 일반적으로 사회를 개선시키는 데 필수적이라고 권고되는 협력으로 대치되면서 사회적 병폐의 근원으로 보이기도 한다. 그러나 우리가 잘못 이해하는 것은 바로 경쟁이 사회적 병폐인 희소성의 원인이 아니고 그 결과라는 사실이다. 희소성을 제거시킬 방도가 없다면, 우리의 관심사는 경쟁을 어떻게 회피할 것인가가 아니라 생산적이고 협력적인 결과를 도출할 수 있는 경쟁행위에 동기를 부여할 수 있는 사회행위의 규칙을 어떻게 제공하여야 할 것인가이다. 왜냐하면 타인과의 거래에 허용가능한 제한을 두는 규칙이 어떠한가에 따라 경쟁은 생산적이기도 하고 아니면 파괴적이기도 하기 때문이다.

규칙이 없을 가능성을 생각해보자. 보다 정확하게 강제력(힘)의 규칙이 없다고 가정해보자. 타인에게 자신의 의지를 강요할 수 있는 힘을 가지고 있다면 모든 사람들은 자신들이 원하는 모든 것을 자유롭게 행할 수 있을 것이다. 이 경우 사람들은 억제되지 않은 야만적 힘을 행사하는 방법으로 경쟁하도록 이끌어질 수밖에 없을 것이고, 그러한 사회에서는 타인의 임의적 의지로부터 독립된 의미로서의 자유란 존재하지 않을 것이다.2)

상대방에게 어떠한 보상을 제공함도 없이 자신의 이익을 타인에게 강요할 수 있는 물리적 힘을 가진 사람은 다른 사람들을 자신의 노예로 삼을 것이다. 하지만 그처럼 군림하던 그 사람도 다음 날 다른 사람의 노예로 되어 있을지도 모를 일이다.

어떠한 강제력도 생산적이고 협력적인 결과를 이끌어낼 수 없을 것 같다. 타인에 의한 강제적 박탈에 대한 보호가 없다면, 부의 생산에 헌신하고자 하는 개인의 동기는 거의 존재하지 않을 것이다. 경쟁에 성공하는 길은 부를 생산하기보다는 약탈하거나 또는 약탈로부터 방어하는 데 필요로 하는 기술을 개발하는 데 보다 더 의존하게 될 것이다. 비록 이러한 환경 속에서 생존이 가능하더라도 개인의 삶의 수준은 낮을 것이다. 타인을 약탈하거나 타인의 약탈적 행위로부터 보호하는 데 자원의 대부분을 소진시키는 사회에서는 생산이 거의 이뤄지지 않을 것이고, 그에 따라 빈곤은 그 사회의 전반적 현상이 되어버릴 것이다. 홉스가 말한 야수의 정글과 같이 생활은 고독하고 가난하며 불결하고 야만적이며 또한 오래 가지도 않을 것이다.

3. 자유를 희생시킨 대가로서의 사회질서

시민들이 사회적 질서가 갖는 이점들을 깨달으려면 만인의 만인에 대한 투쟁을 일삼는 홉스의 야수적 정글로부터 뛰쳐나올 필요가 있다.

2) 자유의 이러한 정의는 하이에크의 《자유헌정론》 제1장과 제2장에 설명되어 있다.

유익한 사회질서의 기초가 되는 것은 바로 개인들의 행동에 한계를 부여하는 규칙이다. 모든 규칙들은 행위의 자유에 제한을 가한다. 그러나 규칙이 시행되면 예상가능한 방향으로 개인의 행동에 제한을 가함으로써 모든 사람들의 자유를 확대시킬 수 있다.[3)]

반면에 규칙이 너무 많아지고 구체화되어버리면 규칙이 없는 사회와 마찬가지로 규칙이 자유를 파괴하게 된다. 동시에 이러한 경우 너무 많은 규칙이 나타나는 방향으로 나아간다. 전통적으로 사회 내의 강박관념은 무질서라는 공포를 낳았다. 약탈, 폭동, 강간, 상해, 살인이 다반사로 이뤄지는 사회에서는 자유의 상실을, 무질서를 모면하기 위해서 치러야만 하는 불가피한 비용으로 간주한다. 역사적으로 인간은 사회적 질서, 종교적 행위, 여행, 개인의 직장 등과 같은 모든 형태를 엄격하면서도 야만적으로 강요하는 규칙 속에서 살았다. 그 사회의 지배적 관심은 질서를 유지하는 문제였고, 이러한 목적에 적합한 길은 극히 제한된 수의 자유만을 허용하는 방법이었다.

행동의 모든 측면을 규제하는 구체적 규칙을 근간으로 하는 엄격한 사회질서가 규칙이 전혀 없는 상태에서 이뤄지는 혼돈보다 선호될 만하지만 그러한 종류의 사회질서가 갖는 단점도 명백하게 드러난다. 그 사회의 우선되는 문제는 전반적으로 사회를 통제할 수 있는 권력을 가진 군주를 찾는 길이다. 그러한 권력은 거대하게 남용되기 쉽다. 권력

---

3) "법의 최종목표는 폐지하거나 제한하는 데 있는 것이 아니라 자유(*freedom*)를 보존하고 확대하는 데 있다. 왜냐하면 법을 만들 수 있는 능력을 가진 피조물이 있는 국가에서 법이 없다면 자유(*freedom*)도 없기 때문이다. 자유(*liberty*)란 다른 사람으로부터의 제한이나 폭력이 없는(*free*) 상태를 말하는데, 법이 없다면 그런 상태에 도달할 수 없다. 자유(*freedom*)란 자기가 하고 싶은 것을 할 수 있는 자유(*liberty*)를 의미하지는 않는다. 왜냐하면 유머가 월등한 다른 사람들로부터 자유로울 사람이 있겠는가"〔John Locke, *The Second Treatise of Government*(Liberal Arts Press, 1954), pp. 32~33〕.

을 가진 자들은 신민들의 세금으로 자신들의 이익을 늘리고, 또 그렇게 하려는 유혹을 좀처럼 뿌리칠 수 없다. 무정부 상태에 비해 강력한 정부가 갖는 유일한 장점으로는 공권력의 행사가 눈에 띄게 나타난다는 데 있다. 규칙이 없는 무정부 상태에서 벗어나 리바이어던(*Leviathan*: 강력한 군주) 정부의 구체적 통제사회로 들어가는 것은 곧 다수의 밤도둑들을 한 명의 낮도둑으로 대체시키는 것과 같다.

4. 사유재산의 지배

오늘날 개인의 자유와 사회질서 간의 조화에 대한 사상을 등장시킨 사람은 바로 존 로크, 애덤 스미스, 베르나르드 맨더빌(Bernard Mandeville), 그리고 그 외의 17~18세기 철학자들이었다. 이 사상에서 중요한 것은 규칙의 역할에 관한 근본적 개념상의 변화였다. 전통적으로 사회의 규칙은 생산적 사회질서를 유지시키는 데에 필요로 하는 특정의 결과를 강제로 유도하기 위해 필요한 것이라고 간주하였다. 논밭은 경작되어야 했고, 직물은 짜여야 했으며, 가축들은 관리되어야 했고, 특정 서비스는 제공되어야만 했다. 이 모든 일이 되도록 하는 규칙의 통치하에 중앙집권적 권한은 생산적 결과를 보증하는 것처럼 생각되었다. 앞에서 언급한 철학자들의 근본적 인식변화는 사회활동에 관한 전반적 규칙을 확립함으로써, 어떤 특정의 결과를 무시하더라도 개인들이 자유를 행사하는 것으로부터 바람직한 결과들을 이끌어낼 수 있는 환경을 조성할 수 있다는 것이었다.

사회질서에 대해 자유스럽게 바라보는 이들의 식견에 중요한 원칙이란, 개인들이 자신의 행동을 계획하여 수행할 수 있고 그 결과 얻는 대가가 타인에 의해 몰수되지 않을 것을 보장받는 방법을 통해 개인의 권리를 명확히 정의해주는 원칙이다. 이러한 보장이 결여되면 사람들의 생산성에 대한 유인은 거의 없게 될 것이고, 시민적 유대 속에서 상호작용할 수 있는 기반도 사라질 것이다.

사유재산의 원칙은 개인의 자유와는 무관하게 이제 양립가능한 생산적 사회질서를 추구하는 데 있어 중요한 개념이 되었다. 사유재산의 원칙은 개인의 부에 대한 권리를 정확히 설정하고, 당사자 사이에 상호합의가 이뤄지면 그 권리가 이전될 것을 요구한다. 자유가 사유재산의 원칙만으로 폭넓게 제한받을 때, 교류와 협력의 사회체계가 확립되고 그 속에서 개인들의 자유는 다른 모든 사람의 자유와 양립한다. 사유재산의 원칙하에서 한 사람이 행사하는 자유는 다른 모든 사람이 행사할 수 있는 자유의 여지를 확대시킨다.[4]

5. 소유권은 정직을 장려한다

사유재산체제와 시장교환으로 발생되는 부보다 더 중요한 것은 이러한 사회체계가 허용하는 개인의 자유다. 사유재산의 원칙은 자신들의 결정에 따른 결과에 대해 책임지게 하므로 사람들에게 많은 자유를 줄 수 있다. 개인들이 자원을 사용하려 할 때는 비용이 발생한다. 그 비용은 가장 높은 가치를 갖는 대체적인 다른 용도의 가치로 측정된다. 개인이 자원을 소유할 때 개인은 비용에 전적으로 책임을 가진다. 왜냐하면 자원을 사용하기 위해서는 다른 사람이 기꺼이 지불하고자 하는 가장 높은 가격만큼 비용을 지불해야 하기 때문이다. 이러한 책임이 주어지는 한 개인들이 책임을 갖고 자유롭게 그들이 선택한 자원을 사용할 수 있게 하여 사회에 폐를 끼치지 않고 오히려 이득을 준다.

---

4) 하이에크는 《자유헌정론》에서 "자유로부터 내가 얻는 이득이란 주로 다른 사람들이 자유를 사용한 결과물이고, 나 자신이 한 번도 사용하지 않은 자유를 그들이 사용한 결과물이다"라고 지적하였다.

사유재산권이 없다면 심지어 개인의 행동을 상세하게 제한하는 것을 정당시 여기는 분위기 속에서 끊임없는 다툼이 일어난다. 대기를 사유재로 분할하거나 분배하기는 무척 어렵다는 사실을 생각해보라. 그 결과 대기가 공유재산이어서 개인들은 자동차 배기가스를 배출하는 장소로 대기를 사용할 때 발생하는 비용에 대해서 책임을 지지 않는다. 그 결과 연방과 주정부 관료들은 공공의 허락을 받아(규칙에 의해) 환경상 책임 있는 방법으로 행동하도록 개인들의 행동에 대해 구체적으로 제한을 가할 수 있다.

사유재산권을 행사하는 데 따르는 책임을 제거해 보자. 타인이 자유를 행사하는 일을 참고 견디는 토대를 제거해 보자. 개인의 자유의 범위를 줄이고, 사회행위를 지배하는 원칙들을 대신한 상세한 명령과 규제가 들어서는 것은 경제활동을 지시할 사유재산권과 자발적 교환에 의지할 수 없거나 그럴 의사가 없는 경우에 나타날 것이다.

6. 정부의 필요성

사회질서 유지와 관련한 문제에 직면해 다른 사람들도 같이 억제하도록 되어 있으면 그렇게 하기로 합의함으로써 개인들은 대개 억제당하려 할 것이다. 사유재산권을 모두가 존중함으로써 모든 사람들은 더 잘 살게 될 가능성은 높다. 시행될 전망이 높으면 사유재산권을 존중하는 일에 모두가 동의할 것이다. 여기서 사회적 게임의 법칙을 시행하는 것은 필수적이고, 정부에 부여한 강제적 독점의 이론적 근거가 된다.

게임의 법칙을 아는 공정한 조정자로서 게임의 권위를 행사하고 위법한 사람에 대해 벌금을 부과하며 참가자들을 관찰하는 것이 정부의 역할이다. 공정한 심판자로서 좋은 정부는 어떤 특별한 결과를 위해 노력하는 것이 아니라, 합의된 규칙에 의해 확립된 한계 내에서 행동하는 한, 목적을 추구하는 데 자유로운 개인들이 상호작용하는 일에 관심을 갖는 정부다.

사유재산의 원칙을 시행함으로써 정부는 심판자로서 행동하고, 또 자유로우면서도 생산적인 사회질서로부터 이익을 얻는 사람들이 사회질서를 유지하는 데 있어 자신의 역할에 충실할 것을 요구한다. 정부가 그러한 역할을 수행한다면, 사람들이 타인의 재산권을 침해할 자유는 스스로를 감금하는 방식을 통해 억제될 것이다.

7. 정부를 감시해야 할 필요성

정부의 권력이 철저히 제한받지 않으면 비자발적 소득이전을 통해 타인의 비용으로 이익을 보려는 사람들에게 기회를 제공할 여지가 있다. 정부권력의 이러한 남용은 정부 자신을 먹여 살리는 경향이 있다. 첫째, 정부의 소득이전은 새로운 부를 창출하는 개인의 이익을 감소시키고, 정책적 영향을 통해 기존의 부를 보호하거나 새로 취득함으로써 얻는 개인의 이익을 증가시킨다. 상대적 수익의 이러한 변화는 많은 사람들을 생산적 활동에서 벗어나 정치적 행위로 들어가도록 이끈다. 둘째, 정부의 소득이전 행위는 사유재산의 원칙에 따라 작동되는 경제질서를 특징짓는 책임을 파괴시킨다. 책임이 감소됨에 따라 개인의 자유를 위한 토대 또한 감소되며, 그 사회에는 개인의 활동을 통제하는 정부의 행위가 더욱더 팽배하게 될 것이다. 자유로운 사회질서를 유지하기 위해 필요하던 정부의 권력은 오히려 그 질서의 토대를 위태롭게 할 수 있다.

우리의 자유와 번영은 사회행위에 대한 전반적 규칙에 근거한다. 그것은 규칙을 시행하기 위한 정부의 정당한 기능일 뿐만 아니라 제한된 공공재를 제공한다. 정부가 그 역할을 적정하게 시행하기 위해서 정부의 행위 또한 일반사회의 규칙에 의해 규제되어야 한다. 정부에 대해 규칙이 준수되는 것은 매우 중요하다. 정부가 규칙을 준수하지 않는다면 어떠한 사회도 자유를 유지할 수 없을 것이다. 그러나 우리가 정부에 대해서 규칙준수에 대한 규제를 어떻게 가하며, 또한 보호되어야만 할 자유를 정부권력이 파괴하지 않을 거라고 어떻게 확신할 수 있겠는가?

8. 헌법상의 제한과 헌법의 한계

정부를 통제할 수 있는 희망이란 정부의 행위에 대해 헌법상으로 제한하고, 그리고 그러한 범위 내에서 활동하도록 헌법에 토대를 둔 절차상에 제한을 가함으로써 달성할 수 있다는 데 있다. 통상의 정치과정에서 정부를 이익단체의 압력에 굴하지 않고 면역시킬 수 있을 가능성은 헌법상의 절차와 한계에 대한 수준을 상향조정함으로써 가능하다.

그러나 헌법을 통해서만 정부가 행사할 수 있는 권력을 제한할 수 있다면 자유를 위해 부정적 힘에서 긍정적 힘을 행사하도록 정부에게 제한을 가할 수는 있겠지만, 책임지는 정부를 헌법이 결코 만들 수는 없다. 효과적 헌법은 단순히 종이에 말을 적어 놓음으로써 만들어지는 것이 아니다. 역사상 가장 효과적이면서도 지속되는 미국 헌법은 전 세계에서 수많은 정치제도의 표본이 되었다. 그러나 복제된 헌법은 특별히 지속적이거나 효과적일 수 없다. 성공적 헌법은 문화, 신념, 윤리적 이해에서 비롯되어 형성되어야 하고, 이러한 것은 사회질서 이전에 근거하는 요소들이다. 헌법은 정부가 공권력을 남용한다고 널리 인식되는 행위들만을 효과적으로 감시하는 데에 기여할 수 있다.

정부권력 남용에 대항하여 개인의 자유를 보호하기 위한 책임을 헌법에게 돌릴 방법은 없다. 정부의 권력남용에 대한 강력한 헌법적 제한이 없다면 자유는 오래 지속될 수 없다. 동시에 정부에 대한 헌법상의 제한은 그러한 제한을 공공이 승인하지 않고서는 그 효과가 오래 지속될 수도 없을 것이다.

9. 개인의 책임성과 정치적 제한

자유를 보장할 수 있게 하는 헌법상의 제한을 공공이 승인한다는 의미는 자유를 보장해줌으로써 발생되는 결과에 대해 개인들이 책임을 져야 한다는 것을 뜻한다. 개인의 자유가 없을 때에 책임은 의미가 없다. 또한 개인의 책임이 없을 때에 자유의 미래도 없을 것이다. 하이에크는 《자유헌정론》에서 "구성원들이 각자 자신의 행위결과를 받아들이지 않는다면 자유로운 사회는 그 자체로 존속될 수 없고 기능할 수도 없을 것이다"라고 주장하였다.

개인의 책임은 쉽게 지속되지 않는다. 하이에크는 또한 지적하였다. 자유는 "개인에게 단지 기회만을 제공할 수 있다. 자신의 노력에 따른 결과는 무수한 우연한 사건들에 의존할 것이다."[5] 개인이 좌절을 경험할 때 개인은 그 자신을 책임으로부터 면제할 수 있는 그럴싸한 이유를 발견할 수 있을 것이다. 그러한 유혹은 그 외의 모든 사람에게 적용되는 게임의 결과로부터 면제되고자 하는 정부에게 더욱 강하게 작용한다. 개인들은 만약 책임에서 면제되는 행위가 일반화된다면 모든 사람들의 상황이 더욱 나빠질 것이란 사실을 알고 있으나, 여전히 자신에게 부닥친 특별한 경우에 한하여 다른 대우를 받는 것을 합리화한다.

정치가들이 소수자를 위한 특별보조를 제공하게 됨에 따라 헌법상의

5) 하이에크는 《자유헌정론》에서 사람들이 자신이 통제할 수 있는 상황만이 중요하다고 생각하여 그쪽에만 관심을 돌리겠지만, 자신에게 영향을 미치는 결과를 완전히 지배하지 못하였을지라도 그 결과에 대해서는 책임을 부담하여야 한다고 주장하였다.

권한을 침범할 때, 그들은 다수자를 위한 특별보조를 제공하는 일도 피할 수 없다는 사실을 알게 된다. 정부권력의 남용에 대항하는 유일하고도 효과적인 보루인 개인의 책임감은 그러한 남용에 부닥치면 쉽사리 무너진다. 대부분의 사람들은 정치적 영향력을 행사하여 자신의 책임을 회피하려는 사람에게 둘러싸여 있을 때 스스로의 행동에 대해 강한 책임감을 갖지 못한다. 여기서 파괴적 힘이 연쇄적으로 발생하게 될 것이 분명해진다. 정부가 확대될수록 개인들의 책임감은 약화되고, 그 결과 정부에 대한 더 많은 수요와 그리고 더 넓은 정부확대를 초래한다. 사람들이 타인의 비용으로 이익을 얻을 수 있는 기회를 늘림으로써 확대되는 정부는 사유재산체제를 약화시키고 개인의 자유를 존속시키는 책임감의 토대를 위협하게 된다.

10. 결 론

사회질서 유지에 필요한 구체적 제한 및 지시사항 등 일반적 통치행위를 준수할 때에만 자유는 보장될 수 있다. 자유는 결코 (무엇이든지 마음대로 할 수 있는) 면허가 아니다. 왜냐하면 자유를 무제한으로 사용하면 이것이 토대를 삼는 일반규칙들이 바로 확실하게 효력이 없는 것으로 되어버릴 것이기 때문이다. 이상적 자유란 개인들이 윤리적 책임을 받아들일 뿐만 아니라, 사회의 일반규칙들을 자발적으로 준수하도록 동기를 부여하는 제한까지도 받아들이는 데 있다.

자유의 행사가 개인들의 윤리적 책임으로 뒷받침되지 못할 때 자유가 사라질 것이라는 것은 피할 수 없는 사실이다. 이러한 사실이 우리들에게 강조하는 것은 자유가 지탱하는 토대가 부서지기 쉽다는 점을 이해하고, 자유를 소중히 여기는 우리들의 윤리적 책임감이 중요하다는 점을 자각하여야만 한다는 데 있다.

▪ 사례 이야기

1. 책임이 따르지 않는 법령

형남(荊南) 지방의 여수(麗水)란 내에서는 사금(砂金)이 많아 나는데, 몰래 그것을 파는 사람이 많았다. 금을 파지 못하게 하는 금령이 있어서 들키기만 하면 즉시 처형되지만 죄를 범하는 사람이 끊이지 않았다. 아무리 여수에 울타리를 두르고 막아 보아도 사금을 도둑질하는 사람은 여전했다. 대관절 못을 박아 죽이는 형벌처럼 무서운 것이 없건만 도둑질하는 사람이 끊이지 않는 것은 도둑질이 반드시 들킨다고는 볼 수 없기 때문이다.

그런데 "네게 천하를 주마. 그 대신 너의 목숨만은 바쳐야 된다"라고 하면, 천하의 바보라도 그런 짓을 하려고 들지 않을 것이다. 결국 천하를 얻는 것은 대단한 이익이지만, 그것을 얼른 받으면 반드시 죽게 된다는 것을 알기 때문이다. 반드시 들키는 것이 아니라면 비록 죽음의 위험이 있더라도 사금 도둑질을 하는 사람은 그치지 않을 것이며, 반드시 죽게 된다는 것을 알고 있으면 천하를 준다고 해도 받을 사람은 없는 법이다〔배종호, 1977: 내저설(內儲說) 상편〕.

간사(奸邪)한 짓을 막기 위한 법령은 그것을 아무리 세밀하게 만들어도 결국 간사한 짓을 하는 자의 간사한 방법을 감당할 수 없다. 저 간사한 짓을 하는 자들 중에 서툰 자는 감쪽같이 속여서 법망을 빠져나가고, 영리한 자는 법령에 따라 나쁜 지혜를 짜낸다. 이렇게 되면 애써 만든 법령이 있어도 폐해를 제거하기는커녕 도리어 폐해를 증폭하게 된다.

그럼에도 불구하고 간사한 짓을 범하는 자는 열 사람인데 그것을 단속하는 자는 한 사람밖에 없는 실정이다. 거기다가 범죄자의 죄를 가볍게 하여 죄를 범하지 않은 자에 대한 본보기의 징계로 삼고 있다. 이런 미적지근한 방법으로는 법령이 지켜질 까닭이 없다. 그러므로 법령을 엄격하게 집행하지 않으려면 차라리 법령이 없는 편이 나을 것이다(유두영, 1990).

2. 사소한 데서 커다란 화가 일어난다

은(殷) 나라 법에는 재를 길거리에 버리는 사람은 사형이었다. 자공〔子貢: 성은 단목(端木), 이름은 사(賜) 로서 위나라 사람이며, 공자의 제자로 말재주와 돈버는 재주가 뛰어났다. 후에 노(魯) 와 위(衛) 의 재상을 지냄〕은 그것이 너무 지나치다 싶어 공자에게 물었다. 공자는 이렇게 말했다.

"그것이 정치하는 방법을 아는 것이다. 길에 재를 버리면 반드시 사람에게로 날아가게 된다. 사람에게로 날아가면 사람들은 반드시 화를 내게 되고, 화를 내면 싸움이 붙고, 싸움이 붙으면 패가 갈려 서로 죽이게 된다. 결국 서로 죽이는 사태까지 벌어지게 되므로 벌을 주어 마땅한 것이다. 그리고 무거운 벌은 사람이 싫어하는 것이지만, 재를 버리지 않는 일은 쉬운 것이다. 하기 쉬운 것을 시켜 싫은 일에 걸려드는 일이 없게 하는 것이 정치의 방법이다"〔배종호, 1977: 내저설(內儲說) 상편〕.

3. 꿀벌의 우화

맨드빌(Bernard Manderville, 1670~1733) 은 네덜란드 출신의 의사로서 훗날 영국으로 이주한 자유주의 사상가이다. 그는 영국에서 개업의로 일하던 시절 영국사회를 풍자한 《꿀벌의 우화》(*The Fable of the Bees*; *Private Vices*) 라는 다음의 시를 발표하여 애덤 스미스의 경제사상에 영향을 미쳤다.

"옛날에 매우 번성했던 벌의 왕국이 있었다. 왕과 귀족은 막대한 빚을 지고 있으면서도 호화로운 궁전과 별장을 짓고 멋진 의복을 만들어 입었으며, 매일 산해진미를 차려놓고 파티를 열었다. 이 나라는 강력한 군대를 이용하여 외국을 침략하고 식민지를 늘려나갔다. 그런데 많은 병사들이 전쟁터에서 목숨을 잃는 동안 대부분의 장수들은 후방에 굴을 파고 그 속에서 숨어 있었다. 그렇지만 군대가 개선할 때는 이들이 항상 선두에 서서 영웅처럼 행동했고 따라서 훈장은 언제나 그들의 차지였다. 재판에서는 시시비비를 가려 판결이 내려지는 것이 아니라, 판사와 변호사에게 갖다 바친 뇌물에 따라 시비가 결정되었다. 주문은 항상 넘쳐서 아래로까지 일이 끊이지 않아 모두가 사치스런 생활을 마음껏 누릴 수가 있었다.

이처럼 악이 횡행하는 벌의 왕국에 어느 날 승려가 나타나서는 모두가 잘못을 회개해야 한다며 주문을 외우기 시작했다. 이윽고 벌들도 자신들의 잘못을 깨닫게 되었으며 깨끗하고 바르게 살 것을 맹세했다. 왕후와 귀족은 궁전과 호화로운 의복을 모두 팔아 빚을 갚았으며, 1년 내내 단 한 벌의 옷만 입는 등 검소한 생활을 하게 되었다. 또한 군대가 해산되고 극장도 폐쇄되었으며, 모두가 정직한 생활을 영위하게 되었으므로 재판도 불필요해졌다. 이렇게 되자 파티와 연극도 사라져 호화로운 의상을 만들던 재봉사와 요리사, 목수, 석공, 조각가, 배우 등은 모두 일자리를 잃게 되었다. 심지어는 건물에 사는 것도 사치라 하여 벌들은 모두 나무 구멍으로 이사갔으며 하나같이 바르게 살 것을 다짐했다.

그러던 어느 날 한때는 자신들의 식민지였던 곳의 벌들이 대거 공격해 와서 착한 벌들을 모조리 잡아가 노예로 부렸다. 착한 벌들은 두려움에 떨면서 전전긍긍하며 매일 비참한 생활을 영위해야만 했다."

1705년 《투덜대는 벌통》(*The Grumbling Hive*)을 개정·보완하여 발

표한 《꿀벌의 우화》는 가난한 자들을 게으르게 만드는 자선보다 고용을 유발하는 사치가 훨씬 낫다는 내용을 담고 있다.

맨더빌은 다음과 같이 역설적으로 말한다. "사치에 한계를 두지 않는 호색한, 매주 새로운 패션을 만들어내는 변덕스런 매춘부, 콧대 높은 공작부인, 돈 잘 쓰는 난봉꾼과 통 큰 상속인, 탐욕스럽고 거짓말을 잘하는 악당, 일하더라도 가난을 면치 못하는 많은 사람들에게 이들이 있어야만 정직한 생계수단을 제공해줄 수 있다. 이들이야말로 거대한 사회를 만드는 데 없어서는 안될 존재가 아닌가"(이경남, 2008)?

맨더빌은 이 시를 통해 덕을 갖춘 훌륭한 성품만으로는 국민의 생활이 결코 윤택해질 수 없다고 주장하고 있다. 그래서 맨더빌은 1666년에 일어난 런던 대화재는 엄청난 재앙임에 틀림없으나, 새로운 도약을 위해 더 많은 수요가 창조되었다는 점에서는 경제에 긍정적 효과를 가져왔다고 주장했다. 그로부터 2백 년이 지나 일반이론을 저술한 케인즈는 자신의 저서에서 그가 주창한 유효수요이론이 맨더빌의 《꿀벌의 우화》에서 유래를 찾을 수 있다고 하였다.

초정 박제가는 《북학의》에서 조선 백성의 절약정신이 오히려 상공업을 황폐화시켰다고 지적한다.

"재물이란 우물에 비유할 수 있다. 퍼내면 늘 물이 가득하지만 길어내기를 그만두면 물이 말라버림과 같다. 따라서 화려한 비단옷을 입지 않으므로 나라에는 비단을 짜는 사람이 없고, 그로 인해 여인의 기술이 피폐해졌다. 이지러진 그릇을 사용하기를 꺼리지 않고, 기교를 부려 물건을 만드는 것을 숭상하지 않아 나라에는 공장(工匠)과 목축과 도공의 기술이 형편없고(박제가는 조선인들이 소고기만을 먹고 돼지나 양 및 오리 등을 먹지 않는 풍속을 비난하였고, 중국의 도자기는 미끈하지만 조선의 도자기는 울퉁불퉁하다고 비난하였다), 그러므로 기술이 사라졌다. 더 나아가 농업은 황폐해져 농사짓는 방법이 형편없고, 상업을 박대하므로 상업 자체가 실종되었다. 사농공상 네 부류의 백성이 누구나 할 것 없이 다 곤궁하게 살기 때문에 서로를 구제할 방도가 없다”(안대회, 2003).

4. 돌멩이가 되고 싶습니까? 꽃이 되고 싶습니까?

“보호받는 것은 무엇이든지 약해지기 마련입니다. 더 많이 보호받을수록 더욱더 약해집니다. 자신을 지나치게 보호하면 할수록 그만큼 우리는 더 죽음에 가까이 다가갑니다. 너무나 많은 편의와 안전조치를 취하기 때문에 삶은 무기력해집니다. 생생하게 살아 있고 싶으면 다소 편의와 방비에 허술한 데가 남아있을 필요가 있습니다. 그래서 구도자는 가능한 한 편의와 보호로부터 벗어난 상태로 살려 합니다.

돌은 안전하지만 꽃은 위험 속에서 삽니다. 돌은 죽어 있지만 꽃은 생명력이 넘쳐흐릅니다. 폭풍이 몰아치면 꽃은 그 잎이 떨어지겠지만 돌은 꿈쩍도 하지 않습니다. 땅거미가 내려앉으면 꽃은 시들겠지만 돌은 황혼의 아름다움에 대해 아무런 반응도 없습니다. 이런 식으로 안전하다는 이유 하나만으로 돌멩이가 되고 싶습니까? 꽃이 되고 싶습니까? 우리가 선택한 상황은 바로 돌멩이의 상황에 다름 아닙니다.

삶의 꽃이 참된 것이 되기 위해서는 태풍, 번개, 천둥, 구름, 햇볕, 바람, 이 모든 것이 필요합니다. 그 꽃이 참 꽃다운 꽃이 되기 위해서는 이 모든 도전이 요구됩니다. 그 꽃을 이 모든 도전들로부터 너무 지나치게 보호할 때 그 꽃은 그 실존을 잃고 창백해지며 빈혈증에 걸려서 죽음이 다가오기 전에 미리 죽고 맙니다. 우리가 안전할 때 우리는 스스로 자신의 무덤 속에 안주해 있는 것과 다름없습니다”(김상대 · 성낙희, 2008).

제21장

자유와 실패

드와이트 리[1)]

자유시장경제에서는 각자는 자신에게 돌아오는 성공은 물론 실패도 받아들임으로써 전반적 경제번영에 이바지하여야 한다.

▪ 요 약

자본주의 시장경제에서 실패자들이 나타나기 마련인데, 이들에게 미치는 단기적 영향에 집중하고 사회 전체에 미치는 영향을 무시해서는 안 된다. 자본주의의 창조적 파괴는 실패와 성공을 연결시켜 주는 개념인데, 경제적 실패는 번영을 위해 불가피하게 필요로 한다. 기업가들이 기업가정신을 발휘하여 경제적 성공을 발견할 수 있도록 하는 최선의 방법이란 그들에게 자유를 주어 꿈을 추구하도록 내버려 두는 일이다. 자본주의 자유시장경제는 사람들로 하여금 가격기구를 통해 의사소통하도록 하여 실패를 힘으로 전환시킨다.

이익집단은 자본주의 자유시장경제의 전반적 성공을 생각하기보다는 따로 떨어져 있는 실패에만 관심을 집중하여 자신에게 이익이 되고자 한다. 즉, 다른 사람의 실패로 경제적 진보의 혜택을 누리면서 개인의 경제적 실패를 보호받으려고 한다. 그에 따라 정치적으로 조직화된 사람들은 자신의 경제적 실패를, 정치적으로 조직화되지 않은 사람들을 희생하여 이득으로 전환시키려고 한다. 정부가 시장활동에서 일어난 실패에 대해 보완하는 길을 밟게 되면 되돌아가기 어려워진다. 그러므로 경제를

1) 이 글은 드와이트 리의 논문 "Freedom and Failure", *The Freeman* (1986)에서 발췌, 번역하였다(www. thefreemanonline. org 참조).

이해하는 길이야말로 정치적 혜택을 받으려는 조직화된 특수 이해집단이 사람들의 자유와 번영을 침해하는 길을 막을 수 있다.

1. 창조적 파괴를 위한 불가피한 경제적 실패

경제가 좋은 시기이건 나쁜 시기이건 간에 항상 실패한 기업들, 직장을 잃은 실직자, 땅을 잃어버린 농부, 계속 시들어가는 산업이 나타나는 것이 경제의 모습이다. 이러한 실패와 그로 인해 겪는 고통은 사태를 만든 경제체제의 결함에서 비롯한다고 바라보는 것이 자연적 경향이다. 심지어 자유시장경제를 지지하는 사람들까지도 족쇄가 풀린 자본주의의 엄한 실패에 대항하여 정부가 사회를 위해 무언가를 해주어야만 한다고 요구한다.

그 자체만을 따로 분리하여 본다면 경제실패의 결과는 실제로 너무 엄하고 고통스러우며 부당한 것처럼 보인다. 경제실패의 희생자가 된 사람들이 특정한 시기에 역경에 처하게 된 것을 당연시 여길 사람은 아무도 없다. 그러나 따로 분리해서 보면 부당하다고 보이는 경제적 결과가 전체적으로 장기에 가서 정당한 결과를 창출하기 위해 필요로 하는 또 하나의 결과일 수가 있다. 헨리 해즐릿(Henry Hazlitt, 1979)이 그의 책 《경제학의 교훈》(*Economics in One Lesson*)에서 지적한 바 있듯이 경제를 이해하는 데에서 부닥치는 중요한 잘못은 '특수한 집단에 미치는 단기적 영향에 집중하고 사회 전체에 미치는 영향을 무시하는' 경향에서 나온다.

경제실패를 바라보고 자유시장을 기반으로 하는 자본주의의 정당성을 이해하는 데에서 해즐릿의 지적은 아무리 들어도 지나치지 않는다. 개별 시장실패는 희소한 세상에서 모든 사람들에게 성공을 위한 최대의 기회를 제공하려는 폭넓은 상호작용과 그 결과로 연결된 거미줄로부터 분리될 수 없는 한 부분이기도 하다. 희소성은 삶이 부닥치는 엄연한 하나의 불행한 사실이어서 희소성 그 자제를 부당하다고 치부하기는 쉽다. 그러나 불행한 상황을 최대로 이용하는 것이 부당하다고 말할 수조차 없다고 한다면 자유시장 자본주의에서 부당한 것은 있을 수 없다. 실패하는 사건은 자유시장 과정의 일반적 성공을 위해 필요로 하는 동반자이기 때문에 자유시장 활동으로부터 일어나는 실패를 부당하다고 성격짓는 논리를 뒤집어 보아야 한다.

우리들이 번영하기 위해서는 경제적 실패는 불가피하다. 실패와 성공과의 사이를 연결시켜 설명한 사람이 슘페트(Joseph Schumpeter)인데, 그는 자본주의를 창조적 파괴의 과정이라고 설명하였다. 향상된 제품의 발견, 기존 생산물의 보다 나은 생산방법은 결국 이미 생산되는 제품이나 이용되는 기술이 가치가 없어지게 된다는 것을 의미한다. 이제 쓸모없는 제품이나 기술에다가 자신의 자원을 투입하였던 사람들은 투자에 대한 쓴맛을 보고 기술은 고용되지도 않게 되면서 부가 줄어들 것이다. 그리하여 그들은 경제적 실패를 겪는다. 이러한 부의 파괴 또는 경제적 실패는 부의 창출과 경제적 성공을 그려주는 커다란 그림의 일부분에 지나지 않는다. 어떤 사람이 부를 상실하였다는 사실은, ① 보다 나은 가치에 자원을 투입하는 사람들에게 자원을 이전시키는 것이 되고, ② 노력의 방향을 보다 생산적인 고용에 돌려야 한다는 인센티브를 재촉하는 메시지이기도 하다.

2. 자유를 동반하는 기업가적 실패

경제적 실패와 성공 사이에 주요한 연결고리가 또 하나 있다. 모든 사람들에게 기회를 넓혀주는 경제적 진보는 공평성을 확보해준다는 것은 분명하다. 광범위한 부문을 바탕으로 하는 경제진보는 기업가정신에 의존한다. 무엇이 되고자 하는 비전을 갖고 이 비전에 헌신하여 추구해보겠다고 하는 사람이 없었다고 한다면, 지금 현재 축적되어 있는 부의 기반을 제공한 기술과 생산은 이용되지도 않았을 것이다. 경제발전이 가능하였던 까닭은 우리들에게 보다 사리 있을 것으로 판단되었던 무언가를 개별 기업가들이 시도할 자유를 가졌었기 때문이다. 자유로부터 얻는 이득은 이를 행사한 사람에게만 국한되는 것이 아니다. 하이에크는 《자유헌정론》에서 "자유로부터 내가 얻는 이득이란 주로 다른 사람들이 자유를 사용한 결과물이고, 나 자신이 한 번도 사용하지 않은 자유를 그들이 사용한 결과물이다. 따라서 나에게 가장 중요한 것은 내가 사용할 수 있는 자유일 필요는 없다"라고 주장하였다.

그렇다고 대부분의 기업 벤처사업가들이 우리들의 경제후생을 위해 헌신한다는 의미는 아니다. 기업가들이 시도하는 사업의 비교적 적은 부분만이 그들이 쏟은 시간, 재능, 그리고 자원보다 더 많은 부를 우리들에게 보태 줄 따름이다. 대부분의 기업 벤처사업가들은 우리들 대부분이 그럴 것이라고 이미 예상하였듯이 비현실적 공상가들이다. 그러나 이런 사람들이 시도하는 사업 중에서 어느 것이 경제적 성공을 거둘 것인지를 미리 알 수는 없다. 그러므로 경제적 성공을 발견하는 최선의 방법이란 그들에게 자유를 주어 그들이 기존의 지혜를 냄새 맡아 그들의 불가능한 꿈을 추구하도록 내버려 두는 일이다.

험악한 세상에서 성공을 시도해보는 자유는 실패하는 자유를 동시에 수반한다. 실패한 자유는 무시할 수 없을 정도로 고통스런 과정이다. 소비자로부터 거부당한 사업을 시도한 기업가는 실수를 저지르는 사람들이 소비자라고 확신하고 있을지도 모른다(비현실적 공상가들이기 때문에). 그러나 기업가들이 소비자의 선호에 굴복하지 않으면 기업가가 저지른 수많은 실수로부터 생기는 손실이 지속되고, 심지어 몇몇 적은 수의 기업가적 성공에 얻어지는 이득을 능가할 수 있다. 소비자에게 책임이 있는 것이 아니라는 학습을 얻지 못한다면 그러한 기업가적 벤처는 경제를 파괴하고 기업가적 자유마저 견딜 수 없을 것이다. 실패를 관대하게 바라보지 않는 경제체계는 자유마저 시도해보지 못할 것이다.

3. 의사소통과 정직, 그리고 관심을 보여주는 가격기구

책임을 부담시키는 자유를 허용하여 실패를 힘으로 전환시키는 경제체제가 유일하게 하나 존재하는데, 그것이 자유시장 자본주의 경제이다. 이 체제는 자유를 허용하여 사람들에게 동기를 부여하고 성공할 때나 실패할 때나 각자 모두 정직하고 공평하게 대우한다.

경제적 책임과 공평성이란 측면에서 인간들의 상호작용이 이상적으로 이뤄질 수 있는 체제가 어떤 체제인지를 한번 생각해보자. 첫째, 그 체제에서는 각자가 다른 사람들과 항상 의사소통할 수 있어야 한다. 자원을 사용하는 데 있어 다른 사람의 선호에 대해 책임을 질 희망이라도 있으려면 각자는 다른 사람의 선호에 대한 정보를 알 필요가 있다. 둘째, 의사소통이 정직하게 이뤄져야만 한다. 자원으로부터 얻는 가치에 대해 부정확한 정보를 전달하면 자원을 가장 가치 있는 부문으로 돌릴 수 없게 된다. 셋째, 각자는 다른 사람의 선호에 대해서도 자신에게 부여하는 동일한 비중을 두어야 한다. 어떤 사람이 제아무리 특정 경제적 결과를 바란다고 하더라도 다른 사람들이 그에게 자신들은 다른 경제적 결과를 보다 더 갈망한다고 의사소통할 수 있으면 그 사람은 다른 사람들의 선호를 받아들여야만 한다. 이러한 이상적 체제에 근접하는 세상을 달성할 수 있는데, 그게 바로 자유시장 자본주의 경제이다. 그렇게 근접한 체제를 이해하는 데 있어 중요한 열쇠는 시장형성의 기반이 되는 개인소유권에 의해 만들어지는 인센티브를 이해하는 데 있다.

개인소유권제도하에서 자원은 자발적 교환을 통해 한 사람으로부터 다른 사람에게 이전된다. 이러한 교환에서 생기는 가격은 시장참여자들이 자신의 선호를 다른 사람에게 알려주는 수단이 된다. 사람들은 가격을 통해 정직하게 의사소통하려는 강한 인센티브를 갖는다. 서로 다른 자원으로부터 실현되는 가치를 주의 깊게 평가하고, 특정 자원이 현재 시장가격보다 더 높은 가치를 정직하게 제공한다면 이를 보다 많이 갈망한다고 의사를 전달할 수 있도록 허용되는 것이 시장참여자들에게 이익이 된다. 공급자들이 자신이 부여하는 가치보다 더 높은 가격으로 과장하여 의사전달하려고 해도 이는 시장경쟁을 통해 억제된다.

끝으로 시장참여자들은 각자가 자신의 선호에 대해 관심을 갖는 것처럼 다른 사람들이 자신들의 선호에 대해서도 동일한 관심을 갖고 행동할 동기를 갖게 된다. 어떤 개인이 가격이 높다고 하여 제품사용을 줄인다고 한다면 이는 "그 제품이 나보다 다른 사람들에게 더 가치가 있다"고 나에게 말하는 것과 동일하다. 마찬가지로 파산과 실직과 같은 경제적 실패는 사람들이 "내가 가진 자원이 다른 활동을 하는 데에 더 가치가 있고, 그래서 그 부문에 부응하겠다"라고 말하는 것과 동일하다. 이러한 실패는 사람들로 하여금 자유롭고, 공평하며, 정직하게 서로 협력하게 함으로써 자유시장 자본주의의 성공을 반증한다.

4. 개별적 실패에 대한 정부권력의 부당한 사용

불행하게도 해즐릿의 경고에 주의를 기울이는 사람은 거의 없고, 경제적 성공의 숲을 보면서 따로 떨어져 있는 경제적 실패의 나무를 건너본다. 실패에 관심을 두는 까닭은 사람들이 특정 결과에만 쉽게 얽매이고, 그것이 한 부분을 차지하는 전체적 패턴에 관심을 두지 않기 때문이라고 설명될 수 있다. 그러나 이 설명은 완전한 설명은 되지 못한다. 조직화된 이해집단의 일원으로서는 자유시장 자본주의 경제의 전반적 성공을 생각하기보다는 따로 떨어져 있는 실패에 집중하는 것이 자신에게 더 이익이 될 수 있기 때문이다.

개인이 자유시장 자본주의 경제의 작동으로부터 손실을 입어 고통을 겪을 때에는 사실 다른 모든 사람들의 장기적 이익을 위해 경제체제가 작동하도록 기여하는 셈이다. 그러나 각자의 입장에서 본다면 가장 최선의 가능한 상황이란 다른 사람의 실패로 경제적 진보가 이뤄져 혜택을 누리면서 개인적인 경제적 실패는 보호받았으면 하고 바란다. 자유시장의 기본적 공평성이란 다른 사람에게 기여한 혜택에 대해 그가 무임승차하도록 내버려두지 않는다는 데 있다. 자유시장경제에서는 각자는 자신에게 돌아오는 성공은 물론 실패도 받아들임으로써 전반적 경제번영에 이바지하여야 한다.

자유시장의 공평하고 정직한 협력이 의존하는 바탕이 되는 개인소유권을 (법적으로) 시행하는 일이야말로 정부의 합당한 기능이다. 소유권이 시행된다면 협력적 조정으로부터 이득을 얻으면서, 한편으로 경제적 실패를 다른 사람에게 전가시키면서, 다른 한편으로 경제적 실패가 요구하는 협력적 조정을 피할 수 있는 사람은 없다.

불행하게도 정부의 권력은 비록 개인소유권을 보호하는 수단으로 정당화되긴 하지만 동시에 이를 파괴할 수도 있다. 정부가 권력을 남용하는 일은 지난 수십 년간 보았듯이 정부를 필요악으로 보는 데 머물지 않고 대신 사회진보를 위한 기본원천으로 보는 때에 일어난다. 정부의 자의적 권력사용을 특정 경제문제를 해결하기 위한 수단으로 받아들일 수 있다고 폭넓게 믿는 순간 정치적으로 조직화된 사람들은 자신의 경제적 실패를 정치적으로 조직화되지 않은 사람들을 희생하여 불공평하게 이득을 볼 수 있는 방향으로 합리화시키는 도구로 사용하게 될 것이다.

경제적 실패가 부정적 영향을 낳을 것은 명약관화한 일이다. 왜냐하면 항상 사람들은 비교적 (실패한) 소수에게만 집중하는 경향이 있기 때문이다. 경제적 실패가 긍정적 효과를 낳은 일들은 보이지 않는다. 왜냐하면 그것이 간접적이고 또한 모든 사람들에게 분산되어 영향을 미치기 때문이다. 경제적 실패를 겪은 소수가 조직화할 때 그들은 정부로부터 도움을 받으려고 로비하는 것이 자신들에게 유리하다는 사실을 안다. 정치인들이 전체 국민들에게 분산된 비용을 부담시켜, 대신 소수자들에게 도움을 주어 그들로부터 감사의 뜻(선거 때의 표)을 받는다. 이는 시장협력의 공평성 대신에 불공평한 정부권력을 선호하는 방향으로 정치적 왜곡현상이 일어나는 것을 의미한다.

5. 결 론

문제는 정부가 실패를 줄일 수 없다는 사실에 있다. 실패한 사람들을 보호할 수는 있지만 그것도 실패의 전반적 수준을 끌어올려 다른 사람에게 비용을 부담시키면서이다. 하이에크는 《노예의 길》에서 "시장체계에 개입하여 보다 완전한 안정성을 확보하고자 애쓰면 애쓸수록 점점 더 불안정해진다. 설상가상으로 그렇게 할수록 특권층에게는 보다 많은 안정성이 확보되지만, 그렇지 못한 사람들에게는 불안정성이 더 증대된다"고 경고하였다. 정부가 제공하는 특혜는 불공평할 뿐만 아니라 경제적 실패에 대해 안정성을 제공하려고 정부가 시도하는 무모한 짓에 합리성을 부여하는 것이 된다.

정부가 시장활동에서 일어난 실패에 대해 보완하는 길을 밟게 되면 되돌아가기 어려워진다. 일단 그 길을 계속 밟으면 결국에 가서는 공평성과 번영이 부족한 정치위주의 경제에 도달하게 된다. 왜냐하면 경제적 성공과 정직한 협력에 필수적으로 필요로 하는 책임감을 제공할 수 없을 뿐만 아니라 자유를 견뎌낼 수도 없기 때문이다. 기껏 시장과정을 유지하는 유일한 희망이란 이렇게 하면 전반적 번영의 길로 나아갈 수 있다고 국민을 상대로 이해를 구하는 길밖에 없다. 경제를 이해하는 길이야말로 정치적 혜택을 받으려고 하는 조직화된 특수 이해집단이 즐겨 수사적으로 사용하는 공평성의 가면을 꿰뚫을 수 있다. 일단 그 가면을 벗겨내면 정치적 기회주의자들은 비록 관심과 정의를 내걸더라도 모든 사람들의 자유와 번영을 침해하기가 어려워질 것이다.

▪ 사례 이야기

1. 살생부를 없애버린 맹상군

"가난하면 번잡한 도시에 살아도 고독하고, 부유하면 사람이 살지 않는 심산유곡에 살아도 먼 곳의 친척이 방문한다"(貧居閑市天人間, 富在深山有遠帝), "사람은 높은 곳을 찾고 물은 낮은 곳을 찾는다"(人往高處走, 水往低處流), "강산은 쉽게 바꿀 수 있으나 인간본성은 바꾸기 어렵다"(江山易改, 本性難移) 따위로 인간의 이기적 본성을 지적하는 중국고사가 있다.

중국 춘추전국시대 제나라의 맹상군(孟嘗君, ?~BC 279)이 재상의 자리에서 쫓겨났다가 다시 돌아오게 되었다. 절친한 친구 담습자(譚拾子)가 멀리 마중을 나와 맹상군에게 물었다. "상공께선 제나라 고관들을 미워하고 계시겠지요?"

"물론이지."

"죽여 분풀이라도 하실 생각이십니까?"

"그럴 생각이오."

"일에는 반드시 오는 것이 있고, 이치에는 반드시 그러한 것이 있는데 아십니까?"

"모르오."

"반드시 오는 것은 죽음입니다. 반드시 그러한 것은 부(富)하면 사람이 모여들고, 빈(貧)하게 되면 떠나가는 것입니다. 시장을 예로 들겠습니다. 시장은 아침에는 사람들이 꽉 차 있지만 저녁이면 텅 비게 됩니다. 아침이라서 시장이 좋고, 저녁이라서 시장이 미워서 그런 것은 아닙니다. 필요한 것을 얻기 위해 모여들었다가 필요로 하는 것이 없기 때문에 가버리는 것뿐입니다. 바라옵건대 상공께서도 떠나버린 그들을 괘씸하게 생각하지 마십시오."

맹상군은 그 말을 듣자 미리 준비해 두었던 5백 명의 (살생부) 명단을 꺼내 없애버린 다음 두 번 다시 입 밖에 내지 않았다〔김전원, 1991: 제·민 왕(齊·閔王)편〕.

2. 고발장을 불사른 조보

송나라 초기 송 태조의 재상인 조보(趙普)는 인심을 수습하고 관리들을 단합시키는 일에 주력했다. 특히 그는 관리들이 범한 과오를 아주 신중히 처리했는데, 심지어 사대부끼리 서로 처벌하지 말고 너그러운 태도로 대할 것을 주장하기까지 했다. 사대부들끼리 서로 고발하거나 적발하는 서류를 받을 때면 나중에 불살라버렸다. 관리들 사이의 불화는 나라를 해치고 송나라의 안정을 저해한다고 생각했기 때문이다. 그의 행동은 당시 안정과 단결을 이룩하는 데 적극적 역할을 했다(장연, 2003).

3. 실패와 실패자는 다르다

홈런왕 베이브 루스는 1330번의 스트라이크 아웃을 당했지만 714번의 홈런을 날렸다. 다니엘 디포의 《로빈슨 크루소》는 20개 출판사에서 출판하기를 꺼렸었다. KFC 창업자 커넬 샌더스는 직접 운영하던 음식점이 파산했고, 프랜차이즈점을 만들기 위해 1009번 사람을 만났지만 실패했다. 나폴레옹은 수필가로서 실패했고, 셰익스피어는 양모사업가로서 실패했다. 처칠은 해군장관으로서 실패했다.

하지만 그들 중에 어느 누구도 실패자는 아니다. 다른 분야로 옮겨가 자신에게 맞는 일을 찾아 노력했으며 결과는 우리가 아는 그대로다. 현대그룹 창업주였던 정주영 회장 역시 많은 좌절과 실패가 있기는 했지만 그때마다 일어섰는데, 그는 생전에 실패에 대해 이렇게 말한 적이 있다. "사업을 하면 100에 95는 실패하기 마련하지. 그런데 100건 중 95건이 실패하는 것이지 100명 중 95명이 실패하는 것은 아니야."

4. 운하운송을 통한 빈민구제

당나라 사람 왕탁(王鐸)이 경성을 다스리는 경조승(京兆丞)으로 있을 때 이빈은 부세를 관할하는 판도지사로 있었다. 매번 양곡을 장강이나 회하 일대로부터 경성까지 운반해 오는데, 수륙 운송비가 한 되에 7백 전이나 들었다. 그래서 어떤 사람은 장강과 회하 일대 사람들은 양곡을 운반해 올 필요 없이, 한 되에 7백 전씩 돈만 내게 하자는 건의를 했다. 그러나 왕탁은 반대했다.

"그것은 좋지 않는 건의이다. 그 돈으로 경성에서 쌀을 사게 되면 경성의 쌀을 소모하게 되지만, 장강과 회하 일대의 쌀을 경성으로 운반해 온다면 많은 백성들을 고용할 수 있어 빈곤한 백성들을 많이 구제할 수 있다."

그러나 왕탁의 주장은 부결당하고 장강과 회하 일대의 사람들은 돈만 내고 쌀은 운반해 오지 않았다. 경성에서는 녹봉으로 돈을 주고 그 돈으로 쌀을 사는 제도를 실시했다. 그 결과 경성의 쌀값이 대대적으로 폭등하여 판도지사 이빈은 사직서를 쓰게 되었다. 그제야 사람들은 모두 왕탁의 견해가 고명함을 알았고, 조정에서도 왕탁을 중용하기 시작했다(이원길, 2004).

제22장

기업과 노동의 사회적 책임성

밀턴 프리드먼[1)]

기업의 간부들에 대해 사회적 책임성을 주장하는 인식은 근본적으로 사회 전체를 전복시키는 학설이다.

▪ 요 약

사회에 기업의 사회적 책임이 폭넓게 수용되고 있다. 기업 경영자는 영업에 대한 사회적 책임, 즉 이윤을 증대시키는 책임뿐이다. 과거 임금율을 일정하게 유지하는 가이드포스트 정책으로 물가상승을 억제시키는 데 성공하기는커녕 상품의 부족, 노동력의 부족, 암시장의 출현으로 폐해만 낳았을 뿐이다. 그런데도 여전히 기업가와 노동자들은 일을 스스로 관리하지 않고 남에게 책임을 전가하려고 정부가 나서서 자신들을 규제하기를 요구한다.

기업이 예컨대, 대학에 기부하는 행동은 기업자금을 부적절하게 사용하는 것과 다름없다. 그러한 기부금은 우리 사회에서 재산의 궁극적 소유자인 주주에 의해 이뤄져야 한다. 기업은 주주들의 이익에 기여하지 않는 무책임한 경영자들이 경영하는 사회기구가 되어버렸다는 불평이 만연한다. 기업의 기부금이 법인세에서 공제된다면 소유와 경영을 실질적으로 분리시키고, 개인주의 사회로부터 떠나 기업국가로 이행하는 단계를 밟을 것이다.

---

1) 이 글은 밀턴 프리드먼의 "Social Responsibility of Business and Labor," *Capitalism and Freedom*(1962: 133~136), 심준보 옮김, 《자본주의와 자유》(청어람미디어, 2007)에서 발췌하였다.

1. 기업의 사회적 책임(주주이익)

사회에서 기업의 간부와 노동시장의 지도자들은 주주 자신들의 이익을 초월한 사회적 책임성을 기업이 가져야만 한다는 견해가 폭넓게 수용되고 있다. 이러한 견해는 자유시장경제의 특성과 본질에 대해 근본적으로 잘못 인식하고 있다는 점을 보여주는 셈이다. 그러한 경제 내에서 기업은 상대를 기만하지도 속이지도 않고, 개방되고 자유롭게 경쟁한다는 이른바 게임의 법칙 내에 머무는 한 오직 영업에 대한 사회적 책임, 환언하여 이윤을 증대시키려는 활동에 자원을 사용한다는 책임뿐이다. 마찬가지로 노동시장 지도자들의 사회적 책임성은 그들의 노동조합에 속한 회원들의 이익을 대변해 주는 것이다. 각 개인들은 자신의 이익을 추구하는 데 있어 자신들이 당초 의도하지 않았던 목적을 애덤 스미스의 '보이지 않는 손'에 의해 촉진하는 법적 체계를 설정하는 일이야말로 나머지 사람들이 맡은 사회적 책임이다.

애덤 스미스는 공공의 이익을 내세우는 사람들을 신뢰하지 않았다. 그는 《국부론》에서 다음과 같이 주장하였다.

> "자신이 의도한 목적이 아니라고 해도 사회를 악화시키는 것은 아니다. 자기 자신의 이익을 추구함으로써 오히려 왕왕 사회의 이익을 촉진시키려고 의도할 때보다도 사회의 이익을 더욱 효과적으로 도모한다. 나는 공공의 선을 위한 교역에 영향을 미쳤던 사람들이 행한 일치고 좋은 결과를 얻은 것을 아직까지 보지 못했다"(Adam Smith, 1776: 421).

기업이 가능한 한 주주를 위해 많은 돈을 벌어야 한다는 인식 이외에 다른 인식 예를 들어, 기업간부들이 사회적 책임성을 다해야 한다는 인식은 우리의 자유사회의 기초를 완전히 해치는 추세가 되지는 않을 것이다. 기업의 간부들에 대해 사회적 책임성을 주장하는 인식은 근본적으로 사회 전체를 전복시키는 학설이다. 만약 기업가들이 주주들의 이익을 극대화하기보다 사회의 책임성을 강조한다면, 그들이 사회적 책임이 무엇인지를 어떻게 알 수 있을 것인가? 자기중심으로 선택하는 개인들이 사회적 이익이 무엇인지를 결정할 수 있을 것인가? 그들이 사회의 이익에 기여하기 위해서 그들 자신들이나 주주들이 얼마만큼 부담하여야 할 것인지를 결정할 수 있을까? 조세, 세출, 통제를 행사하는 사람들이 우연히 민간집단에 의해 선발된 특정 기업을 책임 맡고 있는 사람이라는 사실을 일반인들이 과연 받아들일 수 있겠는가? 만약 사업자들이 주주들에게 고용된 종업원이 아니고 공무원으로 구성된다면, 민주주의 사회에서 그들은 조만간 선거와 임명 등의 방법으로 국민들에 의해 선택될 것이다.

이런 일이 벌어지기에 앞서 그들의 의사결정력은 박탈당하게 될 것이다. 그러한 예는 1962년 4월 미국 유에스 스틸(U.S. Steel)사가 철강가격을 인상하려던 당초계획을 철회하는 사건으로 끝나고 말았는데, 당시 케네디(John F. Kennedy) 대통령이 분노를 표시하면서 이들이 반트러스트(*anti-trust*)법을 저촉하였다는 이유를 내세워 공권력을 동원하여 소송을 제기하겠다는 협박에서부터 철강기업의 집행부들에 대해 세무조사를 실시하겠다는 위협에 이르기까지 보복하겠다는 압박을 가하는 바람에 당초의 가격인상은 철회되었다. 이는 워싱턴 정부에게 집중되었던 공권력을 행사함으로써 일어날 수 있었던 하나의 에피소드였다. 이 사건은 경찰국가에서 얼마나 권력을 동원할 수 있는가를 알 수 있도록 일깨우는 계기가 되었다. 이는 또한 현재 다루는 주제까지도 잘 설명한다. 즉, 만약 철강가격이 사회적 책임의 학설이 주장하듯이 정부의 의사에 의해 결정된다면 가격은 개인적으로는 허용되지 않는다.

2. 가격통제의 부정적 결과

이러한 예가 설명하듯이 또한 최근에 두드러지게 제기되는 학설은 물가 인플레이션을 회피하기 위해서 물가를 일정하게 유지시키고, 임금율을 낮추게 하는 것이 기업과 노동의 공언된 사회적 책임이라고 주장한다. 한때 물가가 천정부지로 상승할 압박이 있었을 당시(궁극적으로 통화량이 증가한 때문이었지만) 모든 기업가와 노동시장의 지도자들은 이러한 사회적 책임을 받아들여 물가상승을 억제시키는 데 성공하였고, 그리하여 우리는 인플레이션 없이 자발적으로 물가와 임금이 억제되는 일이 가능할 것처럼 보였다. 그러나 그 결과는 어떠하였던가? 분명히 상품의 부족, 노동력의 부족, 암시장이 나타났다. 만약 가격이 재화나 노동자를 배분할 수 있도록 움직이는 것이 허용되지 않는다면, 그렇게 하기 위해 다른 수단이 있어야만 할 것이다. 그렇다면 대안적 배분체계들은 개인적으로 될 수 있겠는가? 아마도 소규모이고 별 중요하지 않는 지역에서는 배분체계가 한동안 가능할 것으로 보인다. 하지만 만약 관련된 재화들이 많고 또한 중요하다면, 정부가 상품분배를 할당하고 임금정책을 수립하며 노동력을 분배하여 할당하라는 압력을 반드시 받거나 아니면 피할 수 없는 압력을 받게 될 것이다.

물가통제가 강제적이든 자발적이든 간에 효과적으로 시행된다면 결국에는 자유기업시스템을 파괴하고 대신 중앙통제시스템으로 대체될 것이다. 그렇게 한다고 하여 인플레이션을 효과적으로 막지도 못할 것이다. 물가와 임금을 결정하는 것은 한 경제 내에 유통되는 현금의 크기이지 기업가나 노동자들의 탐욕에 의해 결정되는 것이 아니라는 사실을 우리는 역사의 많은 예에서 찾아 볼 수 있다. 기업가와 노동자들이 자신들의 일을 스스로 관리할 수 없고 남에게 책임을 전가하려는 자연적 경향을 주체하지 못해 할 수 없이 정부가 나서서 이들에게 스스로 억제(통화량에 대한 통제를 포함하여)하도록 요구한다.

3. 사회기부금은 기업국가로 향하는 길

사회적 책임에 관해 내가 의무감에서 취급하고 싶은 주제가 나의 개인적 이익에도 영향을 미치는 까닭에 기업가들이 자선사업을 지원하고, 특히 대학에 기부하여야 한다는 주장이다. 기업이 기부하는 행동은 자유기업사회에서 기업자금을 부적절하게 사용하는 것과 다름없다.

기업은 이를 소유하는 주주들의 도구이다. 기업이 기부금을 주주 대신에 사회에 낸다면 개별 주식보유자들은 자신이 소유하는 자금을 자신의 의사대로 처분하지 못하는 것이나 다름없다. 주주들은 해당기업이 법인세와 세액공제금으로 자신들을 위해 증여해주기를 바란다. 왜냐하면 그렇게 하면 자신들이 더 많은 기부금을 낼 수 있기 때문이다. 최선의 해결책은 법인세를 철폐하는 길이다. 하지만 법인세가 있는 한 자선단체와 교육단체에 제공한 기부금에 대한 공제를 허락하지 않아야 한다. 그러한 기부금은 우리 사회에서 재산의 궁극적 소유자가 되는 개인들(주주)에 의해 이뤄져야 한다.

자유기업이라는 이름하에서 이러한 종류의 기부금에 대해 세액공제를 확대하자고 주장하는 사람들은 근본적으로 그들 자신의 이익에 반하는 행동을 하는 사람들이다(기업이 기부금을 내지 않고 주주가 기부금을 내는 것이 그들의 이익이 된다). 현대의 기업들에 대해 행해지는 주요한 비난은 소유와 경영의 분리와 관련이 있다. 즉, 기업은 주주들의 이익에 기여하지 않는 무책임한 경영자들이 경영하는 사회기구가 되어버렸다고 불평한다. 이러한 비난이 진실은 아니다. 그러나 기업들이 자선목적으로 기부금을 내는 것을 허용하고, 이를 소득세(법인세)에서 공제할 수 있도록 허용하는 방향으로 정책이 진행된다면 그것이야말로 소유와 경영을 실질적으로 분리키는 방향으로 나아가도록 유도하고, 우리 사회에 만연되어 있는 기본적 본성과 특징들을 약화시키는 방향으로 나아가는 첫걸음이 된다. 그것은 개인주의 사회로부터 떠나 기업국가로 이행하는 단계가 될 것이다.

▪ 사례 이야기

1. 잭 웰치의 기업 제1덕목

잭 웰치는 다음과 같이 말하였다. "기업의 제1덕목은 승리하는 것이다. 승리하는 기업만이 사회적 책임을 다할 수 있다. 사회환원은 수익창출에 승리한 기업의 몫이다." 그에 대한 평가로 잭 웰치는 유능한 CEO라고 알려져 있지만 자신이 GE에서 퇴임할 때 매년 연금 8만 6천 달러를 받고 'GE가 제공할 수 있는 서비스와 설비를 이용할 수 있는 권한'을 제공받을 수 있도록 계약하리만치 자신의 몫을 챙겼다. 그는 연금보다 GE의 서비스와 설비를 이용할 수 있는 권한을 남용하였는데, 13년 동안의 결혼생활을 청산하고 이혼을 요구한 부인 제인은 그에게 공동재산의 절반에 상당하는 5억 달러의 위자료를 요구하였다. 그녀는 법정에서 남편이 유용한 사실들을 낱낱이 고해, 웰치는 GE로부터 받는 자신의 특권 일부를 포기하기에 이르렀다(오승구, 2004).

더구나 5년 동안에 49만 명의 종업원을 29만 명으로 줄이는 다운사이징을 통해 수익을 창출하였다면 재평가되어야 할 인물이 아닌가?

2. 벤자민 프랭클린이 느꼈던 공인의 행동

벤자민 프랭클린이 쓴 자서전에 의하면, 1731년 5월 19일 그가 도서실에서 역사책을 읽은 소감을 적은 메모 중에 다음과 같은 글이 눈에 띈다. "공적 일을 하는 사람들 중에 순수하게 나라의 이익만을 위해 일하는 자는 없다. 간혹 그의 행동이 정말 나라의 이익을 가져오기도 하지만, 자기의 이익과 국가의 이익이 일치하는 것으로 생각했기 때문에 한 행동이지, 박애정신에 입각해서 한 행동은 아니다"(강미영, 2007).

3. 이권이 사라져 공직선거가 깨끗해진 로마

기원전 27년 로마에서 아우구스투스가 공화정으로의 복귀(실제로는 제정으로 가는 길이지만)를 선언하고 나자, 과거 공직선거에서 표를 사고파는 일이 횡횡하던 일이 사라지게 되었다. 표를 사면서까지 얻은 공직의 경제적 이익, 즉 이권이 사라졌기 때문이다.

당시의 출셋길은 대개 회계감사관(콰이스토르)에 당선되어 임기가 끝난 뒤에는 원로원 의석을 얻고, 원로원 의원이 되면 법무관(프라이토르) 선거에 도전하고, 다음에 집정관(콘술) 선거에 도전하는 것은 다음 마지막 단계인 속주의 총독을 겨냥한 것이었다. 속주의 총독으로 있으면 속주세 징세권을 통해 한몫 챙기는 것이 가능해지는데, 아우구스투스가 들어와 징세권을 황제에게 귀속시켜 '황제재무관'이라는 국가공무원 신분의 세무전담관료를 속주에 보내 징수하도록 했다. 그에 따라 종전에 민영화되었던 징세업무가 국가업무로 귀속되었다. 그렇게 되자 총독을 지내면서 사익을 챙길 수 있는 여지가 줄어들어, 다시 말해 '이권'의 박탈이 로마 공직선거가 깨끗해진 주요 원인이다(김석희, 1995).

제6부

연대모럴에 얽매이지 않는 자립정신의 특질

사람들은 자유기업 시장경제가 소득분배를 불평등하게 만든다고 비난한다. 그에 따라 정부가 가난한 사람들에게 유리하게 소득을 분배할 의무가 있다고 믿는 그들은 정부가 나서서 소득을 재분배해 줄 것을 주장한다. 시장경쟁이 소득을 불평등하게 분배한다는 데에는 이의가 없지만 불평등 자체를 긍정적으로 받아들일 필요가 있다. 첫째, 소득의 불평등한 분배는 부를 창출하기 위한 효과적 동기를 부여하는 체제의 불가피한 산물이라는 사실을 양해할 필요가 있다. 둘째, 정부의 소득재분배사업이 가난한 자에게 거의 도움을 주지 않았고, 가난한 자라곤 찾아볼 수 없는 조직화된 이해집단에게 혜택을 준다는 사실에 유의하여야 한다.

제6부에서는 정부가 계획한 소득재분배사업이 왜 실패로 돌아가는지를 살펴보고자 한다. 제23장 "직업 자체의 성질에서 생기는 불균등"에서 애덤 스미스는 직업 자체에서 오는 불균등(임금차별)은 자연적 현상이고, 정부정책에서 오는 불평등, 예컨대 길드의 진입제한을 타파되어야 할 대상으로 보았다. 제24장 "구빈법의 한계"에서 토머스 맬서스(Thomas Malthus)는 구빈법이 목적과는 반대로 사람들에게 의타심만 심어주는 바람에 실패로 돌아간다고 주장한다. 제25장 "만들어진 평등"에서 밀턴 프리드먼 부부(Milton Friedman & Rose Friedman)는 기회에서나 결과에서나 완전한 평등을 실현한다는 것은 어떤 경제체제를 선택하더라도 불가능하다고 주장한다. 제26장 "빈곤의 정치와 정치의 빈곤"에서 드와이트 리는 정치적 통제가 소득불균등을 해소시키는 데 기여하지 못하고 정부의 소득재분배 프로그램이 실패로 돌아갈수록 구빈을 위한 복지정책은 정치적으로 성공을 거둔다고 꼬집는다.

제23장

직업 자체의 성질에서 생기는 불균등

애덤 스미스[1)]

내가 관찰한 바에 의하면 다음 다섯 가지의 사정이 어느 직업에서는 금전적 이득의 부족을 보완하고 다른 직업에서는 그 이득의 많은 부분을 상쇄하는 것이라 할 수 있다.

▪ 요 약

임금은 직업 자체의 유쾌 여부, 직업습득의 간단 여부, 고용의 안정 여부, 일반인의 신뢰 여부, 성공할 가능성 등의 다섯 가지에 의해 차별되게 결정된다. 그러한 임금의 차이는 불평등이 아니다. 오히려 직업에 종사하기를 원하는 사람의 수를 제한하거나, 경쟁을 증대시키거나, 노동이나 자본의 자유로운 이동을 억제하는 유럽의 정책이 불균등을 초래하고 있다.

1. 직업이 즐겁든가 불쾌하다는 사정

내가 관찰한 바에 의하면 다음 다섯 가지의 사정이 어느 직업에서는 금전적 이득의 부족을 보완하고 다른 직업에서는 그 이득의 많은 부분

1) 이 글은 애덤 스미스의 *The Wealth of Nations*(1776), 제1편 제10장 제1절, 김석환·김일곤 역, 《국부론》(대양서적, 1972), pp. 153~161에서 발췌하였다.

을 상쇄하는 것이라 할 수 있다. 첫째로 직업 자체가 유쾌한가 또는 불쾌한가, 둘째로 그 직업을 습득하는 것이 간단하고 싸게 먹히는가 또는 곤란하고 비용이 많이 드는가, 셋째로 그 직업에 고용이 안정되어 있는가, 넷째로 그 직업에 종사하는 사람들에게 주어지는 신뢰가 큰가 작은가, 다섯째로 그러한 직업에서 성공할 가능성이 있는가 없는가가 그것들이다.

첫째로 노동의 노임은 그 직업이 용이한가, 곤란한가, 청결한가, 명예로운가, 불명예스러운가에 따라서 다르다. 예를 들면, 대개의 장소에서 1년을 통산해 보면 재봉공의 소득은 직물공의 소득보다는 적다. 전자의 일이 훨씬 쉽기 때문이다. 또 직물공의 벌이는 대장장이보다 적다. 전자의 일은 후자의 그것보다 반드시 쉽다고는 할 수 없으나 훨씬 더 청결하기 때문이다. 대장장이는 일종의 수공업자이지만 12시간 노동으로 벌어들이는 소득은 일개 노동자에 불과한 광부가 8시간에 버는 것에 미치지 못한다. 이것은 전자의 일이 아주 불결하지도 않고 위험성도 적으며 또 낮에 지상에서 할 수 있는 일이기 때문이다.

명예는 모든 명예로운 직업이 지닌 보수의 큰 부분을 형성하고 있다. 금전적 이득이라는 점에서 모든 사정을 고려한다 해도 이러한 명예 있는 직업은 부당하게 낮은 보수를 받는 것이 보통인데, 나는 앞으로 이 점을 설명하려고 노력할 것이다. 모양이 좋지 않은 직업은 이것과 반대의 결과를 낳는다. 도살자라는 직업은 잔인하고 추악한 일이지만 많은 지방에서 다른 보통의 직업보다 보수가 많다. 모든 직업 중에서 가장 싫은 사형집행인이라는 직업은 행해지는 일의 양에 비해서는 어떠한 보통의 직업보다도 더 많은 보수가 주어지고 있다.

쾌적하지 않고 멋이 없다는 점은 노동노임의 경우와 같이 자본의 이윤에도 영향을 미친다. 여인숙 또는 주점의 경영주는 자기 집을 자유로이 사용할 수 없고 주정꾼의 행패를 당하기 때문에 쾌적하지도 못하며 또 명예로운 것도 아닌 일에 종사하고 있다. 그러나 소액의 자본으로서 그렇게 큰 이윤을 남기는 것은 보통의 직업에서 거의 찾아볼 수 없다.

2. 숙련노동과 일반노동의 차이

1) 업무습득의 난이와 습득비의 크기

둘째로 노동의 노임은 그의 업무의 습득이 간단하고 싸게 먹히는가 또는 곤란하고 비용이 많이 드는가에 따라서 다르다. 어떤 비싼 기계를 설치하는 경우에는, 그 기계가 마멸되기까지 달성될 보통 이상의 일이 투하된 자본을 적어도 통상의 이윤과 함께 회수할 수 있는 것이라고 기대하지 않으면 안 된다. 특별한 기능과 숙련을 필요로 하는 어떤 직업을 위해서 많은 노력과 시간을 들여 배운 사람은 이러한 비용이 많이 드는 기계의 하나에 비유될 수 있다. 그가 습득한 일은 보통의 노동으로 얻어지는 노임에다가 그의 교육비를 적어도 그것과 동등의 가치가 있는 자본의 통상이윤까지 보태 회수할 수 있는 것이 기대되지 않으면 안 된다. 또한 이것은 인간의 불확실한 수명을 고려하여 타당한 기간 내에 실현되지 않으면 안 된다. 그것은 마치 인간에 비교하면 한층 확실한 기계의 내구성에 대한 배려와 같은 것이다.

2) 숙련노동자의 노임과 보통노동자의 노임차이는 이 원리에 기초한다

유럽의 정책은 모든 기계공, 수공업자 및 제조공의 노동을 숙련노동으로 간주하고 모든 농촌 노동자의 노동을 보통노동으로 인정하고 있다. 이 정책은 전자의 노동이 후자의 그것보다는 성질상 더욱 정밀하고 세밀한 주의를 요하는 것이라고 생각하는 것 같다. 경우에 따라서는 그럴 수도 있지만 흔히 이와는 정반대이며 나는 지금부터 그것을 설명하려 한다.

그래서 유럽의 법률과 관습은 앞에서 말한 종류의 노동에 종사하는 자에 대해, 엄격하게는 장소에 따라 다르겠지만 필요한 자격으로서 일정한 견습기간을 부과하고 있다. 그러나 후자의 노동은 각자에게 자유로이 개방하고 있다. 견습하는 기간중에는 견습공의 전 노동이 그의 장인에게 속한다. 많은 경우에 그 기간중 견습공은 그의 양친 또는 친척에 의해 부양되지 않으면 안 되고 또 대개의 경우 이러한 사람들에 의해 의복을 지급받지 않으면 안 된다. 게다가 얼마간의 돈이 그 직업을 가르치는 대가로서 장인에게 지불되는 것이 보통이다. 돈을 지불하지 못하는 사람은 시간을 지불한다. 즉, 보통의 연수 이상으로 견습을 계속할 의무를 지게 된다. 그러나 견습공들은 보통 나태하기 때문에 이 대가가 장인에게 반드시 유리하다고는 할 수 없지만 견습공에게는 항상 불리하다. 농촌노동의 경우 이것과는 반대로 노동자는 자기가 그 직업의 쉬운 부문에 종사하는 동안에 한층 더 어려운 부분을 습득하고 게다가 자기 자신의 노동으로서 직업의 모든 단계를 통하여 생활비를 벌 수가 있다.

그러므로 유럽에서는 기계공, 수공업자 및 제조공의 노임이 보통 노임보다는 다소 높지 않으면 안 된다는 것은 당연하다. 실제로 다소간 높으며 그들의 수입이 많기 때문에 거의 어디에서나 그들은 우월한 계급의 사람으로 간주되고 있다. 그러나 이 우월성은 일반적으로 극히 사소한 것으로 예컨대, 무늬 없는 아마나 모직물 같은 보통종류의 제조업에 종사하는 노동자가 매일 또는 주마다 벌어들일 수 있는 보수를 평균해보면 다른 지방 노동자의 일급보다 별로 많지 않다. 확실히 그들의 직업이 보통노동자보다는 견실하고 안정적이며 또 그들의 수입의 우월성은 1년을 통해서 보면 약간 클는지는 모른다. 그러나 그들의 많은 교육비를 보상할 만큼 많지 않다는 것은 명백하다고 생각된다.

독창적 예술이나 자유직업을 학습하는 데에는 시간과 비용이 더 많이 든다. 그러므로 화가나 조각가, 법률가나 의사의 금전적 보수는 훨씬 후한 것이 되지 않으면 안 되고 그래서 실제로 그러하다. 자본의 이윤은 자본이 사용되는 직무습득의 난이도에 의해 별로 영향을 받지 않는 것같이 생각된다. 대도시에서는 자본이 보통 사용되는 여러 가지 직업을 보면 실제로 습득의 난이도는 모두 매한가지로 보인다. 외국무역이나 국제상업은 어느 한쪽이 다른 것보다 훨씬 복잡한 업무라고 할 수 없는 것이다.

3. 고용의 안정성 여하라는 사정

셋째로 여러 직업에서 노동의 노임은 그 고용이 안정되어 있는가 또는 안정되지 못한가에 따라 다르다. 고용의 안정성은 직업에 따라 큰 차이가 있다. 제조업에 종사하는 대부분의 직공은 일이 가능한 1년 중 거의 매일 확실하게 취업할 수 있을 것이다.

이와 반대로 석공이나 벽돌공은 심한 서리나 일기가 불량한 때에는 일할 수가 없다. 그리고 그 밖에 어떤 경우에도 그들의 고용은 고객들의 수시주문에 의존하고 있다. 그래서 그는 때때로 아무 일거리도 못 가지는 수가 있다. 그러므로 그가 고용되고 있을 동안의 수입은 일거리가 없을 동안에 그를 부양할 뿐만 아니라 때때로 그러한 위험한 처지에 있다는 것을 생각하는 데서 오는 초조와 실망에 대해서도 역시 약간의 보상이 이뤄지지 않으면 안 된다.

따라서 제조업에 종사하는 대부분 노동자의 벌이가 보통노동자의 보수와 거의 동일한 수준이지만, 석공 또는 벽돌공들의 보수는 보통노동자의 보수보다 50% 내지 두 배 높다. 보통노동자가 주당 4~5실링을 벌면 석공과 벽돌공은 흔히 7~8실링을 벌고, 전자가 6실링을 버는 곳에서는 후자가 9~10실링을 벌어들이는 수가 많다. 전자가 런던에서와 같이 9~10실링을 획득하면 후자가 보통 15 내지 18실링을 번다. 그러나 어떤 숙련노동이라도 석공이나 벽돌공의 노동만큼 습득하기 쉬운 것은 달리 없는 것 같다.

런던의 가마꾼은 여름에는 때때로 벽돌공으로 고용된다고 한다. 그러므로 이러한 노동자의 노임이 높은 것은 그 숙련에 대한 보수라기보다는 오히려 그들의 취업의 불안정에 대한 보상이라고 하겠다. 목수는 어느 쪽이냐 하면 석공보다는 더 정밀하고 더 공이 드는 일을 하는 것처럼 보인다. 그러나 어디에서나 그렇다고 할 수 없지만 대부분의 지방에서 목수의 일급이 석공의 일급보다 다소 낮다. 목수의 일도 고객들의 그때그때의 요구에 의존하는 바가 많지만 석공처럼 완전하게 의존하는 것도 아니고, 또 이 직업이 날씨에 따라 좌우될 염려도 없는 것이다.

그러한 소득이 제아무리 굉장한 것같이 보일지라도 만약 그것이 그 직업의 불유쾌한 사정을 전적으로 보상하고도 남을 정도라면, 어떠한 배타적 특권을 가지고 있지 않은 사업에서는 곧 많은 경쟁자가 나타나 그러한 소득을 더욱 낮은 율로 떨어뜨리고 말 것이다.

직업에 안정성이 있는가 불안정한가는 어떠한 특정사업에서의 자본이 회수하는 보통이윤에 영향을 주는 것은 아니다. 왜냐하면 자본이 계속 사용되는가 아닌가는 사업의 성질에 달려 있는 것이 아니고 사업가에 달려 있기 때문이다.

4. 신임 또는 신뢰라는 사정

넷째로 노동의 노임은 노동자에 주어지는 신임의 대소에 따라 변한다. 금은 세공인이나 보석상의 임금은 어디에서나 같은 기술을 갖고 있는 다른 많은 노동자의 노임보다도 높다. 그것은 귀중한 재료가 그들에게 신탁되어 있기 때문이다.

우리들은 우리의 건강을 의사에게 맡기고 또 우리들의 재산을 때로는 우리들의 생명과 명예까지도 법률가나 변호사에게 맡긴다. 신분이 매우 비천하거나 낮은 사람들에게는 그러한 신뢰를 두고자 해도 안심하고 맡길 수가 없다. 그러므로 의사나 법률가 또는 변호사들의 보수는 그만큼 중대한 신임에 걸맞은 사회적 지위를 그들에게 주지 않으면 안될 것이다. 이런 사정 이외에 그들이 교육받는 데 소비된 오랜 시간과 많은 비용 등을 결부하면 이것은 필연적으로 그들의 노임을 한층 더 높이게 된다.

어떤 사람이 그 사업에 자기의 자본만을 사용하는 경우에는 그곳에는 신임이라는 것은 존재하지 않는다. 그 사람이 다른 사람들로부터 받는 신용은 자신의 사업의 성질에 의존하는 것이 아니라, 다른 사람들이 그의 재산이나 성실성 및 사려분별을 어떻게 생각하는가에 달려 있다. 그러므로 여러 사업부문에서 이윤율의 차이는 사업가에게 주어지는 신뢰도에 따라 생기는 것이다.

5. 성공가능성과 사회의 칭찬이라는 사정

1) 성공가능성과 명예

다섯째로 여러 가지 직업에서 노동의 노임은 그 직업의 성공가능성 유무에 따라서 달라진다. 교육받은 어느 특정한 사람이 그 직업에 적격이냐 아니냐의 가능성은 직업이 상이함에 따라 매우 달라진다. 기계공이라는 직업에서는 대부분 성공이 거의 확실하지만 자유직업에서는 극히 불확실하다. 당신들의 자식들을 양화점 직공으로 보낸다고 하자.

그는 구두를 제조하는 기술을 습득함에 거의 틀림없을 것이지만 만약 그로 하여금 법률공부를 시킨다고 하자. 이런 경우 그가 뒤에 그 직업으로써 생활할 수 있을 정도로 숙달하게 될 공산은 겨우 1/20에 불과할 것이다.

아주 공평한 추첨에서조차 당첨된 사람들이 당첨되지 못한 사람들이 상실한 전부를 획득하는 일은 당연하다. 20명이 실패하고 1명이 성공하는 그런 직업에서는 성공한 한 사람은 실패한 20명이 획득해야 할 것을 전부 독차지하지 않으면 안 된다. 변호사의 경우는 아마 연령이 40세 가까이 되어서야 비로소 그 직업으로부터 약간의 재산을 만들게 된다. 그건 그 자신이 세월과 다대한 비용을 소비한 교육에 대한 보수를 받지 않으면 안 되는 동시에 같은 교육을 받고서도 그것으로써 어떠한 재산도 마련할 희망이 없는 20명 이상의 다른 사람들이 교육을 위해 소비한 비용에 대한 보수를 받는 것이 당연하다. 변호사의 수수료가 때로는 터무니없이 많은 것으로 보일지라도 그들이 실제로 받는 보수는 결코 이 정도로 도달할 수는 없는 것이다.

명예스러운 직업은 다른 직업과 마찬가지로 앞서와 같이 불리한 사정이 있음에도 불구하고 가장 관대하고 자유스러운 정신을 가진 사람들이 경쟁하면서 이 직업으로 모여든다. 이런 직업을 좋아하는 이유에는 두 가지가 있다. 첫째로 이러한 직업으로 뛰어나게 되는 경우에 명성을 얻으려는 희망이고, 둘째로는 모든 사람들이 각자의 능력에 대해서 뿐만 아니라 그 자신의 운수에 대해서도 다소간 날 때부터 지닌 자신감 때문이다.

보통의 지위에 오르는 것조차도 대단히 어려운 직업에서 남달리 두각을 나타낸다는 것은 이른바 천재 또는 수재라고 일컫는 사람들의 결정적 증거이다. 그러한 뛰어난 재능에 따른 사회적 칭찬은 항상 그러한 재능에 대한 보수의 일부분을 형성하는 것으로, 그 보수의 대소는 그 칭찬의 대소에 비례한다. 이 칭찬이야말로 의사라는 직업에서는 보수의 많은 부분을 차지하고 있고, 법률을 취급하는 직업에서는 더 큰 비중을 차지하며, 시나 철학에서는 그것이 거의 전체를 차지하고 있다.

2) 배우, 오페라가수, 댄서 등의 보수

대단히 즐겁고 아름다운 재능이 더러 있다. 그런 재능을 갖추고 있으면 일종의 칭찬을 널리 떨치게 되는데, 그것을 수입을 위해서 사용하면 이성으로나 또는 편견으로 볼 때 어느 쪽이든 일종의 사회적 악용이라고 간주되고 있다. 그러므로 이와 같은 재능을 돈벌이를 위해 소비하는 사람들의 금전적 보수는 그러한 재능을 얻기에 필요한 시간과 노동 및 비용을 보상할 뿐만 아니라 그러한 재능을 생활수단으로 사용하는 데서 오는 불명예도 보상할 수 있는 수준이 되지 않으면 안 된다.

배우, 오페라가수, 댄서 등의 보수가 터무니없이 많은 것은 이러한 두 가지 원리, 즉 재능이란 진귀하고 아름답다는 것과 그 재능을 생활수단으로 사용함에서 오는 불명예 등에 기인한다. 우리들이 한편으로는 그들의 인격을 멸시하면서도 다른 한편으로는 그들의 재능에 대해서는 아낌없이 대가를 주는 것은 얼핏 보기에 모순된 것처럼 보인다. 만약 이러한 직업에 관한 여론이나 편견이 바뀌는 일이 있다면 그때에는 그들의 금전상의 보수는 즉시 감소할 것이다. 이러한 경우에 이전보다도 많은 사람들이 그 직업에 종사하려 할 것이고 경쟁은 곧 그들의 노동가격을 내리게 할 것이다.

▪ 사례 이야기

1. 이농을 방지하기 위한 목적에서 시작된 길드제도

서기 301년 로마의 디오클레티아누스(제위 284~305) 황제는 인플레이션이 계속되자 가격통제정책을 시행하게 되었다. 로마제국 내에 유통되는 모든 물산과 용역의 상한가를 정하고, 그 이상의 액수로 거래한 자는 엄벌에 처하기로 한 것이다. 디오클레티아누스 황제의 칙령엔 방대한 수의 직능별 통제가격이 열거되었다.

비록 선한 의도를 가지고 시행된 가격통제가 실패로 끝난 것은 말할 나위도 없지만, 동시에 이것이 로마사회에 ① 경제활동을 지하로 숨어들도록 하였고, ② 물물교환형의 경제를 무려 5백 년 만에 부활시켰으며, ③ 모든 분야에 걸쳐 노동의 질을 떨어뜨리는 데 영향을 미쳤다.

농민의 이농으로 경작지가 황폐해지고, 상점이나 공장에서 젊은이가 사라지는 상황에 도달하였다. 이 현상을 방치해두면 자작농과 상인과 수공업자라는 로마사회의 중견층이 계속 피폐해질 것이기 때문에 디오클레티아누스 황제는 거의 모든 직업에 세습제가 시행되도록 하였다. 무슨 직업이든 아버지의 직업을 아들이 이어받아야 하고, 아버지가 일하는 지방에 아들도 계속 살아야 한다고 규정한 것이다. 이것이 중세사회의 기둥이 된 길드제도의 시초이기도 했다.

디오클레티아누스 황제 이전의 로마제국은 황제, 원로원 의원, 기사계급(관료나 경제인), 평민, 해방노예, 노예로 나뉜 계급사회였지만 그래도 직업선택의 자유와 거주이전의 자유를 완전히 보장해주었다. 그런데 직업선택의 자유가 사라지고 거주지를 옮길 자유마저 사라졌다. 그래서 현대의 사회주의 국가와 마찬가지였다고 말하는 연구자도 있다(김석희, 1995).

디오클레티아누스 황제가 세금을 확보하기 위해 농민들이 경작지를 떠나지 못하도록 농민과 그의 자손들이 영원히 토지에 예속되도록 농민에게 가해졌던 속박은 결국 노동자와 장인에게도 가해졌다. 구두수선공의 자손은 구두수선공이어야 했고, 그의 아들은 구두수선공의 딸과 결혼하여야 했다. 빵 굽는 사람이 부족하면 그들은 빵 굽는 자가 되어야 할 뿐만 아니라 빵집 딸과 결혼하여야만 했다.

이 제도는 사람들의 이동을 제한하고 사람들을 조직화하며 그들을 계급과 직업에 묶어둠으로써 세금제도가 유지될 수 있는 기반이 되었다. 동시에 사람들의 창의성과 공공심을 상실하도록 만들었다. 이 제도는 동시에 많은 사람들을 영원한 가난 속으로 몰아넣었다(전태영, 2005).

2. 로마시대에 이미 나타난 길드의 폐해

AD 79년 폼페이는 베수비오 화산폭발로 폐허가 되었지만 복구작업이 진행되는 도중에도 도시의 포럼의 한편에서는 시장이 들어서 사람들은 물건을 사고팔았다. 폼페이는 볼거리가 많은 곳일 뿐만 아니라 온갖 냄새로 가득 찬 도시였다. 그 중에서도 가장 독특한 냄새는 천을 만드는 직조업소에서 풍겨나왔는데, 바로 양모를 세탁하는 세제의 성분으로 사용되는 오줌의 지독한 지린내였다. 오줌은 양잿물과 탄산소다와 혼합된 후에 일종의 흡수제로 사용되는 진흙을 첨가하여 가성세제로 만들어졌다.

로마인들은 흰빛 — 천연양모의 순수한 빛깔 — 이 감도는 토가(*toga*)를 입었기 때문에 정기적으로 세탁해야 했다. 이 세탁업이 직조공장의 주수입이었다. 대부분의 가정에서는 크고 무거운 옷감을 세탁할 수 있는 공간이나 장비가 없었기 때문에 세탁을 맡겨야만 하였는데, 한 벌의 옷을 세탁하는 비용이 노동자의 하루 일당에 맞먹는 금액이었다.

폼페이에는 직조업자와 양모업자의 길드 이외에 많은 길드가 있었다. 목수길드, 배관공길드를 비롯하여 다른 집단들은 저마다 사회적 정치적 목적으로 길드를 조직했다. 각 길드에 소속된 회원들은 공직자를 선출하는 시기가 되면 특정후보를 지지하고 나섰다. 만약 그 후보가 당선되면 자신들의 이익을 추구하는 데 도움이 될 거라고 확신했기 때문이다. "직조업자 길드원들은 여러분에게 홀코니우스 프리스쿠스를 지지해줄 것을 부탁합니다." 어느 간판의 문구에 직조업자 길드는 폼페이 최고위직의 후보로 나선 사람에 대한 지지를 호소하고 있다(남경태, 2004).

3. 경쟁과 혁신을 억제한 길드제도

16세기 무렵 이탈리아의 경제적 번영은 직물류의 수출과 금융업, 선박운임 등에 의존하고 있었다. 그러나 16세기 후반에는 다른 나라의 상품과 서비스가 이탈리아를 압도하기 시작했다. 영국과 네덜란드의 의류, 프랑스의 실크는 시장에서 이탈리아 상품을 몰아냈고, 17세기 후반에 이르면 다른 유럽지역, 북아프리카, 근동시장까지 점유하게 된다.

영국, 프랑스, 네덜란드의 서비스와 상품은 낮은 가격에 제시될 수 있었다. 1698년에 제노바 정부는 의류를 구입하게 되는데, 프랑스산을 구매하기로 결정했다. 왜냐하면 그것이 국산품보다 값이 쌌기 때문이다. 외국상인들은 국제시장에 보다 가볍고 부드러우며 색깔이 화려한 제품을 가지고 들어왔다. 그것은 질은 낮았지만 가격이 쌌다. 대체로 이탈리아 상품은 질이 높았다. 그들은 길드 전통 때문에 옛날 방식 그대로 상품을 만들고 있었다. 길드는 옛 생산방식을 고집하고 혁신을 거부했다.

길드의 규제는 어떤 변화도 용납하지 않도록 하는 데 초점이 맞추어져 있다. 다른 나라가 그들의 산업에 수많은 변화를 도입하고자 하는 시점에 길드의 규제적 행동은 이탈리아 산업을 높은 비용구조로 몰고 갔다. 수세기 동안 그들의 제품에 대한 우월성 때문에 많은 제조업자와 관리들은 이 방식을 유지함으로써 외국과의 경쟁에서 이길 수 있다고 생각했다. 길드는 동료간의 경쟁을 억제하는 것을 목표로 하고 있었다. 심지어 어떤 길드는 일거리를 나누어 갖기 위해 회원의 근무시간을 통제했다. 또 어떤 길드는 종업원에 대한 경쟁을 억제하고, 일거리가 한 사업장에 집중되는 것을 막기 위해 고용할 수 있는 직원의 수를 제한했다. 이런 분위기에서 새로운 생산방법이나 기술을 창안하는 것은 다른 사람을 때려눕히는 것으로 간주되었다. 길드는 자연히 약한 사업자를 보호하기 위한 조직이 되었고 진보하지 않는 조직이 되었다(전태영, 2005).

4. 소방관조합의 설립을 반대한 로마의 트라야누스 황제

로마 트라야누스 황제 때 로마의 속주 비티니아의 총독으로 가 있는 플리니우스가 황제와 지휘서신을 주고받았다. 재정을 재건하기 위해 강제적 금리인하가 필요하지 않겠느냐는 플리니우스의 질문에 황제는 그 필요성은 이해하지만 국가가 금리를 내리라고 강제하는 것은 우리 시대의 정신이 공정성에 합치하지 않는다면서 동의하지 않았다. 또 소방관조합을 허가하는 게 어떻겠느냐는 플리니우스의 소청에 황제는 소방관들끼리 서로 돕는 것은 좋지만 조합으로 인정하는 것은 적절치 않다고 답변한다. 사회안정을 해치는 작은 일부가 권력을 독점하고 폐쇄적 조직으로 남을 배제하는 사태를 우려하였기 때문이다. 요컨대 소방관조합이 정치적 결사로 바뀌는 것을 꺼렸다(김석희, 1995).

제 24 장

구빈법의 한계

토머스 맬서스[1)]

일반사람들이 가끔 빠지는 곤궁을 구제하기 위하여 잉글랜드의 구빈법은 제정되었지만, 그것은 개인의 불행의 강도를 조금 완화시켰을지 모르지만, 더 넓은 지역에 전반적으로 해악을 전파시켰다는 사실을 우려해야 한다.

▪ 요 약

영국이 구빈법을 시행하는 데에도 불구하고 빈민의 빈곤이 사라지지 않는다. 구빈법은 식량을 증가시키지 않는 인구를 증가시켜 빈민을 더 많이 만들어낸다. 또 근면하였을 사람을 다른 사람에게 의지하는 인간으로 만든다. 게다가 구빈법은 일반인의 저축의지를 감퇴시키고 절제, 근로, 행복에 대한 유인을 약하도록 만든다.

사회주의자 고드윈(Godwin)은 억압, 예종, 사기 등의 정신이 사유재산제도의 산물이고, 따라서 모든 것을 똑같이 나눠 갖는 사회에서는 이런 감정이 소멸될 것이라고 주장한다. 그러나 그것은 단순한 상상에 지나지 않는다. 기존의 재산제도가 없다면 스스로가 자신의 저축을 방위하여야 하는 무정부상태가 될 것이므로 결국 이기심이 다시 승리를 거두고 군림할 것이다. 재산소유자가 자신의 의지와 관련 없이 자기 몫을 빈민에게 주게 된다면 태만과 악덕 및 노동과 토지의 생산물 감소 이외에 자애의 정신을 말살시킬 것이다.

1) 이 글은 김석환·김일곤 역, 《인구론》(대양서적, 1972)에서 발췌하였다.

1. 영국 구빈법의 한계

일반사람들이 가끔 빠지는 곤궁을 구제하기 위하여 잉글랜드의 구빈법은 제정되었지만, 그것은 개인의 불행의 강도를 조금 완화시켰을지 모르지만 더 넓은 지역에 전반적으로 해악을 전파시켰다는 사실을 우려해야 한다. 잉글랜드에서 매년 빈민을 위하여 징수되는 거대한 금액에도 불구하고 아직도 그들 사이에는 심한 곤궁이 있다는 것이 일반대중들 사이에 종종 화제가 되고 있으며 항상 매우 놀랄 만한 문제로 거론되는 주제이다. 어떤 사람은 그 돈이 사사로이 쓰이고 있음에 틀림없다고 생각하고 있다. 또 어떤 사람은 교구관리인 및 감독자가 그 대부분을 만찬에 소비하고 있다고 생각하고 있다. 그것이 아무래도 매우 나쁘게 관리하는 것이 틀림없다고 모든 사람의 의견이 일치하고 있다. 요컨대 매년 빈민을 위하여 3백만 파운드에 가까운 돈이 징수되고 있으나, 그들의 곤궁은 제거되지 않는다는 사실이 항상 놀라움의 대상이 되고 있다.

잉글랜드에 다행하게도 독립정신이 아직도 농민층에 남아있다. 구빈법은 이 정신을 근절시키는 경향을 가지고 있다. 그것은 부분적으로 성공하고 있지만 예상한 것처럼 완전히 성공을 거두었더라면 그 해로운 경향이 이처럼 오랫동안 숨어 있지는 않았을 것이다.

개인의 경우에는 가혹하게 생각될지도 모르지만 다른 사람에 의지하는 빈곤은 불명예라고 생각되어야 한다. 이러한 자극은 인류 대다수의 행복을 촉진하기 위하여 절대로 필요한 것같이 생각된다. 이 자극을 약하게 만드는 모든 일반적 시도는 비록 그 의도가 아무리 자선적인 것일지라도 항상 스스로의 목적을 방해할 것이다. 만약 노동자가 독립하여 가족을 부양할 의지를 전혀 갖고 있지 않거나 혹은 거의 갖고 있지 않고 교구가 제공하는 물품을 기대하고 결혼할 생각이 들었다고 한다면, 그들은 단지 부당하게 자기 자신들 및 아이들에게 불행과 타인 의존을 가져올 뿐만 아니라 자신도 모르는 사이에 자기와 같은 계급의 모든 사람들에게 해를 끼치는 유혹에 빠지고 있는 것이다. 가족을 부양하지 못하면서 결혼하는 노동자는 어떤 점에서 그들과 같은 계급의 모든 사람의 적이라고 생각하여도 좋을 것이다.

잉글랜드의 여러 교구법이 식량가격을 등귀시키며, 그리고 노동의 실제가격을 낮추는 데 기여하였다는 것은 의심할 여지가 없다고 나는 생각한다. 그렇기 때문에 그것은 노동밖에는 갖고 있지 않은 계급의 사람들을 빈곤화시키는 데 기여하였다. 또한 소상인 및 소농업자들에게서 종종 현저하게 볼 수 있는 기질과는 극히 대조적으로 빈민들에게서 볼 수 있는 부주의와 절약에 대한 무관심이 곤궁에 기여하였다고 생각된다. 저속한 표현을 쓴다면 가난한 노동자는 항상 그날그날 하루살이로 생활하는 것처럼 생각된다. 그들의 현재의 곤궁이 그들 주위의 전부를 차지하고 있으며, 그들은 미래에 대하여 거의 생각하지 않는다. 그들은 저축할 기회가 있을 경우일지라도 거의 저축하지 않고, 현재 필요한 것 이외의 모든 것을, 일반적으로 말해 술집에 주어버린다. 그러므로 잉글랜드의 구빈법은 일반민중의 저축의 힘과 의지를 감퇴시키며, 또 따라서 절제와 근로, 그리고 행복에 대한 가장 강한 유인의 하나를 약하게 만든다고 해도 좋을 것이다.

만약 부조가 일정 계급의 사람들에게 배분되기로 되어 있다면, 올바른 목적을 식별하고 필요한 제도의 업무를 관리하는 권력이 어딘가에 주어지지 않으면 안 된다. 그러나 다른 사람의 일에 대한 간섭은, 그것이 어떤 것일지라도 일종의 압제인 것이다. 그리고 통상적 사태의 추이에 따른다면 이 권력의 행사는 부조를 불가피하게 받아야만 하는 사람들에겐 불쾌한 것이 되리라고 예상된다. 일반적으로 빈민들 사이에서는 치안판사, 교구간부 및 감독관의 전제적 행위가 불만의 대상이지만, 아마도 권력을 쥐기 전에는 다른 사람들보다도 나쁜 인간은 아니었을 이들에게 그다지 과오가 없으며, 과오가 있다면 이러한 제도의 모든 성격 속에 있는 것이다.

해악은 아마도 시정할 수 없을 만큼 너무나 진행되어 있지만, 만약 여러 가지 구빈법이 예전에 존재하지 않았다고 한다면 매우 가혹한 곤궁의 사례가 좀더 많았을지도 모르겠으나 일반사람들 사이에서 행복의 총량은 현재보다도 훨씬 컸을 것이라고 나는 마음속으로 믿고 있다.

2. 인구의 원리가 평등을 파괴한다

고드윈은 평등의 제도에 따르는 이익에 관한 항목에서 다음과 같이 말한다. 억압의 정신, 예종의 정신, 그리고 사기의 정신, 이것들은 기존 재산제도의 직접적 산물이다. 그것들은 모두 지적 진보에 유해하다. 질투, 악의 및 복수라는 다른 악덕은 그것들과 떨어질 수 없는 한 패이다. 사람들이 풍요 속에서 생활하고, 모든 것이 똑같이 자연의 은혜를 나눠갖는 사회상태에서는 이런 감정은 불가피하게 소멸될 것이다. 이기심이라고 하는 좁은 원리는 없어질 것이다. 아마도 자신의 얼마 안 되는 저축을 방위하고 또는 불필요와 고통을 느끼면서 끊임없는 결핍에 대비하지 않으면 안 되는 것도 아니므로 각자는 개인적 존재를 잊고 전반적 행복을 생각하게 될 것이다. 아무도 이웃의 적이 되지 않을 것이다. 왜냐하면 그들은 싸움의 주제를 갖지 않으며, 따라서 박애는 이성이 지시하는 영역(의 지배권)을 되찾을 것이다. 정신은 육체의 부양에 관한 부단한 불안으로부터 해방되고, 그것에 적합한 사색의 분야를 마음대로 거닐 수 있을 것이다. 각자는 모든 사람의 연구를 원조할 것이다.

이것은 참으로 행복한 상태인 것처럼 생각된다. 그러나 독자 여러분들은 그것이 진리에 가까운 양상이 거의 없는 단순한 상상도라는 것을 이미 충분히 확신하고 있으리라고 나는 생각한다. 인간은 풍요 속에서 생활할 수는 없다. 모든 것이 똑같이 자연의 은혜를 나눠가질 수도 없다. 기존의 재산제도가 없다면 모든 인간은 자신의 조그만 저축을 힘으로 방위하지 않을 수 없을 것이다. 이기심은 승리할 것이다. 싸움의 주제는 영원히 존속할 것이다. 모든 개인의 정신은 육체의 부양에 관한 끊임없는 불안 속에 존재할 것이며, 사색의 분야를 마음대로 거닐 수 있는 지식인은 한 사람도 없을 것이다.

아이들은 식량의 부족으로 병에 자주 걸린다. 장밋빛의 건강한 빛은 불행하고 창백한 뺨과 움푹 들어간 눈으로 바뀐다. 아직도 소수의 사람들 가슴에서 떠나지 못하는 '자애심'(慈愛心)은 가냘프게 죽어 사라지는 고투를 겪지만, 마침내는 이기심이 그것이 살던 왕국을 되찾고 승리를 거두고서 세계에 군림한다.

3. 사회의 노동을 평등하게 배분하는 것은 불가능하다

고드윈이 말하는 엄격하고 공정한 정의에 의하여 이끌리는 자애의 정신이 만약 활발하게 작용한다면 전 인류는 결핍과 불행에 빠질 것이다. 만약 재산소유자가 자기 몫으로 조금밖에 남겨놓지 않고 일을 시킨다는 교환조건 없이 나머지를 빈민에게 주어버린다면 결과가 어떻게 되는가를 검토해 보자. 만약 이러한 절차가 일반화된다면 현재의 사회 상태에서 만들어지는 태만과 악덕 및 사치품(생산)의 노동뿐만이 아니라 토지의 생산물까지도 감소시키는 커다란 위험에 대하여는 말하지 않더라도 또 하나의 반대론이 남는다.

지금까지 말한 것은 조금도 자애의 원리를 과소평가한 것은 아니다. 그것은 아마도 이기심에서부터 천천히 조금씩 생겨난 인간 마음의 가장 고귀한 신을 닮은 자질의 하나이다. 그리고 나중에 일반법칙으로 작용하게 된 것이지만 그것에 가장 어울리는 직무는 이기심의 부분적 잘못을 바로잡고, 매정스러운 곳을 시정하며, 주름을 펴는 것이 되지 않으면 안 된다. 그리고 자연계의 모든 것에 이와 비슷한 일이 있는 것처럼 생각된다. 자연의 일반법칙은 적어도 우리에게 부분적 해악만을 낳을 것으로 생각된다. 동시에 우리는 종종 다른 일반법칙으로써 작용하면서도 불평등을 시정하는 어떤 종류의 은정이 많은 규정을 보았다. 자애의 올바른 직무는 이기심에서 생기는 부분적 해악을 걱정하는 것이지만 절대로 이기심을 대신할 수는 없다.

▪ 사례 이야기

1. 범중엄의 구민정책

중국 송나라 인종(仁宗) 2년에 절강(浙江) 지방에 큰 기근이 들었다. 그때 범중엄(范仲淹, 989~1052)이 절서(浙西) 지역의 관리로 일했는데, 그는 관청에 보관된 곡식을 대대적으로 방출하여 백성들을 구휼하였다. 그가 백성에게 구휼미를 배급하는 것이 아주 공평하여 백성들이 매우 흡족해 했다.

원래 절강지역 사람들은 경조(競漕) 시합을 좋아했다. 범중엄은 백성들을 불러 매일 아침마다 서호(西湖)에서 연회를 베풀며 경조대회를 개최했다. 기근이 계속되었지만 범중엄은 봄부터 여름까지 경조대회를 지속시켰고, 주민들도 서호에 가득 모여 경조를 즐겼다.

그는 또 사원의 주지들을 소집하여 기근이 들었을 때 인부들의 품삯이 가장 싸니 이때 사원을 수리하고 불사를 흥성시키라고 하였다. 그리고 범중엄은 관청의 새 창고와 관리들의 숙소를 짓는 공사를 벌였다. 그래서 매일 마을사람 가운데 1천여 명이 각종 공사에 동원되었다.

감사(監司)의 관리가 범중엄을 탄핵했다. 백성들이 기근에 시달리는데, 이들을 구휼할 생각을 하지 않고 매일 경조시합을 열고 큰 공사를 벌여서 백성들의 재산을 탕진하고 있다는 것이었다. 급기야 범중엄이 조정에 해명의 상소를 올리게 되었다.

"기근에 시달리는 지금 신이 경조시합을 열고 큰 공사를 벌이는 데는 다 이유가 있습니다. 지역의 남는 재화를 활용하여 빈민을 구재하기 위해서 입니다. 백성들에게 할 일이 있어야 합니다. 관청이나 사원 같은 곳에서 공사를 벌여야 백성들이 거기에 의존해서 살아갈 수 있습니다. 일이 없으면 백성들은 굶어 죽어 도랑에 딩굴게 될 것입니다."

과연 1년 만에 범중엄이 관장하던 지역만이 기근의 피해에서 벗어났다. 기근이 들었을 때 공사를 일으켜 실업자를 살게 한 방법은 다른 사람은 할 수 없고 오직 범중엄만이 할 수 있는 일이었다.

경조시합도 실업자를 구제하기 위한 것이었다. 사람이 오락을 즐길 수 있으려면 여건이 되어야 가능한 것이다. 한 사람이 오락을 즐기면 그 사람에 의존해서 살 수 있는 사람은 수십 명이 될 것이다. 범중엄이 경조대회를 계속 개최한 까닭은 여유 있는 사람들이 경조대회를 즐기며 놀면 가난한 사람들이 그들 덕에 돈을 벌 수 있기 때문이었다.

명나라 신종(神宗) 때 소주(蘇州) 지방에 재해가 발생하자 지방관들은 재해를 이유로 부자들의 뱃놀이를 금지시켰다. 그러자 부잣집 자제들은 절에 모여 연회를 벌이며 놀았다. 하지만 부자들의 뱃놀이에 의존해서 살던 수백 명의 서민들은 모두 일자리를 잃고 유랑민이 되었다. 시무(時務)를 모르는 자들이 하는 짓은 대체로 이 모양이다(홍성민, 2003).

2. 사회보장제도의 효시가 된 영국 구빈법

자본주의 성립기인 15세기 말부터 18세기 중엽 영국의 가난한 사람들은 가톨릭교회의 기부에 의존하거나 최소한의 생계유지를 위해 구걸과 도둑질을 해야만 했다. 그 당시에는 빈곤이란 개인적 노력의 부족과 태만이 몰고 온 결과라고 생각했으며, 심지어는 '자연의 형벌'이라고까지 여겼다. 따라서 헐벗고 굶주린 사람들에게 동정어린 시선과 따뜻한 손길을 건네기보다는 게으르고 불성실한 자라는 멸시와 야유가 앞섰다. 빈곤은 어디까지나 개인의 책임이므로 국가가 그러한 빈곤에 대한 정책을 세워야 할 이유도 없었다.

그런데 16세기 후반에는 교회가 헨리 8세에 의해 착취당하기 시작하자 그나마 유일한 의존처이던 가톨릭교회마저 더 이상 가난한 사람들을 도울 수 없게 되었다. 더구나 양털이 영국의 주요 수출산업으로 떠오르면서 더 많은 양털의 수요를 필요로 하게 되자 탐욕스런 지주들은 인건비를 줄이고 양의 수를 더 늘리기 위해 오갈 데 없는 소작농들을 무참히 농장에서 내쫓았다. 거리에는 실직자 투성이었고 빈민굴까지 만원이었으며 가난한 사람들이 급속도로 늘어났다. 이제 더 이상 가난은 개인의 문제가 아니라 국가와 정부가 해결해야 할 몫이 되었다.

이리하여 1601년 최초로 '구빈법'이 성문화되었다. 지방의 구빈단위를 교구로 정하고, 치안판사로 하여금 구빈지역을 감독할 빈민감독관을 임명하게 하였다. 또 일반인들에게 구빈세를 징수하고, 가난한 집 아이들을 도제살이로 보내도록 법으로 규정하였다.

정부가 가난한 국민에 대해 책임이 있다는 구빈법의 전제와 공공정책의 결과는 20세기 세계 여러 나라에 사회보장제도가 들어서도록 하는 데 토대를 제공하였다. 1880년대 초의 가난과 노령화에 대비한 비스마르크의 '국민보험', 1900년대 초의 '공공주택정책'과 1935년 미국의 '사회보장법' 제정 등이 모두 영국의 '구빈법'을 근간으로 한다. 한국에서는 1982년 '생활보호법'이 제정, 공포되었다. 그러나 미국복지개혁위원회가 지적하였듯이 일반대중이 가난한 사람들에 대해 갖는 편견과 주저하는 몸짓은 오늘날에도 여전히 지속되고 있다(조윤정, 2008).

3. 구빈법은 그래도 자립정신을 훼손한다

맬서스는 당시 빈민을 위해 시행하는 '구빈법'이 인구를 증가시키는 제도라고 강력히 비판하였다. 그가 제시한 인구이론에 따르면 빈민을 구제하면 그들은 종족보존을 위해 필요 이상으로 자녀를 낳아 결과적으로 빈곤문제를 오히려 더 악화시킨다. "구빈법은 어떤 의미에서는 그 법률이 책임져야 할 빈민을 새로 만들어낸다." 구빈법을 폐지하여야 한다는 그의 주장은 사회보장제도를 없애야 한다는 요구와 다름없는 까닭에 당시는 물론 지금까지도 비난의 대상이 되고 있다. 그러나 빈민들의 자립정신을 훼손시키지 않도록 하여야 한다는 그의 염려는 귀담아들을 필요가 있다(신현호, 2003).

4. 발묘조장

"발묘조장"(拔苗助長)이란 중국 고사가 있다. 송나라 때 성질이 급한 농부가 벼 성장이 더딘 것을 보고선 심은 벼를 조금씩 잡아당겨주었다. 하루 종일 일을 끝내고 피곤한 기색으로 돌아온 농부는 "오늘 벼를 조금씩 높게 일으켜 주었다"고 말했다. 이 말을 들은 아들이 논에 나가보니 벼가 모두 죽어 있었다.

또 "수재마주상"(睡在磨盞上, 돌아가는 멧돌 위에 누워있다)이란 성어도 있는데, 일이 잘 돌아갈 것을 바라는 의미로 쓰였지만 실제로는 일은 하지 않고 이득만을 바라는 의미로 사용되어 의타심에 젖어 있는 현상을 빗댄 속담이다.

5. 안토니우스의 채무탕감에 대한 카이사르의 조치

기원전 48년 카이사르가 그리스에 남아있는 폼페이우스파와 싸우는 동안 자신의 독재관 직위를 로마에서 대신하는 안토니우스가 추진한 부채탕감법을 귀국한 이후 수정하기에 이른다. 사람들이 내일을 불안하게 여기는 시대에는 투자도 소비도 자금융통도 둔화된다. 채무자들은 빚을 갚지 않아도 될지 모른다는 기대감에 부채상환을 중단해버린다. 이래서는 장롱예금만 늘어날 뿐 자금이 돌지 않아 경제활성화가 이뤄지지 않는다.

카이사르가 원로파의 지지를 받은 폼페이우스에게 승리하자 자기네 천하가 도래한 것을 의미한다고 생각한 민중파가 평민들의 인기에 영합하려고 부채를 전액 탕감한다는 급진적 법안을 제안하여 가결하였다. 안토니우스는 카이사르가 귀국할 때까지 부채탕감법의 시행을 보류하였다. 그러나 채무자들은 빚을 갚지 않아도 될지 모른다는 기대감에서 부채상환을 중단해버렸다. 장롱예금만 늘어날 뿐 자금이 돌지 않자 로마경제는 차갑게 식어버렸다.

귀국한 카이사르는 이런 상황을 타개하기 위해 인기 있는 물건에 인기 없는 물건을 끼워팔기식으로 두 가지 법안을 함께 제출하여 문제를 해결하려고 하였다. 하나는 1년 동안에 한하여 집세지불을 면제하고, 또 하나는 앞으로 1년 동안에 한하여 이자지불을 면제한다는 조치였다. 이것만 보아도 카이사르의 정치는 빈민구제만을 목적으로 한 것은 아니라는 것을 알 수 있다. 세간에서는 그를 '민중파'의 대표로 여기고 있었지만, 카이사르가 생각하는 사회복지는 경제활성화와 한 덩어리가 되어야만 했다(김석희, 1995).

《삼략》(三略)에서도 말한다. "인의로운 자에게 자산을 관리하도록 하지 말아야 하니, 그 이유는 그가 너무 백성들에게 베풀어서 인심을 얻기 때문이다"(장순용, 2003). 장자도 제 2편 "제물론"(齊物論)편에서 완전한 인자(仁慈)는 인정에 치우치지 않고(大仁不仁), 인자가 표면화되면 그 목적을 이루지 못한다(仁常而不成)고 하였다.

6. 공짜구제를 경계한 진제암

명나라 신종 때 진제암(陣齊岩)이 개주의 지부사로 있을 때의 이야기다. 개주에는 토성이 열다섯 개 있었는데, 오랫동안 비에 맞아 열몇 곳이나 허물어졌다. 경오년 가을 그 성들을 보수하는 일을 토의하는데, 어떤 관리들은 촌의 역부들을 뽑아 쓰자고 했다. 그러나 진제암은 동의하지 않았다. 그때가 마침 몇 년의 재해로 타향으로 살길을 찾아갔던 빈민들이 부세를 면제한다는 말을 듣고 고향으로 돌아오려고 할 때였다. 진제암은 그들에게 속히 돌아와 밀을 심으면 관가에서 구제식량을 내준다는 고시를 붙이고, 이전에 부호들한테서 사들인 양곡을 그들한테 내주었다.

그런데 그 양곡은 그냥 내주지 않았다. 각 성문 밖에다가 작은 고시패를 너댓 개씩 세우고, 구제식량을 타 가는 사람들은 먼저 자루에다가 흙을 한 자루씩 담아 성 위 허물어진 곳에 갖다가 부리고, 총관의 도장을 자루에 받은 다음 창고로 가서 검사를 받고 양곡을 타가게 했다. 그렇게 구제식량을 다 나눠주니 성도 모두 보수되었다(이원길, 2004).

7. 자립하려는 의지가 문명을 낳았다

도전과 응전의 역사법칙을 제시한 토인비는 고대문명은 자연의 혜택을 듬뿍 받은 지역이 아니라 오히려 자연의 가혹한 도전을 받은 곳에서 발생하였다고 한다. 중국의 고대문명은 비옥한 양쯔 강 유역이 아니라 홍수와 가뭄이 빈번했던 황하유역에서 발생했다. 오리엔트 문명으로 불리는 문명이 꽃피웠던 메소포타미아와 나일 강 유역도 결코 사람이 살기에 좋은 환경이 아니었다. 이집트 문명은 나일 강의 선물이라고 하지만 홍수와 가뭄이라는 가혹한 도전을 받은 나일 강 유역의 사람들은 그 홍수와 가뭄의 피해를 극복하기 위해 온갖 노력을 다했고, 그것이 그들로 하여금 통일된 고대국가를 건설하고 높은 수준의 문화를 창조하게 했다.

가뭄이나 장마를 미리 알아내는 천문학, 홍수 후에 원래의 땅을 되찾거나 적어도 땅을 합당하게 다시 나누는 데 필요한 기하학, 둑을 쌓기 위해 사람들의 힘을 하나로 조직하는 과정에서 등장한 정치공동체, 이 모든 것은 홍수라는 자연의 도전이 낳은 결과였다(진원숙, 1999).

8. 자선사업의 역효과

아시아와 아프리카 후진국을 돌아다니면서 보고 느낀 짐 로저스(Jim Rogers, 2004)는 《어드벤처 캐피털리스트》(*Adventure Capitalist: The Ultimate Road Trip*)에서 미국의 교회나 자선단체가 아프리카 빈민층을 위한 구호물자로 의류를 보내지만 이것들이 항구에 도착하는 순간 불법 브로커에 의해 일반상품으로 둔갑해버린다고 꼬집는다. 이는 아프리카 현지의 의류와 직물업자의 사업기반을 파괴해버린다. 근본적 도움은 아프리카산 의류를 수입해 주는 일이지만, 미국은 자국 섬유노동자들의 일자리가 줄어드는 걸 원치 않을 것이다. 아프리카 구호물자처럼 자선사업이 역효과를 낼 수도 있다.

9. 나비의 진통

어느 여 과학자가 하루는 탁자 위에 널려 있는 몇 개의 고치 속에서 나비들이 나오는 모습을 흥미롭게 관찰하고 있었다. 그런데 가만히 보니까 고치의 구멍이 매우 좁았다. 그것에 비해 나비의 덩치는 컸다. 그 결과 나비가 나오는 데 여간 힘들지 않았다. 그 모습을 물끄러미 바라보던 그는 가위를 가지고 와서 이제 막 나오려 하는 고치들의 구멍을 넓게 만들어 주었다. 그 덕분에 나비들은 쉽게 구멍을 빠져나왔다. 덩치도 더 커 보이고, 빛깔도 좋게 보였다. 그런데 그의 눈앞에 놀라운 광경이 벌어졌다. 좁은 구멍에서 고생고생하며 나온 나비는 이미 날개를 쫙 펴서 날아다니는데, 자기가 넓혀준 구멍에서 나온 나비들은 도무지 날지를 못했다. 안타깝게도 몇 번 날개를 떨다가는 포기해버리는 것이었다. 그 원인을 밝히기 위해서 연구한 결과 흥미로운 사실을 발견하게 되었다.

고치 안에 있을 때 나비의 모든 영양분은 어깨에 쌓여 있다고 한다.

그런데 이 영양분들이 좁은 구멍을 빠져 나올 때 계속 뒤쪽으로 밀려서 특히 날개 쪽으로 가서는 골고루 퍼진다는 것이다. 그렇게 해서 날개에 힘이 생기게 되는 것이었다. 그러나 자기가 넓혀준 고치에서 나온 나비는 영양분이 어깨에 그대로 몰려 있어서 날개에 힘이 없을 뿐더러 앞쪽이 무겁기 때문에 앞으로 쓰러질 수밖에 없었던 것이었다. 사람도 마찬가지가 아닌가? 환난의 구멍을 통과해 나올 때 보다 힘차게 날 수 있는 능력의 날개를 얻게 된다.

제25장

만들어진 평등

밀턴 프리드먼 · 로즈 프리드먼[1)]

자유보다 평등(결과의 평등이라는 견지에서의 평등)을 우선하는 사회는 결국 평등도 자유도 얻지 못한다.

▪ 요 약

인간은 다르게 태어나므로 문자상으로 기회의 균등이란 있을 수 없는 용어다. 단지 인간평등이라는 개념에서 출생, 국적, 피부색, 종교, 성별 등의 이유가 기회를 제한해서는 안 된다는 의미다. 결과의 평등은 어느 누구도 주장하지 않는 개념으로 '공평한'이란 의미와 동일하다. 문제는 공평한 것이 어떤 것인지를 어느 누구도 결정할 수 없다는 데 있다. 공평하지 않은 것은 재산의 상속에서, 재능에서 나타나는데, 사람들은 재산상속에 대해 불쾌감을 표현하지만, 재능상속에 대해선 그렇지 않다. 오히려 공평하지 않은 데서 우리는 많은 이득을 얻는다. 자본주의체제에서 성공자보다 실패자가 더 많았지만 사회 전체는 이익을 얻었다.

제2차 세계대전 이후 영국은 부자로부터 가난한 자에게 부의 재분배를 실시하였지만, 그 결과는 평등한 분배가 아니었다. 대신 특권을 가진 새로운 계층(안전한 직업자, 인플레이션에 걱정 없는 연금생활 관료들, 노동조합, 법령회피자, 탈세자 등)이 들어섰다. 영국의 평등정책은 인간에게 존재하는 가장 기초적인 본능에 대항했기 때문에 실패로 돌아갔다.

1) 이 글은 밀턴 프리드먼과 로즈 프리드먼(Milton Friedman & Rose Friedman)의 공저인 *Free To Choose*(1980), 민병균 역, 《선택할 자유》(자유기업원, 2009)에서 발췌하였다.

자본주의 자유시장경제가 불평등을 증대시켰다고 하지만 러시아에서 부익부 빈익빈 현상이 더 심하다. 자유보다 결과의 평등을 우선하는 사회는 평등도 자유도 얻지 못한다. 반면에 자유를 우선으로 하는 사회는 자유와 평등을 가져올 것이다. 자유는 가변성도 의미하므로 오늘의 불이익을 내일의 특권으로 변화시킬 수 있도록 기회를 제공하고 있다.

1. 기회의 균등

문자상의 기회균등(어떤 의미에서 동일성)은 불가능하다. 어떤 아이는 장님으로 태어나고, 다른 아이는 시력을 가지고 있다. 어떤 아이는 문화와 지식의 배경을 제공하는 복리에 대해 깊은 관심을 갖는 부모를 가지며, 다른 아이는 방종하고 준비성이 없는 부모를 가진다. 어떤 아이는 미국에서 태어나고, 다른 아이는 인도나 중국 또는 러시아에서 태어난다. 그들은 확실히 출생과 동시에 동일한 기회를 부여받지 않는다. 그리고 기회들을 동일하게 만들 수 있는 방법도 없다.

인간평등과 같은 기회균등은 문자상으로 설명할 수 없다. 그것의 진정한 의미는 아마도 프랑스혁명 때 기록된 '직업은 재능을 발견하게 한다'라는 프랑스어의 표현에 의해 가장 잘 표현되어 있다. 임의의 방해물도 그들의 재능에 적합하고 그들의 가치기준이 요구하는 지위를 얻는 것을 방해하지 못한다. 출생, 국적, 피부색, 종교, 성별뿐만 아니라 어떤 다른 관련성 없는 특징 또한 인간에게 주어진 기회(그 사람의 능력)를 결정할 수는 없다.

2. 결과의 평등

다른 개념인 결과의 평등은 그가 살아가는 세기에 획득된다. 결과의 평등은 맨 처음으로 영국과 유럽본토에서 정부정책에 영향을 끼쳤다. 지난 반세기에 걸쳐 그것은 미국 정부정책에 계속 증가하도록 상당히 영향을 끼쳤다. 결과의 평등에 대한 소망을 가진 어떤 지식인 집단은 종교적 신념의 조항(모든 사람은 경주를 동시에 끝내야 한다)을 만들려 한다.

이 개념에 대해 다른 두 개의 개념과 비교할 때 '평등'은 '동일한'과 같은 문자로 설명할 수 없다. 누구도 나이, 성별 또는 다른 신체적 특성에 관계없이 모두에게 음식, 의복, 기타 등의 각각 분리된 항목을 동일하게 할당하자고 실제로 주장하지는 않는다. 그 목적은 실제로 그것을 정확히 규정짓기 어려운 다소 모호한 개념인 '공평한'이다. '모두에게 공평한 분배'는 맑스(Karl Marx)의 '각각 그들의 욕망을 위해서, 각각 그들의 능력으로부터'를 대체하는 현대의 문구이다.

이 평등의 개념은 다른 두 개념과는 근본적으로 다르다. 정부는 자유를 향상시키는 인간평등 또는 기회균등을 장려하려고 조정한다. 정부는 자유를 축소하는 '모두에게 공평한 분배'를 성취하도록 조정한다. 만약 사람이 획득하는 것이 '공평함'에 의해 결정된다면, 누가 무엇이 '공평한'가를 결정하겠는가? '공평함'은 보는 이의 시각에 달려 있다. 모두가 '공평한 분배'가 이뤄진다면, 누군가가 어떤 분배가 공평한가를 결정해야 한다. 우리는 조지 오웰(George Orwell)의 동물농장에서, "모든 동물은 평등하다. 그러나 어떤 동물은 다른 동물보다 더 평등하다"가 아닌가?

무엇이든지 '공평함'에 의해 결정되고, 자신이 생산한 것에 의해서가 아니라면 무슨 동기로 사람들을 일하게 하고 생산하게 하는가? 누가 의사, 변호사, 환경미화원이 될 것인지를 결정하는가? 무엇이 사람들을 그들에게 배당된 역할을 받아들이고, 그들의 능력과 일치하는 역할을 수행하도록 납득시킬 것인가? 오직 힘 또는 힘에 의한 위협에 의해 수행될 것이 확실하다.

결과의 평등으로 몰고 가려는 많은 도덕적 열정은 간단히 말해서 어떤 아이는 다른 아이에 비해 더 큰 이익을 갖는 것은 그들이 부자 부모를 가졌기 때문에 그것은 공평하지 않다는 전반적 믿음으로부터 도출된다. 물론 그것은 공평하지 않다. 그러나 불공평함은 많은 형태로 나타난다. 그것은 노예, 주식, 집, 공장 등의 재산상속의 형태로 나타나며, 또한 음악적 재능, 힘, 수학천재 등의 재능을 물려받는 형태로도 나타난다. 재산상속은 재능의 상속보다 좀더 즉각적으로 중재된다. 그러나 윤리적 측면에서 보면, 이 두 가지 사이에 차이점이 있는가? 그러나 많은 사람들이 재산상속에 대해 불쾌감을 표현하지만 재능상속에 대해선 그렇지 않다.

삶은 공평하지 않다. 그것은 정부가 자연적으로 산출된 무엇인가를 조정할 수 있다는 믿음을 부추긴다. 또한 불공평함에서부터 얼마나 많은 이익이 우리에게 주어지는지를 인식하는 것이 중요하다. 유명한 권투선수가 한번 시합에 수백만 달러를 벌 수 있다면 그것은 확실히 공평하지 않다. 그러나 모하메드 알리가 하룻밤 사이에 그만큼 많은 돈을 벌도록 허용되지 않는다면, 경기를 관람하여 즐기려는 사람들이 기회를 갖지 못해 더 불공평하게 되지 않겠는가? 유명한 권투선수가 자신의 급료가 비숙련기술의 부두노동자의 급료로 제한받는다면, 단련의 힘든 훈련을 받거나 또는 그가 했던 경기들에 그 자신이 주체가 되어 자발적으로 하였을 것인가에 대해서는 의심이 간다.

사람들이 자기 스스로 선택하고, 그들이 결정한 결과의 대부분을 떠맡는 체제는 우리 역사의 대부분에 보급된 체제이다. 그것은 지난 2세기에 걸쳐 헨리 포드가(Henry Fords), 토머스 에디슨가(Thomas Alva

Edisons), 이스트만가(George Eastmans), 록펠러가(John D. Rockfellers), 페니가(James Cash Penny)로 하여금 우리 사회를 변형시키도록 동기를 부여한 체제이다. 이것은 야망 있는 발명가와 산업책임의 감독자가 기획한 위험한 투자에 대하여 원금을 과감하게 내놓는 동기를 지닌 다른 사람들에게 주어진 체제이다. 물론 그 속에는 많은 실패자가 있었다. 아마 성공자보다 실패자가 더 많았을 것이다. 그리고 이기건 지건 간에 사회 전체는 기회를 잡은 그들의 의지로부터 이익을 얻었다.

이 체제로부터 산출된 행운은 발명된 새로운 생산물이나 서비스 또는 널리 그것들이 확산되는 것으로부터 나온다. 그 결과 지역사회 전체의 부를 늘리고 대중들의 복리를 증진시키는데, 그 금액은 혁신자들이 벌어들인 부의 몇 갑절이나 된다. 헨리 포드는 거대한 행운을 얻었다. 그 결과 국가는 값싸고 신뢰할 수 있는 운송수단과 대량생산의 기술을 얻었다. 더욱이 많은 경우에 개인의 행운은 사회의 이익에 결과적으로 크게 헌신하게 된다. 록펠러, 포드, 카네기재단은 최근에야 비로소 이해된 용어인 '기회의 균등'과 '자유'가 조화를 이루는 체제가 작용한 결과 거대한 개인이 행한 선행 가운데에서 가장 주목할 만한 기부자이다.

3. 평등정책의 결과

영국은 19세기에 기회의 균등을 이행하고, 20세기에 결과의 평등을 이행하였다. 제2차 세계대전 종료 이래로 영국의 국내정책은 결과에서 보다 큰 평등을 추구하는 것이 지배적이었다. 부자로부터 취하여 가난한 자에게 주는 것을 목적으로 하는 조치들을 채택하였다. 세금은 그들 재산수입의 98%의 높은 비율에 도달하고, 벌어들인 수입의 83%에 도달할 때까지 올려졌고, 상속시에 더 무거운 세금을 부과했다. 실업자와 노인에게 수당을 지급함에 따라 주정부에서 제공되는 의료, 주거 및 다른 복지서비스는 크게 확대되었다. 부의 거대한 재분배가 있었지만 그 결과는 평등한 분배가 아니었다.

대신 특권을 가진 새로운 계층이 낡은 계층을 대체하였다. 즉, 안전한 직업을 가지고 재직중에나 은퇴하였을 때나 인플레이션으로부터 보호받는 관료들, 가장 억압된 노동자를 대변한다고 외치면서 가장 높은 보수를 받는 노동자들로 구성된 노동조합(노동자를 움직이는 귀족이며 새로운 백만장자), 의회로부터 정해진 법률이나 규칙 및 규정에서 방법들을 궁리하는 가장 유능한 사람들, 그리고 자신들의 수입에 대한 세금을 납부하는 것을 회피하는 방법을 찾거나 세금징수원의 감시를 벗어나 해외에서 자신들의 부를 축적하는 사람들이 득세하였다. 수입과 부의 거대한 자리바꿈은 이뤄졌으나 보다 큰 평등은 이뤄지지 않았다.

영국에서 평등을 지향하는 이상은 실패하였다. 평등함에 대한 운영은 좀더 본질적인 이유에서 실패하였다. 그것은 모든 인간에게 존재하는 가장 기초적인 본능에 대항했기 때문이다. 애덤 스미스는 "형식적이고 영원하며 방해받지 않는 노력은 그의 환경을 더 나아지게 한다. 그리고 하나 덧붙여서 그의 아이도 그 아이의 아이도 그러하다." 애덤 스미스는 단지 물질적으로 잘 사는 것이 '환경'을 의미하는 것은 아니라고 말하였다. 거기엔 인간이 자신의 성공(19세기에 박애주의 활동을 분출시킨 특히 사회적 가치와 같은 종류들) 을 판단하는 가치까지 포함하고 있었다.

4. 자본주의와 평등

자본주의 자유시장경제가 불평등을 증대시켰다고 한다. 즉, 자본주의 자유시장경제는 부자들이 가난한 사람을 착취하는 체제라는 말이다. 그러나 자유시장경제를 운영하지 않는 사회에서 부익부 빈익빈 현상이 더 심하다. 러시아는 두 계급을 가진 국가이다. 관료주의자, 공산당원, 기술자 등의 특권을 가진 상류계층과 선대 고조부보다 좀더 나은 삶을 사는 대다수의 사람들이 있다. 상류계층은 특별한 가게, 학교, 모든 종류의 사치스러운 것에 접근할 수 있고, 대다수는 기본 필수품보다 좀더 나은 삶을 즐기는 것에 만족하도록 경멸받고 있다. 심지어 좀더 단순한 계층에서도 공장감독의 평균월급이 러시아의 공장노동자 평균월급의 몇 배나 되는데, 이는 미국에서는 감독의 월급이 공장노동자의 수 배가 되지 않는다(얼마나 사회주의가 불평등이 더 심한가). 결국 미국 공장장은 단지 해고될 것을 걱정하고, 러시아 공장장은 총에 맞을 것을 걱정하는 게 다를 뿐이다.

5. 결 론

자유보다 평등(결과의 평등)을 우선하는 사회는 결국 평등도 자유도 얻지 못한다. 평등을 성취하기 위해 힘을 사용하다보면 자유를 파괴할 것이고, 비록 좋은 의도로 도입한 힘일지라도 힘은 결국 자신들의 이해를 촉진시키는 데에만 관심을 두는 사람들의 손에 쥐어질 것이다.

반면에 자유를 우선으로 두는 사회는 더 나은 자유와 평등을 가져올 것이다. 비록 자유의 부산물로 성취되는 것이기는 하지만 더 큰 평등은 우연히 이뤄지는 것은 아니다. 자유사회는 그들 자신의 목적을 추구하도록 사람들에게 에너지와 능력을 부여한다. 자본주의 사회에서는 자유가 유지되는 한, 사람들이 특권을 추구하는 행위를 막지는 않는다. 다만 제도화된 특권적 지위를 차지하는 것은 막는다. 왜냐하면 다른 능력 있고 야망 있는 사람들로부터 그 지위가 공격받을 수 있기 때문이다. 자유는 다양성인 동시에 가변성을 의미한다. 그것은 오늘의 불이익이 내일의 특권으로 변할 수 있도록 사람들로 하여금 기회를 계속 제공하고 그러한 과정에서 상위부터 밑바닥까지의 거의 모든 계층의 사람들에게 보다 풍요롭고 부유한 삶을 즐기도록 해준다.

▪ 사례 이야기

1. 인의예악은 인간본성을 해친다

장자는 오리발이 짧으나 늘이면 몸을 상하게 하고, 학의 다리가 길지만 줄이면 슬퍼할 것이라면서 천성은 길게 해서도 짧게 해서도 안될 것이니만큼 생긴 대로 놓아둠이 상책이라고 말하였다. 장자는 인의예악(仁義禮樂)을 혐오하였는데, 명예를 위해 수양산(首陽山)에서 죽은 백이(伯夷)나 이익을 위해 동릉(東陵)에서 죽은 도척(盜跖)처럼 걱정이 많은 인의는 타고난 인정에 맞지 않다고 말하였다. 장자는 또 천성을 눌러 자기 이름을 높여 천하의 주목을 끌려고 예법을 따르도록 가르치는 유자(儒者)를 경멸하였는데, 예법을 쓸데없는 군더더기라고 보았다. 장자는 또 필요 없이 귀를 쓰는 사광(師曠)이 오음(五音)을 어지럽히는 정음(正音)이 아닌 악기를 만들어냈는데, 이것도 쓸데없는 군더더기라고 말하였다. 그는 자연의 정, 즉 본성에 일임하는 것을 중요하게 생각하였다〔김달진, 1971: 외(外)편, 병무(駢拇)편〕.

2. 유가(儒家)의 사회분공(社會分功)은 평균주의를 반대한다

인간의 욕망은 큰데 이를 충족시켜 줄 수 있는 재화가 적다(欲多而物寡)는 데서 경제문제가 시작한다. 순자는 "권세와 지위가 같고, 좋아하고 싫어하는 것이 같은데, 물질이 수요를 만족시키지 못하면 반드시 서로 쟁탈하게 되고, 쟁탈하면 반드시 혼란해지며, 혼란하면 곧 빈곤하게 된다"(勢位濟而慾惡同, 物不能澹則必爭, 爭則必亂, 亂則窮矣)고 하였다. 그렇다고 주어진 재물로 사람들의 욕망을 일일이 평등하게 챙겨줄 수 없으므로 평균적 분배주의를 최대로 불공평한 제도라고 지

적하였다. 원래 평균주의를 반대하고 빈부의 등급이 있다는 것을 강조하여 사회분공(社會分功)을 주장한 것은 유가의 전통인데, 순자의 경제사상에서 중요한 부분을 차지한다. 이러한 견해를 관중도 가졌는데, 그는 무차별한 평등의 인류애설이 득세할 때 국가가 오히려 위태로워진다고 주장하였다.

> "인류는 모두 평등하고 타국의 사람들도 우리 국민과 똑같이 취급하자는 사상이 우세하면 이웃나라를 공격하고자 하는 마음이나 군을 무너뜨리는 일도 없으므로, 언뜻 보기에는 매우 훌륭한 것처럼 여겨져도, 사실상 그렇게 되면 용맹한 병사는 봉록이 전혀 늘지 않고 적을 쳐부순 신하도 출세하지 못하는 결과를 낳아 결국 강한 의욕을 가진 인물은 외국으로 떠나버린다"〔장기근, 1972: 입정(立政)편〕.

맹자《등문공상》에 나오는 글이다. 허행(농사짓기를 중시한 초나라 학자)은 신농(神農, 쟁기와 보습을 처음으로 만든 염제)의 말에 따라 시중에서 파는 물건으로 하여금 정밀하거나 조잡한 것을 가리지 않고, 또 아름답거나 추한 것을 가리지 않으며, 다만 길고 짧은 것과 가볍고 무거운 것과 많고 적은 것과 크고 작은 것으로써 값을 정하도록 하였다. 그렇게 되면 "시장의 물건 값에 이중이 없고, 나라 안에 거짓이 없을 것이라서 비록 오 척의 아이가 시장에 가더라도 누구도 속일 리가 없으며, 베와 비단이 길이가 같으면 값이 서로 같고, 마(麻)와 누(縷), 사(絲)와 서(絮)가 무게가 같으면 값이 서로 같으며, 오곡의 양이 같으면 값이 서로 같고, 신의 크기가 같으면 값이 서로 같을 것입니다."

그러자 맹자는 "물건이 고르지 아니한 것이 자연의 이치이니, 그 정밀하고 거친 것이 있으며 아름답고 나쁜 것이 있다. 만일 정밀하고 거친 것의 값을 같게 하면 사람이 어찌 정밀하게 만들려고 하겠는가? 이

제 아름답고 나쁜 것을 값을 같게 하면 이것은 천하 사람들로 하여금 다 아름다운 것을 만들지 아니하고 나쁜 물건을 만들어 서로 속이라는 짓이다"라면서 "허행의 도를 좇으면 서로 거짓을 하도록 하는 것이니 어찌 능히 국가를 다스릴 수 있겠는가?" 하고서는 허행의 평등주의를 비판한다(한상갑, 1976).

3. 사냥개와 주인

유방이 천하를 통일하고 나서 황제로 등극하여 논공행상이 벌어졌는데, 소하가 제 1등 공신이 되어 유방으로부터 후한 상을 받았다. 소하가 공적 제 1위로 인정받자 역전의 장수들은 한결같이 불만을 터뜨렸다.

"저희들은 목숨을 걸고 제 1선에 나가 많은 자는 100여 회나 전투에 참가하였고 적은 자는 수십 회나 싸움을 했습니다. 공적에 다소의 차이는 있을지언정 모두 성을 공격하고 땅을 빼앗았습니다. 그런데 소하는 한 번도 싸움터에 나가본 적이 없이 오로지 책상 위에서 문서만 만들고 있었을 뿐이 아닙니까? 그런데도 저희들보다 높이 평가받는다는 것은 도저히 납득할 수 없습니다." 이에 유방은 이렇게 대답하였다고 한다.

"너희들은 사냥이라는 것을 알고 있느냐?"

"예, 알고 있습지요."

"그러면 사냥개를 알고 있겠지."

"예, 알고 있습니다만 … ."

"그래 사냥할 때 짐승을 좇아가서 물어 죽이는 것은 사냥개이지만, 사냥개의 목에 맨 사슬을 풀어주고 지휘하는 것은 사람이야. 말하자면 자네들은 도망가는 짐승을 죽였을 뿐으로, 공적으로 본다면 사냥개의 공적에 해당되네. 그러나 소하는 자네들의 사슬을 풀어주고 지휘한 셈이므로 마땅히 인간의 공적에 해당되는 것이네."

유방의 이 말에 불만하던 장수들도 입을 다물었다고 한다(자유문고, 1998).

유방이 천하를 통일하기 직전 진나라 내부는 거듭되는 패전으로 격동하였다. 승상직에 있는 이사(李斯)는 조고(趙高)에 의하여 살해되었다. 조고는 더욱 전황이 불리해지므로 문책당할 것이 두려워서 2세 황제를 시해하고 그 조카되는 자영(子嬰)을 세워 진 왕으로 하였다. 그러나 때는 이미 늦어 진의 운명은 만회할 길이 없었다. 자영은 황제의 옥새(玉璽), 부(符), 절(節)을 함에 넣어 유방의 군문에 항복하였다. 진은 시황제의 천하통일로부터 겨우 15년도 견뎌내지 못하고 멸망하였다.

유방이 일단 수도 함양(咸陽)을 점령하자 소하는 승상부로 들어가 거기에 소장된 많은 기록을 입수하였다. 이 기록에 의해서 천하의 험악한 지형요새, 인구의 다소 등 국가의 기밀이 밝혀져, 후에 항우와 전투를 벌이는 데에 이익이 되는 바가 많았다고 한다.

비록 번쾌(樊噲)와 여상(麗商)에게는 성을 공격하고 거친 들판에서 싸운 무공이 있었으나 유방이 논공행상을 할 때 소하에게 먼저 상이 돌아가도록 하였다. 유방은 소하를 사냥꾼에게 비유하고 번쾌와 여상을 사냥개에 비유했다. 소하는 앉아서 지휘하고 번쾌와 여상은 전쟁터를 달렸는데, 논공행상할 때 직접 싸운 사람을 먼저 고려하지 않고 오히려 앉아서 지휘한 사람에게 먼저 상을 준 까닭은 소하는 지혜로 공을 세웠고 번쾌와 여상은 힘으로 공을 세웠기 때문이다.

4. 인디언 보호정책이 인디언을 서서히 멸종으로 이끌었다

1854년 남북전쟁이 일어나기 직전 14대 대통령 피어스가 사람을 보내 땅을 팔라고 제안하자 인디언 추장 시애틀은 “어떻게 그대들은 저 하늘과 땅의 체온을 사고팔 수가 있는가? 그러한 생각은 우리에게는 이상하다. 더욱이 신선한 공기와 반짝이는 물을 우리가 소유하고 있지도 않는데, 어떻게 그대들은 그것을 우리한테서 살 수 있는가? 우리 백성에게는 이 땅의 구석구석이 거룩하다"고 답변했다고 한다. 토지에 대한 소유권 관념이 없는 인디언들에게 토지매매요구는 생소하게 들렸을 것이다(진원숙, 1999).

남북전쟁 뒤 미국은 그치지 않는 인디언과의 토지분쟁을 해결하는 방법으로 보호구역을 만들어 인디언을 그 안으로 끌어들이는 방책을 썼다. 1887년 도즈조례에 의해 보호구역으로 들어오는 인디언에게는 한 세대당 160에이커(이는 미국 서부개척자가 개척하여 취득할 수 있는 정착면적과 동일하다)의 땅을 경작케 하되, 계속하여 25년간 거주할 경우 그 땅의 소유권과 함께 시민권을 부여하도록 하였다.

그러나 이 조처에 따라 보호구역 안으로 들어간 인디언들의 다수는 그들의 전통적 자치권을 잃게 된 것은 물론 삶의 의욕을 상실하고 음주와 도박 등에 빠져들었다. 외형상 토벌정책에서 회유정책으로 바뀌었지만 '인디언보호법'으로 인디언들은 자신들의 역사와 문화를 서서히 상실하면서 멸살되는 처지에 놓이게 되었다. 1500년경에 지금의 미합중국 영토에 2백만 명의 토착민들이 살았으나 1700년경에는 75만 명으로, 다시 1820년경에는 32만 5천 명에 불과했다(김종원, 2006).

5. 이 세상에 공짜는 없다

이탈리아에서는 소맥법에 따라 수도 로마에 사는 시민에게는 매달 5 모디우스(30kg)의 밀이 무상으로 배급되었다. 그 역사는 오래 되어서 기원전 2세기까지 거슬러 올라간다. 기원전 123년에 호민관이었던 가이우스 그라쿠스가 성립시킨 법안인데, 처음에는 빈민들에게 주식인 밀을 시가의 60% 가격으로 배급했지만, 이것이 정쟁의 도구로 변한 결과 기원전 1세기부터는 마침내 무상배급제도가 정착되었다. 제정시대에 접어든 뒤 무상배급을 받는 사람의 수는 약 20만 명(당시 수도 로마의 인구는 100만 명)이었다. 여기에 드는 비용은 로마군 전체 장병에게 지급하는 봉급의 1/3이나 되었다고 한다.

배급을 받을 수 있는 조건은 수도에 사는 로마시민권 소유자로 제한하였는데, 가난한 자들이 생계를 위해 수도로 몰려들었기 때문이고 여자와 10세 이하의 어린이는 대상에서 제외되었다. 황제에 대한 지지와 반대를 밝히는 선거가 수도에서만 이뤄지기 때문에 무상배급은 유권자를 회유하기 위한 수단으로 사용되었다.

하지만 소맥법의 진짜 목적은 가난한 사람들을 굶주림에서 구해주는 데 있었다. 그래도 유권자 대책이니까 대상을 빈민층으로만 제한하면 효력을 잃어버린다. 그래서 로마 당국은 묘안을 짜냈다. 한 달에 5모디우스의 밀을 공짜로 받을 수 있는 배급권과 축제행사장에 공짜로 들어갈 수 있는 입장권을 신청하면 당국이 그것을 심사해서 증명서를 발급해주는데, 이를 받으려면 신청자 본인이 출두해야 한다고 규정하였다. 한 달에 한 번씩 줄을 서는 수고만 마다하지 않으면 굶어죽지 않을 정도의 주식은 공짜로 받을 수 있었다. 서민이나 해방노예와 함께 마르스 광장에 길게 줄을 서서 오랫동안 기다려야 하고, 기다리다가 아는 사람이나 친구를 만나는 창피도 견뎌야 한다. 요컨대 창피와 시간낭비라는 무형의 장애물을 설치한 것이다. 이 방법은 정말로 복지를 필요로 하는 자들만 혜택을 누릴 수 있게 해주었다(김석희. 1995).

6. 사회라는 건 존재하지 않습니다

대처는 몇 해 전 *Woman's Own*이라는 잡지와의 인터뷰에서 다음과 같이 말했다.

> "문제가 생기면 정부가 알아서 해결해 줄 것이라는 생각을 가진 사람들이 너무 많은 시대를 거쳤다고 나는 생각합니다. 사람들은 '문제가

> 생겼다. 가서 보조금을 얻어와야지'라든가, '노숙자가 됐어. 정부가 반드시 내 거처를 마련해 줘야 해'라고 생각하는 겁니다. 이 사람들은 자기들의 문제를 사회에 떠넘기고 있습니다. 그런데 솔직히 사회라는 건 존재하지 않습니다. 개인이 있고 가족이 있을 뿐입니다" (*Woman's Own*, 1987. 10. 31).

인터뷰는 마치 벌집을 건드린 것처럼 커다란 논란을 불러일으켰다. "사회라는 건 존재하지 않는다"라는 말은 지금도 좌파정치인, 기자, 그리고 때로는 성직자들에 의해서 인용된다고 말하였다. 이를 놓고 대처는 "정치인 생활을 하면서 내가 했던 발언 중에는 다르게 말했더라면 좋았을 것이라고 생각되는 것들이 많이 있습니다. 그러나 위의 발언은 그 중에 속하지 않습니다"라고 쓰고 있다(박동운, 2004).

그녀는 성차별에 대한 질문이 나올 때마다 "잡화점집 딸이 영국 정계의 정상에 오를 수 있었다는 그 자체만으로도 충분하며, 여성에게 더 많은 권한을 부여하는 입법은 할 필요가 없다"라고 잘라 말했다. 걸핏하면 차별을 이유로 우대법안을 마련하여야 한다는 국내의 이익집단이 귀담아들을 이야기다(박지향, 2007).

제26장

빈곤의 정치와 정치의 빈곤

드와이트 리[1]

정부지출에 제한을 가하려는 까닭은 빈곤층에 대한 열정이 부족하여서가 아니라 그들을 걱정하기 때문이다.

▪ 요 약

정부의 소득재분배 프로그램이 효과가 없다면 재고되어야 한다. 미국에서 1950년부터 1970년 사이에 소득분포에 커다란 변화가 없었다는 것은 결국 정부의 이전지출 프로그램이 소득분배를 개선하는 데 기여하지 못하였다는 것을 의미한다. 정부의 이전지출이 오히려 근로소득을 줄이는 대체효과만을 낳았다. 동시에 정부이전지출 프로그램이 효과가 없을수록 정치인은 프로그램의 수혜집단으로부터 정치적 지지를 받을 수 있었다.

요컨대 정부이전지출 프로그램은 빈곤층의 비율을 줄이는 데 거의 기여하지 못하였다. 대신 이들로부터 독립심을 빼앗고 의타심만을 조장하였다. 우리들은 정부의 복지프로그램의 효과를 평가하는 데에 현실적이어야 하며, 그에 따라 실패하는 프로그램을 확대하려는 시도가 어리석은 짓이라는 사실만은 최소한 알고 있어야 한다.

1) 이 글은 리의 "The Politics of Poverty and the Poverty of Politics," *The Cator Journal*(1986년 봄/가을판)에서 발췌, 번역하였다.

1. 정치적 과정에서 찾아야 할 복지프로그램 문제

비록 시장이 만족할 만한 소득분배를 창출하지는 못하는 까닭에 소득분배를 촉진시키기 위한 정부의 프로그램에 정당성을 부여하여야 하겠는가? 대답은 정부의 프로그램이 사태를 호전시킬 것이라고 믿을 만한 충분한 이유가 있느냐 없느냐에 달려 있다. 가령 정부의 복지프로그램이 경제적 생산성에 무거운 짐을 부과한다면, 정부가 시장과정에 간여하는 데에 대해 정당성을 부여받을 수 없을 것이다. 시장과정이 낳는 소득분배의 결과와 정치적 과정이 낳는 소득분배의 결과를 현실적으로 비교하는 것이 보다 중요한 의미를 가진다. 정부가 수행하는 소득이전 정책의 근본동기는 가난한 사람을 도와 소득불평등을 줄이려는 데 있다. 이 프로그램이 당초 달성하여야 할 목표를 달성하지 못한 이유는 이 프로그램을 만든 정치적 과정에 문제가 있기 때문이다.

정부의 소득이전 프로그램이 실패로 돌아간 증거는 명백하다. 정부가 사회복지 프로그램에 상당한 금액을 지출하는 데에도 빈곤한 계층이 여전히 높은 비율(미국에서 1984년 전체 인구의 15.2%)을 차지하고 있다는 것은 놀라울 따름이다. 레이건 정부 초기에 빈곤층에 대한 예산지원이 줄어들었지만 1980년대 동안 빈곤층에 대한 전체 예산은 꾸준히 증가하였다. 그런 데에도 1973년 이래로 통계국에서는 빈곤층의 수가 증가하였다고 발표하였다.

사람들은 소득이전 프로그램의 배경에 있는 정치적 과정에 대해 책임을 묻기를 꺼려하기 때문에 이런 일이 계속 방치되고 있고, 심지어 정부의 복지프로그램을 심하게 비판하는 사람들도 이 문제가 정치적 과정과 불가피하게 연계되어 있다고는 생각하지 않는다. 복지프로그램의 문제를 이해하기 위해 경제학자들이 시장과정에 대해 적용하는 것처럼 정치적 과정에 대해서도 조사하여 책임소재를 밝힐 필요가 있다.

2. 소득재분배 프로그램의 경제적 왜곡

소득이전 프로그램의 거대한 성장이 미치는 영향은 미미하였다는 사실이 확인된다. 미국의 소득과 부의 분배에 관한 한 연구에 따르면 1950년부터 1970년 사이에 소득(근로소득에 이전소득을 포함) 분배에 커다란 변화가 없었다고 한다. 또 1965년과 1978년 사이에 소득불평등은 비교적 일정하게 유지되었다고 한다. 예를 들어, 1950년 하위소득계층 20%가 전체 국민소득의 6.4%를 받는데, 1970년에는 6.7%였고, 상위소득계층 20%가 벌어들인 소득은 1950년의 39.9%에서 1970년의 39.1%로 약간만 줄어들었을 뿐이다. 이 기간중에 이뤄진 이전지출의 증가를 고려한다면 정부의 이전지출 프로그램이 소득분배의 개선에 기여하지 못하였다는 의미다.

정부의 이전지출이 늘면 개인부문의 자선이 줄어들고 빈곤계층은 근로소득 대신에 이전소득을 늘리려는 대체효과를 발생시킨다.[2)]

상당한 금액의 이전지출이 빈곤층의 상대적 소득을 증가시키지 않았다면 결국 이전지출이 이들의 절대적 소득을 줄인 것이 된다. 이전지출에 충당하기 위해 조달한 세금은 근로와 저축과 투자에 대한 민간부문의 지출을 줄이고 일반적으로 부를 생산하는 활동을 감소시킨다. 따

---

2) 〔역주〕 가령 정부의 이전지출 프로그램이 없으면 수혜자는 100원의 근로소득과 10원의 민간인 자선으로 110원의 소득을 얻는데, 이 프로그램으로 20원이 추가되면 바로 소득이 130원으로 늘어나는 것이 아니고, 정부지원에 의존하려는 대체효과로 근로소득을 15원 줄이고 자선소득이 8원으로 줄어들면서 근로소득 85원 + 자선소득 8원 + 이전소득 20원으로 합계 113원이 된다. 여기서 만약 정부가 이전지출 20원을 없애면 수혜자는 이미 이전소득에 적응되어 있기 때문에 소득은 95(=85+10)원이 된다. 그리하여 프로그램이 없을 경우의 110원과, 있을 경우의 95원의 소득을 비교하면 정부의 소득재분배 프로그램이 소득을 오히려 줄어들게 만든다.

라서 이러한 세금은 부를 감소시키는 방향으로 경제를 왜곡시킨다. 마찬가지로 이전지출은 전형적으로 수혜자로 하여금 생산적 활동에 종사하려는 인센티브를 줄인다. 세금과 이전지출이 미치는 양자의 부정적 효과가 얼마나 될 것인가에 관한 연구결과에 편차가 많아 어떤 연구는 부정적 효과가 크다고 지적하고, 또 어떤 연구는 그 효과가 미미하다고 지적한다.

이러한 사실은 이전지출이 빈곤층을 포함한 특정 집단에게 단기적으로 이득을 줄 수 있다는 점을 부정하는 것은 아니다. 그러나 이러한 단기적 이득은 부자와 빈자에게 피해를 주는 경제 전반의 경제복지의 장기적 감소라는 희생으로 이뤄지는 것이다. 그러나 단견의 정치적 고려는 항상 단기적 효과에만 집착하지 장기적 효과에 대해서는 고려하지 않는다. 게다가 정부이전지출 프로그램이 효과가 없다는 증거가 이 프로그램을 지지하지 않도록 정치인을 실망시키기는커녕 오히려 프로그램의 수혜집단으로부터 정치적 지지를 증대시키는 왜곡된 효과를 낳는다.

3. 복지프로그램의 경제적 실패는 정치적 성공을 의미

이전지출의 경우 경제적 실패에 대한 정치적 성공을 이해하기 위해서는 이 프로그램이 가난한 계층을 도우는 데 성공할 수 있다고 믿는 사람들이 흔히 사용하는 주장을 살펴보는 것이 유용할 것이다. 그 주장은 통계수치를 통해 나오는데, 만약 빈곤퇴치 프로그램을 없애면 공식적으로 빈곤층이라고 일컫는 사람이 전체 인구에서 차지하는 비율이 급격하게 증가할 것이라고 한다. 소득이전 프로그램을 없애면 빈곤층의 비율이 증가할 것이라는 주장은 오히려 이 프로그램이 성공이 아닌 실패하였다는 사실을 노출시키는 것이다. 이 프로그램은 빈곤층의 비율을 줄이는 데 거의 역할하지 못하였다. 대신 독립심을 빼앗고 의타심만을 권장하였다. 독립심의 상실과 의타심의 육성이 이 프로그램이 성공하였다는 증거는 아니다. 그러나 독립심의 상실과 의타심의 양성은 소득이전 프로그램을 정치적으로 활발하게 만드는 데 기여하였다.

이전소득의 수혜자가 소득이전 프로그램이 없을 경우에도 잘 살 수 있었을 것인데, 이 프로그램에 적응된 이후에는 이 프로그램이 축소되거나 사라지면 단기적으로 당장 고통을 겪게 될 것이다. 정치적 과정이 일단 이전지출의 길을 밟으면 비록 그 길이 잘못된 길이라고 결정되더라도 되돌아오기가 쉬운 일이 아니다. 방향을 되돌리거나 이전프로그램을 축소시키기보다 정치적 과정은 오히려 그 반대방향으로 돌진하는 경향이 있다. 소득이전 프로그램의 실패가 기존 프로그램을 확장시키거나 별도의 소득이전 프로그램을 추가시킬 것을 정당화시킨다. 이러한 견해는 정치적 단견에 의해 촉진된다. 물론 장기적으로는 소득이전 프로그램의 확대가 상대적 빈곤을 줄이는 데에 실패하고, 절대적 빈곤만을 증가시킬 것이다. 그러나 정치적 행동이 낳을 미래의 결과에 대해서는 아주 높게 할인하기 때문에 이러한 실패는 주로 무시될 것이다.

4. 결 론

복지의존의 함정에 빠진 빈곤계층 사람들의 수가 늘어나고 있다. 의타심의 문화를 창조한 마당에 갑자기 사람들을 자를 수는 없고 잘라서도 안 된다. 그렇게 하는 것은 정치적으로 기만이고 잔인한 짓이다. 그러나 우리들은 최소한 정부의 복지프로그램의 효과를 평가하는 데에 현실적이어야 한다. 이 프로그램이 사실은 실패작인데 계속 성공작인 양하고 마냥 지낼 수는 없다. 기존의 프로그램이 실패한 것을 극복하기 위해 이 프로그램을 확대하려는 어리석은 시도를 최소한 알고는 있어야만 한다.

계속 늘어가는 소득이전 프로그램을 막을 수 있는 최선의 그리고 유일한 희망은, 정치적으로 조직화된 집단에게 이득이 돌아갈수록 부자이건 빈자이건 모두 똑같이 그로 인해 고통받는다는 사실을 집단적으로 깨닫게 하는 방법을 통해서이다. 평범한 정치의 단견적 압력을 극복하고 국민소득 가운데에 정부가 지출할 수 있는 비율을 헌법으로 규정하는 것이 이를 실현시키는 데 이로운 결과는 낳을 것이다. 물론 많은 사람들은 정부에 임의로 제한을 가한다는 것은 빈곤층을 다치게 할 것이라고 주장할 것이다. 그러나 사실이 아니다. 정부지출에 제한을 가하려는 까닭은 빈곤층에 대한 열정이 부족하여서가 아니라 그들을 걱정하기 때문이다.

▪ 사례 이야기

1. 복지프로그램은 인지부조화 해소의 산물로 늘어만 간다

대부분의 사람들은 어렸을 때부터 자선하고, 가난한 사람을 도우며, 다른 여러 가지 선행을 행하는 것을 의무라고 의식화된 교육을 받았다. 사람들은 동시에 강한 이기심을 무의식 속에 지니고 있다. 사실 상대방이 불쌍하다고 생각하여 호주머니를 털어 내주는 사람은 드물다.

그런데 다른 사람들에게는 남을 도우라고 말하는 데에 익숙하다. 사람들은 말은 곧잘 하지만 그러나 실제행동을 관찰하면 가난한 사람들을 위해 조금도 희생하지 않는다. 가난한 자를 도와야 한다는 의식과 자신이 이기적이어야 한다는 무의식의 본능이 서로 갈등을 일으켜 그 결과 내적 부조화가 일어난다.

미국 조지메이슨대학의 고든 털록(Gordon Tullock, 1971) 교수는 이기적인 사람들이 개인적으로 가난한 사람들에게 거의 자선하지는 않으나, 자선하여야 한다는 사명감 때문에 갈등을 벌이게 되면 인지부조화를 해소하려고 대신 정부가 자선활동을 벌여야 한다는 태도로 나온다고 지적하였다. 내가 자선을 위해 직접 지불함에 따라 발생하는 비용은 가령 10만 원이지만 정부가 대신하면 세금으로 내가 부담할 금액은 극소의 금액에 지나지 않는다. 달리 말해 복지프로그램에 찬성하는 투표행위에 참여하더라도 국민 각자에게 균분되는 바람에 내가 부담할 비용은 아주 작다. 그러므로 사람들은 자선행위를 위해 열심히 투표에 참여하지만 자신이 직접 자선활동을 벌이는 데에는 인색하다. 자선할 도덕적 의무감과 인색한 자신의 이기심 사이에 일어나는 인지부조화를 없애려고 대신 정부로 하여금 재분배를 촉구하라는 윤리적 행동이 들어선다.

내가 부담하는 비용은 투표에 참여하는 사람들의 숫자가 많아질수록 당연히 줄어든다. 그러므로 사람들은 나보다는 군이, 군보다는 도나 시가, 그리고 도나 시보다는 중앙정부가 세금으로 거두어 시행하는 프로그램에 찬성한다. 동시에 이런 현상은 자선활동으로 소득을 이전시키려는 사업이 지방정부로부터 중앙정부로 이전되는 현상을 설명한다. 그래서 지방정부가 자신의 주민을 위해 시행하는 대부분의 복지프로그램이 정부의 재정지원을 통해 이뤄지는 실정이다. 지방자치단체가 아니고 지방타치단체가 되어버린 게 우리의 풀뿌리 민주주의의 객관적 모습이 아니겠는가?

모든 정치인들은 정치권력 획득을 위해 복지프로그램을 남발하고 국민들은 자신이 부담하는 비용이 얼마 되지 않을 것이라는 안일한 생각에서 이를 받아들이다보니 결과적으로 미래세대에게 무거운 짐을 지우게 하는 복지만개의 시대를 맞이하게 되었다.

2. 무상배급자의 수를 줄인 카이사르의 빈민구제

기원전 46년 종신 독재관이 된 카이사르는 빈민층에게 밀 배급을 규정한 '소맥법'이 정치도구화되어 무료로 밀을 배급받는 사람이 무려 32만 명(당시 로마의 인구가 100만 명이었다고 한다)이나 되자 국고에 상당한 압력으로 작용한다는 사실을 알게 되었다. 카이사르가 생각하는 복지는 그냥 주는 것이 아니라 생계비가 보장되는 일자리를 얻을 수 있을 때까지 일시적으로 지원해주는 것이었다. 그래서 카이사르는 공짜로 밀을 배급받는 사람의 수를 32만 명에서 단번에 15만 명으로 줄였다. 그리고 어떠한 경우일지라도 15만 명 이상으로 증원하는 것을 금지했다. 또한 이 일만을 담당하는 안찰관을 두 명 두기로 하였다. 세대주의 소득과 가족수 등을 엄격히 조사하여 무상배급을 받을 필요가 있는지 없는지를 공정하게 심사하기 위해서였다.

15만 명으로 무상배급자의 수를 줄였는데에도 빈민층의 불만은 일어나지 않았다. 소맥법이 정치투쟁의 도구가 되었기 때문에 그동안 무상배급을 받을 필요가 없는 사람들까지도 혜택을 받고 있었다는 증거이다(김석희, 1995).

3. 구제기금과 중우정치가 그리스를 몰락시켰다

그리스시대에 구제기금이 점점 확산되면서 중우정치와 덧붙여지면서 아테네를 몰락의 길로 걷게 하였다. 가난한 사람에게 베푸는 구제기금은 처음에는 디오니소스 극장에 들어가는 사람들의 입장료를 보조하려던 것으로 2오볼 정도였다. 그것은 BC 5세기에 처음 도입된 후 점차 확대되었다. 이 기금은 처음에는 작았지만 나중에는 상당한 기금으로 불어났다. 구제기금에 의존해서 사는 사람들이 늘었고, 사람들은 자신의 수족을 묶는 법안을 통과시키곤 했다. 국가와 시민의 이해가 서로 상반됐으며 국가와 방위에 대한 투자가 위축됐다.

아리스토파네스는 그리스 제도의 중우정치를 다음과 같이 비판했다. "두 사람의 연사가 예산안에 대하여 의견을 말하는데, 첫 번째 사람은 예산으로 전함을 건조하자고 하고, 두 번째 사람은 사람들에게 지급하는 수당을 인상하자고 한다면 후자의 제안이 채택될 것이다." 나중에 이러한 통찰이 현실화된 것을 볼 수 있다. 테마데스는 능력 있는 재무성장관이었는데, 애국심은 그렇게 높지 않았던 것으로 보인다. 그는 사람들에게 선택권을 주었다. '예산을 축제에 쓸 것인가 아니면 전함을 건조하는 데 쓸 것인가?' 사람들은 전자를 선택했다. 아리스토텔레스는 중우정치를 '밑 빠진 독에 물 붓는 것'과 같다고 혹평했다. 잉여금을 나눠줘버리는 제도가 일단 시작되면 중단될 수 없으며, 군중들은 그것을 자신의 당연한 권리로 여기게 된다는 것이다.

BC 339년에 이르러서야 데모스테네스는 이러한 분배주의 정책의 문제를 공격하여 가까스로 전쟁기금을 얻을 수 있었다. 그러나 구제기금은 없어지지는 않고 위축되었을 뿐이었다. 델로스 동맹국들이 전쟁에 대비하여 기부된 돈을 페리클레스가 신전건축이나 아테네의 치장에 사용한 것에 분개하여 동맹에서 탈퇴하여 스파르타를 지지함으로써 27년간(BC 431~404) 전투가 계속되면서 아테네의 황금시대는 종말을 고하게 되었다(전태영, 2005).

4. 상(賞)의 반작용, 법(法)의 반작용, 문(文)의 반작용, 무(武)의 반작용

강태공(姜太公)은 이렇게 말하였다. "공로가 있을 때 상을 내려야 하지 툭하면 상을 주는 것은 불평불만을 쉽게 유발하게 됩니다. 그 결과 만족하지 않으면 원한이 자라나게 되고, 이것이 오래가면 도리어 원수가 되는데, 이것은 상의 반작용입니다.

한비자(韓非子)가 말하였다. "책을 읽는 자가 붓을 제멋대로 놀리면서 늘 나라의 법률을 교란시키며, 힘이 세고 무예가 뛰어난 자가 늘 힘으로 문제를 해결하려고 하는데, 이것 역시 나라의 법령을 파괴합니다."

"유자(儒者)는 문예로 법을 흐리고, 협자(俠者)는 무용(武勇)으로 법을 범한다." 이것은 법가의 반문(反文), 반무(反武)의 내용이다. 조조(曹操) 역시 "한 국가가 단순하게 무력에만 의지하거나 단순하게 문치(文治)에만 의지한다면 모두 멸망하게 된다"고 말했다(장순용, 2003).

5. 민중들의 마음을 떠나게 하는 구제사업

《춘추외전》(春秋外傳, 즉 국어)에 이렇게 기록되어 있다. 주(周)나라 경 왕(景王)이 화폐를 주조하려고 하자 진나라 목공(穆公)이 말하였다.

"안 됩니다. 옛날에는 천재(天災)가 임했을 때야 비로소 정부는 재해의 상황에 따라서 화폐의 발행량을 늘리고 경중을 가늠해서 구제에 사용하였습니다. 화폐의 비축은 어떤 경우에는 재난이 아직 나타나지 않을 때 주조하여 비축하며(화폐의 비축을 늘려서 뜻밖의 일을 예방하는 것은 편안한 시기에 위험할 때의 일을 미리 생각해서 경계하기 위한 것이다), 어떤 경우에는 재난이 이미 일어난 후에 수요에 맞춰 주조해서 재난의 구제에 투입합니다(일례로 화재를 방지하거나 질병을 구제할 때 이렇게 한다).

이 두 가지 상황하에서 이뤄지는 화폐의 주조를 한데 섞어서 이야기하면 안 됩니다(양자는 선후가 있으며 혼동해서는 안 된다). 미리 비축하였는데도 행하지 않는 것은 태만이요, 사후에 준비할 수 있지만 앞당겨 준비한 것은 재난을 불러들이는 것입니다(뜻인 즉 민중이 아직 재해를 입지 않았는데도 구제사업을 첫자리에 놓으면 민중들의 마음을 떠나게 할 것이고, 이로 인해 나라 재물의 결핍을 유발하게 되므로 이중의 재난을 입게 된다는 것이다). 주나라는 원래 약소한 나라입니다. 하늘에서 내리는 재해가 끝이 없는데, 지금 또 백성들의 마음을 떠나게 함으로써 재난을 가중시키려고 하오니 이렇게 해서야 되겠습니까?"(장순용, 2003).

제7부

시장모럴을 받아들이는 개방자세의 특질

무역에 관한 중상주의자들의 견해는 교역하면 승자와 패자가 있기 마련이어서 한 당사자가 다른 당사자를 불가피하게 착취한다는 생각이었다. 리카도는 각 나라마다 상품의 상대적 생산비용에 차이가 존재하기 때문에 비교우위가 있는 상품에 특화하여 교역함으로써 모두가 이득을 얻을 수 있다고 주장하였다. 그에 따라 그의 비교우위이론은 관세나 수량할당, 그리고 다른 규제와 같이 자유무역을 방해하는 요소가 제거되어야 한다는 논리를 정당화시키는 데 기여하였다. 시장을 개방한 경제는 당초 염려했던 우려와는 달리 경제적 성공을 거두었다는 객관적 증거가 풍부하다.

제 7부에서는 개인이나 기업 및 국가가 시장을 개방하는 자세가 갖는 특질이 가져다주는 이점을 소개한다. 제 27장의 리카도의 비교우위론은 자유무역이 들어설 입지를 마련하였고 시장경제체제에 대한 우수성을 뒷받침하는 이론적 도구가 되었다. 제 28장에서 애덤 스미스는 어떤 경우에는 자유무역을 제한하는 것이 바람직한 예를 두 가지 든다. 첫째, 국방상의 필요와, 둘째, 내국민대우인데, 즉 국내생산품에 대한 과세가 이뤄진다면 수입품에 대해서도 동일하게 과세가 이뤄져야 한다고 주장한다.

제 29장에서는 보호주의자들이 다른 사람의 희생으로 이득을 보려한다는 프랑스의 자유무역론자인 프레드릭 바스티아(Claude-Frédéric Bastiat, 1801~1850)의 글을 실었다. 법에 의해 무역장벽을 세워 교역을 억제시키려는 보호주의자들은 지역사회 전체를 희생시키는 대가로 이득을 보려고 입법부에 로비한다. 제 30장에서 프리드먼 부부는 독자들이 이해하기 쉽도록 자유무역을 지지할 수밖에 없는 경제적 및 정치적 이유를 구체적 사례를 들면서 보여준다.

제27장

외국무역에 대하여

데이비드 리카도[1)]

포르투갈에서는 모직물과의 교환으로 포도주를 수출하는 것이 유리할 것이다. 이 교환은 포르투갈이 수입하는 상품이 포르투갈에서는 영국에서보다 적은 노동으로 생산될 수 있는 경우에도 역시 이뤄질 것이다. … 왜냐하면 포르투갈로서는 그 자본의 일부분을 포도의 재배로부터 모직물의 제조로 전환시켜 생산할 수 있는 것보다는 한층 많은 모직물을 영국으로부터 교환해 올 수 있는 포도주의 생산에 그 자본을 투입하는 것이 훨씬 유리하기 때문이다.

▪ 요 약

자본이동이 자유로운 국내무역에서는 이윤이 높은 곳으로 생산이 이동하지만 자본과 인구의 이동이 제한된 국가간 무역에서는 생산비가 상대적으로 낮은 생산물에 특화한다. 그에 따라 포르투갈은 포도주를 영국은 모직물을 생산하여 서로 교역한다. 이러한 비교우위가 작동하는 까닭은

1) 데이비드 리카도는 런던에서 태어난 유대계 상인의 세 번째 아들이었다. 그는 아버지의 사업을 도우느라 정식 고등교육을 받지 못하였고 애덤 스미스나 토머스 맬서스처럼 대학강단에 서지도 않았다. 어려서부터 부친으로부터 금융업(주식거래)을 배워 사업에 성공하였다. 맬서스와 제임스 밀 등의 경제학자와 그의 저택에서 주말이면 토론하였다. 그는 하원의원에 진출하여 통화, 은행, 조세, 공채, 농업, 관세 등의 경제뿐만 아니라 의회개혁, 경비절감, 출판자유, 집회자유 등과 같은 사회정치문제에 탁월한 자신의 식견을 발표하였다. 이 글은 김석환·김일곤 역, 《경제학·과세의 원리》(대양서적, 1972)에서 발췌한 내용이다.

국제간에 자본이동이 소유자의 직접 통제로부터의 일탈, 예상되는 불안정, 출생지역을 선호하는 고정된 습성, 외국정부의 법률에 의존하는 데서 오는 혐오감 등으로 말미암아 지장을 받기 때문이다.

영국에서 포도주 생산기술이 개발되어 포도주를 생산하여 수출하더라도 포도주 수출은 상품대가가 화폐로 교환되는 이상, 교역으로 늘어난 영국의 화폐(금)와 줄어든 포르투갈의 화폐(금)가 두 나라에서 모직물의 상대가치에 작용하여 비로소 멎을 것이다.

1. 자유무역의 이득

완전한 자유무역제도하에서는 각국은 모두 자연히 자신의 자본과 노동을 자기 나라에 가장 유리한 용도에 이용한다. 이러한 개인적 이익추구는 전체를 위한 전반적 이익과 잘 결부되어 있다. 근면을 자극하고, 발명을 보상하며, 그리고 자연이 부여한 특수한 힘을 가장 효율적으로 사용함으로써 노동을 가장 효과적이고도 경제적으로 배분한다. 동시에 생산량을 전반적으로 증가시킴으로써 일반복리를 확산시키고, 하나의 공통된 이해와 교류를 통해 전 문명사회의 모든 나라들을 하나의 보편적 사회로 결합시킨다. 포도주는 프랑스와 포르투갈에서 양조되어야 하고, 곡물은 미국과 폴란드에서 재배되어야 하며, 또 철물과 기타 상품은 영국에서 제조되어야 한다고 결정하는 것은 바로 이 원리다.

같은 한 나라 안에서는 이윤은 대체로 같은 수준에 있든가 혹은 단지 자본사용의 안전과 불안전, 유쾌와 불쾌에 따라서만 차등이 일어난다. 그러나 상이한 여러 나라 사이에서는 그렇지 않다. 만약에 요크셔에서 사용되는 자본의 이윤이 런던에서 사용되는 자본의 이윤을 초과한다면 자본은 급속히 런던으로부터 요크셔로 이동할 것이며 그 결과 이윤의 균등이 실현될 것이다. 그러나 가령 자본과 인구의 증가로 영국의 토지생산율이 감퇴한 결과 노임과 이윤이 하락하더라도 자본과 인구는 반드시 영국으로부터 네덜란드, 스페인 또는 러시아와 같이 노임과 이윤이 더 높은 곳으로 이동하는 결과가 일어나지 않을 것이다.

2. 비교우위

만약 포르투갈이 다른 나라와 무역관계를 가지지 않았다면 자본과 노동의 대부분을 포도주의 생산에 투하해 생산한 포도주를 판매하여 자기 나라가 사용할 타국의 모직물과 철물을 구입하는 대신에 그 자본의 일부분을 이들 여러 상품의 제조에 충당하지 않을 수 없게 되어 그 결과 포르투갈은 아마 질에서나 양에서나 열등한 것을 얻게 될 것이다. 포르투갈이 영국산 모직물과의 교환으로 주어야 할 포도주의 양은 두 재화를 영국과 포르투갈이 모두 제조하는 경우에서처럼 각 상품의 생산에 투하된 각각의 노동량에 의해서 결정되는 것은 아니다.

영국은 모직물을 생산하는 데 연간 100명의 노동을 필요로 하고, 또 만약에 포도주를 양조하려고 시도한다면 같은 기간에 120명의 노동을 필요로 하는 사정에 놓여 있다고 하자. 그러면 영국은 포도주를 수입하되 모직물 수출을 통해서 그것을 구입하는 것이 이익이라는 것을 알게 될 것이다.

포르투갈에서 포도주를 생산하는 데는 연간 단지 80명의 노동이 소요되고 또 같은 나라에서 모직물을 생산하는 데는 같은 기간에 90명의 노동이 소요된다고 하자. 그렇다면 포르투갈에서는 모직물과의 교환으로 포도주를 수출하는 것이 유리할 것이다. 이 교환은 포르투갈이 수입하는 상품이 포르투갈에서는 영국에서보다 적은 노동으로 생산될 수 있는 경우에도 역시 이뤄질 것이다. 포르투갈은 모직물을 90명의 노동으로 제조할 수 있지만 그래도 이 나라는 그것을 생산하는 데 100명의 노동력을 필요로 하는 나라로부터 수입할 것이다. 왜냐하면 포르투갈로서는 그 자본의 일부분을 포도의 재배로부터 모직물의 제조로 전환시켜 생산할 수 있는 것보다는 한층 더 많은 모직물을 영국으로부터 교환해 올 수 있는 포도주의 생산에 그 자본을 투입하는 것이 훨씬 유리하기 때문이다.

이와 같이 해서 영국은 80명(포르투갈)의 노동생산물(포도주)에 대해서 100명(영국)의 노동생산물(모직물)을 주게 될 것이다. 이러한 교환은 같은 나라 내의 개인간에는 이뤄지지 않을 것이다. 왜냐하면 영국인 100명의 노동은 영국인 80명의 노동에 대해서 주어질 수 없기 때문이다. 그러나 영국인 100명의 노동생산물은 포르투갈인 80명, 러시아인 60명 또는 동인도인 120명의 노동생산물과 교환될 수 있다. 이 점에서 한 나라와 다수의 나라와의 차이는, 자본이 한층 유리한 용도를 찾아서 한 나라로부터 다른 나라로 이동하기는 곤란하지만, 같은 나라 내에서는 항상 한 지방으로부터 타지방으로 활발하게 이동하는 것과를 고찰해 보면 쉽사리 설명된다.

그러면 기계와 숙련에서 상당한 우월성을 가지고 있어 여러 상품을 이웃나라보다 훨씬 적은 노동으로 제조할 수 있는 나라라고 할지라도 그러한 상품과 교환하여 소비를 위해 소요되는 곡물의 일부분을 비록 자기 나라의 토지가 그 곡물을 수입해 온 나라보다 비옥하고 곡물을 보다 적은 노동을 가지고 재배할 수 있는 경우에도 수입할 수 있다는 것이 분명해질 것이다. 두 사람이 모두 구두와 모자를 잘 만드는데, 한 사람은 어느 직업에서나 다른 한 사람보다 뛰어나지만 다만 모자제조에서는 자신의 경쟁자를 1/5, 즉 20% 능가할 수 있을 뿐이고 구두제조에서는 경쟁자보다 1/3, 즉 33% 뛰어나다고 하는 경우 우월한 자가 구두제조를 전담하고 열등한 자가 모자를 제조하는 것이 쌍방에게 이익이 되지 않겠는가?

3. 자본이동의 제약

(포르투갈이 절대우위를 지니고 있으므로) 만약 포도주와 모직물이 모두 포르투갈에서 만들어지는 경우에 모직물의 제조에 사용되는 영국의 자본과 노동이 포르투갈로 이동하는 것이 영국의 자본가와 양국의 소비자에게 유리하다는 것은 의심할 여지가 없을 것처럼 보인다. 그러한 경우 이들 상품의 상대가치는 마치 하나는 요크셔산이고 다른 하나는 런던산의 생산물인 것처럼 동일한 원칙에 의해 결정될 것이다. 그리고 다른 경우 만약에 자본이 가장 유리하게 사용될 수 있는 나라로 자유롭게 이동할 수 있다면 이윤율에는 아무런 차이도 없을 것이며, 또 상품의 실질가격이나 노동가격은 상품을 그것이 판매되어야 할 갖가지 시장으로 운반하는 데 소요되는 추가노동량 이외에는 차이가 없을 것이다.

그러나 경험에 비춰보면 자본이 그 소유자의 직접통제하에 놓여 있지 않는 상태에서 혹시 있으리라고 예상되는 불안정으로 말미암아, 그리고 사람이란 그가 출생한 나라, 친척, 친우들이 있는 나라를 떠나지 않으려는 거의 고정된 습성으로 말미암아, 또한 다른 나라의 정부와 새로운 법률에다 몸을 위탁한다는 것에 대한 혐오감으로 말미암아 자본의 이동이 지장을 받는다. 이들 감정 — 나는 그것이 없어지지 않기를 원하지만 — 은 대부분의 유산자들로 하여금 그 재산을 위한 한층 유리한 용도를 외국에서 구하기보다는 오히려 자기 나라 안에서 저율의 이윤만으로도 만족하도록 만든다.

교환의 일반적 매개물로 선택된 금과 은은 상업상의 경쟁에 의해서, 그러한 금속이 전혀 존재하지 않아 여러 국가간의 무역이 순수한 물물교환이었던 경우에 이뤄지는 자연적 거래에 적응하는 그러한 비율로써 세계 각 국가간에 분배되어 있다.

4. 교역에 따른 화폐(금)의 이동

따라서 모직물이 포르투갈에 수입되기 위해서는 수출국이 자국에서 드는 비용보다 더 많은 금을 받지 않고서는 있을 수 없는 일이며, 또 포도주가 영국에 수입되는 것은 포르투갈에서 든 비용보다 많은 양의 금을 영국으로부터 받고 팔리는 것이 아니고서는 있을 수 없는 일이다. 만약에 무역이 순전한 실물교역이었다면 무역은 영국이 일정량의 노동을 가지고 모직물을 제조함으로써 포도를 재배하는 것보다도 더 많은 포도주를 얻을 수 있을 만큼 모직물을 싸게 만들 수 있는 동안에 한해서, 또 마찬가지로 포르투갈의 산업에 반대의 결과가 수반되는 한에서(모직물을 생산하는 것보다 더 많은 모직물을 얻을 수 있을 만큼의 포도주를 싸게 만들 수 있는 동안에)만 계속될 수 있을 것이다.

지금 가령 영국이 포도주의 양조방법을 발견하고, 따라서 포도주를 수입하는 것보다 오히려 이를 생산하는 것이 이익이 된다고 한다면 영국은 당연히 그 자본의 일부분을 외국무역으로부터 국내교역으로 이전시킬 것이다. 또 수출을 위한 모직물의 제조를 중단하고 스스로 포도주를 만들 것이다. 이들 여러 상품의 화폐가격은 이에 적응해서 정해질 것이다. 영국에서 모직물은 계속 종래의 가격대로 머무는 한편, 포도주 가격은 하락하고 포르투갈에서는 어느 상품의 가격에도 아무런 변동이 일어나지 않을 것이다. 모직물은 얼마 동안은 영국에서 계속 수출될 것이다. 왜냐하면 그 가격이 포르투갈에서는 계속 영국보다 비쌀 것이기 때문이다. 그러나 모직물에 대해 포도주 대신에 화폐가 주어지면서 드디어 영국에 화폐가 축적되고 외국에서는 화폐가 줄어들면 두 나라에서 모직물의 상대가치에 작용하여 모직물의 수출이 유리하지 않게 되어 비로소 멎을 것이다. 만약에 포도주 양조상의 개량이 극히 중요한 것이었다면, 이 두 나라로서는 그 담당을 교환하여 그들이 소비하는 포도주 일체를 영국이 만들고 모직물 일체를 포르투갈이 제조하는 것이 유리하게 될지도 모른다. 그러나 이것은 결국 모직물의 가격을 등귀시키고 포르투갈에서는 그것을 하락시키는 귀금속의 새로운 분배에 의해서 비로소 이뤄질 수 있는 것이다. 포도주의 상대가격은 영국에서 그 제조상의 개량에서 오는 실질적 이득의 결과로 하락할 것이다. 즉, 그 자연가격은 하락할 것이다. 또 모직물의 상대가격은 영국에서의 화폐축적 때문에 등귀할 것이다.

이리하여 영국에서 포도주 양조상에 개량이 이뤄지기 이전에는 영국에서의 포도주 가격은 한 통에 50파운드, 일정량의 모직물 가격은 45파운드이고, 한편 포르투갈에서는 같은 양의 포도주 가격이 45파운드이고, 같은 양의 모직물 가격은 50파운드라고 가정한다면 포도주는 5파운드의 이윤으로써 포르투갈에서 수출되고 모직물도 동액의 이윤으로써 영국에서 수출될 것이다.

가령 개량이 이뤄진 후에 포도주는 영국에서 45파운드로 하락하고 모직물은 계속해서 같은 가격으로 있다고 하자. 무역상의 거래는 어느 것이나 모두가 독립적 거래이다. 상인이 영국에서 모직물을 45파운드로 사서 그것을 포르투갈에 팔아서 보통이윤을 얻을 수 있는 한, 그는 계속 그것을 영국에서 포르투갈로 수출할 것이다. 그의 의무는 단순히 영국의 모직물을 사서 그가 포르투갈 화폐로 사들이는 환어음을 가지고 그 대가를 지불하는 데 지나지 않는다. 이 화폐가 어떻게 되는가 하는 것은 그가 고려할 대상이 아니다. 그는 어음을 송부하는 것에 의해 그 채무를 갚을 따름이다.

▪ 사례 이야기

1. 자유무역의 바탕이 된 비교우위

리카도는 1817년 제임스 밀의 후원에 힘입어 발간한 자신의 저서 《경제학 및 과세의 원리》가 영국에서 이해할 수 있는 사람은 25명도 채 안될 것이라고 걱정했다. 그러나 그의 예상과는 달리 책은 잘 팔렸는데, 그의 비교우위이론이 설득력이 있었기 때문이다. 각 나라가 상대국보다 비교우위에 있는 상품의 생산에만 전념하여 생산하면 쌍방이 똑같이 이득을 누릴 수 있다는 이야기다.

일반인들에게 쉽사리 이해가 가지 않는 이야기다. 예를 들어, 이들 상품을 취급하는 상인들은 어떻게 행동할까? 그들은 비교생산비 따위는 안중에도 없고 오로지 가격에만 관심이 있을 것이기 때문이다. 그렇기 때문에 영국상인들은 포르투갈에서 파는 직물의 가격이 영국보다 저렴하다면 그것마저도 수입하려고 할 것이다.

그러나 리카도는 이런 경우에도 인플레이션에 의해 가격이 조정되어 결국 자신의 이론이 성립하게 되는 과정을 보여주었다. 만약 영국의 상인이 포르투갈로부터 직물을 사들이게 되면, 그들은 영국의 통화(금)를 포르투갈에 지불하고, 이로 인해 포르투갈의 통화량이 증가하게 되며, 그것은 곧 인플레이션을 초래하여 상품가격을 상승시킨다. 반면 영국에서는 통화량이 감소하여 상품가격이 내려간다. 이러한 통화의 흐름은 가격이 내려가는 영국의 직물을 수입하는 것이 이익을 낳을 수 있을 때까지 계속된다. 따라서 제대로 자리를 잡아가기까지 시간은 걸리겠지만, 결국에는 비교생산비 원리가 무역의 흐름을 결정한다.

리카도는 애덤 스미스가 주장한 절대우위가 아닌 비교우위만이 있더라도 나라 사이의 교역은 일어난다고 주장하였다. 그의 이론에 맞추어 영국에서는 1846년 곡물에 부과되었던 여러 종류의 관세가 철폐되기에 이르렀다. 오늘날에 세계무역의 자유화나 시장개방을 둘러싼 논의는 리카도의 비교우위론에 힘입은 바가 크다.

2. 뒤늦게 자각한 조선 실학의 시장개방

조선은 개국 때부터 농업을 근본〔本業〕으로 삼고 상공업을 말업(末業)으로 하는 경제정책을 국시로 삼았다. 농업경제시스템은 국유제를 원칙으로 하되, 수조권(收租權, 경작한 곡물의 소유권)이 누구에게 있느냐에 따라 공전(왕실 및 관청에 직속된 토지)과 사전(개인에게 소속된 토지)으로 나뉘는 과전법(科田法, 관리에게 토지를 주는 제도로, 현직 관료에게 토지의 수조권을 주었으나, 관료가 사망하거나 관직에서 물러나면 반납함이 원칙이었지만, 유족의 생계유지라는 명목으로 그 토지를 일부라도 물려받을 수 있었다)이었다. 상공업은 공무역과 관영 수공업을 통해 관리되었고 민간의 자유로운 상공업 활동은 억제되었다.

그러나 16세기 들어와 과전체제가 문란해지자 토지를 이탈하는 농민이 늘어나면서 상공업이 발달하는 현상이 나타났다. 당시 조정 관료와 유학자들은 이러한 급격한 변화가 농본말상(農本末商)의 경제시스템과 사농공상(士農工商)의 신분질서를 붕괴시키는 원인이 될 수 있다고 여겼다. 따라서 농업을 위해 상공업을 억제하는 것을 국가정책의 기본으로 삼을 수밖에 없었다. 토정(土亭) 이지함(1517~1578)은 이러한 당시의 기본정책을 반박하면서 농업이 아닌 상공업 및 어업과 광업에서 나오는 재물 또한 나라와 백성에게 이로움을 주고 부유하게 만든다고 주장했다. 그가 포천현감으로 부임했을 때 다음과 같은 상소문을 올렸다.

"대개 덕이란 사람이 살아가는 데 있어서 근본이라고 할 수 있고, 재물은 지엽이라고 할 수 있습니다. 그러나 근본과 지엽은 어느 한쪽도 버릴 수 없습니다. 근본으로 지엽을 견제하고 또한 지엽으로 근본을 보충한 다음에야 사람의 도리가 궁색하지 않은 법입니다. 재물을 생산하는 일에도 근본과 말단이 있습니다. 농업이 근본이라면 소금을 굽거나 철을 주조하는 일은 말단입니다. 그래서 근본인 농업으로 말업인 상공업을 통제하고, 말업인 상공업으로 근본인 농업을 보충한 다음에야 온갖 재용이 궁핍하지 않게 되는 것입니다"(한정주, 2007).

이지함이 사망한 후 2백 년이 지난 1778년 박제가는 《북학의》(북쪽 청나라 오랑캐를 공부하자는 제안)에서 "토정 이지함 선생이 일찍이 외국의 상선 여러 척과 통상하여 전라도의 가난을 구제하려고 한 적이 있다. 그분의 식견은 탁월하면서도 원대했다고 하겠다"라면서 선박을 통한 해외무역의 중요성을 강조했다. 그는 《북학의》에서 사농공상 중에 가장 말엽으로 천대받던 상업행위를 적극적으로 옹호했다.

"중국사람들은 가난하면 상인이 되는데, 참으로 현명한 생각이다. 우리는 어떠한가. 겉치레만 알고 고개를 저으며 꺼려하는 일이 너무 많다. 사대부는 놀고먹을 뿐 하는 일이라곤 없다. 아무리 가난해도 사대부가 들에서 농사를 지으면 알아주는 자가 없다. 따라서 비록 집에 돈 한 푼 없어도 높다란 갓에 소매가 달린 옷으로 치장하고 어슬렁거리며 큰소리만 치는 것이다. 그래서 시장의 장사치들도 그들이 먹던 나머지를 더럽다고 한다. 그래서 겉치레만 아는 우리보다 장삿길에 나서는 중국사람이 훨씬 낫다"(안대회, 2003).

조선이 상업을 천시한 배경은 건국 초기에 만들어진 재정이념과 관련이 있다. 태조 1년 공부상정도감(貢賦詳定都監)에서 제시한 재정이념은 절용(節用)을 강조한다. "나라는 지키는 데에 애민(愛民)이 가장 중요하며, 애민에는 절용이 가장 중요합니다. 검소함을 숭상하고 사치를 버리는 것이 절용의 골자이며, 부세(賦稅)를 가볍게 하고 폐법(弊法)을 고치는 것이 애민의 골자입니다. 옛날에 나라를 잘 다스리는 자는 땅의 산물을 헤아려 공납을 정하고, 재화의 수입을 헤아려 그 지출을 절약하니 이것이 경상(經常)의 법도입니다. 통치자는 이것을 삼가 명심해야 하니 창업 초기에는 특히 그러합니다"(박성순, 2006).

병자호란 이후 청나라는 조선의 원수가 되었다. 명이 청에게 망하자 조선의 사대부들은 임진왜란 때 명나라가 조선에 원병을 보내 조선을 구해주었기 때문에 명나라를 멸망시킨 청나라를 불구대천의 원수라고 생각했다. 그렇기 때문에 오랑캐에 불과한 청나라 사람들과는 상종할 수 없다는 것이 당시 지배층의 사고방식이었다.

그러나 명분을 중시 여기는 성리학에 파묻힌 사림학파와는 달리 북학파들은 오히려 청나라로부터 많은 것을 배워야 한다고 생각하였다. 이들은 백성들을 위하고 나라를 위한 것이라면 굳이 출처를 따질 것 없이 적극적으로 수용해야 한다는 개방적 자세를 가진 실학자들이었다.

1786년 정조 10년 정조가 신하들로부터 조참을 받을 때 대신과 시종 신하들은 임금에게 직접 소회(所懷)를 밝히고 나머지 관료들은 글로 써서 소회를 바치도록 어명을 내리자, 초정 박제가도 소회〔원 제목은 '병오년 정월 22일 조참 때 전설서별제 박제가가 드린 소회'(丙午正月二十二日朝參時 典設署別提朴齊家所懷) 이다〕를 올렸다.

박제가는 소회에서 "현재 국가의 큰 폐단은 한마디로 가난입니다. 그렇다면 이 가난을 어떻게 구제하겠습니까? 중국과 통상하는 수밖에 없습니다. 이제 조정에서 사신 한 사람을 파견하여 중국 예부에 이러한 자문(咨文, 중국과 왕복하는 공문서)을 보내십시오. '가진 것을 다른 데로 옮기고, 없는 것을 얻고자 무역하는 것은 천하의 공통된 법입니다. 일본, 유구(琉球), 안남(安南), 서양의 무리가 모두 민(閩)·절강성·교주(交州)·광주(廣州) 등지에서 교역하고 있습니다. 여러 외국의 경우와 마찬가지로 우리도 뱃길을 통하여 상인들이 통상할 수 있도록 해주십시오.'

그러면 저들은 반드시 아침에 요청하면 저녁에는 허가를 내줄 것입니다. 그렇게 되면 황당선(荒唐船)을 꾀어서 불러들여 가지고 안내자로 이용합니다. 황당선이란 모두가 광녕(廣寧) 각화도(覺化島) 백성으로 법을 어기고 몰래 바다로 나온 자들인데, 항상 4월에 와서 방풍(防風, 약재의 이름)을 채취하여 8월에 돌아갑니다. 기왕에 저들의 행위를 금지시키지 못하는 형편인데, 아예 교역할 수 있는 시장을 만들어주고 후한 뇌물을 주어 친교를 맺는 편이 나을 것입니다. 이것은 그리 어려운 일이 아닙니다.

또 연해의 섬에 거주하는 물에 익숙한 백성들을 모집하여 관원이 인솔하고 곡식과 돈을 소지하고 시장으로 갑니다. 등주(登州), 내주(萊州)에서 온 배들을 장연(長淵)에 정박시키고, 금복(金復)과 해개(海蓋) 같은 물건을 선천(宣川)에서 교역하게 하고, 장강(長江), 절강(浙江), 천주(泉州), 장주(漳州)의 재화가 은진(恩津)과 여산(礪山) 사이에 모이게 하십시오. 그러면 영남의 면화와 호서의 모시, 서북지역의 실과 삼베를 비단과 담요로 바꿀 수 있고, 대나무 화살, 백면지, 가리지, 곤포, 전복 같은 산물은 금이나 물소 뿔, 병기, 약재 같은 쓸모 있는 물건으로 교환할 수 있습니다."

중국과의 통상을 통해 배와 수레, 가옥, 집기와 이기에 관해 중국인들로부터 배울 수가 있을 뿐만 아니라 천하의 도서를 국내로 들여오게 할 수 있으므로 조선의 풍속에 얽매인 선비들의 편벽되고 꽉 막히고 고루하며 좁디좁은 견해가 굳이 깨뜨리려고 애쓰지 않아도 저절로 파괴될 것이라고 내다보았다. 게다가 "국가에서 관상감(觀象監)의 한 부서의 비용으로 서양인을 초빙하여 관상감에 근무하게 하고, 나라의 우수한 인재를 외국에 내보내어 천문과 그 운행, 종율(鐘律, 음율), 의기(儀器, 천체의 운동을 관측하는 기구), 도수(度數, 계량의 표준)를 비롯하여 농상(農桑), 의약, 자연재해, 기후의 진리, 그리고 벽돌의 제조, 가옥과 성곽·교량의 건축, 구리와 옥의 채광, 유리를 굽는 방법, 수비용 화포를 설치하는 법, 관개하는 법, 수레를 통행시키고 배를 건조하는 방법, 벌목하고 바위를 운반하는 법, 무거운 것을 멀리 운반하는 방법을 학습하도록 조치하십시오. 그렇게 한다면 몇 년이 지나지 않아서 나라를 다스리는 데 알맞게 쓸 인재가 배출될 것입니다"라고 진언하였다. 그리고 놀고먹는 조선의 사족층을 장사하는 일에 종사시켜 생업을 즐기도록 하고, 사회의 부당한 신분제도를 타파하도록 간언하였다.

또 박제가는 물자가 유통되도록 하려면 중국처럼 조선에도 수레와 배가 필요하다는 점을 강조하였다. "유안(劉晏)이 잘 달리는 사람을 대기시켜 놓았던 것처럼 한다면 사방물자의 고하는 수일 안으로 고르게 조정될 수 있을 것이다"라고 언급하였다.

또 일본이 조선보다 먼 거리에 있는 중국과 교역하는 데에 있어 배를 잘 활용하는 사실을 부러워하여 배운송을 강조하였다. "현재 제주에서 공물로 바친 말들이 수척하게 마르다가 죽는 경우가 많다. 그 이유는 배 안이 평탄하지 않기 때문에 망령되게 말을 꽁꽁 묶어 놓아 말의 성질을 거스른 결과라고 판단된다. 유구(琉球, 지금의 오키나와)의 말이 복건성(福建省)의 시장에서 팔리고 있는데, 배를 타고 온 말이다. 유구 말이 제주도에서 오는 말과 같은 처지라면 어떻게 시장에서 교역될 수 있으리오? 저들이 분명 올바른 운송방법을 사용했을 것이다"(안대회, 2003).

그러나 사대부들의 반발로 서양인의 초빙은커녕 서학서적의 반입까지 금지되기에 이르렀다. 공교롭게 1800년 정조 24년에 정조가 49세의 젊은 나이로 죽자, 사림파가 득세하면서 박제가는 유배를 당하고 고문으로 다친 상처로 1805년 56세의 나이로 생을 마감한다. 미국의 페리 제독이 흑선(黑船)을 이끌고 일본의 도쿄만 우라가(浦賀) 항에 입항하고 나서 일본이 메이지유신을 시작하기 50년 전의 일이다.

3. 관용정책이 네덜란드를 강국으로 이끌었다

17세기가 시작될 무렵 프랑스의 인구는 약 천6백만 명, 스페인과 포르투갈은 합쳐서 약 천만 명, 독일의 여러 공화국들을 모두 합쳐 인구는 약 2천만 명이었다. 인구 2백만 명의 네덜란드는 어느 나라와 비교해도 작은 나라인데, 50년이 채 되지 않아 유럽의 다른 모든 나라를 능가하는 나라가 되었다.

17세기 유럽 전역에 종교적 분쟁과 박해, 그리고 광신적 행위가 퍼져 있었으나 네덜란드연방공화국에서는 국교가 없는 관용정책을 채택하였다. 정치인들 가운데 대다수는 경제적 이익을 기대하여 공개적으로 종교의 자유를 옹호했다. 여러 도시의 경제를 성장시키고 인구를 부양하기 위해서는 외부로부터의 이주민들을 필요로 하였다. 네덜란드 남부의 개신교, 프랑스의 위그노교도, 독일의 루터파, 스페인과 포르투갈의 유대교, 영국의 퀘이커교도와 필그림(12년간 네덜란드에 은신해 있다가 1620년 메이플라워호를 타고 뉴잉글랜드로 출발했다)에 이르기까지 유럽 전역으로부터 종교적 망명객들이 줄지어 이주하였다. 그 밖에 순전히 경제적 이유만으로 이주해온 사람들도 많았다. 네덜란드는 유럽에서 박해를 받는 사람들을 받아들이는 관용정책으로 경제발전을 이뤄 세계적 강대국이 되었다.

자본주의의 발전으로 네덜란드는 세계의 여러 지역을 약탈대상으로 삼게 되었는데, 영토확장은 예전만큼 중요하지 않게 되었다. 대신 멀리 떨어진 아메리카 대륙에서 나는 금과 은, 인도제국에서 나는 후추와 향신료, 카리브 해의 설탕 등을 비롯하여 발트 해에서 지중해, 그리고 아프리카에 이르는 여러 사치품 교역(커피, 차, 코코아, 담배, 보석류 등)은 엄청난 이윤을 낳는 새로운 노획품이 되었다(이순희, 2008).

4. 일본의 불관용정책의 결과

1942년 싱가포르를 점령하자 일본군은 싱가포르 주민의 태반을 차지하던 중국인들에게 국가의 면허를 받지 않은 경제활동을 금지시켰다. 일본은 미쓰비시나 미쓰이 같은 거대 일본기업에게 독점권을 넘겼고, '이권사냥꾼'들이 중국인 소매상들과 소규모 제조업체의 이권을 가로챘다. 그러나 그들은 싱가포르의 경제를 운영할 만한 능력도, 상업적 조직망도 가지고 있지 않았다. 극단적 인플레이션, 부당한 가격강요, 부패, 극심한 식량부족이 만연하면서 싱가포르 경제는 파멸로 치달았다(이순희, 2008).

제28장

특별한 수입품에 대한 제한

애덤 스미스[1]

모든 도시와 국가가 그 항구를 모든 국민에게 개방하는 정도에 비례해서, 중상주의의 원칙이 우리들에게 예상하도록 가르친 바와 같이 자유무역 때문에 괴멸되기는커녕 도리어 자유무역으로 말미암아 부유하게 된 것이다.

▪ 요 약

국내산업을 장려하기 위해 무역을 제한하여야 할 경우로서 첫째, 국토방위상의 필요성인데, 자유무역에서 오는 이득보다 국방이 훨씬 중요하기 때문에 영국의 항해조례는 현명한 규칙이다. 둘째, 국내생산물에 부과되는 세금과 동일한 세금을 외국생산물에 대해 부과하는 것은 합리적이다. 여기서 무역을 제한하는 경우에는 상대국의 보복을 염두에 두어야 한다.

무역차액을 염려하여 교역에 제한을 가하는 것은 자기 나라를 유리하게 하기보다 도리어 불리하도록 작용한다. 자유무역은 금·은의 증가가 아니라 당해국민의 해마다의 소득증대를 가져오도록 이끈다. 영국이 질이 좋은 프랑스산 포도주의 수입을 제한하고 포르투갈산 포도주를 우대하는 것은 소상인이나 할 짓이다.

무역차액설을 생각한 상인과 제조업자들은 자기들의 이익을 위해 궤

1) 이 글은 "Restraints on Particular Imports," The Inquiry into the Nature and Causes of the Wealth of Nations(1776), 김석환·김일곤 역, 《국부론》(대양서적, 1972)에서 발췌한 내용이다.

변을 들고 나와 인류의 양식을 혼란케 만들고 있는데, 사람들은 이들의 궤변에 넘어갈 만큼 어리석지 않다. 부자가 가난한 사람들보다 이웃에게 좋은 고객이 되는 것과 마찬가지로, 평시에 부유한 이웃나라는 빈국에게 시장을 제공하기 때문에 이득이 된다.

1. 국내산업의 진흥을 위해 수입제한을 행하는 것이 적당할 때가 두 가지 있다

1) 국방상 필요한 산업의 진흥

법률에 의해 영구적으로 외국산의 곡물 및 가축의 수입을 금지하는 것은 실제로 그 나라의 인구 및 산업활동이 어떠한 경우에서도 자국 토지의 천연생산물이 부양할 수 있는 한도를 초과해서는 안 된다고 규정하는 것과 마찬가지다. 그러나 국내산업을 장려하기 위해 외국산업에 어떠한 부담을 부과하는 것이 일반적으로 유리한 경우가 두 가지 있다고 생각된다.

첫째로 국토방위상 어느 특정한 산업을 필요로 하는 경우이다. 예컨대, 대영제국의 국방은 그 해원(海員) 및 선박수의 많고 적음에 의존하는 바가 대단히 높다. 그에 따라 항해조례(*the Act of Navigation*)가 외국선박에 대해 어느 경우에는 절대적 금지로써 또 다른 경우에는 무거운 부담을 과함으로써 대영제국의 선원과 선박에 영국 해운업의 독점권을 부여하는 것은 당연한 일이다.

항해조례는 영국 산업의 생산물을 수출하기 위해 오는 외국선박에 대해서는 어떠한 부담도 부과하지 않는다. 모든 수입품은 물론 수출되는 모든 재화에 대해 언제나 과세하던 지난날의 외국인관세(外人稅)까지도 그 후의 몇 가지의 조례에 의해 수출상품에 대해서만은 철폐되었다. 그러나 만약 외국인이 금지 또는 고율관세로 말미암아 판매하러

오는 것을 저지당한다면 구입할 수도 없게 되는 것이다. 왜냐하면 화물을 싣지 않고 빈 배로 오게 되면 그들은 그들 나라에서 대영제국까지의 운임을 손해보지 않으면 안 되기 때문이다. 그러므로 판매자의 수를 줄이면 필연적으로 구매자의 수를 감소시키기 때문에 우리들은 한층 완전한 자유무역이 이뤄지는 경우보다도 외국상품을 비싸게 구입하게 될 뿐만 아니라 우리나라 상품을 더욱 저렴하게 판매하게 될 것이다. 그러나 국방은 부유함보다도 훨씬 중요한 것이기 때문에 항해조례는 아마 영국의 모든 상업상의 법규 중에서 가장 현명한 규칙일 것이다.

2) 국산품이 과세되는 경우에는 같은 종류의 외국품에도 과세한다. 그러나 국내 필수품에 대한 과세를 이유로 외국품 일반에 과세함은 근거가 없다

국내산업을 장려하기 위하여 외국산업에 대해 어떤 부담을 부과하는 것이 일반적으로 유리한 두 번째의 경우는 국내산업의 생산물에 대하여 국내에서 약간의 세금이 부과되는 때이다. 이 경우에는 외국산업의 비슷한 생산물에 동액의 세를 부과하는 것이 합리적이라고 생각된다. 이렇게 해도 국내산업에 국내시장의 독점권을 허용하는 것도 아닐 것이고 또 국가의 자본과 노동을 자유방임해 주는 경우에 비해 훨씬 대량으로 어떤 특정산업에 집중시켜버리는 일도 아닐 것이다.

그것은 다만 자연적으로 그곳에 향해질 바의 것이 세금 때문에 더욱 부자연한 방향으로 전향하는 것을 저지할 따름이며, 내외 산업간의 경쟁을 과세 후에도 될 수 있는 대로 종전과 같은 상태로 유지하는 격이 될 것이다. 대영제국에서는 국내산업의 생산물에 그러한 세금이 부과될 때에는 국내에서 외국상품이 더 싸게 판매될 것이라는 이 나라 상인과 제조업자들의 자자한 불평을 억제하기 위해 같은 종류의 모든 외

국품의 수입에 대하여 한층 무거운 세금이 부과되는 것이 보통이다.

2. 외국품의 수입제한을 실시할 경우 주의해야 할 문제가 두 가지 있다

1) 상대국의 보복

국내산업의 진흥을 위하여 외국산업에 약간의 부담을 부과하는 것이 일반적으로 유리하게 될 경우가 두 가지 있듯이, 동시에 신중하게 숙고할 필요가 있는 다른 두 가지의 경우가 있다. 즉, 그 하나는 특정 외국품의 수입자유를 얼마만큼 계속하는 것이 적당한가 이고, 다른 하나는 외국품의 수입자유가 일시 중단된 후에 그 수입을 언제 어떤 식으로 다시 여는 것이 적당한가 이다.

어떤 외국상품의 수입자유를 언제까지 계속하는 것이 적당한 것인가를 신중히 고려할 필요가 있는 경우란 어떤 외국이 고율관세나 금지조치에 의해서 우리나라 제조품의 수입을 높은 관세나 금지조치로 제한하는 경우이다. 이 경우에는 당연히 복수심이 보복하도록 유도하고, 또 우리들은 우리나라에 수입되는 해당국가 제조품의 일부 또는 전부에 대해 동일한 관세를 부과하거나 금지조치를 취하게 된다. 그래서 어떤 국민이든 이와 같은 방법으로 보복하게 된다.

특히 프랑스는 자국의 제조품과 경쟁을 일으킬 만한 외국품의 수입을 금지함으로써 자국 제조업을 우대하려고 했다. 콜베르(Corbert)의 정책 대부분은 여기에 주안점을 두었던 것이고, 위대한 재능을 가진 그도 이 경우에는 언제나 동포에 대해서 독점을 요구하여 마지않는 상인이나 제조업자들의 궤변에 완전히 속아 넘어간 것같이 생각된다. 그의 이런 식의 조치는 프랑스에 유리하지 않았다고 하는 것이 오늘날 프랑스의 가장 총명한 사람들의 견해이다.

(보복으로) 불만의 대상인 외국의 고율관세나 수입금지 조치를 취소시킬 수 있다면 보복은 좋은 정책이라고 할 수 있다. (보복을 통해) 거대한 외국시장을 회복하게 되면 비록 짧은 기간 동안 일부 종류의 상품에 대해 고가를 지불하는 일시적 불편을 겪었지만 일반적으로 이를 보상하고도 남을 것이다. 이와 같은 보복이 그러한 효과를 낼 수 없을 것인가에 대한 판단은 아마도 일정불변의 일반원칙에 따라 사고하는 입법자의 과학에 속한다기보다 정세의 순간적 변화에 따라 자신들의 의견을 결정하는 음흉하고 교활한 동물, 속된 말로 정치가나 정객이라 불리는 사람들의 수완에 속한다. (그러나 보복으로) 그와 같은 취소를 얻어낼 가능성이 없다면 국민의 일정한 계급이 입는 손해를 보상하기 위해 우리들 스스로 이런 계층뿐만 아니라 다른 모든 계층에게까지 다른 형태의 손해를 입힌다는 것은 졸렬한 방법이라고 생각된다.

우리의 이웃나라 국가들이 우리나라의 어떤 제조품의 수입을 금지할 때는 같은 종류의 그들의 제조품 수입을 금지할 뿐만 아니라 그것만으로는 그들에게 심한 타격을 줄 수 없으므로 그들의 어느 다른 제조품의 수입마저도 금지한다. 그렇게 하면 우리들 중의 일부 특정 제조업자를 장려하게 된다. 왜냐하면 이들의 경쟁자가 배제됨에 따라 그들은 국내시장에서 가격을 인상할 수 있게 되기 때문이다.

그러나 이웃 국가들의 금지조치로 손해를 입은 제조업자들은 우리나라의 보복조치로 이득을 볼 수는 없을 것이다. 도리어 정반대로 그들과 우리 국민의 거의 모든 계층은 이로 인해 어느 특정의 재화에 대해 종전보다 훨씬 비싼 값을 지불하지 않으면 안 되게 될 것이다. 그러므로 모든 이러한 법률은 인접국가의 금지정책에 의하여 손해를 입은 그 특정 제조업자들의 이익을 위해서가 아니라 어느 다른 계층의 이익을 위해 전 국민에게 실제로 과세하게 된다.

3. 그 밖의 다른 원리에서 보아도 이런 특별한 제한은 불합리하다

1) 자유무역은 쌍방에 이익을 가져오는 것이므로 무역차액설은 불합리하다

무역차액설만큼 불합리한 것이 없는 데에도 이 학설을 바탕으로 하여 수입을 제한하는 것은 물론 그 밖의 무역상의 모든 규제를 하고 있다. 이 학설에 따르면 두 장소가 서로 교역하는 경우, 무역의 수지가 균형을 이루면 그 어느 쪽도 득실이 없다고 생각하고, 다소나마 한쪽으로 기울게 되면 그 정확한 균형으로부터 기우는 정도에 비례하여 양 지역 중 한쪽은 손실을 보고 다른 한쪽은 이득을 보게 된다고 단정한다. 그러나 이 두 가지 가정은 모두 그릇된 것이다. 장려금이나 독점으로 무리하게 무역을 제한하는 제도는 뒤에서 밝히려는 바와 같이 자기 나라에 유리하도록 하기 위해서 만들어지는데, 이것이 도리어 불리하게 작용한다.

이와 반대로 강제나 속박을 가하지 않고 자연적으로, 그리고 규칙적으로 두 장소 사이에 이뤄지는 무역은 반드시 양 지역에 서로 균등하게 유리해질 수는 없지만 언제나 유익한 것이다. 여기서 이익 또는 이득이라는 것은 금이나 은의 양의 증가를 의미하는 것이 아니라, 그 나라의 토지 및 노동의 연간생산물의 교환가치 증가나 그 주민의 연간 소득증대를 의미한다.

2) 가장 질이 좋은 상품을 가장 싼값으로 자유롭게 구입하는 것이 국민대중의 이익이 된다

뿐만 아니라 대영제국에서 포도주 무역에 가하는 제한은 말하자면 사람들이 술집에 가는 것을 막자는 목적에서가 아니라 그 의도하는 바가 도리어 그들이 가장 좋고 가장 값싼 술을 구입할 수 있는 장소에 가는 것을 막으려는 데 있는 것 같다. 그 증거로는 이러한 제한이 포르투갈의 포도주 무역을 우대하고, 프랑스의 포도주 무역을 방해하는 데서 찾을 수 있다. 포르투갈 사람은 프랑스 사람보다도 영국산 제조품을 구입하는 좋은 고객이므로 우대되어야 한다고들 말한다. 또 포르투갈인들이 우리들의 좋은 고객이 되어 주기 때문에 우리들도 또한 그들의 고객이 되어야 한다고 주장하고 있다.

이처럼 비굴한 소상인들이 써먹는 도적근성과 같은 술책이 대제국의 국정에 관한 정치에서도 방침이 되어 있다고 보아야 할 것이다. 내가 여기서 소상인들의 술책이라고 한 뜻은 가장 비굴한 소상인일수록 자신의 고객을 위해 일한다는 의미다. 대상인은 이런 종류의 사소한 이해관계에는 별로 개의치 않고 언제나 가장 값이 싸고 품질이 좋은 곳에서 상품을 사들인다.

3) 상대방의 이득은 자신의 손실이라고 생각하는 무역차액설에 따라 외국무역을 제한하는 것은 잘못이다

그러나 앞에서와 같은 (정치상의) 방침으로 여러 국민들에게 자기 나라의 이익은 모든 이웃나라를 빈곤하게 만들어버리는 것이라고 가르쳤다. 각 국민은 자기 나라와 무역하는 모든 상대국의 번영을 질투의 눈길로 바라보며 그들이 이득을 올리면 자기들이 손해를 볼 뿐이라고 생각하였다. 상업은 국민간에서도 개인간에서와 마찬가지로 그 성질상 협동과 친선의 유대가 되어야 할 터인데, 그 상업이 불화와 반목의 최대 근원으로 되었다.

도대체 이러한 무역차액설을 생각하고 보급시킨 것이 독점정신이었음은 의심할 여지가 없다. 그리고 이 학설을 처음으로 가르친 사람들은 이 학설을 듣고 믿게 된 사람들만큼 결코 어리석지가 않다. 어떠한 나라에서도 대다수의 국민들에게는 그들이 필요로 하는 물품을 가장 싸게 파는 사람들로부터 사는 것이 항상 이익이 되고 또한 실제로 그러하다. 이 명제는 아주 명확한 것이므로 이를 증명한다는 것은 어리석은 일이라 생각되며, 만약 상인과 제조업자가 자기들의 이익을 위해 궤변을 들고 나와 인류의 양식을 혼란케 하지 않았던들 이 명제는 결코 문제되지 않았을 것이다.

4) 이웃나라가 부유한 것이 무역에 유리하다

이웃나라가 부유하다는 것은 전쟁이나 정략상으로 두려운 일이겠지만 무역상으로 확실히 유리하다. 그러한 부유함은 적대관계에 있을 때는 적국으로 하여금 우리나라보다도 우월한 육·해군을 유지할 수 있도록 할 것이지만 평시에 통상을 하는 데서는 그 부유함은 그들로 하여금 우리들과 더욱 많은 가치를 교환할 수 있도록 하고, 또한 우리나라 산업의 직업에서 생산된 상품을 사거나 또는 이 상품의 대가로 상대방의 재화를 사주거나 하여 더욱 좋은 시장을 제공할 것임에 틀림없다. 부자는 가난한 사람들보다 대체로 그 이웃에서 일하는 사람들에게 더욱 좋은 고객이 되는 것과 같이 부유한 국민의 경우에도 마찬가지다.

모든 도시와 국가가 그 항구를 모든 국민에게 개방하는 정도에 비례해서, 중상주의의 원칙이 우리들에게 예상하도록 가르친 바와 같이 자유무역 때문에 괴멸되기는커녕 도리어 자유무역으로 말미암아 부유하게 된 것이다.

▪ 사례 이야기

1. 중상주의에서 벗어난 영국의 자유무역

영국이 19세기에 자유무역을 실시하기 전에 영국정부는 중상주의 원칙에 따라 장기적으로 수입을 제한하고 수출을 장려하는 보호관세정책을 폈다. 1815년 곡물법을 제정한 것이 가장 대표적인 사례로, 영국정부는 국내의 밀 가격을 1쿼터(12.7㎏)에 80실링으로 제한하고 외국 곡물의 수입을 금지시켰다. 이러한 법령은 지주계급에게는 높은 이익을 보장해주었지만 공업 부르주아계급에게는 막대한 손해를 끼쳤다. 그에 따라 이들은 '자유무역'이라는 기치 아래 30년 동안 곡물법 폐지를 꾸준히 요구했으며, 이에 영국정부는 1846년에 곡물법을 폐지하고 1849년엔 항해조례까지 폐지하기에 이르렀다.

곡물법과 항해조례가 공식적으로 폐지되기 이전부터 영국은 보호무역에서 벗어나 자유무역의 길을 걸었다. 1811년에 프랑스를 제외한 다른 국가들의 선박이 중요한 상품을 싣고 영국령인 캐나다의 헬리팩스와 세인트앤드루스 및 세인트존 항구에 입항하는 것을 허락하였고, 1813년에 동인도회사의 무역독점권을 폐지하였다. 1815년에 웰링턴 공작이 워털루에서 나폴레옹 황제를 물리친 이후 1세기 동안 자유무역으로 '팍스브리타니카'의 시대를 맞이하게 되었다(이지은 · 이주연, 2007).

2. 아우구스투스의 국제물자 유통

서기 14년 아우구스투수가 77살의 나이로 죽기 직전에 나폴리 만을 유람하던 어느 날, 이집트의 알렉산드리아에서 방금 도착한 상선의 승객과 선원들이 가까이에 닻을 내리고 있는 배 위에서 쉬고 있는 늙은

이가 황제임을 알아보고선 모두 합창이라도 하듯 입을 모아 황제에게 외쳤다.

"당신 덕택입니다. 우리들의 생활이 이뤄지는 것도. 당신 덕택입니다. 우리가 안전하게 여행할 수 있는 것도. 당신 덕택입니다. 우리가 자유롭고 평화롭게 살아갈 수 있는 것도."

이 예기치 않은 찬사에 늙은 아우구스투스는 진심으로 행복함을 느끼면서 그들에게 1인당 금화 40닢을 주라고 지시했다. 다만 금화의 사용처에 조건을 달았는데, 그 돈으로 이집트 물산을 구입하여 다른 곳에 팔라는 거였다. 물산이 자유롭게 유통되어야만 제국 전체의 경제력도 향상되고 생활수준도 높아질 수 있다는 경제원리를 일찍 터득한 황제였다. 그리고 그것을 가능하게 하는 것이 바로 팍스(평화)였다(김석희, 1995).

3. 진나라의 개방된 사회분위기가 연횡을 성공으로 이끌었다

중국 춘추전국시대에 소진(蘇秦)이 6국을 합종하여 진나라에 크게 위협을 주고 있으므로 장의(張儀) 자신은 합종(合縱)을 와해시키고 각국을 격파하는 방향으로 방법을 찾아 각 나라의 제후들을 소멸해야만 진나라의 패업을 이룩할 수 있으며, 자신의 포부도 실현할 수 있다고 생각했다. 그렇게 생각하고 나서 그는 진혜(秦惠) 왕을 만나기 위해 찾아갔다. 진혜 왕을 접견한 장의는 소진이 애써 만든 6국의 합종을 깨는 연횡(連衡)에 착수하였다. 장의가 진나라에서 성공한 까닭은 당시 진나라가 개방된 사회이며 인재들을 비교적 후하게 대해 주었기 때문이다.

"오기(吳起)와 상앙(商鞅)은 위나라 사람이었으나 위나라에서는 등용시켜 주지 않았다. 냉향, 전신, 진진, 감무는 제나라 사람이었으나 진나라에서 그 능력을 보이고 중용되었다.

그 외 상반되게 진나라의 인재는 외국으로 유실되지 않았으며, 6국의 대신들 가운데서 진나라 사람을 찾아보기 어려웠다. 또한 진나라에서는 많은 직업군인을 모집하여 외족병단을 창설하였기 때문에 진나라의 인력과 물력을 절약하여 새로운 인력자원을 양성할 수 있었다. 그러므로 장의가 진나라에서 중용될 수 있었던 것은 보편적으로, 인재를 존중하는 진나라의 사회환경과 갈라놓을 수 없는 사유가 되리라. 장의가 진나라에 감으로써 소진이 꿈꾸던 합종연맹에 도움은 고사하고 더욱 큰 어려움을 주게 되었다"(김태성, 2008a).

제29장

무역에 대한 제한

프레드릭 바스티아[1)]

법은 보호주의자가 예상한 결과를 얻을 수 있었다. 그러나 법은 다른 결과도 얻게 되었다. 법은 보호주의자의 정의를 지켜주기 위해 거짓되게 사유한 것이 아니고 불완전하게 사유했던 것이다.

▪ 요 약

프랑스의 보호주의자는 수입업자가 질이 좋은 벨기에산 철을 수입하는 모습을 좋아하지 않는다. 보호주의자가 자신의 군대로 수입업자를 막을 수가 없어 법제조공장(의회)에 가서 '벨기에산 철강금지법'을 만들도록 의원들을 설득한다. 국가가 예산을 들여 벨기에산 철이 수입되지 못하도록 제한하였으므로 수입업자는 프랑스산 철을 비싼 가격으로 구입하게 된다. 동시에 보호주의자는 벨기에 철 수출업자가 프랑스산 여성용 장식품을 수입하지 않아 일어나는 손실을 의원들에게 숨기고 입법을 진전시켰다.

1) 프레드릭 바스티아는 프랑스의 경제평론가로서 애덤 스미스의 자유무역을 옹호하고 전파하는 데 기여하였다. 1846년에 자유무역협회를 창설하여 〈자유무역〉(*Free Trade*)지를 발간하기도 하였다. 이 글은 그의 논문 "Restraint of Trade," *Selected Essays on Political Economy*(1964), The William Volcker Fund에서 발췌, 번역하였다.

1. 보호주의자의 탄원

프랑스의 보호주의자(*Protectionist*)는 땅의 원광석을 철로 바꾸는 데에 자신의 시간과 자본을 제공하며 살았다. 그런데 자연이 벨기에에 풍부하게 베푼 까닭에 벨기에인들은 프랑스의 보호주의자가 파는 가격보다 나은 가격으로 프랑스에 철을 판매하였다. 이는 프랑스인들이 일정 품질의 철을 보다 적은 노동을 들여 벨기에인들로부터 구입할 수 있다는 것을 의미한다. 따라서 프랑스의 못 제조공, 금속 제조공, 마차 제조공, 기능공, 대장장이, 쟁기 제조공들은 자신들의 이기심에 이끌려 상황을 충분히 활용하려고 자신이 직접 가거나 또는 자신의 중개인을 벨기에에 보내 필요로 하는 철을 구입한다. 보호주의자는 이런 모습을 좋아하지 않는다.

보호주의가가 가장 먼저 생각하는 일이란 자신의 두 손으로 그런 짓을 하지 못하도록 개입하는 일이다. 이런 일은 자신만이 피해를 보기 때문에 결코 일어날 것 같지 않다. 스스로에게 말하기를, 카빈총을 가지고, 피스톨 권총을 허리에 차고, 탄창을 채우고, 칼을 허리에 차고 싸움터에 나가자. 가장 먼저 만나는 금속 제조공, 못 제조공, 대장장이, 기능공, 또는 열쇠 제조공을 죽여버리자. 이들은 나보다 자신만의 이익을 추구하는 자들이다. 그렇게 하여 이들에게 매운 맛을 한번 보여주어야 한다.

보호주의자가 떠나려고 하니까 자신의 호전적 열정을 시들게 하는 무언가의 상념이 머리에 스친다. 자신에게 이렇게 말한다. 무엇보다 철을 구입하는 고향사람들은 친구이기도 하고 적이기도 한데, 이들이 죽기는커녕 나를 공격하여 죽일지도 모른다. 게다가 내가 부리는 하인들이 모두 진군하더라도 전 국경을 수비하지는 못할 것이다. 그리하여 오히려 나에게 커다란 비용만을 낳을 것이다.

번쩍하는 생각이 들면서 보호주의자는 슬퍼하며 스스로 물러나고서, 다른 사람들과 똑같이 자유롭게 지낼 것이다. 그러다가 그는 파리에 커다란 법 제조공장이 있다는 것을 기억해냈다.

법이란 무엇이냐고 자신에게 묻는다. 한번 만들어지기만 하면 그것이 좋건 나쁘건 모든 사람들이 쫓아야 할 조치이다. 법을 집행하기 위해 공공경찰이 조직되어 있고 공권력을 행사하는 데 필요한 인원과 예산은 모두 국가로부터 나온다.

그러면 파리의 법 제조공장에 가서 예쁘고 아담한 법, '벨기에산 철강수입금지법'을 만들어 보도록 하자. 그러면 나는 이런 결과를 얻을 것이다. 내가 국경에 보내기로 원했던 하인들 대신에 망나니처럼 날뛰는 못 제조공, 대장장이, 기능공, 농기구 제조공의 자제 수천 명이 국경에 가게 될 것이다. 그러면 2만 명의 관세공무원의 건전한 정신과 건강을 유지하기 위해 동일한 못 제조공, 대장장이, 기능공, 농기구 제조공들로부터 2천 5백만 프랑을 징수하여 이들 공무원들에게 분배하게 될 것이다. 이렇게 조직하여 보호업무가 원활하게 수행될 것이고, 나에겐 하나의 비용도 들지 않는다. 또한 나는 중개상들의 야만성에 노출될 염려도 없다. 그리고 철을 내가 원하는 가격으로 팔 수 있게 된다. 나는 위대한 시민들이 부끄럽게 속은 것을 보면서 즐길 것이다. 이런 방법은 보호주의자들로 하여금 유럽의 진보를 촉진하는 선구자라고 주장하도록 가르칠 것이다. 이런 운동을 시도해볼 만한 가치가 있지 않을까!

그렇게 하여 보호주의자는 법 제조공장을 찾아갔다(다른 기회에 그가 은밀하게 그곳에서 거래한 내막을 이야기할 것이지만 여기서는 그가 공개적으로 일반인들이 알 수 있는 조치들을 취한 것들만 이야기하고자 한다). 그는 의회의 의장과 입법가들에게 다음과 같이 탄원하였다.

"벨기에산 철은 프랑스에서 10프랑에 팔리는데, 이는 나의 광산의 철도 동일한 가격으로 팔도록 압박합니다. 나는 철을 15프랑에 팔기를 원하는데, 벨기에산 철이 시장을 혼란시키는 바람에 그렇게 팔 수가 없습니다. '벨기에산 철은 더 이상 프랑스에 들어올 수 없다'는 법을 제조해주시기 바랍니다. 그러면 당장 가격을 5프랑 인상하여 다음과 같은 결과를 얻을 수 있을 것입니다. 내가 출하하는 철 100kg마다 킬로그램당 10프랑이 아닌 15프랑의 값을 받으면 보다 빨리 부자가 되고 나의 광산개발을 확대할 수 있습니다. 나는 보다 많은 사람을 고용할 수 있습니다. 나와 피고용자들은 더 많이 소비할 수 있게 되어 수마일 근처의 공급자들에게 이득을 줄 것입니다. 이러한 공급자들은 커다란 시장을 가지게 되어 산업에 보다 많이 주문할 것이고 그러한 활동이 나라 전체로 확산될 것입니다. 당신들이 나의 금고 속에 던지는 동전은 호수에 던져지는 돌멩이처럼 동심원을 그리면서 여러 방면으로 멀리까지 퍼져나갈 것입니다."

이러한 논고에 매료당해 입법을 통해 시민들의 부를 쉽게 늘릴 수 있다는 사실을 배운 법 제조가들은 무역을 제한하는 데 찬성표를 던진다. "이렇게 하면 노동과 저축에는 어떤 일이 벌어질까?" 하고 법 제조가들이 물을 것이다. "법령이 일을 제대로 하는 마당에 국부를 증대시키는 고통스런 수단이 얼마나 선한 일을 하는지 아십니까?"라면서 보호주의자는 법 제조가들을 안심시킨다.

2. 수입금지의 보이지 않는 효과

법은 보호주의자가 예상한 결과를 얻을 수 있었다. 그러나 법은 다른 결과도 얻게 되었다. 법은 보호주의자의 정의를 지켜주기 위해 거짓되게 사유한 것이 아니고 불완전하게 사유했던 것이다. 특권을 요구하려고 보이는 효과만을 지적하였는데, 보이지 않는 효과들을 알려주지도 않았다. 그는 세 사람이 있는 그림에서 두 사람만을 보여주었다. 여기서는 빠진 부분(비자발적이었건 미리 계산하였건) 을 보충하려고 한다.

그렇다. 5프랑이 합법적으로 보호주의자의 금고 속으로 들어가 그에게 이득을 주었고, 그 득으로 직업을 구한 사람들에게도 이득을 주었다. 만약 법령이 5프랑을 달로부터 떨어지도록 명령한 것이었다면 그에 따른 선한 효과는 악한 효과를 상쇄시키지 않고 얻어졌을 것이다. 불행하게도 수수께끼와 같은 수백 프랑이 달에서 떨어진 것이 아니고 못 제조공, 금속 제조공, 마차 제조공, 대장장이, 쟁기 제조공, 건축가 등 한마디로 줄여 선한동료(*Goodfellow*)의 주머니로부터 나온 것이다. 이들은 10프랑을 지불하고 있을 때보다 1㎎의 철도 더 많이 받지도 않으면서 지불한 것이다. 이렇게 되면 보호주의자의 '이득, 즉 5프랑을 국내산업을 촉진시키기 위해 무언가를 하는 데서 오는 이득이 선한 동료의 손실을 상쇄하는' 까닭에 그 효과가 없는 것이 아니냐는 의문이 분명히 제기된다. 선한동료도 (국내산업을 촉진하기 위해) 그렇게 할 수 있었을 것이다. 돌멩이가 호수의 한 지점에 던져졌을 따름인데 왜냐하면 법으로 다른 호수에는 돌멩이를 던질 수 없도록 하였기 때문이다. 따라서 보이지 않는 것이 보이는 것을 상쇄시킨다. 그 결과 전체적으로 부정의를 낳았을 따름이다. 통탄스런 일은 이것이 법에 의해 자행되었다는 데 있다.

그러나 이것만으로 끝나는 것이 아니다. 앞에서 내가 보이지 않는 세 번째 사람이 있다고 말하였는데, 그를 나타나도록 하여 그가 5프랑으로 인해 입은 손실을 말하도록 하겠다. 그렇게 해야 전체의 결과를 알 수 있게 된다.

선한동료는 15프랑을 가지고 있었는데, 이는 그가 노동의 대가로 받은 것이다. (여전히 그가 자유로웠을 때의 상황으로 돌아가자.) 이 15프랑으로 무엇을 하였을까? 10프랑으로 여성용 장식품을 구입하였다. 벨기에산 철강 100㎏의 대가로 여성용 장식품을 지불한 것이다(벨기에산 철강판매자가 프랑스산 여성용 장식품을 구입한 것이 된다). 그러나 아직 5프랑이 수중에 남아있다. 그는 이를 강물에다 버린 것도 아니다. 그러나 (이것이 보이지 않았던 것인데) 그는 다른 만족을 얻으려고 다른 제조업자에게 5프랑을 주었다. 예를 들어, 보쉬에(Bossuet, 1627~1704, 루이 14세 황태자를 위해 역사책을 발간한 추기경이며 진보주의자로 보호무역의 타파를 주장하였음)가 발간한《세계사론》(*Discourse on Universal History*)을 구입하려고 출판업자에게 주었을 것이다.

▪ 사례 이야기

1. 합리적 무시

1840년대 프랑스 양초제조업협회는 애절한 청원서 한 통을 의회에 제출했다.

"우리 양초제조업자들은 값싸고 성능 좋은 조명기구를 만드는 외국업자들과 불공정한 경쟁을 함으로써 막대한 손해를 보고 있습니다. 무자비하게 국내시장을 공략하는 강력한 외국 제조업자는 태양과 같은 존재입니다. 국내 다른 산업과 밀접한 연관을 맺고 있는(그래서 파장도 큰) 양초산업을 살리기 위해 창문, 채광창, 덧문 등 햇빛이 통하는 모든 통로와 틈을 폐쇄할 것을 명하는 법률을 통과시켜 주시기 바랍니다." 수입금지는 물론 자연채광마저 금지하는 이 입법청원은 '소비자의 이익을 무시했다'는 이유로 거부됐다. 1863년 출간된 프레드릭 바스티아의 논문집에 나오는 이 에피소드는 실제 있었던 일은 아니지만, 집단이기주의와 보호주의가 극성을 부렸던 당시 상황에 대한 신랄한 풍자였다(박병호, 1990).

미국의 경제사회학자 맨서 올슨(Mancur Olson, 1971)은 《집합행동의 논리》(*Logic of Collective Action*)에서 오직 특정 그룹에만 선별적이고 제한적으로 돌아가는 이익(혜택)이 집단행동의 유일한 동기란 사실을 밝혀냈다. 집단행동에 나서는 사람들이 아무리 공익과 국익을 앞세워도, 실은 철저하게 사적 이익을 추구할 뿐이란 얘기다. 프랑스 양초업자들이 국민경제에 미치는 파장을 내세워 자신들의 이익을 극대화하기 위해 태양을 가리려고 했던 것처럼 ⋯.

걸린 이해가 클수록 이익집단의 응집력이 강해지고 집단행동의 강도는 세진다. 문제는 이들의 집단행동에 대한 일반대중의 반발이 의외로 작다는 점이다. 왜 그럴까. 이익은 특정한 이익집단에 집중된 반면 사회적 손실은 널리 분산되어 개개인에게 돌아오는 피해가 적기 때문이다. 이 경우 특혜를 받는 이익집단은 최소비용으로 최대의 이익을 얻겠다는 합리적 판단에 따라 일반대중의 손해를 눈 딱 감고 무시하게 된다. 이른바 '합리적 무시이론'이다. 이를 뒤집으면 이익집단의 개별적 손해를 줄이기 위해 아무리 큰 국가적 이익도 무시할 수 있다는 것이다.

지난주 서울 시내 곳곳에선 한미자유무역협정(FTA) 저지를 위한 대규모 시위가 벌어졌다. 시위를 주도한 농민단체, 노동계, 영화계 인사들은 "한미 FTA가 노동권을 후퇴시키고, 나라의 식량주권을 빼앗으며, 국내 영화산업을 고사시킬 것"이라며 협상을 즉각 중단할 것을 촉구했다. 이들의 주장은 나름대로 합리적이다. 다만 국내 소비자와 경제 전반의 이익을 무시하고 있을 뿐(〈중앙일보〉 2006. 7. 18).

2. 강대국을 몰락으로 이끈 폐쇄정신

가. 스페인

스페인의 왕들은 이슬람교도들이 장악하던 영토를 탈환한 직후에는 그들 공동체의 고유한 관습을 유지하고, 고유의 종교를 신봉하며 일부 지역에선 자치권을 행사하도록 허용했다. 그 결과 스페인의 인구는 크게 늘어났다. 스페인은 이슬람교도들을 내쫓거나 학살하기보다 그곳에 이미 살고 있는 이슬람교도에게 관용을 베풂으로써 정복지역들을 확고히 장악하고, 스페인 남부의 비옥한 농지를 경작하는 데 필요한 노동력을 손에 넣을 수 있었다.

스페인은 유대교도들에게도 문호를 개방한 덕분에 엄청난 재정적 수익을 거두었다. 이 시기의 유대교도들은 세계의 상업, 무역, 그리고 금융에서 두각을 나타내고 있었다. 그들은 세계의 다이아몬드산업을 장악하고 국제금융의 초기 발전단계에 중요한 역할을 담당했다. 100년 후 스페인이 신세계를 향한 최초의 탐험에 나설 때 자금을 댄 것은 바로 이들 유대교도 금융업자들이었다.

그러나 1478년 교황의 교서에 따라 스페인에 이단심문소가 설치되면서 관용의 시대는 막을 내렸다. 이교도란 유대교나 이슬람교를 공개적으로 신봉하는 사람들이 아니라 위장한 기독교도를 이르는 말이다. 이교도는 기독교로 개종하고서도 은밀히 유대교를 신봉한다는 것이 당시의 일반적 인식이었다. 그리고 얼마 지나지 않아 스페인은 국내의 유대교도들과 이슬람교도들까지 없애는 일에 착수하게 된다.

1492년 스페인에선 수많은 유대교도들이 스페인을 떠났다. 유대교도들의 대거 탈출은 스페인에 막대한 재정적 공백을 초래했다. 스페인이 유대교도들을 박해함으로써 네덜란드, 독일, 프랑스, 제노바사람들을 비롯한 외국의 금융업자들에게 의존할 수밖에 없는 처지가 되었다. 이자는 치솟았고, 외국의 금융업자들이 왕국의 재정을 관리하는 일이 벌어졌다. 아메리카로부터 금은광석을 실어왔지만 그 원석들은 선박과 군대, 그리고 스페인 왕실에 자금을 공급하던 외국 금융업자들에게 저당잡혀 있었다.

역사학자들은 16세기에 스페인이 쇠퇴한 이유로 기술적 후진성, 견고한 봉건적 전통, 엄청난 외채, 중요한 산업부문의 결여, 인구감소, 국가기구의 취약성, 그리고 만성적 예산위기 등을 거론한다. 19세기의 어느 저술가는 스페인에서 산업이 발전하지 않고, 스페인사람들이 게으르며, 투우가 있는 이유를 이단심문소 때문이라고 비웃었다. 이단심문소와 같은 종교박해는 엄청난 자원을 낭비하였다. 격렬한 광신주의가 고개를 들 때마다 스페인은 인적 자본, 금융자본, 그리고 사회자본이라는 귀중한 자원들을 파괴하거나 몰아냈다. 결국 스페인의 정화운동은 농민과 장인, 의사와 과학자, 상인과 금융업자 등 사회의 모든 계층을 파괴했다. 스페인이 관용정책을 지속했다면 초강대국이 되었을

지는 알 수 없다. 그러나 스페인의 불관용이 번영을 가로막고 스페인의 깊은 쇠락을 재촉한 것만은 틀림없다(이순희, 2008).

나. 중 국

당의 황제들은 중국인과 비중국인 간의 구분을 없애기 위해 혈통과 문화를 혼합하는 정책을 적극적으로 추진했다. 오랜 세월 이 정책은 놀라우리만큼 성공을 거두었다. 제국은 영토를 점점 넓혀가면서도 외국인들이 중국사회의 모든 영역에 참여할 수 있게 함으로써 정치경제 문화적인 측면에서 생명력을 확보했다. 그러나 안녹산(거란족, 돌궐족의 혼혈이라는 등 불확실하지만, 한족이 아닌 것만은 확실했다)의 난 이후 상황은 완전히 바뀌었다. 중국인들은 모든 문제를 외국인의 탓으로 돌리기 시작했다.

외국인에 대한 반감이 불길처럼 번지면서, 다양한 인종을 감싸던 초기 당의 세계주의는 급격하게 무너져 내렸다. 지식인들 사이에 중국 고유의 가치와 고대중국의 문화를 지키자는 운동이 시작되었다. 외국인들의 영향력과 사상이 사악한 것으로 여겨지면서 중앙아시아에 이르는 길들이 완전히 폐쇄되었다. 중국을 스스로 갉아먹을 만큼 폐쇄적 태도를 취했다. 9세기에 이르자 중국인들은 유색인과 교류할 수 없다는 황제칙령이 공표되는 폐쇄적 정책이 나왔다. 황제는 모든 마니교, 조로아스터교, 기독교 등의 외래종교를 대상으로 대대적 배척운동을 벌였다. 당조 말기에는 타락한 불교(궁핍하게 살겠다는 불교도로서의 맹세를 저버리고 호사를 누리던 승려와 호화불상)가 도덕적 경제적으로 중국을 쇠약하게 만드는 외래종교라고 비난받았다(이순희, 2008).

15세기 당시 중국에는 철강을 만들기 위한 아궁이와 피스톤식 풀무(11세기 후반 중국의 연간 철강생산량은 7백 년 동안 타의 추종을 불허했다)와 군사목적의 화약과 대포, 탐험을 위한 나침반과 방향타, 지식을 전파하기 위한 종이와 이동식 활자, 인쇄기, 농업의 잉여를 산출하기 위한 바퀴달린 쟁기와 말의 목사리와 회전식 타작기와 자동파종기, 천연가스를 굴착할 능력, 자신들이 하는 일을 수학적으로 분석할 십진법과 음수, 0의 개념 등이 있었다. 또한 포르투갈과 스페인이 훨씬 작은 규모의 탐험대를 아프리카 서안으로 보냈을 때 훨씬 큰 탐험대(2만 8천명)로 아프리카의 동안을 탐험하기도 했다. 콜럼버스 선단의 네 배에 달하는 7개의 대규모 탐험대가 인도양을 탐험한 적도 있었다.

그러나 기술적으로 충분히 가능했던 데에도 탐험과 산업혁명은 일어나지 않았다. 신기술은 새로운 기회가 아니라 위협적 존재로 인식되었다. 혁신은 금지대상이었다. 황제는 칙령으로 원양선의 건조와 중국 연안으로부터 멀리 항해하는 행위를 금지시켰다. 15세기 말에 이르자 질서라는 요구 때문에 인간의 타고난 호기심, 탐험욕, 건설욕이 짓밟히고 말았다. 중국은 제 1의 산업혁명의 발상지가 될 수도 있었지만 그것을 가로막는 문화 및 조직구조를 갖고 있었다(한기찬, 2001).

정부의 조종력은 초기 진보의 원인이 아니라 후기 침체의 원인이 되었다. 대단히 진보하였던 중국의 문명이 유럽에 뒤지게 된 이유는 정부가 지나치게 엄격하게 규제하여 새로운 발전의 여지를 남겨주지 않았기 때문이다. 중국제국에서 발생한 문명과 세련된 산업기술에서의 위대한 진보가 정부의 통제가 한때 약했던, 반복되는 '혼란의 시대'에 일어났다는 사실을 주목할 필요가 있다(신중섭, 2005).

3. 네덜란드 앤트워프 성을 몰락시킨 시장규제

네덜란드는 중세 이래 유럽에서 상공업이 가장 발달했던 지방이다. 유럽 북반부의 요충이라고 할 만한 유리한 지리적 여건 때문에 중세 이래 국제무역의 중심으로 번영했고, 동방항로와 신대륙이 발견된 뒤에도 역시 네덜란드는 신대륙의 은이나 동방의 물산이 집중적으로 모였다 흩어졌다하는 국제무역의 중심으로 되었다. 더구나 네덜란드는 유럽경제의 심장이나 다름없었다.

하지만 네덜란드는 정치적으로는 아주 불행했다. 1556년 네덜란드의 지배권이 스페인 왕에게로 넘어가자 사정은 급작스럽게 달라졌다. 필립 2세는 그의 의매 마르게리타를 네덜란드 총독으로 임명하고, 이를 통해서 네덜란드에 대한 정치적·종교적 압박을 강화했다. 이에 1565년 320명가량의 네덜란드 귀족이 단결하여 압정에 반기를 들었고, 이들은 종교재판과 신교도 탄압의 중지를 마르게리타 총독에게 청원했다. 그러나 청원이 거절되면서 폭동이 일어나자 필립 2세는 알바 공에게 1만 명의 대군을 주어 네덜란드에 파견해서 탄압하기 시작하였다.

스페인 군대가 앤트워프 성을 공략하여 오자 수적으로 부족한 앤트워프의 주민들은 모두 앤트워프 성 안으로 들어가 항전하기 시작하였다. 얼마가 지나자 앤트워프 성내의 비축식량이 떨어졌다. 성내의 장사꾼들이 성 밖으로 몰래 빠져나가 성 밖을 포위하는 스페인 군대에 뇌물을 주고 인근의 농촌마을에서 식량을 구입하여 다시 앤트워프 성 안으로 들어와 구입한 식량을 비싼 가격으로 성안의 주민들에게 판매하였다.

이러한 소문이 당시 성을 지키는 기독교 사제의 귀에 들어가게 되었다. 사제는 하나님의 성경말씀에 이자를 붙여먹는 것을 금지하는데, 이들 장사치들은 식량을 싸게 사서 하나님의 말씀을 거역하고 비싼 값으로 파는 고리대금업자라고 비난하면서 하나님의 말씀으로 이들을 모두 잡아 죽이라고 명령하였다. 이 일이 있은 후 견고한 앤트워프 성은 일주일도 견디지 못하고 스페인 군대에게 무참히 점령당하였다(Baumol, 1982).

1576년 11월 앤트워프 성이 무너지자 스페인 군대에 의해 약탈이 이뤄졌다. 전투에서 목숨을 잃은 스페인군은 6백 명이었으나 네덜란드 측은 남녀노소 1만 7천 명이 희생되었다고 한다. 유럽에서 가장 부유하던 도시의 하나이던 앤트워프는 약탈로 단 사흘 동안에 빈털터리 도시가 되어버렸다. 돈이나 보물을 가진 것은 학살자들과 매춘부들뿐이었다고 한다(김기협, 2005).

이 앤트워프 약탈이 있은 뒤 네덜란드인들은 단결하여 독립투쟁을 벌여 1612년에는 사실상의 독립을 달성하고, 1648년의 '웨스트팔리아 조약'에 의거 국제적으로 독립을 인정받게 되었다. 이것이 '네덜란드 연방공화국'의 출발이고, 북부의 7개 주 가운데서는 홀란드 주가 지도적 역할을 했으므로, 보통 홀란드라고 불리기도 한다(조윤정, 2008).

밀수꾼들은 밀수를 범죄라고 생각하지 않는다. 유명한 문필가인 찰스 램은 다음과 같은 견해를 밝혔다. "나는 밀수꾼을 좋아한다. 그들은 정직한 도둑이다. 세금 이외의 다른 것은 훔치지 않기 때문이다." 실제로 밀수꾼들은 그 지역의 유지들로부터 자금을 지원받았고, 동조하는 행정당국에 의해 보호받았다. 또한 성직자들은 그들의 행위를 묵인하였다. 밀수된 물건이 지위가 낮은 사람으로부터 높은 사람에 이르기까지 모든 가정에서 사용되었기 때문이다(전태영, 2005).

제30장

통제라는 이름의 폭정

밀턴 프리드먼 · 로저 프리드먼[1]

국제간의 자유무역은 마치 국내에서의 자유무역이 신념과 태도 및 이해관계에서 서로 다른 개인들 사이에 조화로운 관계를 육성시키듯이, 문화와 제도 면에서 서로 다른 국가들 사이에도 조화로운 관계를 육성한다.

▪ 요 약

보호주의자들은 국민 전체의 이해, 일자리의 필요성, 국가안보 등을 내세우며 수입규제를 요구하지만 문제는 일자리가 아니고 생산적 일자리를 필요로 하기 때문에 자유무역을 지지할 수밖에 없다. 무역수지 적자를 우려하는데, 반대로 '무역수지 흑자'란 외국으로부터 얻는 재화보다 더 많은 가치의 재화를 외국으로 내보낸 것이란 의미다.

보호주의자들은 불공정한 경쟁에서 미국 근로자를 보호하여 높은 임금을 보장해주어야 한다고 강조하지만 임금은 환율에 의해 영향을 받는다. 가령 1달러 360엔이 예컨대, 1달러 2백 엔으로 내려가서야 미국의 상품은 싸지고 일본의 상품은 비싸지면서 미국 노동자의 임금도 덩달아 결정된다. 외국정부가 자국산업을 보조하여 수출가격을 낮추면 미국의 수입업자는 그만큼 미국 내 다른 부문에 지출하게 되어 결국 고용을 늘리게 한다. 미국의 관세부과로 수출하지 못한 나라는 동시에 미국의 물건을 수입하지 못하게 되어 결과적으로 미국이 손해를 본다. 안보상 철

1) 이 글은 밀턴 프리드먼과 그의 부인 로저 프리드먼의 공저, "The Tyranny of Control," *Free To Choose* (1980), 민병균 역, 《선택할 자유》(자유기업원, 2009)에서 발췌하였다.

강산업을 유지하여야 한다는 주장은 다른 대안 예를 들어, 철강재고를 유지하는 정책으로도 보완될 수 있다. 국방상의 안전을 이유로 관세를 부과하는 것도 비용효과를 따져보아야 한다. 국내 신생기업이 처음에 손실을 보고 이후 이득을 보듯이 유치산업의 손실을 보호하기 위해 관세를 부과하여야 한다는 주장도 논리가 맞지 않다. 유치산업이 성장한 예는 없다. 인근궁핍화 전략은 무역보복을 가져온다.

미국은 대국이므로 일방적 무역자유화조치를 취하는 것이 바람직하다. 국제간의 자유무역은 문화와 제도 면에서 다른 국가들과 조화로운 관계를 육성한다.

1. 서 론

국제무역에서 관세나 다른 제한을 논의함에서 애덤 스미스가 《국부론》에서 다음과 같이 말한 사실을 상기시키고 싶다.

> "모든 나라의 사람들은 자신이 원하는 재화를 보다 싸게 팔 수 있는 사람들로부터 물건을 구입하여야만 하고, 그렇게 하는 것이 이익이 된다. 이 주장은 너무나 명백하여 이를 증명하려고 고통을 부담하는 것은 어리석은 짓이다. 왜냐하면 이에 대해, 이해관계가 있는 상인들과 제조업자들이 궤변을 내세워 인류의 일반상식을 좌절시키려고 하지 않았다고 한다면 문제로 제기된 적이 없었을 것이기 때문이다. 이런 측면에서 이들의 이해는 대다수의 국민들과 바로 배치된다" (Adam Smith, 1776: 458).

이 말은 당시와 마찬가지로 현재에도 맞는 말이다. 외국무역은 물론 국내교역에서도 가장 싼 원천으로부터 구입하여 가장 비싼 곳에다 파는 것이 대다수의 국민들이 갖는 이해이다. 그러나 이해관계가 있는 궤변가들은 우리들이 사고파는 물건에 대해 규제하고, 누구로부터 사고, 누구에게 팔며, 어떤 조건으로 사고팔고, 누구를 고용하며, 누구를 위해 일하고, 어디에 살며, 무엇을 먹고 마셔야 하는지에 관해 장황스럽게 전파하였다.

애덤 스미스는 이를 두고 이해관계가 있는 상인들과 제조업자들의 궤변이라고 지적하였다. 그들은 당시의 범죄자일 수 있다. 오늘날 이들은 동조자를 가지고 있다. 이런저런 분야에서 우리들 중 누군가가 이해관계가 있는 궤변가가 아닌 사람이 없다. 포고(Pogo)는 "우리들의 적은 바로 우리다"라는 불멸의 말을 남겼다. 우리들은 우리들의 특수이해에 공헌하는 조처보다 다른 사람들의 특수이해에 공헌하는 조처들로 많은 것을 상실한다.

그 분명한 사례가 국제무역이다. 관세부과나 다른 규제로 생산자가 얻는 이득은 다른 생산자와 특히 일반 소비자들이 입는 손해에 비하면 훨씬 적다. 자유무역은 우리들의 물질적 복지를 촉진시킬 뿐만 아니라 국가들 사이에 평화와 조화를 가져오게 하고 국내경쟁을 촉진시킨다. 다른 사례와 마찬가지로 국내와 국외에서의 자유무역은 가난한 나라가 시민들의 복지를 촉진하는 가장 좋은 방법이라고 제안한다. 최근 수십 년간 미국에서 광범위하게 이뤄진 경제규제는 우리들의 경제자원을 자유롭게 사용하는 것을 막았을 뿐만 아니라 언론, 출판, 종교의 자유에도 영향을 미쳤다.

2. 국제무역

애덤 스미스 이후로 경제학자들 사이에 이구동성으로, 그들이 처한 이데올로기가 어떠하든지 간에 실질적으로 의견일치를 본 것이 국제간의 자유무역은 교역당사자와 세계에 가장 최선의 이득을 준다는 점이다. 그러나 관세가 일반화되어 있다. 단지 유일한 예외는 1846년 곡물법(*Corn Law*)을 철폐하고 난 이후 100년간 영국의 자유무역, 메이지

유신 이후 30년간 일본의 자유무역, 그리고 지금의 홍콩의 자유무역이다. 미국은 19세기를 통틀어 관세를 사용했는데, 특히 1930년의 스무트-홀리(Smoot-Hawley)의 관세법은 학자들이 이후에 공황을 야기한 장본인이라고 지적하기도 한다. 이후 국제간의 계속된 협상을 통해 관세는 줄어들게 되었는데, 그러나 여전히 높은 수준을 유지하고 있고, 비록 다량의 새로운 상품의 등장으로 정확하게 비교하기는 곤란하지만 19세기보다 더 높은 수준이다.

오늘날에도 관세를 지지하는 사람들이 있는데, 이들을 나쁜 원인이지만 좋은 이름을 뜻하는 의미에서 완곡하게 보호주의자라고 부른다. 철강생산자와 철강노조는 일본으로부터의 철강수입에 제한을 가할 것을 촉구한다. TV생산자와 그 노동자들은 일본, 대만, 홍콩으로부터 들어오는 TV와 그 부품에 제한을 가하고자 자율협정을 벌일 것을 로비한다. 섬유, 신발, 소, 설탕생산자, 그리고 수많은 다른 사람들이 외국과의 불공정한 경쟁에 불만을 터뜨리고 정부가 자신들을 보호할 수 있는 조치를 취해달라고 요구한다. 물론 어느 집단도 순수한 이기심을 바탕으로 그러한 주장을 하지는 않는다. 모든 집단이 일반인 전체의 이해, 일자리를 지킬 필요성, 또는 국가안보 등을 내세우며 말한다. 최근에 들어와 달러화나 마르크화, 그리고 엔화의 가치를 강화시킬 필요성이 수입을 제한하는 전통을 합리화시키는 데 참여하였다.

3. 자유무역을 지지하는 경제적 사례

1) 일자리보다 생산적 일자리의 필요성

지금까지 목소리를 내지 않은 층이 소비자들이다. 이른바 소비자 특수이해집단이 최근 확산되고 있다. 그러나 대중매체나 국회청문회의 기록에서 이들이 수입품에 대한 관세나 다른 무역제한을 집중적으로 공격하였다는 기록을 발견하지는 못했다. 그러한 조처는 분명히 소비자를 희생시키는 것인데도 말이다. 소비자 옹호자들은 다른 곳에 관심을 둔다.

개별소비자의 목소리는 이해관계가 있는 상인들과 제조업자들, 그리고 피고용자들의 째지는 궤변소리에 쑥 가라앉고 만다. 그 결과는 문제를 심각하게 왜곡시킨다. 예를 들어, 관세옹호자들은 고용된 사람이 무엇을 하든 일자리를 만드는 것이 갈망하는 목표인 것은 자명하다고 주장한다. 그것은 잘못된 것이다. 만약 우리들 모두가 일자리를 원한다면 우리들은 얼마든지 만들 수 있다. 가령 사람들로 하여금 구멍을 파게하고, 다시 이를 메우도록 하거나 또는 쓸데없는 작업을 수행하면 된다. 일이란 스스로 대가가 따른다. 대부분의 경우 우리들이 바라는 물건을 취하였을 때 지불하는 것은 가격이다. 우리들이 진정으로 바라는 것은 단지 일자리가 아니고 생산적 일자리(보다 많은 재화와 서비스를 소비하도록 만드는 일자리)다.

2) 무역수지 적자

또 하나 반박되지 않고 있는 오류가 있는데, 그것은 수입은 나쁜 것이고 수출은 좋은 것이라는 것이다. 그러나 진실은 매우 다르다. 우리들이 외국으로 보내는 재화는 먹을 수도, 입을 수도, 즐길 수도 없다. 우리들은 중앙아메리카로부터 들여온 바나나를 먹고, 이탈리아로부터 들여온 구두를 신으며, 독일산 자동차를 타고, 일제 TV를 통해 프로그램을 즐긴다. 외국과의 무역에서 얻는 것은 우리들이 수입하는 것들이다. 수출은 단지 즐기기 위한 수입품을 얻기 위해 지불하는 가격이다. 애덤 스미스가 분명히 보았듯이 국가의 국민은 수출품의 대가로 수입하는 상품의 수량을 가급적이면 많이 획득할수록, 또는 동일한 말이지만 수입품에 대한 대가를 가급적이면 적게 수출하는 것을 통해 이득을 얻는다.

우리들이 사용하는 잘못된 용어는 이러한 잘못된 생각을 반영한다. '보호주의'는 실제 소비자를 갈취하는 것이다. '무역수지 흑자'(*favorable balance of trade*)는 실제 수입하는 것보다 수출하는 것이 더 많은 것을 의미하고, 이는 외국으로부터 얻는 재화보다 더 많은 가치의 재화를 외국으로 내보낸 것이 된다. 여러분의 가계에서도 적은 값을 치루고 많은 물건을 조달하기를 — 그 반대방향이 아니고 — 바랄 것이다. 그것은 외국무역에서 '무역수지 적자'(*unfavorable balance of trade*)를 의미한다.

3) 불공정한 경쟁

가. 자국 근로자의 보호

관세를 옹호하는 사람은 일반대중들의 감정에 크게 호소하는데, 일본, 한국 또는 홍콩 근로자들과의 불공정한 경쟁으로부터 미국 근로자를 보호하여 높은 생활수준을 유지할 필요가 있다고 강조한다. 이러한 주장에 어떤 잘못이 있을까? 우리들은 미국 근로자들의 높은 생활수준을 보호하기를 싫어한다는 말이냐?

이러한 논의에서의 오류는 '높은' 임금과 '낮은' 임금이란 용어를 느슨하게 사용하고 있기 때문에 일어난다. 과연 높은 임금과 낮은 임금은 무엇을 의미하는가? 미국 근로자들은 달러를 받는다. 일본 근로자는 엔을 받는다. 달러와 엔을 어떻게 비교할 수 있겠는가? 1달러는 몇 엔인가? 환율을 결정하는 것은 무엇인가?

아주 극단적 사례를 들어보자. 먼저 1달러가 360엔이라고 하자. 이러한 환율에서 수년간 일본의 근로자들이 미국에서 우리들이 생산하는 것보다 더 적은 달러로 TV, 자동차, 철강, 콩, 밀, 밀크, 아이스크림 등 모든 것을 생산하여 판매할 수 있었다고 가정하자. 이는 관세를 옹호하는 사람이 가장 두려워하는 상황을 의미한다. 즉, 관세가 부과되지 않으면 일본산 상품이 홍수처럼 밀려들어와 미국인들은 하나도 팔 것이 없을 것이다.

일본사람들에게 어떻게 지불할 것인가? 우리들은 달러를 지불할 것이다. 이미 1달러 360엔은 일본에서 모든 것이 싸다는 것을 가정하였다. 그러므로 일본인들이 미국시장에서 살 것은 아무것도 없다. 일본 수출업자들이 달러를 태워버리거나 땅에 묻으면 그것은 우리들에게 즐거운 일이다. 우리들은 마음대로 발행할 수 있는 초록색 달러로 모든 종류의 재화를 얻을 수 있고, 그것도 싸게 얻을 수 있다. 우리들은 훌륭한 수출산업(달러발행산업)을 가지고 있다.

물론 일본인들은 태우거나 쓸데없이 파묻을 종이쪽지(달러)를 얻으려고 우리들에게 유용한 재화와 서비스를 판 것은 아니다. 우리들과 마찬가지로 그들도 자신들이 일을 제공한 대가로 무언가를 얻으려고 한다. 1달러 360엔으론 모든 것이 미국에서보다 일본에서 싸다면 일본의 수출업자들은 (벌어들인) 달러를 없애려고 애쓸 것이다. 그들은 싼 일본산 상품을 구입하기 위해 1달러당 360엔을 받고 달러를 매각할 것이다. 그런데 과연 누가 달러를 사려고 할 것인가? 일본의 수출업자에게 해당하는 사항은 일본 내의 모든 사람들에게도 해당한다. 1달러로 미국에서 구입할 수 있는 것보다 일본에서 모든 것을 360엔으로 더 많이 구입할 수 있다면, 아무도 360엔을 주고 달러를 구입하려고 하지 않을 것이다. 아무도 360엔을 주고 달러를 구입하지 않을 것이라는 사실을 발견한 수출업자는 이젠 1달러에 대해 적은 양의 엔을 제시할 것이다. 엔으로 표시된 달러의 가치는 하락하여 3백 엔, 또는 250엔, 또는 2백 엔으로 내려간다. 달리 말해 일본 엔화 1엔당 보다 많은 양의 달러를 살 수 있게 된다. 일본상품은 엔화로 표시되기 때문에 달러로 표시한 일본산 상품의 가격은 올라간다. 반대로 미국의 상품은 달러로 표시되기 때문에 일본인들은 엔화당 보다 많은 달러를 갖게 되고 엔화로 표시한 미국산 상품의 가격은 싸지게 된다.

엔화로 표시한 달러의 가격은 계속 내려가 평균적으로 일본인들이 미국으로부터 구입하는 재화의 달러가치가 미국인들이 일본으로부터 구입하는 재화의 달러가치와 동일해진다. 그 가격에서 달러를 주고 엔화를 구입하려는 모든 사람들은 달러를 받고 엔화를 매각하려는 사람을 발견하게 된다.

나. 저임금 외국근로자와의 경쟁

미국의 고액 임금자가 저임금의 외국근로자와 불공정한 경쟁으로 위협받고 있다는 것은 진실이 아니다. 물론 외국에서 신상품이나 개선된 상품이 개발되어 외국생산자가 이를 보다 싸게 생산할 수 있게 되면, 미국의 특수한 작업자는 피해를 입을 수 있다. 그러나 이것은 미국 내에서 다른 기업이 새로운 제품을 개발하여 보다 싸게 생산하는 방법을 개발하여 미치는 피해나 다를 게 없다. 이는 실로 미국 근로자의 생활수준을 향상시키는 원천이 되는 시장경쟁이다. 우리들이 활동적이고 역동적이며 창의적인 경제시스템으로부터 이득을 얻으려면 이동성이나 조정의 필요성을 받아들여야 한다. 이러한 조정을 순탄하게 하는 것이 바람직하고, 그렇게 하려고 우리들은 실업보험과 같은 많은 조정장치를 채택하였다. 그러나 우리들은 이러한 목적을 달성하는 데 경제시스템의 유연성을 파괴하여서는 안 된다. 그렇게 되면 황금알을 낳는 거위를 죽이는 것이 된다. 어떠한 경우일지라도 외국과의 교역과 국내교역을 동일하게 다루어야 한다.

다. 외국정부의 보조

또 하나 불공정 경쟁으로 지적되는 것으로 외국정부가 자국 생산자에게 미국에서 원가 이하로 팔 수 있도록 보조하는 일을 거론한다. 가령 외국정부가 보조금을 제공한다고 하자. 실제 그렇게 하는 것은 의심의 여지가 없다. 누가 피해를 입고, 이득을 얻을까? 외국정부는 보조금을 지불하기 위해 시민들로부터 세금을 징수하여야 한다. 이들이 보조금을 지불한다. 미국 소비자들은 이득을 본다. 미국시민들은 TV, 자동차 또는 다른 보조받는 상품을 값싸게 얻는다. 우리들이 역으로 이뤄지는 원조(외국이 미국소비자에게 원조)에 대해 불평하여야 할까? 미국이 재화와 서비스를 다른 나라에 마셜플랜의 형태로 원조하는 게 고상한 행동이 아닐까? 대신 외국이 원가 이하로 직접 재화와 서비스를 원조형태로 우리들에게 보내는 게 우리들의 수치가 아닐까? 외국의 시민들은 아마 불평할 것이다. 그들(외국 시민들)은 미국 소비자들의 이득과 보조받는 산업에서 일하는 근로자들의 이득을 위해 보다 낮은 생활수준으로 고통받아야만 한다.

어떤 이유로 일본이 철강산업에 대해 아주 심하게 보조한다고 하자. 만약 추가관세나 쿼터가 할당되지 않으면 미국으로 수출되는 철강이 갑작스럽게 늘어날 것이다. 그 결과 미국의 철강가격을 떨어뜨려 철강 생산자들이 생산량을 줄이고, 철강산업에 실업을 발생시킬 것이다. 한편 철강으로 만들어진 제품은 보다 값싸게 구입될 것이다. 이런 제품을 구입하는 사람들은 다른 곳에 지출할 여분의 돈이 생기게 된다. 다른 상품에 대한 수요가 늘면서 고용도 늘어난다. 물론 실직한 철강 근로자를 흡수하는 데에는 시간이 걸린다. 그러나 효과를 따져보면 실직한 사람들이 다른 산업의 근로자로 일자리를 찾는다. 철강을 이제 생산할 필요가 없어진 근로자들이 다른 곳에서 생산할 것이므로 순실업이 발생할 필요가 없다.

라. 관세부과의 파급효과

문제의 한 면만을 바라보는 오류는 고용을 추가하기 위해 관세를 부과하는 경우에도 일어난다. 가령 관세가 섬유에 부과되면 국내 섬유산업에 고용과 생산량이 늘어난다. 그러나 미국에 더 이상 섬유를 수출할 수 없게 된 외국생산자들은 작은 양의 달러만 획득한다. 그들은 미국에 더 이상 소비할 수 있는 돈이 없다. 이러한 수입감소로 미국의 수출이 줄어든다. 그 결과 섬유산업에는 고용이 늘어나겠지만 다른 수출산업에서는 고용이 내려간다. 고용이 보다 덜 생산적인 부문에서 이뤄지기 때문에 전체 생산고가 줄어든다.

4) 철강안보

예를 들어, 국내 철강산업을 방어목적상 육성시켜야만 한다는 국방안전에 관한 논의도 근거가 없는 소리다. 미국에서 국토방위가 철강생산량 중에서 차지하는 비율은 극히 일부분에 지나지 않는다. 철강의 안전한 자유무역이 미국 철강산업을 파괴할 것으로 보이지는 않는다. 공급원천과 연료, 그리고 시장에 가깝게 자리잡는 경우에만 국내 철강산업의 규모를 보장할 것이다. 정부의 보호장벽에 은신하는 것보다 외국과 경쟁에 직면하는 것이 지금보다 더 강하고 효율적인 철강산업을 만들 수 있을 것이다.

가령 일어나지 않아야 할 사태가 발생하였다고 하자. 모든 철강을 외국으로부터 구입하는 것이 보다 값싸다고 하자. 국토방위를 위한 대안이 존재한다. 우리들은 철강재고를 이용할 수 있다. 철강은 부패하지도 공간도 많이 차지하지 않기 때문에 쉽게 비축할 수 있다. 어떤 철강공장은 마치 해군함정들처럼 퇴역한 상태로 두어 필요한 경우에 즉각 가동시킬 수 있다. 다른 대안도 여전히 존재한다. 철강회사가 신규공장을 짓기로 결정하기 이전에 가장 효율적이고 경제적인 방법을 선택하기 위해 (국방상의 목적에 부합하도록) 다른 생산방법이나 장소를 모색하는 일이다. 국토방위를 근거로 보조를 호소하지만 철강산업은 국토방위를 제공하는 대안의 방법에 대해 비용이 얼마인지를 제시한 적이 없다. 그들이 그렇게 할 때까지 국방상의 안전을 내세우는 것은 보조를 타내기 위한 근거를 제시하기보다 산업의 자기이익을 합리화시키기 위한 구실에 지나지 않는다.

5) 정당한 관세부과

과거 수십 년간 자유무역과 보호주의에 관한 수많은 논문에서 관세를 부과하는 일이 정당화되는 이유로 세 가지를 들었다.

가. 국방상의 안전

첫째, 국방상의 안전은 이미 거론하였다. 이에 대한 논의는 명백한 이유보다 특별한 관세를 부과하는 것을 합리화시키고 있지만, 때론 생산성이 낮은 비경제적 시설의 유지를 정당화시키려고 끄집어내는 이야기란 점을 부정할 수 없다. 그 주장이 가능한 이야기가 되려면 국방상의 안전을 위해 관세나 다른 무역제한조치가 정당화된다고 주장하기에 앞서, 구체적 국방의 목표를 달성하기 위한 비용을 다른 대안의 경우를 실시할 때와 비교하여 관세가 가장 적은 비용으로 그 목적을 달성할 수 있다는 사실을 제시하여야 한다. 그러나 그러한 비용비교는 실제 이뤄지지 않았다.

나. 유치산업보호

둘째, 예를 들어 알렉산더 해밀턴(Alexander Hamilton)이 *Report on Manufacture*에서 주장한 '유치산업보호' 목적이다. 설립된 유망한 산업이 일단 성장하는 고통의 시기에 지원받으면 세계시장에서 동등하게 경쟁할 수 있다는 주장이다. 유아(유치) 단계에 있는 유망한 산업을 보호하고, 산업이 성장하도록 하여, 스스로 일어설 수 있도록 일시적 관세를 부과하는 것을 정당화한다. 일단 설립된 산업이 성공적으로 경쟁할 수 있다고 하여, 처음부터 관세를 부과하는 것은 정당화되지 않는다. 소비자들이 산업을 처음부터 보조하고 나서 — 이는 사실 관세를 부과하는 것과 동일하겠지만 —, 이후 가격이 내려가거나 사업을 가짐으로써 어떤 이득을 얻는 방법을 통해 보조한 금액을 회수할 수 있다면 값어치 있는 일이다. 이러한 경우에도 과연 보조를 필요로 할까? 처음에 산업에 진출한 기업이 손실을 겪고, 이후 손실을 회수할 수 있으면 되지 않을까? 결국 모든 기업들은 일단 설립되고 나면 최초에 손실을 겪는다. 신규산업에 진입하거나 기존산업에 들어가도 마찬가지다. 최초에 진입한 기업이 비록 최초의 투자가 지역사회 전체에 가치 있는 것일지라도 이후 손실을 회수하지 못하는 특별한 이유가 있을 수 있다. 그러나 그러한 추측은 다른 방향에서 이야기되어야 한다.

유치산업에 대한 논의는 연막이다. 이른바 유치산업이 성장한 것이 없다. 관세가 일단 부과되면 철폐되지 않는다. 게다가 이 논의가 태어나 일시적으로 보호받으면 생존할 아직 태어나지 않은 산업을 위해 거론되지는 않는다. 그들은 대변인이 없다. 정치적 압력을 동원할 수 있는 나이든 유치산업을 위해 관세부과를 정당화한다.

다. 인근궁핍화 전략

세 번째로 빼놓지 말아야 할 것으로 관세부과를 정당화시키는 주장은 인근궁핍화(*begger-thy-neighbor*) 전략이다. 한 제품의 주요 생산자이거나, 또는 몇몇 생산자가 뭉쳐 전체 생산을 좌우하는 국가는 그 제품에 대한 가격을 인상시키는 독점력을 행사하여 이득을 볼 수 있다(OPEC가 현재의 명백한 사례이다). 가격을 직접 인상하는 대신에 그 국가는 제품에 대해 수출세를 부과하여 간접적으로 이득을 볼 수 있다. 자신에 대한 이득은 다른 사람의 비용보다 낮을 것이다. 그러나 국가의 입장에서는 이득이 된다. 마찬가지로 한 제품을 유일하게 구입하는 국가는 — 경제학 용어로 수요독점이다 — 판매자와 유리하게 흥정하여 낮은 가격을 매기게 할 수 있다. 그렇게 하는 방법의 하나로 그 제품의 수입에 대해 관세를 부과하는 방법이다. 판매자에게 돌아가는 몫은 가격에서 관세를 차감한 금액이다. 그에 따라 그 제품을 낮은 가격으로 구입하는 것과 동일한 효과를 낳는다. 사실 관세는 외국인이 부담한다. (실제의 예를 생각할 수 없지만) 그러나 이러한 국민주의적 접근방식은 상대국으로부터 보복을 불러온다. 게다가 유치산업에 대한 논의에서와 같이 실제의 정치적 압력이 독점적 또는 수요독점적 지위를 이용하지 않는 방향으로 관세구조를 만드는 경향이 있다.

라. 일방적 자유무역

네 번째로 거론되는 것은 알렉산더 해밀턴이 제기하여 현재까지도 반복되는 주장인데, 즉 모든 나라들이 자유무역을 실시한다면 자유무역은 좋은 것이지만, 다른 나라들이 자유무역을 실시하지 않으면 미국도 자유무역을 할 여지가 없다는 주장이다. 그러나 이러한 주장은 원리상으로나 실무상으로 근거가 없는 소리다. 국제무역에 제한을 가하는 다른 국가들은 우리에게 피해를 준다. 그러나 그들 자신도 피해를 입는다. 앞서 말한 세 가지를 제외하더라도 우리들도 이에 대항하여 관세를 부과하면 그들에게는 물론 우리들에게도 피해를 입힌다. 상대방을 학대하는 사디즘이나 마조히즘을 가지고 경쟁하는 것은 이성 있는 국제경제정책을 위한 처방전이 될 수 없다. 다른 나라들이 제한을 철폐하도록 유도하기는커녕 이러한 보복행동은 제한을 추가하는 방향으로 나아갈 것이다.

우리들은 대국이고, 자유세계의 지도자이다. 미국 소비자와 홍콩과 대만 노동자의 희생하에서 우리들의 섬유산업을 보호하기 위해 홍콩과 대만에게 섬유에 대한 수출할당제를 도입하도록 요구하는 일을 필요로 할 것이다. 우리들은 일본에게 그들의 철강과 TV수출을 제한하려고 정치적 및 경제적 힘을 사용하면서 자유무역의 덕이 빛나기를 말한다. 우리들은 일방적 자유무역의 길을 일순간이 아니고 장기간 예컨대, 사전에 선언한 5년 동안 걸어야 한다.

완전한 자유무역 이외에 우리들이 국내에서나 해외에서 자유의 원인(바탕)을 촉진할 수 있는 조치들은 없다. 경제지원이라는 이름으로 외국을 원조하는 대신에, ― 그렇게 되면 사회주의를 촉진시키게 될 것이므로 ― 동시에 그들이 생산한 제품에 제한을 가하는 대신에, ― 그렇게 되면 자유기업을 방해할 것이므로 ― 우리들은 일관되고 원칙에 입각한 자세를 견지하여야 한다. 우리들은 세계를 향하여 말할 수 있다. 우리들은 자유를 신봉하고 이를 실천에 옮기려는 의도를 가지고 있다. 우리들은 여러분들을 강제로 자유롭게 만들려고 하지는 않는다. 그러나 우리는 동등한 조건으로 모두와 협력할 의사가 있다. 우리들의 시장은 관세나 다른 제한이 없이 열려 있다. 당신이 할 수 있고 바라는 것을 여기서 파시오. 당신이 할 수 있고 바라는 것을 여기서 사시오. 그렇게 하여야 개인간의 협력이 세계로 뻗어가고 자유로워질 수 있다.

4. 자유무역을 지지하는 정치적 사례

현대세계에서 상호의존은, 경제영역에서는 한 가격과 다른 가격 사이에, 한 산업과 다른 산업 사이에, 한 국가와 다른 국가 사이에, 그리고 사회 전반에서는 경제활동과 문화와 사회 및 자선활동 사이에, 사회조직에서는 경제적 합의와 정치적 합의 사이에, 경제적 자유와 정치적 자유 사이에 굳게 침투한 성격이다.

국제영역에서도 마찬가지로 경제적 합의는 정치적 합의와 연계되어 있다. 국제간의 자유무역은 마치 국내에서의 자유무역이 신념과 태도 및 이해관계에서 서로 다른 개인들 사이에 조화로운 관계를 육성시키듯이 문화와 제도 면에서 서로 다른 국가들 사이에도 조화로운 관계를 육성한다.

한 국가 내의 자유경제와 마찬가지로 자유무역의 세계에서는 거래가 개인 당사자들—개인, 기업, 자선기관—사이에 이뤄진다. 거래가 이뤄지는 조건은 거래에 참여하는 사람들에 의해 합의된다. 거래참여자들은 자신에게 이득이 되지 않는다고 믿으면 거래는 일어나지 않을 것이다. 그 결과 여러 당사자들의 이해가 조화를 이룬다. 갈등이 아닌 협력이 법칙으로 지배한다.

정부가 개입하면 그 상황은 달라진다. 한 국가 내에 기업들은 직접 또는 관세부과나 무역제한의 형식으로 정부의 보조금을 구하려고 애쓴다. 그들은 자신들의 이윤성이나 존재를 위협하는 경쟁자들의 경제적 압력에서 벗어나려고 경쟁자들에게 비용을 부과하는 정치적 압력에 호소한다. 지방기업을 위한 정부의 개입은 다른 나라의 기업들에게 외국 정부가 취한 조치에 대응할 수 있도록 자신의 정부에 도움을 구하려고 애쓴다. 개인간의 다툼이 정부간의 분쟁으로 발전한다. 모든 무역협의가 정부 일이 되어버린다. 정부의 고위공무원이 세계의 무역회의에 참석하려고 분주하게 돌아다닌다. 갈등이 진전되고 많은 시민들은 결과에 실망하여 부당하게 취급받은 기분을 느낀다. 협력이 아닌 갈등이 지배한다.

워털루전쟁 이후 제 1차 세계대전까지 자유무역이 국가간의 관계에 유익한 영향을 준 사례이다. 영국은 세계를 지도하는 나라로 세기 동안에 자유무역을 완성시켰다. 미국을 포함한 다른 나라들, 특히 서구나라들은 다소 희석된 형태이긴 하지만 유사한 정책을 택했다. 사람들은 같은 나라나 아닌 나라나 관계없이 어느 곳에 사는 누구와도 합의된 조건에 따라 자유롭게 사고팔 수 있었다. 오늘의 우리들도 놀랄 정도로 사람들은 여권 없이, 반복되는 세관의 조사 없이, 유럽과 나머지 세계 어느 곳이라도 여행할 수 있었다. 그들은 이민을 자유롭게 갈 수 있었고, 많은 나라 특히 미국에 들어가 거주자나 시민이 될 수 있었다.

그 결과 워털루전쟁 이후 제 1차 세계대전에 이르는 세기엔 서구 나라 사이에, 비록 크리미아 전쟁이나 프로이센-프랑스 전쟁과 같은 국지적 분쟁, 그리고 미국의 남북전쟁과 같은 내전(이 전쟁도 경제적 및 정치적 자유에서 벗어난 노예제도 때문에 일어났다)이 있었지만 역사상 가장 평화로운 시기를 맞이하였다.

현대에 들어와 관세와 이와 유사한 무역제한이 국가간 갈등의 원천이었다. 보다 골칫거리의 원천은 국가가 경제에 깊게 간섭하는 집산주의 사회, 즉 히틀러의 독일, 무솔리니의 이탈리아, 프랑코의 스페인, 그리고 특히 러시아와 중국의 공산국가가 들어섰다. 관세와 이와 유사한 제한은 가격기구가 보내는 신호를 왜곡한다. 그러나 개인들은 이러한 왜곡된 정보에 자유롭게 대응한다. 집산주의 국가들은 고도의 명령 요소를 경제에 도입하였다.

시장경제에 사는 시민들은 집산주의 국가의 시민들과 사적 거래가 완전히 불가능하였다. 한쪽은 항상 국가가 대표하여 거래에 나섰다. 정치적 고려가 불가피하게 개입하였다. 그러나 시장경제의 정부는 자국의 시민들이 집산주의 정부와 거래하도록 길을 터놓음으로써 갈등이 최소로 줄어들 수 있었다. 교역을 무기로 사용하려고 하거나 집산주의 국가들과의 교역을 증대시키기 위한 수단으로 정치적 조치를 취하면 불가피하게도 정치적 마찰만 더 악화시킬 따름이었다.

▪ 사례 이야기

1. 수입식량에 의존한 로마안보

국가로서의 로마는 제 1차 포에니전쟁이 끝난 뒤부터 이미 2백 년 동안 식량의 자급자족정책을 포기했다. 그 전쟁에서 로마는 시칠리아 섬의 영유권을 카르타고한테서 양도받았는데, 시칠리아에서 재배되는 밀의 높은 생산성 앞에서 본국 이탈리아의 밀은 가격경쟁력을 잃어버렸다. 그후 이탈리아의 농업은 밀에서 올리브유나 포도주로 방향을 전환하였다. 덕분에 포도주와 올리브유는 수출할 수 있을 정도의 질과 양을 획득했지만, 주식인 밀은 수입에 의존할 수밖에 없었다. 로마에 후추 따위의 향신료를 수출하는 인도 왕의 식탁에는 이탈리아산 고급 포도주가 놓여 있었다고 한다. 밀 확보는 총인구 1백만 명의 수도 로마만이 아니라 이탈리아 본국에서도 항상 중요한 과제가 되었다. 그래서 아우구스투스는 종전에 원로원에서 1년 임기로 뽑았던 식량전담 안찰관(아이딜리스) 제도를 폐지하고 자신이 식량청장관(프라이펙투스 안노나이) 을 임명하여 전담시켰다.

서기 51년 날씨가 좋지 않아서 수입이 중단되는 바람에 수도 로마의 테베레 강변과 로마에서 20㎞ 떨어진 외항 오스티아의 창고에 비축된 밀이 보름치밖에 남지 않는 사태가 발생했다. 비축량이 보름치밖에 남지 않았다는 소식이 퍼지자 밀의 시중가격이 폭등했다. 역사가 타키투스는 주곡을 외부에 의존한 국가정책의 실패라고 맹렬히 비난하였다. 다행이 클라우디우스 황제의 명령으로 여러 곳에서 쌀이 수집되고 날씨도 좋아져서 식량을 달라는 시위까지는 일어나지 않고 사태가 해결되었다.

식량위기는 시칠리아 섬에서 밀이 대량으로 본국으로 수입되면서 일어났다. 그리스인이 많이 사는 시칠리아에는 큰 농장이 발달하여 시칠리아산 밀이 이탈리아산 밀보다 값이 쌌다. 그에 따라 본국의 밀 농업은 경쟁력을 잃었다. 그러나 로마인들은 포도나 올리브를 생산하여 품종은 달라도 농산물이 다시 시장에서 경쟁력을 갖게 되자 본국 이탈리아의 농업도 되살아났다. 다만 주곡인 밀을 수입에 의존하는 체제는 그 후에도 여전히 계속되었다. 로마인들은 뭐든지 자기들만 하려들지 않고 능력 있는 다른 사람에게 맡기는 뛰어난 점이 있었다. 그럴수록 주곡의 자급자족은 점점 요원해진 것은 당연하다.

로마 황제들은 밀 수송을 원활하게 하려고 수도 부근에 대규모의 오스티아 항구를 만들기도 하였다. 인구 100만 명에 이르는 수도 로마에서는 굶어죽는 사람은 없었고, 본국 이탈리아에서도 식량을 달라고 요구하는 시위가 일어난 적은 없었다. 역사가 타키투스의 비난은 이런 시장원리를 고려하지 않고 식량불안이라는 현상밖에 보지 않은 것이다(김석희, 1995).

2. 팍스로마나 · 팍스브리타니카 · 팍스아메리카나를 낳은 관용과 개방의 정신

가. 페르시아

기원전 550년에 시작하여 2백 년간 존속하였던 페르시아의 아케메네스 왕조가 오랫동안 광대한 영토를 다스릴 수 있었던 것은 관용정책 덕분이었다. 비록 권력은 왕에게 집중되었지만 아케메네스 왕조는 해당지역의 법률과 전통을 포용하고 해당지역의 언어, 종교, 예식을 용인하는 전략을 사용함으로써 피정복민의 반항과 반란을 최소화했다. 특히 아케메네스 왕조는 인종이나 종교에는 개의치 않고 제국 최고의 실력을 가진 장인들, 사상가들, 노동자들, 전사들을 활용하여 문화적 다양성을 국력의 원천으로 변화시켰다.

아케메네스의 시조 키루스 왕은 새로운 왕국을 정복하면 그곳의 통치자에게 호화로운 생활을 보장해주고 대신 총독인 사트라프를 세웠다. 사트라프는 백성들을 간섭하지 않고 그들 고유의 신들과 다양한 문화를 누릴 수 있게 했다. 그에 따라 정복지의 고위관리들이 아케메네스 치하에서 관직을 유지할 수 있었고 이전에 상업을 장악했던 가문이 정복 후에도 여전히 상업을 장악하는 경우가 드물지 않았다.

나. 로 마

시오노 나나미〔鹽野七生〕는 《로마인 이야기》에서 지성에서는 그리스인보다 못하고, 체력에서는 켈트인이나 게르만인보다 못하며, 기술력에서는 에트루리아인보다 못하고, 경제력에서는 카르타고인보다 뒤떨어진 로마인이 천 년간 제국을 유지할 수 있었던 원동력으로 관용과 개방의 정신에 뿌리를 둔 정치사회 시스템을 꼽는다.

카이사르가 게르만족과 갈리아전쟁을 마치고 가장 심혈을 기울였던 부분은 게르만 지도자들에게 로마시민권을 부여하고, 능력이 뛰어난 자들을 원로원 멤버로 영입하며, 게르만 지역에도 로마식 가도를 설치하는 등 게르만인에 대한 로마화였다. 시오노 여사는 이민족은 물론 노예출신도 로마군 보병으로 시작해 백인대장, 장군을 거치며 황제에까지 오를 수 있는 정치시스템이 로마가 성공할 수 있었던 배경이라고 결론짓는다(〈매일경제〉 2009. 6. 18).

로물루스가 로마를 건국했던 기원전 753년부터 콘스탄티노플이 오스만 터키에게 함락된 서기 1453년까지 2천 년이 넘는 세월 동안 로마제국은 방대한 영토를 다스렸다. 로마의 관용정신은 역사가인 타키투스에 따르면 "로마가 아닌 다른 지역에서도 황제가 나올 수 있었다"고 하리만치 최고 권력층에 제한을 두지 않았다. 서기 98년부터 117년까지 로마를 통치했던 트라야누스 황제는 스페인에서 태어났고, 하드리아누스도 스페인 출신이며, 안토니우스 피우스는 골족(알프스 산맥 거주족) 출신이고, 다음 황제인 마르쿠스 아우렐리우스의 아버지는 안달루시아 출신이었으며, 셉티미우스 세베루스는 아프리카 출신이었다.

로마가 관용적 입장을 취하게 된 데에는 그리스의 역사가 큰 영향을 미쳤다. 그리스의 편협한 태도와 인종분리정책은 분노를 일으켰고, 이것은 대부분 전쟁으로 이어졌다(이순희, 2008).

역사가이면서 로마 제4대 황제가 된 클라우디우스는 로마의 피정복민인 갈리안들이 원로원 의석을 요구하였으나 기득권자인 원로원들의 반대로 이뤄지지 않자 이들을 설득하기 위해 "스파르타인도 아테네인도 전쟁터에서는 그토록 강했는데도 단기간의 번영밖에 누리지 못했다. 그 주요 원인은 과거의 적을 자국 시민과 동화시키려 하지 않고 언제까지나 이방인으로 따돌리는 방식을 계속했기 때문이다. 하지만 우리 로마의 건국자 로물루스는 현명하게도 그리스인과는 반대되는 방식을 택했다. 오랜 적도 일단 물리친 뒤에는 로마시민에 편입시켰다" 라고 말하면서 "지금은 우리의 결정을 기다리고 있지만 갈리아인에 대한 문호개방도 언젠가는 로마의 전통이 될 것이다"라고 원로원 의원들을 설득하였다(김석희, 1995).

포에니전쟁은 로마의 전략적 관용정책이 거둔 개가였다. 카르타고의 한니발은 카르타고가 몇 번 승리를 거두면 로마의 이탈리아 연합군이 뿔뿔이 흩어질 것이라고 생각했다. 그러나 한니발의 예상과 달리 로마의 동맹국들은 수없이 이어지는 고된 전투 속에서도 꿋꿋이 자리를 지켰고, 결국 로마가 승리를 거두었다.

대로마제국은 시카고학파가 주장하는 전 지구적 차원의 경제와 자유무역, 시장개방을 일찌감치 실현한 본보기였다. 로마는 정복한 적들의 도시를 파괴하거나 약탈하는 대신 평화조약, 즉 각 도시는 로마와 교역하지만 상호간에는 자유롭게 교역할 수 없고, 각 도시는 로마에 병력을 제공한다는 조건하에서 자치를 할 수 있도록 허용하였다. 그러나 로마의 패권이 강화되면서 초기에 부과되었던 도시들 사이의 교역금지는 폐지되었다. 제국의 경계가 확정되면서 로마는 대규모 자유무역지대가 되었다. 자유롭게 흘러든 것은 물건만이 아니었다. 로마는 또한 아주 외떨어진 제국의 변두리에서 뛰어난 기술과 재능을 가진 사람들을 끌어냈다. 로마군대가 크레타 출신의 사수와 발레리아 출신의 투석전사와 스페인 출신의 검투사와 그리스 로도스 섬 출신의 선원들을 받아들이는 것은 아주 흔한 일이었다(이순희, 2008).

로마가 까다로운 브리튼을 제국의 영토로 종속시킬 수 있었던 요인은 로마의 막강한 군사력이 아니었다. 그 힘은 한때 야만인이라고 비하했던 브리튼인들에게 권력과 특권을 부여한 로마인들의 관대함에서 비롯된 것이었다. 브리튼의 국경지대 요새의 수비는 그 지역에서 선발된 병사들이 맡았는데, 이들은 아버지로부터 대물림하여 로마군에 입대한 젊은이들이었다. 이미 로마화된 다른 브리튼인들과 마찬가지로 이 젊은 신병들도 정복자의 생활방식을 받아들였다(남경태, 2004).

다. 영 국

1688년 네덜란드의 왕 빌렘은 10년 전 영국의 왕위계승권자인 메리 스튜와트와 결혼하였으므로 영국으로 건너가 영국 왕이 되었다. 1689년 권리장전과 관용법(비국교도 중 개신교도를 보호하는 법)을 통과시켰다. 이 법 덕분에 네덜란드의 유대교도, 프랑스의 위그노교도, 스코틀랜드인들이 자유롭게 영국사회에 진입하게 되었다. 네덜란드로부터 건너온 유대인들은 1694년 잉글랜드은행을 설립하고, 1989년 주식시장을 도입하는 데 기여했다. 프랑스로부터 건너온 위그노도들은 시계, 모자, 인쇄, 종이, 유리, 금속가공, 철강, 제지, 조선, 직물 등의 기술을 전파시켰다. 1707년 스코틀랜드가 영국에 병합되면서 대영제국의 군대와 행정에 인력을 공급하는 데 기여하였다. 흄, 허치슨(Francis Hutcheson), 애덤 스미스, 퍼거슨(Adam Ferguson) 등의 사상가들은 스코틀랜드 출신들이다. 이들은 산업혁명과 금융혁명에 중요한 역할을 담당하였고, 영국은 이를 토대로 세계적 패권국가가 되었다.

스코틀랜드인들은 영국의 산업혁명을 추진한 원동력이기도 한데,

1830년대에 스코틀랜드는 철강산업분야에서 세계를 주도했고, 스코틀랜드의 조선기술은 영국 내에서 독보적 위치를 차지했다. 가장 유명한 증기기관은 스코틀랜드 출신의 제임스 와트에 의해 발명되었다. 와트의 증기기관은 세계 최초의 독립적 동력원으로서 산업혁명을 일으키는 원동력이 되었다. 바로 이때부터 공장은 폭포나 물살이 빠른 강가에 지어야 한다는 제한이 사라지게 된 것이다. 증기기관은 스코틀랜드인들의 혁신을 자극하여, 면방직기, 파종기, 증기망치, 철제련용 용광로, 표준화된 공구 등이 만들어졌다.

라. 미 국

영국이 1607년부터 1732년 북아메리카에 세운 13개의 식민지들은 정착민들의 구성과 종교적 특성에서 달랐다. 뉴잉글랜드 주는 회중교도, 펜실베이니아 주는 퀘이커교도, 뉴욕 주는 네덜란드 개신교도, 메릴랜드 주는 가톨릭교도, 버지니아, 노스캐롤라이나, 사우스캐롤라이나 주는 영국 국교도들이 공동체를 구성하였다. 그 결과 각 주마다 공인된 교파가 정해져 이를 믿지 않는 주민은 투표권을 행사할 수 없고 공직에도 취임할 수 없을 정도로 배타적이었다. 그러나 1700년대와 1800년대에 유럽 전역으로부터 이민자들이 쏟아져 들어오면서 인구가 급증하고 상업이 번창하며 여러 가지 이단적 사상과 새로운 종파가 유입되었다.

상업은 종교적 관용을 촉진하는 강력한 기폭제였다. 유력한 상인들은 배척적 종교풍조가 사업에 좋지 않다는 이유에서 종교의 자유를 옹호했다. 상업거래에 관련되는 점원, 고객, 공급자, 투자자, 그리고 거래상들은 온갖 종교를 가졌을 뿐만 아니라 심지어는 기독교인이 아닌 경우도 있었다.

미국독립전쟁의 주역들은 하나같이 계몽의식을 가진 사람들이었다. 종교를 갖긴 하였으나 조지 워싱턴, 토머스 제퍼슨, 벤자민 프랭클린,

제임스 메디슨, 그리고 그 밖의 많은 사람들은 성서보다 이성을 존중했고 종교적 편견을 갖지 않은 사람들이었다. 미국이 독립전쟁에서 싸운 사람들은 다양한 종교를 가진 사람들이었다. 존 애덤스가 기록한 바에 의하면 싸움에 나선 사람들은 "로마가톨릭교도, 영국감리교도와 재침례교도, 독일 루터파 신도와 칼뱅교 신도, 아우리스파 교도, 장로교 신도, 회중파 신도, 소치니파 신도, 보편구제설 신봉자, 그리고 종교가 없는 자와 믿음이 없는 청교도 등 가지각색이었다."

13명의 이주민 대표들이 1789년에 채택한 헌법은 영국의 관용법에서 더 나아가 헌법에 특정 종교를 국교로 하지 않았다. 헌법에 종교가 언급된 부분은 단지 종교를 공직취임의 전제조건으로 하여서는 안 된다는 조항뿐이다. 물론 뉴잉글랜드를 포함한 많은 주들이 개신교를 공인종교로 삼기도 하였으나 얼마 지나 폐지하였다. 많은 수의 지도자들은 애덤 스미스의 사상에 깊은 감화를 받은 사람들이었다. 규제가 없는 상품시장의 경우처럼, 종교교파가 무수히 많으면 종교지도자들 사이에 건전한 경쟁이 이뤄져서 광신적 태도는 줄어들고 절제하는 태도가 늘어날 것이라고 보았다.

독립을 달성한 미국에는 노동력이 부족했고, 경제성장에 결정적인 최신기술을 소유한 숙련노동자들과 기술자들은 더구나 부족했다. 그리하여 미국은 전문기술을 가진 유럽인들을 끌어오기 위해 온갖 수단을 썼고, 유럽은 이민을 제한하는 가혹한 법을 만들어 이들이 미국으로 이주하는 것을 막았다. 그러나 19세기 초반에 250만 명의 불법이주민들(금지된 기술을 가지고 유럽을 떠난 사람)이 구세계에서 미국으로 들어갔다. 이주민들이 유럽의 공장에서 오랫동안 일하면서 습득한 경험과 기술이 있었기 때문에 19세기의 미국 산업은 폭발적으로 발전했다.

양차 세계대전이 끝나면서 미국은 초강국으로서의 지위를 차지하게 되었다. 1816년 당시 미국의 인구는 850만 명이고 러시아의 인구는 5,120만 명이었으나 1950년 당시 미국의 인구는 1억 5천만 명으로 늘었으나 러시아의 인구는 1억 9백만 명에 지나지 않았다. 1930년대까지만 해도 독일과 헝가리가 세계를 주도하는 물리학의 본거지였으나 유대인 과학자들이 미국으로 이주하면서 미국은 순수과학분야에서 세계적 우위를 차지하게 되었다. 아인슈타인을 비롯한 망명한 물리학자들 덕분에 미국은 어느 나라보다 먼저 원자폭탄을 개발할 수 있었다. 또 미국이 정보기술 전쟁에서 승리하는 데 결정적 역할을 한 것 역시 이주한 과학자들 덕분이다. 오스트리아 출신의 유진 클라이너(Eugene Kleiner)는 1941년 미국으로 망명하여 반도체를 발명하여 실리콘밸리를 건설하는 데 기여하였고, 헝가리 출신의 앤드루 그로브(Andrew Grove)는 1956년 헝가리 혁명의 격동기를 피해 미국으로 망명하여 마이크로프로세서를 발명하여 인텔 사장이 되었으며, 러시아 출신의 세르게이 브린(Sergey Brin)은 구글을 창업했다(이순희, 2008).

3. 자연의 관용(不讓不擇)

태산은 흙을 마다하지 아니하고 하해는 도랑물이라 하여 싫어하지 않는다는 뜻으로, 많은 것을 포용할 수 있는 아량이 있어야 큰 인물이 됨을 일컫는다〔사마천, 《사기》(史記) 계사전(季斯傳)〕.

이사(李斯)는 전국시대 말 초(楚)나라 상채(上蔡) 사람이다. 이사가 군의 말단 관리로 있을 때 두 마리의 쥐를 보았다. 한 마리는 청사 변소에서 오물을 먹으면서 이웃집 개에게 자주 놀라곤 했다. 또 한 마리는 군의 양곡창고에서 산처럼 쌓인 양곡을 사람이나 개에게 놀라는 일 없이 태연스레 먹고 있었다. 두 쥐를 보고 이사는 크게 깨달았다. "아, 사람의 능력도 저 쥐들처럼 놓인 환경에 적응하며 살아가게 된다" 하고는 말단 관리직을 버리고 성악설을 제창한 순경(荀卿)에게 제왕학을 배웠다. 이사는 학업을 마치자 초나라 왕은 족히 섬길 인물이 못되고 진나라에 가야 공을 세울 수 있을 것이라 생각하고 진나라로

갔다. 당시 진나라에 벼슬하는 외지인들을 쫓아내는 축객령(逐客令)이 시행되고 있었다. 이에 이사는 진나라 왕에게 글을 올렸다.

"지금 사람을 임용함에 그 가부나 곡직은 따지지 아니하고, 진나라 출신이 아닌 객인이란 사실만으로 모두 축출하고 있으니 천하를 거머쥐고 제후를 제어하는 방법이 아닙니다. 토지가 넓으면 양곡이 많고 나라가 크면 백성이 많은 것이며 군대가 많으면 병사가 용맹해집니다. '태산은 흙을 마다하지 않으므로 저와 같이 하늘을 찌를 듯 거대하고, 하해는 도랑물이라 하여 싫어하지 않고 받아들이므로 저와 같이 깊고 넓은 것이며'(太山不讓土壤, 故能成其大, 河海不擇細流, 故能就其深), 군왕은 민중을 물리치지 않으므로 그 덕을 밝힐 수 있는 것입니다."

진나라 왕은 이사의 글을 보자 축객령을 해제하고 정위(廷尉: 검찰총장격)에 임명했다. 이사가 진나라를 도운 지 20여 년, 진나라는 마침내 천하를 통일했고 왕은 황제에 올랐으며, 이사 자신은 승상이 되어 진제국을 이끌었다(홍혁기, 2003).

태산은 흙과 돌의 좋고 나쁨을 가리지 않고
다 받아들였기 때문에 그 높음을 이루었고,
양자강이나 넓은 바다는 작은 시냇물도
버리지 않았기 때문에 저토록 넉넉해진 것이다.
—한비자

▪ 참고문헌

강경이 옮김(2007), 《제국의 슬픔》, 에버리치홀딩스.
강만길·이익성·이동환·김용덕·김영호 역(1976), 《韓國의 實學思想 — 磻溪隧錄, 星湖僿說, 燕巖集, 北學議, 經世遺表》, 삼성출판사.
강미영 역(2007), 《프랭클린 자서전》, 느낌이 있는 책.
고승철 지음(2009), 《CEO 인문학》, 책만드는 집.
김균 역(1996), 《자유헌정론》, 자유기업원.
김기협 옮김(2005), 《역사의 원전》, 바다출판사.
김달진 역(1971), 《莊子》, 현암사.
김상대·성낙희 지음(2008), 《논어의 혼》, 청울.
김석환·김일곤 역(1972a), 《국부론》, 대양서적.
______(1972b), 《인구론》, 대양서적.
김석희 옮김(1995), 《로마인 이야기》, 한길사.
김수행 역(2003), 《국부론》, 비봉출판사.
김승욱 옮김(2008), 《신은 위대하지 않다》, 알마.
김영철(1999), 《사회생물학논쟁》, 사이언북스.
김용환(2004), 《리바이어던》, 살림.
김우중(1989), 《세계는 넓고 할 일은 많다》, 김영사.
김이석 역(2006), 《노예의 길》, 나남.
김전원(1991), 《戰國策》, 명문당.
김종원 옮김(2006), 《제국》, 민음사.
김태성 역(2008a), 《종횡가 인간학》, 21세기북스.
______(2008b), 《유가 인간학》, 21세기북스.
김학주 역(1972), 《列子》, 대양서적.
남경태 역(2004), 《타임라이프 세계사》, 가람기획.
문점식(2007), 《역사 속 세금이야기》, 세경사.
박기수·이경룡·하원수·김경호(2005), 《중국 고대사회경제사》, 청어람미디어.
박동운(2004), 《대처리즘(*Thatcherism*): 자유시장경제의 위대한 승리》, FKI미디어.
박만규 역(1976), 《종의 기원》, 삼성출판사.
박병호 편역(1990), 《수필로 엮은 경제학》, 한국경제신문사.

박성순 지음(2006), 《박제가와 젊은 그들》, 고즈윈.
박세일·민경국 옮김(1996), 《도덕감정론》, 비봉출판사.
박순성 지음(2003), 《애덤 스미스와 자유주의》, 풀빛.
박지향(2007), 《중간은 없다—마거릿 대처의 생애와 정치》, 기파랑.
박희병 옮김(2005), 《나의 아버지 박지원》, 돌베개.
배종호 역(1977), 《韓非子》, 삼성출판사.
서병훈 역(1997), 《법, 입법, 그리고 자유 Ⅲ》, 자유기업원.
신동준 옮김(2003), 《난세를 평정하는 중국통치학》, 효형출판사.
신좌섭 옮김(2001), 《이타적 유전자》, 사이언스북스.
신중섭 역(2005), 《치명적 자만》, 자유기업원.
신현호 옮김(2003), 《세계사를 지배한 경제학자 이야기》, 국일증권경제연구소.
신호열·김명호 옮김(2007), 《燕巖集》, 돌베개.
심준보 옮김(2007), 《자본주의와 자유》, 청어람미디어.
안대회 옮김(2003), 《北學議》, 돌베개.
안재순(2009), 《유형원》, 성균관대학 출판부.
오강남 풀이(1995), 《도덕경》, 현암사.
오승구 옮김(2004), 《사기꾼의 경제》, 창해.
유두영 편역(1990), 《呻吟語》, 자유문고.
유한수 역(2002), 《80/20 세계를 지배하는 자연법칙》, 21세기북스.
이경남 옮김(2008), 《애덤 스미스 경제학의 탄생》, 청림출판사.
이문열 평역(2002), 《三國志》, 민음사.
이상구 역(1977), 《자본주의 사회주의 민주주의》, 삼성출판사.
이상률 옮김(2002), 《증여론》, 한길사.
이석명 지음(2004), 《淮南子》, 사계절.
이순희 옮김(2008), 《제국의 미래》, 비아북.
이운구 옮김(2002), 《한비자 Ⅰ, Ⅱ》, 한길사.
이원길 옮김(2004), 《智囊》, 신원문화사.
이은주 옮김(2009), 《맬서스, 산업혁명, 신세계》, 한스미디어.
이재호 역(1977), 《유형원—반계수록》, 동화출판사.
이지순 역(1988), 《자유주의》, 한국경제연구원.
이지은·이주연 옮김(2007), 《대국굴기》, 이다미디어.
이찬도 역(1991), 《중국고전의 인간학》, 을지서적.
이태영 역(1972), 《토인비 역사의 연구》, 대양서적.

이한구(1997), 《열린 사회와 그 적들 1》, 민음사.
이한음 옮김(2007), 《만들어진 신》, 김영사.
임국웅 옮김(2004), 《후진타오》, 들녘.
임동석 옮김(1997), 《說苑》, 동문선.
______(1999), 《신서》, 예문서원.
자유문고 편집실 옮김(1998), 《十八四略》, 자유문고.
장기근 역(1972), 《管子》, 대양서적.
장미경 옮김(2004), 《권력과 탐욕의 역사》, 이마고.
장순용 옮김(2003), 《反經》, 동아일보사.
장연 역(2003), 《智典》, 김영사.
전방욱 옮김(2008), 《인간의 본성들》, 이마고.
전주대 호남학연구소 역(1989), 《國譯 與猶堂全書》, 전주대학 출판부.
전태영 지음(2005), 《세금이야기》, 생각의 나무.
정장철 역해(1994), 《荀子》, 혜원출판.
조석곤 옮김(2007), 《경제변화과정에 대한 새로운 이해》, 해남.
조순 역(2007), 《일반이론》, 비봉출판사.
조영현 옮김(2004), 《패권의 시대》, 시공사.
조윤정 옮김(2008), 《모던 타임스》, 살림.
진원숙 지음(1999), 《서양사 이야기》, 신서원.
최용철 옮김(1996), 《인간본성에 관한 10가지 철학적 성찰》, 자작나무.
최인욱 역(1971), 《史記列傳》, 현암사.
한기찬 옮김(2001), 《지식의 지배》, 생각의 나무.
한상갑 역(1976), 《孟子·大學》, 삼성출판사.
한상범·정윤무·이순용 역(1972), 《통치론》, 대양서적.
한승조 역(1976), 《리바이어던》, 삼성출판사.
한정주(2007), 《조선을 구한 13인의 경제학자들》, 다산초당.
홍성민 역(2003), 《智經》, 청림출판.
홍혁기(2003), 《智慧》, 동방미디어.
황소연 옮김(2007), 《믿음의 엔진》, 에코의 서재.

Baumol, William(1982), *Economics: Principles and Policy*, Harcourt Brace Jovanovich.
Bonner, John(1993), "Dividing Labour in Cells and Societies," *Current*

Science, pp. 459~466.

De Alessi, Lousi (1980), "The Economics of Property Rights: A Review of Evidence," *Research in Law and Economics*, pp. 1~47.

Fodor, Jerry (1983), *The Modularity of Mind*, Bradford Book.

Green, Robert (1998), *The 48 laws of Power*, Penguin Books.

Greenwald, Bruce and Robert Glasspiegel (1983), "Adverse Selection in the Market for Slaves: New Orleans, 1830-1860," *Quarterly Journal of Economics*, pp. 479~499.

Hayek, Friedrich A. (1945), "The Use of Knowledge in Society," *American Economic Review*, pp. 519~530.

Hill, K. and H. Kaplan (1988), "Tradeoffs in Male and Female Reproductive Strategies among the Ache: Part 2 Females," In L. Betzig, P. Turke and M. Borgerhoff Mulder (eds.), *Human Reproductive Behavior*, Cambridge University Press, pp. 291~305.

Manderville, Bernard (1714), *The Fable of the Bees; Private Vices*, Public Benefit.

Marshall, Alfred (1890/1920), *Principles of Economics*, 3rd ed., Macmillan.

Olson, Mancur (1971), *Logic of Collective Action*, Harvard University Press.

Rogers, Jim (2004), *Adventure Capitalist: The Ultimate Road Trip*, Random House Trade.

Trigg, Roger (1999), *Ideas of Human Nature*, Blackwell Publishers.

Tullock, Gordon (Winter 1971), "The Charity of the Uncharitable," *The Western Economic Journal*.

찾아보기

(용 어)

ㄱ ~ ㄴ

ㅁ ~ ㅂ

ㅅ ~ ㅇ

ㅈ～ㅊ

ㅋ ~ ㅌ

기 타

찾아보기

(인 명)

ㄱ ~ ㄴ

ㄷ ~ ㄹ

ㅁ ~ ㅂ

ㅅ ~ ㅇ

ㅋ ~ ㅌ

ㅍ ~ ㅎ